O corpo em terapia

CIP-BRASIL. CATALOGAÇÃO NA PUBLICAÇÃO
SINDICATO NACIONAL DOS EDITORES DE LIVROS, RJ

L953c

Lowen, Alexander, 1910-2008
  O corpo em terapia : a abordagem bioenergética / Alexander Lowen ; tradução Maria Silvia Mourão Netto. - [12 ed., rev.] - São Paulo : Summus, 2024.
  376 p. ; 21 cm.

  Tradução de: The language of the body : physical dynamics of character structure
  Inclui bibliografia
  ISBN 978-65-5549-148-7

  1. Corpo e mente (Terapia). 2. Psicoterapia bioenergética. I. Netto, Maria Silvia Mourão. II. Título.

24-94396
CDD: 615.85
CDU: 615.851.1

Meri Gleice Rodrigues de Souza - Bibliotecária - CRB-7/6439

www.summus.com.br

Compre em lugar de fotocopiar.
Cada real que você dá por um livro recompensa seus autores
e os convida a produzir mais sobre o tema;
incentiva seus editores a encomendar, traduzir e publicar
outras obras sobre o assunto;
e paga aos livreiros por estocar e levar até você livros
para a sua informação e o seu entretenimento.
Cada real que você dá pela fotocópia não autorizada de um livro
financia o crime
e ajuda a matar a produção intelectual de seu país.

O corpo em terapia

A abordagem bioenergética

Alexander Lowen

summus editorial

Do original em língua inglesa
THE LANGUAGE OF THE BODY
Physical dynamics of character structure
Copyright © 1958, 2012 by Alexander Lowen
Direitos desta tradução adquiridos por Summus Editorial

Editora executiva: **Soraia Bini Cury**
Tradução: **Maria Silvia Mourão Netto**
Revisão da tradução: **Débora Isidoro**
Ilustrações: **Caroline Falcetti** (p. 172-173) **e**
Natalia Aranda (todas as outras)
Projeto gráfico e montagem de capa: **Crayon Editorial**
Capa original: **Lowen Foundation**

Summus Editorial

Departamento editorial
Rua Itapicuru, 613 – 7º andar
05006-000 – São Paulo – SP
Fone: (11) 3872-3322
http://www.summus.com.br
e-mail: summus@summus.com.br

Atendimento ao consumidor
Summus Editorial
Fone: (11) 3865-9890

Vendas por atacado
Fone: (11) 3873-8638
e-mail: vendas@summus.com.br

Impresso no Brasil

Para Leslie, minha esposa,
minha infalível inspiração.

Sumário

Prefácio... 9
Introdução 13

PARTE I

1. Desenvolvimento de técnicas analíticas................................. 21
2. Aspectos somáticos da psicologia do ego............................... 35
3. O princípio do prazer.. 55
4. O princípio da realidade.. 67
5. O conceito bioenergético dos instintos................................ 81
6. Princípios bioenergéticos na terapia analítica....................... 101
7. Análise do caráter... 121
8. Formação e estrutura do caráter...................................... 137

PARTE II

9. O caráter oral 159
10. O caráter masoquista (1) 187
11. O caráter masoquista (2) 209
12. O caráter histérico (1)... 227
13. O caráter histérico (2) 245
14. O caráter fálico-narcisista 265
15. O caráter passivo-feminino 287
16. O caráter esquizofrênico 309
17. O caráter esquizoide 333

Notas... 353

Prefácio

Faz 66 anos que Alexander Lowen publicou seu primeiro livro, *Physical dynamics of character structure*, posteriormente lançado com o título *The language of the body*. Esta edição une os dois títulos. Nesta obra seminal, Lowen traçou os princípios básicos da análise bioenergética, incluindo uma discussão sobre caracterologia de uma perspectiva bioenergética. Seus trabalhos seguintes ampliaram os temas introduzidos aqui, mas, ao contrário de muitos autores que revisaram a própria obra com o passar do tempo e reviram posições iniciais, Lowen se manteve constante. Por isso, a compreensão básica de todo o sistema da análise bioenergética está aqui em sua inteireza. Tal sistema também é explicado com mais profundidade, tanto para o profissional quanto para o leigo — diferentemente de suas obras posteriores, mais focadas em tópicos específicos e tecnicamente menos detalhadas. Para quem procura uma apresentação mais aprofundada dos fundamentos teóricos da análise bioenergética como um sistema completo, este é o livro que eu recomendo, sem nenhuma hesitação, como ponto de partida. De fato, quando conheci esta obra, eu era um estudante em busca de uma escolha profissional significativa. Lê-la me influenciou sobremaneira a me formar em psicologia clínica. Como era de esperar, ao longo dos anos ouvi diversos profissionais de saúde mental contarem histórias semelhantes sobre como este livro influenciou suas escolhas. Reli o livro várias décadas depois do meu primeiro contato com ele, e estou impressionado com quanto as ideias contidas neste volume ainda são atuais e surpreendentemente inovadoras.

Embora os princípios básicos aqui descritos permaneçam sólidos, muita coisa mudou em nossa cultura desde que ele foi publicado pela primeira vez, em 1958. Segundo Lowen, diversas questões relacionadas à compreensão original de Freud sobre a formação de sintomas de histeria tinham perdido força com o passar do tempo e não eram mais aplicáveis de forma abrangente. De maneira semelhante, muito do ambiente cultural mudou desde que Lowen escreveu este livro. Por exemplo, problemas de personalidade e caráter relacionados ao treinamento severo para o desfralde, que costumavam ser comuns, diminuíram. Embora a relação intimamente recíproca entre estrutura de caráter e cultura estipule que a prevalência e a distribuição de certas estruturas de caráter se transformem inevitavelmente com as mudanças culturais, as necessidades humanas básicas que formam a estrutura do caráter permanecem constantes. Porém, elas podem ser expressadas de maneira diferente em contextos culturais em evolução. Nesse sentido, os princípios que Lowen descreveu são universais e atemporais, embora alguns detalhes possam diferir da época em que ele expressou estas ideias pela primeira vez.

Além disso, a análise bioenergética foi criada dentro da tradição psicanalítica e como um desafio a ela, derivando do trabalho de Wilhelm Reich e de outros pensadores psicanalíticos progressistas. Ela forneceu um caminho para ir além das limitações da psicanálise orientada para a fala, focada em alcançar *insights* cognitivos que, muitas vezes, não levavam a mudanças positivas na forma de viver a vida; seu objetivo é transformar o *insight* em mudanças físicas e experienciais que melhorem a qualidade de vida, reconhecendo que apenas o *insight* intelectualizado não é suficiente para resultar em mudanças positivas. A atmosfera atual da psicoterapia evoluiu consideravelmente: grande parte do pensamento psicanalítico foi descartada pelos praticantes de saúde mental mais convencionais, que a substituíram pela popular abordagem cognitivo-comportamental — mais superficial, pois busca a remissão de sintomas em curto prazo e com pouco conhecimento subjacente das questões profundas que envolvem transtornos de personalidade e caráter, as quais podem continuar gerando sintomas. Esses transtornos, embora onipresentes, deixam de ser tratados pela psicoterapia contemporânea e são, em vez disso, mascarados por uma proliferação de medicamentos que anulam o potencial humano em vez de promovê-lo. Além disso, as abordagens cognitivo-comportamentais ignoram essencialmente o corpo e sua experiência, privilegiando a cognição e o foco na mudança clara de comportamento, sem se preocupar com o significado mais profundo dos sintomas. Ao mesmo tempo, surgiram diversas abordagens de crescimento pessoal que enfocam o corpo e as dimensões físicas da experiência humana, como o alívio de tensões musculares por meio da massoterapia, mas elas

O corpo em terapia

não mostram uma compreensão profunda da unidade mente-corpo, que funde manifestação somática e dinâmicas psicológicas. Sozinhas, nem as abordagens psicológicas que deixam de abordar o corpo, nem as abordagens baseadas no corpo que deixam de abordar a psicologia são adequadas para resolver muitos dos problemas tratados pelos profissionais de saúde mental.

A unidade mente-corpo é o conceito analítico bioenergético mais fundamental. A herança singular de uma tradição reichiana tem sido mantida e desenvolvida pela análise bioenergética, tradição na qual o trabalho corporal é inextricavelmente ancorado em uma profunda compreensão de dinâmicas de personalidade e caráter, enquanto, simultaneamente, essas psicodinâmicas são ancoradas no corpo vivido. Sem uma abordagem holística que aborde toda a gama da experiência humana, é provável que a mudança seja de curta duração para aqueles cujos problemas são mais orientados para personalidade e caráter.

Embora uma vibrante escola de psicoterapia com alcance internacional tenha surgido do trabalho pioneiro de Lowen, hoje temos um grupo relativamente pequeno, mas dedicado, de terapeutas treinados em bioenergética. A análise bioenergética continua sendo pouco conhecida pelos profissionais de saúde mental e, para alguns que a conhecem, seu foco em encontrar e se apoderar de sentimentos intensos gera medo, e não entusiasmo pela possível liberação que daí pode resultar. Espera-se que a reedição deste livro clássico corrija essa situação.

Ele também é um merecido tributo a Lowen, um homem que influenciou pessoalmente numerosos pacientes e várias gerações de terapeutas bioenergéticos em seus muitos anos de atendimento em psicoterapia e condução de programas de treinamento, além de ser um autor persuasivo. Eu me incluo entre os felizardos que experimentaram a terapia bioenergética com Lowen e em inúmeros de seus *workshops*. Talvez ainda mais emblemática tenha sido sua tenacidade e a humildade para viver os princípios habilmente expressados neste livro. Já com mais de 90 anos, continuou atendendo e conduzindo treinamentos, bem como realizando a própria rotina diária de exercícios bioenergéticos. Certa vez, perguntei a Lowen sobre sua carreira incrivelmente produtiva e os sacrifícios pessoais que acreditava terem sido impostos por essa produtividade. A resposta foi sucinta e deveras coerente com sua abordagem da análise bioenergética: "Só me deu prazer". Isso reflete, afinal, o objetivo da abordagem — libertar o organismo para experimentar prazer em uma maneira de viver expansiva e desimpedida, congruente com a unidade mente-corpo.

Harris Friedman, PhD
Professor de Psicologia, Universidade da Flórida
Terapeuta bioenergético certificado

Introdução

Os movimentos expressivos no rosto e no corpo [...] servem como o primeiro meio de comunicação entre a mãe e seu filho. Os movimentos expressivos conferem vivacidade e energia às nossas palavras faladas. Revelam os pensamentos e as intenções dos outros de modo mais verdadeiro do que o fazem as palavras, que podem ser falseadas [...] A livre expressão de uma emoção através de sinais externos a intensifica [...] Por outro lado, a repressão, até onde isso for possível, de todos os sinais externos enfraquece nossas emoções. Aquele que se permite expressar por uma gesticulação violenta incrementará sua ira; aquele que não controla os sinais de medo vivenciará esse medo em grau mais elevado; e aquele que permanece passivo quando subjugado pelo pesar perde sua melhor oportunidade de recuperar a elasticidade mental.

Charles Darwin, 1872
A expressão das emoções no homem e nos animais

Estamos testemunhando um ataque à psicanálise por parte de psiquiatras e de outros que não negam seus princípios básicos. A crítica advém do desapontamento diante dos resultados da terapia psicanalítica, já que, mesmo deixando-se de lado os sérios problemas de custo, tempo e outros inconvenientes, as tão ansiadas modificações na personalidade, nas sensações e no comportamento em geral não se concretizam. É verdade que certos pacientes são auxiliados e alguns melhoram. Mas o número de pacientes que passa anos a fio em análise, ou pulando de um analista para outro, sem qualquer alteração significativa em suas aflições, insatisfações ou problemas reais é alarmante.

Há pouco tempo, fui consultado por uma jovem que dedicou quatro anos à análise e mais de um ano a outro tipo de terapia. É típico o seu comentário a respeito de suas experiências anteriores:

> Aquilo que me motivou a ir não mudou, na verdade. Sempre senti que minha capacidade de sentir era maior do que o que eu realmente sentia. Embora a análise tenha me ajudado a compreender muitas coisas, eu não passei a sentir mais. Foi com isso que me desapontei.

Diante dessa situação, é confusa a reação dos psiquiatras analistas. Alguns oferecem formulações mais elaboradas, enquanto outros apelam para o senso comum mais banal. Infelizmente, nenhuma das duas abordagens oferece uma solução para o problema. Tampouco podemos acusar Freud de que os *insights* que ofereceu ao mundo se mostraram relativamente ineficientes para enfrentar os sérios transtornos emocionais que tantas pessoas apresentam. O próprio Freud não prometeu isso. Ele conhecia as limitações de sua técnica.

A situação na qual a psicanálise se vê hoje é similar à de qualquer outra disciplina médica jovem. Podemos comparar os resultados das cirurgias de hoje com os de cem anos atrás? Os progressos resultam de alterações nas técnicas, de uma melhor compreensão do problema e de capacidades mais sofisticadas. Se os analistas do nosso tempo são responsabilizados pela situação atual, é só porque relutam em modificar seus procedimentos tradicionais.

A história da psicanálise não se ressente da falta de experimentadores e pensadores. Enquanto a maioria se dedicava a detalhes teóricos, alguns deles, em especial Ferenczi e Wilhelm Reich, introduziram inovações importantes nos procedimentos técnicos. Ferenczi, com sua "técnica ativa" ou "análise desde baixo", tentou trabalhar com os problemas de caráter mais difíceis que, mesmo então, desafiavam o método psicanalítico. As contribuições de Reich serão discutidas com mais detalhes ao longo deste estudo.

O problema que a psicanálise enfrenta emerge do fato de o analista lidar com sensações corporais e sentimentos corporais nos níveis verbal e mental, já que o assunto da análise é o sentimento e o comportamento do indivíduo. Suas ideias, fantasias e sonhos só são explorados na medida em que constituem um modo de compreender e atingir os sentimentos e influenciar o comportamento. Será que não podemos conceber a possibilidade de

O corpo em terapia

existirem outros meios e modos de alterar os sentimentos e as ações? Numa carta a W. Fleiss, em 1899, Freud revelou seu constante interesse por essa questão: "De tempos em tempos, visualizo uma segunda parte do método de tratamento: provocar as sensações do paciente e também suas ideias, como se fossem muito indispensáveis".

Se Freud não conseguiu propor um método de tratamento que concretizasse essa ideia, o fracasso pode ser atribuído à dificuldade inerente à relação mente-corpo. Enquanto o conceito de dualidade mente-corpo influencia o pensamento de uma pessoa, essa dificuldade é insuperável. Podemos inferir que Freud lutou contra esse problema durante toda a sua vida. Desse esforço resultaram formulações mais claras, que constituem a psicologia do ego. Porém, o mesmo problema desafia os analistas de hoje de modo tão agudo como foi com Freud.

Não é minha intenção, nesta introdução, sugerir a resposta a essa imensa interrogação. Em vez disso, gostaria de explicitar a tese que está na base deste estudo e aponta o caminho para solucionar esse problema. Os analistas têm ciência da identidade, entre muitos processos somáticos e fenômenos psicológicos. O campo da medicina psicossomática está repleto dessas referências. Implícito nessa identidade está o conceito de que o organismo vivo se expressa mais claramente através dos movimentos do que das palavras. Mas não só através dos movimentos! Por meio dos maneirismos, da postura, da atitude e de cada gesto, o organismo está falando uma língua que antecede e transcende sua expressão verbal. Além disso, existe uma boa quantidade de estudos específicos que correlacionam a estrutura corporal e física com atitudes emocionais. Ela pode se tornar objeto de estudo da técnica analítica tanto quanto os sonhos, os atos falhos e os resultados da associação livre.

Se a estrutura corporal e o temperamento estão relacionados, como qualquer um que estude a natureza humana pode verificar, a pergunta é: é possível modificar o caráter de um indivíduo sem alterar sua estrutura corporal, sua mobilidade funcional? Por outro lado, se é possível mudar a estrutura e aprimorar sua mobilidade, não poderíamos efetuar as modificações no temperamento desejadas pelo paciente?

Em sua expressão emocional, o indivíduo é uma unidade. Não é a mente que fica zangada nem é o corpo que agride. É o indivíduo que se expressa. Portanto, estudamos como um indivíduo específico se expressa, qual é o

Alexander Lowen

escopo de suas emoções e quais são os seus limites. É o estudo da mobilidade do organismo, porque a emoção se baseia na habilidade de "exteriorizar-se". Eis aqui um indício do relativo fracasso da psicanálise. *Ela ajuda relativamente pouco a compreender por que uma pessoa se comporta de determinada maneira.* O indivíduo que tem medo de mergulhar pode muito bem compreender que não vai se machucar. Precisamos entender e aprender a vencer o medo do movimento.

Se os determinantes da personalidade e do caráter são estruturados fisicamente, não deveria a empreitada terapêutica ser, da mesma forma, assim orientada? O conhecimento não é nada senão o prelúdio da ação. A fim de se tornar mais efetiva, a terapia analítica deveria prover tanto a compreensão quanto o movimento dentro da situação terapêutica. Os princípios de teoria e técnica que constituem o referencial de trabalho dessa nova abordagem compõem o que denominamos "análise e terapia bioenergética".

O principal responsável por ampliar o escopo da técnica analítica a fim de incluir a expressão física e a atividade do paciente foi Wilhelm Reich. Por mais que se possa discordar do trabalho posterior de Reich, esse desenvolvimento constitui uma das maiores contribuições à psiquiatria. Meu reconhecimento a Reich, que foi meu professor, se expressa nas inúmeras referências às suas ideias neste volume. Por outro lado, a terapia bioenergética é independente de Reich e de seus seguidores e difere da teoria e da técnica reichianas em muitos aspectos fundamentais, alguns deles apresentados aqui.

Pode ser interessante apontar as diferenças entre a terapia bioenergética e as técnicas psicanalíticas tradicionais. Em primeiro lugar, o estudo do paciente é unitário. O terapeuta bioenergético analisa não apenas o problema psicológico do paciente, como faria qualquer analista, mas também a expressão física do problema em sua estrutura corporal e em seus movimentos. Em segundo lugar, a técnica envolve uma tentativa sistemática de liberar a tensão física encontrada nos músculos espásticos e cronicamente contraídos. Em terceiro lugar, a relação terapeuta-paciente tem uma dimensão extra, inexistente na psicanálise. Como o trabalho é realizado no nível físico, além da análise no nível verbal, a atividade resultante envolve o analista mais profundamente do que as técnicas convencionais.

E quanto à transferência e à contratransferência numa situação desse tipo? São a ponte através da qual as ideias e os sentimentos fluem entre os indivíduos. Na terapia bioenergética, o contato físico põe a transferência

O corpo em terapia

e a contratransferência em foco, o que facilita o lado afetivo do trabalho analítico. Entretanto, exige uma maior habilidade por parte do analista para lidar com as tensões emocionais daí decorrentes. Se falta essa habilidade, o analista não completou sua preparação para a tarefa. Só com humildade e franqueza se pode ousar encarar o profundo manancial de sentimentos que está na essência dos seres humanos.

Este livro não tem a pretensão de ser uma apresentação completa das teorias e técnicas da análise e da terapia bioenergéticas. O campo é tão amplo quanto o próprio assunto da vida. Como uma introdução ao tema, deve diminuir a distância entre a psicanálise e o conceito de uma abordagem física para os transtornos emocionais. Estão em desenvolvimento outros estudos sobre os aspectos práticos e teóricos deste trabalho.

Gostaria de expressar minha gratidão a meu colega, dr. John C. Pierrakos, cuja colaboração na formulação das ideias aqui contidas foi inestimável, e ao dr. Joel Shor, por seu paciente e criterioso estudo do manuscrito. Também gostaria de apresentar meu reconhecimento aos membros do seminário sobre a dinâmica da estrutura de caráter, cujas sugestões e críticas aprimoraram minhas ideias. Meus agradecimentos à srta. Dora Akchim, que gentilmente datilografou este texto.

ALEXANDER LOWEN
Cidade de Nova York

PARTE I

1. Desenvolvimento de técnicas analíticas

A história do desenvolvimento dos conceitos e técnicas analíticas é a história dos fracassos terapêuticos. Isso é fato, qualquer que seja o campo da pesquisa científica; a psiquiatria e disciplinas correlatas não são exceção. Cada avanço é conseguido através do reconhecimento de um problema que métodos de pensamento e tratamento anteriores não conseguiram compreender nem resolver.

A origem da psicanálise se deu em situação semelhante. Sabemos que Freud esteve interessado em neurologia e doenças nervosas por um longo tempo antes de ter criado o método de pesquisa e tratamento pelo qual ficou conhecido. O problema específico a que dedicou atenção no momento crítico de sua carreira foi a histeria. Anteriormente, Freud se havia dedicado à "terapia física, e se sentia absolutamente desanimado depois dos desapontadores resultados obtidos com a 'eletroterapia' de Erb". Voltou-se, então, como sabemos, para o uso da hipnose e, especificamente, ao "tratamento pela sugestão durante hipnose profunda", que havia aprendido com Liébeault e Bernheim. Mais tarde, Freud declarou não estar satisfeito com esse sistema de tratamento, no qual, com frequência, o hipnotizador ficava irritado porque o paciente "resistia" às suas sugestões. Mas ele também conhecia bem outros procedimentos terapêuticos para o tratamento da histeria.

No artigo que publicou juntamente com Breuer, "Sobre os mecanismos psíquicos dos fenômenos histéricos", Freud estabeleceu as bases para o estudo científico dos fenômenos mentais. Na verdade, o método por ele empregado era a hipnose, mas a abordagem analítica substituiu a sugestão direta. Ela é descrita como a seguir: "e sob hipnose a fim de despertar recordações relacionadas à época em que primeiramente apareceram os sintomas".[1]

A hipnose tinha suas limitações. Em primeiro lugar, nem todo paciente podia ser hipnotizado. Em segundo, Freud não gostava de reduzir a consciência de seus pacientes. À medida que seus *insights* avançavam, ele substituiu a hipnose pela associação livre como via de acesso ao inconsciente, e mais tarde suplementou-a com a interpretação de sonhos como fonte de conhecimento sobre o inconsciente.

Essas novas técnicas permitiram uma compreensão mais profunda da dinâmica do funcionamento psíquico. Revelaram dois fenômenos que eram inacessíveis à hipnose. Em 1914, no artigo "Sobre a história do movimento psicanalítico", Freud escreveu que "a teoria da psicanálise é uma tentativa de explicar dois fatos observados, que surgem de maneira evidente e inesperada sempre que se tenta rastrear os sintomas de um neurótico até suas fontes, no passado: os fatos da transferência e da resistência".[2] Assim, o método da psicanálise "começou com uma nova técnica que dispensa a hipnose".[3]

A importância dos fenômenos de transferência e resistência para o conceito analítico é tão grande que Freud pôde dizer: "Qualquer linha de investigação, seja qual for sua direção, que reconheça esses dois fatos e os assuma como os pontos de partida de seu trabalho pode denominar-se psicanálise, embora chegue a resultados diferentes dos meus".[4] Assim, estariam justificadas a nossa busca de uma definição desses termos e uma explicitação mais completa de como são manipulados na situação terapêutica.

Numa conferência sobre psicoterapia, Freud definiu *resistência* do seguinte modo: "A descoberta do inconsciente e sua introdução na consciência é realizada mediante uma contínua resistência por parte do paciente. O processo de trazer à luz esse material inconsciente está associado à 'dor' (desprazer) e, por isso, o paciente repetidamente o rejeita".[5] Nessa época, Freud considerava a psicanálise um processo de reeducação, no qual o médico persuadia o paciente a vencer sua resistência e aceitar o material reprimido.

Se indagamos a respeito da natureza dessa dor (desprazer), descobrimos que é a expressão de um processo tanto psíquico como físico. No artigo "O método psicanalítico de Freud"[6], a experiência de uma memória reprimida é descrita como uma sensação de "real desconforto". Freud havia observado que o paciente estava inquieto, que se movimentava incessantemente e demonstrava sinais de maior ou menor perturbação.

Em uma palestra em 1910, Freud falou do método da psicanálise baseado em duas abordagens. Uma é a interpretação: "Damos ao paciente a ideia consciente do que ele pode esperar encontrar, e a semelhança dela com a que está reprimida no inconsciente leva-o a descobrir esta última por si mesmo".[7] A segunda, "mais poderosa, [está] no uso da 'transferência'".[8]

O corpo em terapia

Examinaremos o problema da transferência com mais minúcia num momento posterior deste livro. É digno de nota, contudo, que já em 1910 Freud descrevia a tarefa terapêutica em termos de análise da resistência. "Agora, entretanto, nosso trabalho é diretamente voltado para a descoberta e a superação das resistências."[9] E, em um artigo sobre a interpretação dos sonhos, ele disse que "é da maior importância para a cura que o analista esteja sempre alerta ao que está ocupando predominantemente a superfície da mente do paciente no momento, que saiba exatamente quais complexos e resistências estão ativos e que reação consciente a eles governará o comportamento do paciente".[10]

Embora não estejamos mais próximos de um completo entendimento da natureza da resistência, é oportuno estudar o problema da transferência, porque veremos que ambas compõem dois aspectos de uma única função. Na discussão de "A dinâmica da transferência", Freud iniciou com um pressuposto básico derivado de seus anos de experiência analítica. O de que "cada ser humano adquiriu [...] uma individualidade especial no exercício de sua capacidade de amar, isto é, nas condições que ele estabelece para o amor, nos impulsos gratificados por ele e nos objetivos que se propõe alcançar nele".[11] Mas, na terapia analítica, a transferência para o médico é marcada por um excesso, isto é, "é efetivada não apenas pelas ideias e expectativas conscientes do paciente, mas também por aquelas que estão suprimidas, ou inconscientes".[12] Além disso, durante a análise desenvolve-se o fato de que a "transferência fornece a resistência mais forte para a cura".[13] A resposta a esse problema deu a Freud uma compreensão da dinâmica da transferência.

Freud distinguiu dois aspectos da transferência: a positiva e a negativa, separando "as transferências de sentimento de afeição daquela de sentimento de hostilidade".[14] A transferência positiva se mostrou tanto um elemento consciente quanto um inconsciente enraizado no desejo erótico. Ficou claro, então, que eram a transferência negativa e o componente erótico inconsciente da transferência positiva que compunham a resistência. O elemento consciente da transferência positiva tornou-se o veículo para a sugestão terapêutica. Até esse ponto, tudo bem, mas qual é a origem e a função da transferência negativa? Em contraste com a transferência negativa, o elemento erótico da transferência positiva pode ser mais facilmente "elevado" e resolvido.

Antes de irmos adiante, vale discutirmos os meios usados por Freud para superar as "resistências". O tratamento começava com o paciente comprometido com a regra fundamental, ou seja, dizer qualquer coisa que lhe viesse à mente sem exercer nenhuma escolha sobre o material. Nessas circunstâncias, uma resistência pode se manifestar na cessação do fluxo de ideias ou associações. Raramente, ela se expressa pela recusa em *aceitar* uma interpretação. Em ambas as situações, a experiência mostrou a Freud que o paciente havia transferido para o médico uma parte do material de seu "complexo patogênico", que havia se recusado a expressar ou "defendido com a maior obstinação". Essas são as forças negativas que o analista pode enfrentar com a verdadeira transferência positiva e a esperança de cura do paciente. Os conflitos que surgem são, então, combatidos no campo da transferência e copiam aqueles na vida emocional do paciente.

A ambivalência que se manifesta na transferência caracterizou o comportamento do paciente desde o início da infância. Então, como o analista pode alterar um equilíbrio que, embora neurótico, manteve-se durante toda a vida passada do paciente? Se considerarmos essa questão com seriedade, vamos compreender que há dois fatores operando em uma psicanálise que podem alterar o equilíbrio de forças a favor de uma resolução do conflito. O primeiro é a compreensão amistosa do paciente pelo analista. A despeito de o paciente poder "ver" o analista como uma imagem paterna ou outra figura familiar, isso é o oposto da realidade. O analista é compreensivo, enquanto o pai verdadeiro não era; solidário, quando o pai foi intolerante; e receptivo, quando o pai foi rejeitador. Como atitude geral, porém, essas qualidades não seriam muito efetivas. Elas extraem seu poder do fato de o analista ser visto como o protagonista do prazer sexual. É sua atitude afirmativa em relação à sexualidade que faz a ponte para o inconsciente do paciente. Ele é, ao mesmo tempo, o representante do instinto sexual e o responsável por sua supressão, em virtude de uma transferência negativa.

Nunca é demais enfatizar a importância da atitude positiva de Freud perante a sexualidade como arma terapêutica nos primórdios da terapia psicanalítica. É preciso lembrar a atmosfera moral entre 1892 e 1912 para que se aprecie toda a força de sua postura. Em uma época em que uma discussão aberta sobre sexo era quase impossível, a franqueza e a honestidade de Freud diante do assunto facilitaram a descoberta do impulso sexual suprimido, acompanhado de suas imagens e afetos. Uma interpretação que hoje

O corpo em terapia

pode ser considerada com naturalidade provocava, naquela época, tremenda resistência e uma profunda inquietação. Destampado o caldeirão fervente, o vapor começou a escapar. E, até mesmo nos dias sofisticados de hoje, uma interpretação válida de sonhos e fantasias sexuais tem uma incrível força. Por outro lado, essa sofisticação no pensamento analítico e sexual roubou da interpretação analítica a força de que fora dotada anteriormente. Todos nós conhecemos o paciente que vai de um analista a outro e sabe "tudo sobre" seu complexo de Édipo e seus desejos incestuosos pela mãe.

A transferência era, e ainda é, baseada na projeção de desejos sexuais reprimidos e medos na figura do analista. Freud estava totalmente a par disso quando discutiu o problema do amor de transferência. Com sua vasta experiência, ele analisou o problema claramente e mostrou como deveria ser manejado. Uma de suas declarações é deveras interessante: "Colocaria como princípio fundamental que o desejo e o anseio do paciente devem poder permanecer, a fim de servirem como forças propulsoras para o trabalho e as mudanças que serão trabalhadas".[15] Porém, não é só no caso das pacientes do sexo feminino que a transferência transmite esperanças e desejos sexuais. Os pacientes do sexo masculino contam com expectativas de uma potência sexual aumentada, que esperam que o analista proporcione através da técnica terapêutica. Aqui, também, a promessa mantida pela atitude positiva diante da sexualidade é o ímã que atrai os pensamentos inconscientes.

É também importante lembrar que a técnica de análise de resistência e transferência alcançou sua maior eficácia no tratamento de histerias, das neuroses obsessivo-compulsivas e nos transtornos emocionais nos quais a formação de sintomas era o elemento principal. Esses foram os problemas encontrados por Freud no começo de sua carreira, sendo eles caracterizados por um predomínio de conflitos no nível genital. Mas havia outros problemas menos sugestionados por essa técnica. O masoquismo, a mania, a depressão e a psicose tinham sido originalmente colocados como transtornos da função genital. Porém, logo ficou claro que o problema genital simplesmente refletia um conflito mais profundo, cujas origens estavam nos anos pré-edípicos da vida do paciente. Contra essas perturbações profundamente enraizadas, a técnica de análise da resistência explorando a transferência sexual teve um progresso pequeno e vagaroso.

Com a chegada de analistas mais jovens, a técnica psicanalítica tradicional foi modificada para atender aos casos mais difíceis. O mais importante

Alexander Lowen

dentre todos os primeiros inovadores foi Ferenczi, com sua "técnica ativa". Sabemos que suas ideias o puseram em constante conflito com Freud, que resistia a qualquer modificação no método tradicional de psicanálise. Contudo, Ferenczi sustentou sua lealdade a Freud e aos conceitos psicanalíticos básicos, embora suas experiências o tenham compelido a mudar as técnicas terapêuticas em alguns aspectos importantes. A publicação dos artigos de Ferenczi nos permite avaliar com propriedade sua contribuição para a técnica analítica.

À medida que lemos os artigos e as palestras de Ferenczi, ficamos impressionados com seu interesse pelos pacientes e pelos problemas técnicos do procedimento terapêutico. Em sua nota introdutória às publicações desse autor, Clara Thompson diz que, "até o fim de sua vida, [ele] procurou incansavelmente aprimorar sua técnica destinada a produzir uma terapia mais efetiva".[16] Já em 1909, no artigo "Introjeção e transferência", Ferenczi revelou quanto era penetrante seu conhecimento da relação terapêutica. Então, em 1920, ele falou sobre o desenvolvimento de uma terapia ativa em psicanálise.[17]

Nesse artigo, como nos outros que o precederam, Ferenczi mostrou que, embora o analista adote ostensivamente uma atitude passiva durante o tratamento, sua atividade fica simplesmente suspensa até que surja uma resistência.[18] Comunicar uma interpretação é, em si mesmo, uma interferência ativa na atividade psíquica do paciente; mobiliza os pensamentos numa certa direção e facilita o aparecimento de ideias que, de outro modo, teriam sido impedidas pela resistência de se tornar conscientes. E não se pode negar que a obrigação de seguir a regra fundamental é imposta pelo analista de uma forma ativa, embora indireta. Ferenczi apontou claramente que jamais havia existido qualquer dúvida quanto ao papel ativo do analista na terapia. É diferente em relação ao paciente. "A análise não exige atividades do paciente, exceto o comparecimento pontual no horário do tratamento".[19] Mas logo foram feitas exceções no caso de alguns deles que apresentavam fobias ou sintomas compulsivos. O próprio Freud já havia reconhecido isso.

Ferenczi, então, propôs introduzir uma técnica na qual "certas tarefas, além da regra fundamental", são impostas ao paciente.[20] Ele havia descrito um caso no qual exigiu do paciente "uma renúncia a certas atividades prazerosas até então despercebidas", e em consequência "o progresso na análise foi visivelmente acelerado". Esse caso, relatado em "Dificuldades técnicas

O corpo em terapia

na análise de um caso de histeria", demonstra uma análise brilhante da dinâmica da estrutura de caráter histérico.

Que atividades Ferenczi exigia de seus pacientes?[21] Em um caso muito interessante, ele pedia à paciente que fosse uma cantora, conduzisse uma orquestra e tocasse piano. Em outro, a ordem para escrever ideias poéticas revelou um forte complexo de masculinidade. Entre os sintomas que Ferenczi não permitia estavam a "necessidade de urinar imediatamente antes ou após a sessão analítica, a sensação de enjoo durante a sessão, agitação motora inconveniente, beliscar e afagar o rosto, as mãos ou outras partes do corpo etc.". Mais importante, contudo, do que as técnicas específicas, é o princípio que embasa o conceito de "atividade". Porque, como veremos, tal princípio foi extraordinariamente ampliado por Wilhelm Reich, aluno de Ferenczi. Portanto, os comentários de Ferenczi são esclarecedores:

> O fato de as expressões de emoção ou ações motoras forçadas nos pacientes evocarem secundariamente memórias do inconsciente se deve parcialmente à reciprocidade de afeto e à ideia enfatizada por Freud em *Tramdeutung* [A interpretação dos sonhos]. O despertar da memória pode — como na catarse — trazer com ela uma reação emocional, mas uma atividade extraída do paciente, ou uma emoção liberada, podem expor igualmente as ideias reprimidas associadas a esses processos. É claro que o médico precisa ter alguma noção de que afetos ou ações necessitam ser reproduzidos.[22]

Em um trabalho posterior, Ferenczi discutiu certa contraindicação à técnica psicanalítica "ativa". Ao mesmo tempo, ampliou o conceito de atividade. Outra citação é reveladora: "Desde então, aprendi que às vezes é útil recomendar *exercícios de relaxamento*, e que com esse tipo de relaxamento é possível vencer as inibições psíquicas e resistências às associações".[23] A atenção de Ferenczi à atividade muscular e à expressão corporal é constantemente notada em seus trabalhos. Há um artigo muito interessante sobre "Pensamento e inervação muscular", no qual o paralelismo e a similaridade dos dois processos são analisados. Em uma nota de rodapé em outro artigo, Ferenczi declarou: "Parece haver certa relação entre a capacidade geral para o relaxamento da musculatura e para a associação livre".[24] Outro aspecto desse tipo de técnica analítica aparece na seguinte observação: "Falando em termos gerais, os métodos tendem a convencer os pacientes de que eles são

Alexander Lowen

capazes de suportar mais 'dor' e que, na verdade, podem usar essa 'dor' para obter um prazer ainda maior; e disso emerge certa sensação de liberdade e autoconfiança claramente ausente no neurótico".[25]

Como não é meu propósito elucidar os conceitos de Ferenczi, mas, ao contrário, estudar seu método como parte do desenvolvimento histórico das técnicas analíticas, devo evitar citações adicionais extraídas de suas observações mais interessantes. Nesse ponto em que abandonamos Ferenczi, ele havia ampliado muito o conceito analítico. A "técnica puramente passiva de associação, [que] parte de quaisquer superfícies psíquicas presentes e volta às catexias pré-conscientes do material inconsciente, pode ser descrita como 'análise a partir de 'cima', para distingui-la do método 'ativo' que eu gostaria de denominar 'análise a partir de baixo'".[26]

Na época em que Ferenczi ampliou o escopo do procedimento analítico, outros analistas estavam estudando e classificando padrões de comportamento. Isso tomou a forma de tipos de caráter, dos quais o maior expoente foi Abraham. Antes disso, a análise era principalmente análise de sintomas. O analista fazia um pacto com o ego do paciente: o de que o caráter seria poupado em troca de uma resolução do sintoma. Obviamente, o analista estava ciente do caráter do paciente e tinha de contar com ele enquanto o paciente era gradualmente preparado para aceitar *insights* dolorosos. Mas o ataque ao caráter propriamente dito não ocorreu até Reich publicar seu artigo sobre "Análise do caráter", em 1929.

Problemas de caráter são diferenciados de sintomas neuróticos na medida em que neles "falta o conhecimento da doença". Ferenczi comparou o caráter a uma "psicose particular suportada, ou melhor, reconhecida pelo próprio ego".[27] É exatamente nos transtornos de caráter que Ferenczi encontrou o maior valor e utilidade de sua técnica ativa. Quando o ego é parte da mesma estrutura que constitui o problema básico, a análise "a partir de baixo" pode contornar a defesa que o ego erigiu contra um ataque a ele. Nos próximos capítulos, teremos oportunidade de estudar como a análise de caráter forma uma ponte entre a psicologia do ego acima e as tensões e problemas somáticos abaixo.

A despeito dos progressos feitos por Ferenczi, Abraham e Reich, os problemas do indivíduo emocionalmente perturbado estavam longe de uma solução rápida. Eram necessários mais avanços na metodologia. Os conceitos e procedimentos da técnica "ativa", isto é, da "análise a partir

O corpo em terapia

de baixo" ou abordagem somática, precisavam ser trabalhados a fundo. O caráter propriamente dito, que é fundamentalmente um modo gestáltico de compreender o comportamento, ainda não era totalmente compreendido dinâmica ou geneticamente. A ponte não poderia ser concluída até que as funções psíquica e somática fossem entendidas como um sistema unitário. As funções da libido, enquanto energia psíquica, tinham de ser correlacionadas com processos energéticos em nível somático. A tarefa foi substancialmente concluída no âmbito psicológico com a publicação de *O ego e o id*, de Freud, e seu estudo anterior, *Além do princípio do prazer*. Algumas modificações podiam ser esperadas, mas as principais relações e forças haviam sido descritas.

O avanço no campo somático aconteceu através do trabalho posterior de Reich. Em 1927, Reich, um dos líderes da escola dos analistas mais jovens, publicou um estudo significativo: *A função do orgasmo*. Nele, o autor propunha a teoria de que o orgasmo serve à função de descarga do excesso de energia do organismo. Se a descarga é bloqueada ou insuficiente, desenvolve-se a ansiedade. Alguns indivíduos conseguem se livrar da energia excedente através de exercício muscular, enquanto outros podem diminuir a ansiedade limitando a produção de energia, mas essas soluções prejudicam a função natural do organismo no nível físico. Ao mesmo tempo, claro, reduzem a possibilidade de prazer, que por si só garante o bem-estar emocional do indivíduo. Sem esse conceito da função genital, a compreensão da dinâmica das emoções no nível somático é quase impossível.

Na edição inglesa de *A função do orgasmo*, Reich relata o tratamento de um caso de homossexualidade passiva em 1933. A resistência, que era especialmente forte, era "manifestada numa atitude de extrema rigidez do pescoço (pescoço duro)".[28] Quando a resistência desapareceu, houve uma violenta reação negativa: "A coloração do rosto mudava rapidamente, de branca para amarela ou azul; a pele apresentava manchas de diferentes tonalidades; o paciente queixou-se de dor intensa no pescoço e na região occipital; o ritmo cardíaco era rápido, ele teve diarreia, sentia-se esgotado e parecia ter perdido o controle". Reich comentou que, quando "os músculos do pescoço relaxaram, poderosos impulsos emergiram".[29] Baseado em diversos fatos semelhantes, ele deduziu que a energia emocional, que poderia ser expressa sexualmente ou como raiva ou ansiedade, era "bloqueada pelas tensões musculares crônicas".

Ferenczi tinha feito observações semelhantes, sobretudo sobre a tensão dos músculos esfincterianos, o ânus, a uretra e a glote. Ele havia mostrado a relação entre "tiques" e energia sexual deslocada e estava ciente das atitudes musculares. No entanto, não conseguiu elaborar as conclusões teóricas extraídas dessas observações relacionando a tensão muscular com a função psíquica em geral. Foi o que Reich fez ao dizer que o caráter e a atitude muscular eram "funcionalmente idênticos, isto é, serviam energeticamente à mesma função". Num sentido prático, isso proporcionou um método mais abrangente de terapia, no qual a "análise a partir de cima" era combinada com a "análise a partir de baixo".

Reich declarou: "Quando uma inibição de caráter deixava de responder à influência psíquica, eu trabalhava com a atitude somática correspondente. De modo inverso, quando uma atitude muscular perturbadora se mostrava de difícil acesso, eu trabalhava em sua expressão caracterológica e assim a relaxava".[30]

As grandes contribuições à compreensão analítica do homem sempre derivaram de observações clínicas. Melhorias na técnica levam a modificações na teoria, e inovações na técnica a ampliações da teoria. A formulação de Reich sobre a identidade funcional entre tensão muscular e bloqueio emocional foi um dos maiores *insights* desenvolvidos no curso da terapia analítica de problemas emocionais. Abriu a porta para um novo campo de investigação analítica, e Reich foi o primeiro a explorar suas possibilidades. Nas obras *A função do orgasmo* e *Análise do caráter* (3ª edição), Reich apresentou os primeiros resultados desse novo método de tratamento e investigação.

É importante ressaltar que a rigidez muscular não é apenas o "resultado" do processo de repressão. Assim como o transtorno psíquico contém o significado ou propósito da repressão, a rigidez muscular explica como essa repressão acontece, sendo o mecanismo físico que mantém esse conteúdo inconsciente. Como ambos estão imediatamente ligados na unidade funcional de expressão emocional, observa-se que a "dissolução de uma rigidez muscular não só libera energia vegetativa como, além disso, traz de volta à memória aquela situação infantil específica na qual a repressão ocorreu".[31] O termo "neurose" pode ser ampliado para significar uma perturbação crônica da mobilidade natural do organismo. Disso decorre também que a neurose é idêntica a uma diminuição ou limitação da agressão, sendo esta palavra usada em seu sentido natural de "mover-se em direção a".

O caráter de um indivíduo, como manifestado por seu padrão de comportamento característico, também é retratado no nível somático pela forma e pelo movimento do corpo. A soma das tensões musculares vista como uma gestalt, isto é, como uma unidade, a maneira de se mover e agir constituem a "expressão corporal" do organismo. A expressão corporal é a perspectiva somática da expressão emocional típica, que é vista no nível psíquico como "caráter". Não é mais necessário depender de sonhos ou da técnica de associação livre para chegar aos impulsos inconscientes e suas resistências, também inconscientes. Não que essas técnicas não tenham um lugar próprio, mas uma abordagem mais direta desse problema é fornecida pelo ataque ao bloqueio na mobilidade ou à rigidez muscular em si. Reich elaborou tudo isso e muito mais. É nosso objetivo preencher as lacunas e ampliar a teoria e a prática. O próprio Reich apontou a necessidade de mais trabalhos nessa linha, quando disse: "A dissolução dos espasmos musculares segue uma lei que ainda não pode ser formulada por completo".[32]

Um importante avanço técnico oriundo das observações e do raciocínio que produziram essas formulações foi o uso da respiração no procedimento terapêutico. A análise no nível somático havia revelado que os pacientes prendiam a respiração e encolhiam a barriga a fim de suprimir ansiedade e outras sensações. Sabe-se que essa é uma prática quase universal, que pode facilmente ser observada tanto em crianças quanto em adultos. Em situações experimentadas como amedrontadoras ou dolorosas, contraímos o diafragma e os músculos abdominais. A descarga da tensão resulta em um suspiro. Se isso se torna um padrão crônico, o peito é mantido alto na posição de inspiração, a respiração é rasa e a barriga, "dura". A redução na respiração diminui a absorção de oxigênio e reduz a produção de energia pelo metabolismo. O resultado é uma perda de afeto e um rebaixamento do tônus emocional.

Isso está de acordo com o conceito de "atividade" de Ferenczi: pedir ao paciente que respire mais relaxada e naturalmente durante o procedimento terapêutico. Obviamente, como todos os procedimentos ativos, a aplicação é individual; depende do paciente em questão e de sua situação. Constitui, porém, o procedimento básico. Além disso, há outras sugestões para atividade ou contenção, todas elas criadas para colocar o paciente em contato com uma falha na sua mobilidade ou uma rigidez muscular, ou tomar conhecimento delas. A dissolução da rigidez é então obtida através

Alexander Lowen

do controle consciente que o paciente exerce sobre a tensão muscular e sobre o impulso emocional bloqueado pela condição espástica. Movimento e expressão constituem os instrumentos de todos os procedimentos analíticos e são suplementados, quando necessário, por um trabalho direto sobre a rigidez muscular.

É importante reconhecer o poder inerente a esses procedimentos. Em nossa técnica, lidamos não apenas com "derivativos do inconsciente", mas também com o próprio mecanismo inconsciente de repressão. Desse modo, é possível trazer os afetos à consciência com uma intensidade que é impossível no nível verbal. Ferenczi sabia bem das limitações dos procedimentos analíticos comuns. Em *Psicanálise dos hábitos sexuais*, ele escreveu: "A comunicação entre consciente e inconsciente acontece, como Freud nos disse, 'pela interposição de conexões pré-conscientes'. É claro que isso se aplica apenas às apresentações inconscientes; no caso de tendências internas inconscientes que 'se comportam como reprimidas', ou seja, não alcançam a consciência nem na forma de emoções nem como sensações, a interpolação de conexões pré-conscientes não as trará ao nível da consciência. Por exemplo, sensações internas inconscientes de 'dor' podem desenvolver força propulsora sem atrair a atenção do ego para a compulsão. Somente a resistência à compulsão, o bloqueio da reação de descarga, pode trazer esse 'algo mais' à consciência, na forma de 'dor'".[33] As citações na observação de Ferenczi foram extraídas de *O ego e o id*, de Freud.

A descrição de Reich das tensões musculares específicas e de seu papel, tanto como mecanismos de defesa quanto como expressão de impulsos secundários, derivativos, é uma leitura valiosa para qualquer pessoa que deseje compreender a dinâmica da expressão corporal. Por outro lado, como nossa orientação é algo diferente, embora emane dos conceitos básicos de Reich, e como nossa técnica é alterada de modo correspondente, não se faz necessário elaborar mais suas observações ou teorias.

Se a unidade funcional do caráter e do padrão de rigidez muscular é reconhecida, torna-se importante descobrir seu princípio básico comum: o conceito de processos de energia.

No reino psíquico, os processos de estruturação que compõem o equilíbrio neurótico só podem ser entendidos em relação a uma "energia deslocável" que Freud denominou libido. Quando alguém observa a mobilidade física, por outro lado, está em contato direto com uma manifestação de

O corpo em terapia

energia física. É uma lei física básica: todo movimento é um fenômeno energético. Quando o paciente bate os braços, uma análise do movimento revelaria o processo de energia subjacente. A menos que energia seja deslocada para as pernas e os pés e descarregada no chão, é impossível saltar. Aqui, novamente, fazemos referência a leis físicas básicas: movimento envolve a descarga de energia e ação provoca reação. Agimos sobre o solo de modo energético e ele reage para nos lançar para cima. Embora quase nunca pensemos sobre nossos movimentos desse jeito, esse raciocínio é necessário quando se quer compreender a dinâmica do movimento. Precisamos saber também qual é a natureza dessa energia que está em ação no corpo humano. De que forma ela se relaciona à energia psíquica chamada libido?

Para evitarmos o misticismo, precisamos considerar o conceito de energia como um fenômeno físico, isto é, capaz de ser medido. Devemos também seguir a lei física de que toda energia é intercambiável e assumir, de acordo com as modernas doutrinas da física, que todas as formas de energia podem ser e eventualmente serão reduzidas a um denominador comum. Não é importante, nesse momento, conhecer a forma final dessa energia básica. Trabalhamos com a hipótese de que há uma energia fundamental no corpo humano, que se manifesta em fenômenos psíquicos ou no movimento somático. Tal energia será chamada simplesmente de "bioenergia". Os processos psíquicos, bem como os somáticos, são determinados pela operação dessa bioenergia. Todos os processos vitais podem ser reduzidos a manifestações dela.

Um conceito tão unitário, embora esteja no fundo da mente de todo analista, não é imediatamente prático em terapia analítica. O terapeuta analiticamente orientado aborda o paciente a partir do exterior. Seu contato é sempre da superfície para dentro. E, por mais profundamente que ele possa penetrar na vida interior e nos processos biofísicos mais enraizados, os fenômenos que ocorrem na superfície jamais são ignorados ou subestimados. Porque o problema do paciente, como ele se apresenta à terapia, está baseado numa dificuldade em sua relação com o mundo exterior, com as pessoas, com a realidade. Nesse aspecto de sua individualidade, o paciente apresenta não a unidade de um processo bioenergético como é visto, por exemplo, no protozoário, mas a dicotomia que se expressa numa relação mente-corpo, na qual cada esfera está agindo sobre a outra e reagindo a ela. Assim, para os propósitos da terapia analítica, uma abordagem dualista, como caracterizada no pensamento de Freud, é indispensável. No próximo capítulo, em que a relação entre mente e corpo será mais bem explorada, nossa perspectiva será dualista. No nível superficial, também é possível uma unidade em termos da função, e essa função unitária que liga psique e soma é o caráter.

2. Aspectos somáticos da psicologia do ego

Embora a psicanálise seja considerada uma disciplina limitada ao estudo dos problemas psíquicos, ela tem origem no estudo de funcionamentos somáticos anormais, cuja causa não poderia ser atribuída a danos físicos. Tais problemas compunham um grupo que incluía a histeria, a neurose de ansiedade, a neurastenia e o comportamento obsessivo-compulsivo. Freud definiu a histeria como a "capacidade para a conversão [...] a capacidade psicofísica de transmutar grandes quantidades de excitação em inervação somática".[34] Apesar dos muitos anos de estudo psicanalítico da histeria, o mecanismo pelo qual essa conversão ou transmutação ocorre ainda não havia sido satisfatoriamente explicitado. A solução não foi encontrada senão quando Reich formulou a lei básica da vida emocional, isto é, a unidade e antítese do funcionamento psicossomático.

Embora Freud tenha abandonado a tentativa de compreender a neurose tanto no nível psíquico como no somático, ele jamais perdeu de vista os processos corporais subjacentes. A afirmação categórica de que o ego é "antes de tudo e principalmente um ego corporal" comprova esse seu interesse.[35] Muito mais que Freud, Ferenczi tentou correlacionar processos biológicos e fenômenos psíquicos. Resultados positivos o levaram a desenvolver uma terapia "ativa" no nível somático para complementar o trabalho analítico no âmbito psíquico. Em 1925, no artigo intitulado "Contraindicações à técnica psicanalítica 'ativa'", Ferenczi questionou seriamente a abordagem intelectual na análise. "Fica claro que, usando somente a inteligência, que é uma função do ego, nada pode ocorrer que seja de fato convincente".[36] Embora isso seja admitido hoje por todos os analistas, a sensação corporal imediata como meio de se chegar à convicção é um fato conhecido por poucos psiquiatras analistas. O objetivo deste livro é expandir o princípio da "análise a partir de baixo" e oferecer aos terapeutas de linha analítica uma compreensão dos processos

Alexander Lowen

somáticos dinâmicos que estão na base dos fenômenos psíquicos observados em análise.

Antes de ser possível estabelecer uma inter-relação dos processos mentais e corporais, foi preciso conhecer os mecanismos do sistema que, por si só, pode abranger e configurar as relações. Trata-se do paradoxo do conhecimento: os meios para o conhecimento devem ser empregados para compreender o próprio fenômeno do conhecimento. Podemos estar absolutamente certos de que Freud não desconhecia o fato de que, em algum momento, a psicanálise teria de se basear na biologia a fim de alcançar o *status* científico que ele pretendia. Se, então, ele limitou a psicanálise ao estudo dos fenômenos psíquicos, deve ser porque sentiu que nosso conhecimento dos processos psíquicos não era sólido o bastante para tentar criar uma ponte entre os dois reinos do funcionamento humano. É mérito dele ter conseguido elaborar uma estrutura do funcionamento psíquico que poderia servir como trampolim para o salto para a biologia. Hoje, é indispensável termos uma profunda compreensão da psicologia do ego para entendermos o caráter e a dinâmica da terapia bioenergética.

Em 1923, Freud publicou um estudo detalhado sobre o ego e o id. Desde então, seus conceitos básicos pouco mudaram. Esses conceitos serão a base da presente revisão. Porém, de início, é preciso reconhecer que as expressões usadas em psicanálise descrevem fenômenos mentais. Veremos, no entanto, que a interpretação mental de percepções, sentimentos ou necessidades é um pouco desconcertante e que o conceito psíquico deve ser complementado por ações físicas, a fim de adquirir um caráter de realidade.

O conceito de ego é fundamental para o pensamento analítico. A palavra "ego" não é uma tradução inglesa da expressão alemã *Das Ich*, empregada por Freud e cuja tradução para o francês é *le moi*. A palavra correta em inglês seria "the I", ou "o eu" em português. Devemos lembrar, portanto, que o ego é usado como sinônimo de *self* num sentido subjetivo. Aqui, novamente, a dificuldade de conhecer o *self* através do próprio *self* é aparente. Porém, essa é a único maneira, na medida em que o ego é a primeira coisa que encontramos tão logo nos voltamos para dentro de nós mesmos.

Freud descreve muito bem o ego:

> [...] em cada pessoa existe uma organização coerente de processos mentais, que denominamos ego. Esse ego inclui consciência e controla a

O corpo em terapia

abordagem da mobilidade, isto é, da descarga das excitações no mundo exterior; é essa instituição da mente que regula todos os processos que a constituem e que à noite vai dormir, embora, mesmo então, continue a censurar os sonhos.[37]

Porém, mesmo em uma afirmação tão clara, resta ainda certa confusão. Não é fácil conciliar a afirmação de que o "ego vai dormir à noite" com sua descrição de "organizador dos processos mentais". Talvez devêssemos dizer que é a pessoa que vai dormir e não seu ego, embora este seja envolvido por essa função total, como os sentidos e a musculatura. Com a diminuição da atividade, há concomitantemente um decréscimo na excitação do organismo como um todo, resultando desse fenômeno o obscurecimento ou a extinção do ego.

Há uma base válida para comparar o ego, em pelo menos um de seus aspectos, com uma lâmpada elétrica, porque a inteligência é um tipo de luz. Embora atribuamos a escuridão à extinção da luz na lâmpada, ainda sabemos que é a interrupção da corrente elétrica a responsável pela escuridão. Não seria o sono um processo semelhante? Quando a excitação se acalma, a luz que é o ego diminui ou desaparece.

É importante, por motivos de ordem prática, que façamos essa distinção no que se refere à natureza básica do sono. Deveremos dizer aos nossos pacientes que sofrem de insônia que parem de pensar? Ou não deveríamos buscar a causa de sua incapacidade para cessar a atividade mental consciente na persistência da tensão e excitação somáticas? Em seus primórdios, Freud reconheceu que a atividade sexual satisfatória era o melhor indutor do sono. Hoje sabemos que o orgasmo serve para descarregar energia ou tensão e, portanto facilita o sono. Não é que o ego se recuse a ir dormir; ele não pode ser reduzido enquanto uma excitação somática persistente fluir para o aparato mental. A direção oposta desse fluxo, ou seja, para baixo, leva essa excitação para os órgãos de descarga, os genitais.

Mas o ego é mais do que a luz na escuridão da atividade inconsciente. O ego controla o acesso à mobilidade — ou, dito de outro modo mais adequado, controla a mobilidade. Dentro de certas limitações, o ego é capaz de permitir uma ação ou de adiá-la até que as condições sejam oportunas. Pode inibir ações e até mesmo reprimi-las além da consciência. Nessa função, o ego se assemelha aos equipamentos eletrônicos que regulam o tráfego ferroviário e podem substituir o controlador dos trens e os sinais de luz verde, vermelha e amarela. O trem pode estar absolutamente pronto para partir, cheio de vapor ou diesel, mas nenhum movimento vai acontecer antes que seja dado o sinal de partida, indicando que o caminho à frente está desimpedido. O ego é como uma luz voltada para fora ou para dentro. Voltada para fora, perscruta o ambiente através dos sentidos; para dentro, configura um conjunto de sinais que governam os impulsos de saída. Além disso, sabemos que o ego tem o poder inerente de adequar os impulsos à realidade, semelhante à função dos reguladores eletrônicos.

Freud conhecia bem essas relações no reino psíquico. "Do ego procedem também as repressões, por meio das quais é feita uma tentativa de eliminar certas tendências da mente, não apenas da consciência como também de todas as suas demais formas de manifestação e atividade".[38] A resistência que o paciente demonstra na análise pode ser simplesmente a expressão manifesta da luz vermelha da repressão. Por certo, concordamos com Freud em relação ao reprimido e sua manifestação em resistência, ambos inconscientes, como parte do ego — que, então, inclui elementos tanto conscientes quanto inconscientes. Mas uma importante distinção precisa ser feita. O ego pode incluir apenas aqueles dados inconscientes — medos, impulsos, sensações — que foram em alguma época conscientes e, depois, reprimidos. O problema de falhas ou interrupções no desenvolvimento ultrapassa o escopo da psicologia do ego. A pessoa que, quando criança ou bebê, jamais experienciou certas sensações, não poderá adquiri-las através da análise. No caso de um indivíduo que não teve sensação de segurança no começo da vida, a necessidade em terapia não é somente a análise, mas a oportunidade e os meios para adquirir essa segurança no presente. A análise não pode devolver a uma galinha sua capacidade de voar. Somente dentro da estrutura da psicologia analítica do ego é correto considerar a neurose produto "da antítese entre o ego organizado e o que é reprimido e dissociado dele".

Em seguida, aprendemos com Freud que o ego está localizado topograficamente na superfície do aparato mental, onde se encontra próximo ao mundo exterior. Essa posição corresponde à necessária função de percepção. O ego ilumina e percebe a realidade externa, assim como está consciente da realidade interna — dos medos, impulsos e necessidades; em outras palavras, das sensações do organismo. Mas devemos concordar com Freud quando ele diz que, "enquanto as relações entre as percepções exteriores e o ego são

O corpo em terapia

perfeitamente claras, aquelas entre as percepções internas e o ego demandam uma investigação mais cuidadosa".[39]

A respeito dessa segunda relação, Freud acrescenta que "sensações e sentimentos se tornam conscientes apenas se alcançam o sistema da percepção; se o acesso está bloqueado, elas não se tornam sensações, embora o elemento indeterminado que corresponde a eles seja o mesmo que seria se o fizessem".[40] Podemos, por conseguinte, distinguir um evento interior (um elemento quantitativo indeterminado) do fenômeno de sua percepção pelo qual ele recebe um significado qualitativo, ou seja, é posto em relação com a realidade externa. É precisamente esse "elemento indeterminado" o sujeito de todas as assim chamadas técnicas "ativas".

O ego tem como núcleo o sistema perceptivo e abarca o consciente, mas isso deveria ser ampliado para incluir tudo que já foi consciente — o inconsciente reprimido e o pré-consciente. O ego, como fenômeno psíquico, é o sistema perceptivo com todas as suas percepções passadas e presentes. Freud concorda com Groddeck quando admite que a função do ego é "essencialmente passiva". Essa é uma conclusão inevitável no caso daqueles que identificam o *self* com o sistema de percepção; aqueles que encontram o "Eu" na mente. É a base de todas as técnicas bioenergéticas que o "eu" inclui não somente as percepções, como também aquelas forças interiores, "os elementos indeterminados" de Freud, que dão origem a percepções. Quando a identidade do *self* é com o sentimento, do qual a percepção é apenas uma parte, o indivíduo não considera seu ego apenas um fenômeno mental. Nessas pessoas, a percepção é apenas um componente da ação consciente.

Freud conhecia as dificuldades que surgem se o ego é visto somente como um processo psíquico. A principal dificuldade é a ausência de todos os fatores quantitativos. No trabalho terapêutico, é preciso pensar de modo quantitativo. Não é incomum, hoje em dia, ouvirmos de um paciente que ele sente que seu ego é "fraco". Mais comumente, a queixa é de ausência do sentimento de *self*. A observação desses pacientes revela uma falta de intensidade no tom do sentimento e, o que é mais importante, uma falta de vigor na ação e na expressão. Nesses casos, seria um erro situar o problema no sistema percepção. Um ego forte é sinal de saúde emocional; no entanto, pode coexistir com uma severa neurose se sua energia é usada sobretudo para a repressão.

Alexander Lowen

"Parece que outro fator, além da influência do sistema percepção, tem atuado para promover a formação do ego e sua diferenciação do id". Freud fez esse comentário para introduzir uma declaração que apontava o caminho para a biologia: "O ego é, antes de tudo e principalmente, um ego corporal".[41] Ele elaborou a informação para dizer depois que "o ego deriva, em última instância, de sensações corporais, sobretudo daquelas originadas na superfície do corpo". Será nosso propósito na segunda metade deste capítulo analisar aqueles processos corporais que constituem o chamado "outro fator". Veremos que esse outro fator não é a sensação corporal, porque esta envolve percepção, mas o processo mais profundo de formação de impulso no organismo.

Antes de prosseguirmos, vale a pena considerarmos as relações do ego com as demais subdivisões do aparato psíquico. A maior parte do funcionamento do organismo é inconsciente. Isso também tem uma representação na mente; de fato, a maior parte do sistema nervoso se relaciona com atividades corporais das quais não temos nenhuma consciência. A postura, que não costuma ser objeto de maiores considerações, envolve o controle de motilidade em altíssimo grau. A consciência pode ser expandida para esse reino, mas só em pequena medida. Essa parte da mente que tem com esses processos involuntários a mesma relação que o ego tem com a atividade voluntária foi chamada de "id" por Freud. O id não foi propriamente definido por ele, mas essa definição ser inferida a partir de suas observações, aplicando conceitos biológicos à psicologia.

"O ego não é precisamente diferente do id, já que sua porção inferior se funde com ele." Na verdade, o ego é aquela parte do id que "já foi modificada pela influência direta do mundo agindo através do sistema percepção-consciência".[42] A analogia mais útil para demonstrar tal relação é a da árvore. O ego pode ser comparado ao tronco e aos galhos; o id, às raízes. A delimitação acontece quando a árvore emerge da terra para a luz do dia.

O pensamento hindu vê a mesma relação no corpo em si. Compare a seguinte afirmação de Erich Neumann em *The origin and history of consciousness*: "Supõe-se que o diafragma corresponda à superfície da terra, e o desenvolvimento além dessa área é coordenado com o 'sol nascente, o estado de consciência que começou a deixar para trás o inconsciente e todas as suas ligações com ele".[43]

Certamente, essa é uma distorção dos conceitos de Freud para descrever o id como o reservatório herdado de demandas caóticas e instintivas

O corpo em terapia

que ainda não estão harmonizadas entre si, nem com os fatos da realidade externa. Nem a árvore nem o recém-nascido apresentam uma imagem de caos. Extensa experiência prática com amamentação em livre demanda e autorregulação mostra que o recém-nascido, em contato com o mundo há pouco tempo e sem muito ego, é dotado de uma harmonia de demandas instintivas mais condutiva à sobrevivência e ao crescimento. O caos que caracteriza a vida instintiva da maior parte das crianças e dos adultos é produzido por forças externas que perturbam essa harmonia.

É mais correto dizer, como Freud, que o "ego tem a tarefa de levar a influência do mundo exterior para afetar o id e suas tendências, além de tentar substituir o princípio de prazer, segundo o qual o id opera, pelo da realidade. No ego, a percepção assume um papel que no id pertence ao instinto".[44] Ninguém que tenha estudado o desenvolvimento embrionário de um ovo até o estado de organismo maduro pode deixar de se maravilhar perante um processo que ultrapassa a compreensão humana. Comparadas ao trabalho inconsciente de coordenar bilhões de células, miríades de tecidos e os vários órgãos de um ser humano, as faculdades de raciocínio e imaginação parecem pequenas e insignificantes. E até mesmo elas evoluíram a partir do grande inconsciente, como uma flor desabrocha no mato.

A mente é tão ativa nessas atividades inconscientes quanto nas conscientes. Mas falar de sentimentos, pensamentos e fantasias inconscientes implica uma clara contradição. Como vimos, o conceito de sentimento é aplicável somente quando se percebe um evento interno. Antes disso, temos somente um movimento (elemento indeterminado) ao qual falta um caráter qualitativo — um sentimento possível, não um sentimento latente. Por outro lado, existem movimentos dentro do organismo que são impedidos de alcançar consciência e percepção, pelos fatores econômicos de repressão e resistência. Ficam latentes e podem ser tornados conscientes se, através da análise, as forças restritivas são eliminadas. A diferença se baseia no fato de a segunda categoria de atividade consciente já ter sido *consciente antes*. Isso é implícito no conceito de repressão. Existe ainda uma terceira categoria de atividade inconsciente, a que é incapaz de se tornar consciente. Isso inclui a atividade dos sistemas e órgãos mais internos do corpo: os rins, o fígado, os vasos sanguíneos etc. Nem toda atividade inconsciente é suscetível à dinâmica da terapia analítica.

Para fins de pensamento analítico, é preciso subdividir a atividade inconsciente em três categorias. A mais profunda camada do inconsciente se refere às atividades que jamais serão conscientes. Não pode haver argumento contra essa afirmação, na medida em que estamos nos referindo aos sistemas orgânicos profundos. Uma segunda categoria abarca atividades que poderiam ter se tornado conscientes, mas não o fizeram. Um exemplo disso são as atividades posturais estabelecidas no início da vida, que impedem a consciência de uma função mais integrada. A criança que aprende a andar numa época em que os músculos ainda não estão fortes nem coordenados para essa atividade tende a desenvolver uma grave tensão nos músculos quadríceps femorais e tensor da fáscia lata para ter sustentação. Isso acontecerá se a criança for deixada só, pois ela fará algum tipo de movimento para levantar-se e seguir a mãe. A tensão desses grupos musculares vai dar à perna a rigidez necessária para a sustentação, mas à custa de equilíbrio e graça naturais. Quando se tenta induzir o relaxamento desses músculos, encontra-se uma resistência que é proporcional à presente ansiedade de queda. É significativo que as crianças que são carregadas durante anos pelas mães, como entre os povos originários americanos, não apresentem essa ansiedade de queda. Porém, e isso é importante, nunca houve nenhuma repressão dos movimentos e sensações naturais — graciosos, fluidos e agradáveis.

A última categoria inclui o inconsciente reprimido. Podemos dizer que um olhar "duro" já foi conscientemente odioso, que um queixo rígido expressa impulsos inconscientes de morder e que a rigidez dos músculos adutores das coxas representa a supressão de sensação genitais. Não podemos dizer que olhos inexpressivos reprimem um ódio inconsciente.

Como o ego se diferencia a partir do id, o superego se cristaliza a partir do ego. O conceito de superego é um dos mais complexos da psicologia analítica. Talvez devêssemos conseguir explicar o comportamento humano em termos das funções do id e do ego. Na verdade, em cada indivíduo, o comportamento é determinado pelas forças do id controladas pela função de realidade do ego, que foi ela mesma modificada pelo desenvolvimento de um ego ideal, ou superego.

Não há dúvida quanto ao papel do superego. Na esfera mental, ele exerce uma função de censura a pensamentos e ações que é diferente e oposta à função de realidade do ego. O superego contrapõe à realidade perceptual do ego uma realidade derivada das primeiras experiências da pessoa e representa o código de comportamento imposto pelos pais. O superego aparece como uma formação de defesa do ego que se torna cristalizada e

O corpo em terapia

estruturada no começo da vida. Se ele não cumpre mais essa função perante o mundo exterior, é somente porque o ambiente inicial foi modificado. Sua persistência se baseia no fato de estruturar-se como uma limitação inconsciente da mobilidade, que o organismo não ousa transcender. O superego, assim, é uma parte do ego que se tornou inconsciente e usa energias do ego para bloquear impulsos do id de maneira que empobreça e limite o ego.

Neste ponto, vamos resumir nossos conhecimentos sobre as funções psíquicas. O id representa aqueles processos psíquicos inconscientes. Eles podem ser divididos em três categorias: os relacionados às atividades dos órgãos, dos quais não podemos ter consciência; os relacionados às atividades que habitualmente não são conscientes, mas que, com algum esforço, podem ser trazidas à consciência; e os que representam o inconsciente reprimido. O ego representa processos psíquicos dos quais temos consciência, porque se referem às atividades que nos põem em relação com o mundo exterior. Dessa análise, pode-se extrair uma lei básica. Uma atividade se torna consciente na medida em que se impõe à superfície do corpo, porque somente desse modo ela pode estabelecer relação com o mundo exterior. O superego é um processo psíquico que pode impedir uma atividade de se tornar consciente, ou seja, de atingir a superfície do corpo. Há outros processos psíquicos que, para o momento, deixaremos de lado. Trata-se das funções criativas ou sintéticas do ego.

Para compreender a base somática da psicologia do ego, devemos considerar fatores quantitativos. No nível do soma, as coisas são o que parecem ser e as energias podem ser medidas quantitativamente em termos dos movimentos que produzem. Não medimos todas as energias físicas em termos do trabalho que realizam? Começamos com a observação de que o ego, como fenômeno psíquico, é fundamentalmente um processo perceptivo. Mas, na verdade, o ego como o conhecemos no homem civilizado é mais que percepção. É uma percepção da percepção, uma consciência da consciência, a autoconsciência. Porém, esse segundo andar foi construído e se apoia sobre o primeiro, no qual a consciência é basicamente percepção. Nesse primeiro estágio, deveríamos nos perguntar: o que está sendo percebido?

A resposta a essa pergunta é relativamente simples: o que é percebido é um movimento — um movimento do organismo que pode ou não se manifestar como deslocamento no espaço. Isso não significa que tudo que se move pode ser, ou é, percebido. O movimento ocorre no sono e também no nível inconsciente. Em geral, não percebemos o movimento do nosso intestino ou do coração. Porém, onde não há movimento não há percepção. O movimento precede a percepção. Tanto na evolução das estruturas vivas como no desenvolvimento ontológico do indivíduo, a consciência aparece mais tarde. Surge depois que a vida começa e desaparece antes da morte. Toda percepção é, portanto, a percepção dos movimentos do organismo, tanto internamente quanto perante o mundo exterior. Quando cessam os nossos movimentos individuais, como ocorre na morte, desaparece a percepção da realidade exterior.

Na maior parte das vezes, só temos consciência dos movimentos mais grosseiros do corpo. Com atenção, conseguimos sentir os mais finos. Em geral, se desejamos sentir uma parte do corpo, nós a movemos. Não é necessário que o movimento seja voluntário, mas é necessário que aconteça algum movimento nessa parte para que a percepção seja possível. Por exemplo, a maioria das pessoas não sente as costas, nem mesmo quando está deitada de barriga para cima no sofá. Essa é uma experiência comum em sessões terapêuticas. No entanto, se sopramos de leve a sua nuca, é possível ver uma onda de excitação subir em direção à cabeça e descer pelas costas, produzindo arrepio na pele e ereção dos pelos. As costas serão então sentidas, experimentadas ou percebidas. Descrevemos essa consciência de uma parte do corpo como "ter contato" com ela. O contato com uma parte do corpo que não é percebida pode ser estabelecido aumentando-se a mobilidade dessa parte. Existe aqui um fator quantitativo: a intensidade do movimento tem relação com a qualidade da percepção. Por ora, basta dizer que todas as sensações e percepções dependem do movimento.

O que determina quais movimentos são percebidos, isto é, chegam à consciência, e quais não são? Segundo Freud, o ego é derivado de sensações corporais, que acontecem sobretudo na superfície do corpo. Experimentos confirmaram que a sensação ocorre quando um movimento interno alcança a superfície do corpo ou da mente onde está localizado o sistema percepção--consciência. Mais adiante falarei a respeito dos experimentos de Reich sobre o tema, mas existe muita observação clínica para sustentar essa tese. Ela explica por que a dor nos órgãos internos é sempre percebida como uma irradiação na superfície do corpo. Sabemos que instrumentos sensíveis como o eletrocardiógrafo ou o eletroencefalógrafo podem captar na superfície do corpo diferenças sutis no potencial elétrico que traduz atividade

O corpo em terapia

subjacente. Percepção é uma questão de grau, uma função da intensidade da carga na superfície.

O ego é um fenômeno de superfície, tanto física quanto somaticamente. O sistema percepção-consciência está na superfície do córtex cerebral. Isso nos permite compreender a afirmação de Freud de que o ego é a projeção de uma superfície sobre outra. O id, por outro lado, está relacionado a processos que ocorrem nas profundezas abaixo da superfície. Aqui, novamente, a descrição desses processos do id ocorrendo nas profundezas aplica-se tanto aos processos somáticos quanto à representação psíquica desses processos. Eles têm seus centros principais nas regiões do sistema nervoso que se situam abaixo do córtex cerebral: no rombencéfalo, no mesencéfalo e no diencéfalo. É possível mostrar os aspectos somáticos dessas camadas psíquicas em um diagrama simples (Figura 1) no qual o organismo total é representado por uma esfera, mais ou menos com o formato de uma célula única. O centro é representado por um núcleo, que é a fonte de energia de todos os movimentos. Um impulso é representado como um movimento de energia que parte do centro para a periferia.

Na Figura 1, o ego corresponde à superfície do organismo; o id, ao centro e aos processos abaixo da superfície. Esse esquema é aplicável somente às formas de vida mais simples. Em organismos superiores, o ego não somente é perceptual como controla o acesso à mobilidade. A figura não fornece essa função do ego, já que não é possível impedir um impulso de chegar à superfície. Nos organismos superiores, existe uma camada abaixo da superfície que, no ser humano, em certa medida, está sob o controle do ego. Era de esperar, portanto, encontrar uma projeção dela na superfície do córtex cerebral. Esses requisitos são preenchidos no sistema muscular voluntário dos organismos superiores. Assim, colocando esse sistema abaixo da superfície. é possível mostrar a base somática para a estrutura das funções psíquicas.

Na Figura 2, o impulso ativa o sistema muscular antes de chegar à superfície. O sistema muscular tem uma função dupla. Costumamos pensar no sistema muscular como o aparato motor dos organismos maiores. E isso é verdade. Mas os músculos podem conter movimentos, assim como executá-los. Lembremos de um músculo como o esfíncter anal para perceber quanto essa função é importante. Pense no caso de um indivíduo que está intensamente irado, mas precisa controlar o impulso de agredir. Os punhos estão cerrados, os braços estão tensos, os ombros, encolhidos e contidos a fim de

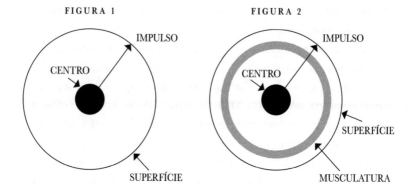

FIGURA 1 — CENTRO, IMPULSO, SUPERFÍCIE

FIGURA 2 — CENTRO, IMPULSO, SUPERFÍCIE, MUSCULATURA

reprimir o impulso. Nesse processo de contenção, o ego, como processo psíquico impede a liberação do impulso para a superfície, ou seja, para o mundo exterior, mantendo o estado de contração muscular. Aqui vemos o ego em seu papel de controlador do acesso à mobilidade.

Sabemos que uma porção do ego se diferenciou para tornar-se um censor inconsciente de nossos atos. Ele determinará que impulsos terão permissão para se expressar e quais serão inibidos. Porém, embora o superego seja uma categoria de processos psíquicos, ele atua no sentido de controlar impulsos através do aparato muscular. De que maneira, então, o superego difere do ego? Se um impulso é reprimido porque é inadequado à situação, a ação é consciente, controlada pelo ego e de acordo com o princípio de realidade. As inibições impostas pelo superego são inconscientes e nada têm que ver com a realidade da situação atual. Elas representam uma limitação à mobilidade sobre a qual o ego não tem controle. O mecanismo pelo qual o superego exerce seu controle sobre as ações também é a musculatura. Mas os músculos sujeitos às inibições do superego são cronicamente tensos, cronicamente contraídos e removidos da percepção, de modo que o indivíduo não tem consciência de que essa parte de seu sistema muscular não é funcional em certos aspectos.

Vou explicar de outro jeito. Os músculos podem ficar tensos quando estão conscientemente retendo um impulso. Por exemplo, a pessoa pode ficar tão zangada que os músculos doem por conter o impulso. Nesse caso, ela sente a tensão muscular. Mas os músculos podem estar tensos sem que a pessoa esteja consciente da tensão. Aqui também um impulso está sendo contido, mas a contenção é inconsciente. Esse é um fenômeno do superego.

O corpo em terapia

Assim como, no nível psíquico, o superego impede certos pensamentos de chegarem à consciência, no nível biológico os músculos espásticos, cronicamente contraídos, impedem certos impulsos de chegarem à superfície. Esses músculos são então removidos do controle consciente e têm seu funcionamento reprimido. Em consequência, é possível determinar a natureza do superego a partir de uma análise do estado de tensão no sistema muscular. O método e a técnica desses procedimentos analíticos serão elaborados nas últimas partes deste livro. Neste ponto, podemos dizer simplesmente que o padrão de tensão muscular determina a expressão do indivíduo, estando tal expressão relacionada a essa estrutura de caráter.

Aqui, mente e corpo são considerados de forma dualista. Cada um é visto como uma entidade distinta que é paralela à outra e interage com ela. Cada ação é vista como ocorrendo em dois níveis — somático e psíquico — ao mesmo tempo. Pode-se relacionar a organização dos processos mentais com a correspondente organização dos processos corporais. Os conceitos de ego, id e superego têm suas contrapartes definidas na esfera somática. A correspondência vai ainda mais longe: centro, direção e periferia podem ser identificados com outro conjunto de ideias que Freud desenvolveu a partir de seu estudo do fenômeno psíquico.

Em sua análise do instinto, ele postulou que todo instinto tem uma fonte, um objetivo e um objeto. Trata-se da análise de uma ação instintiva tal qual se manifesta na psique. Sem entrarmos em mais detalhes a respeito da natureza do instinto, podemos descrevê-lo como um ato impulsivo que não foi modificado por aprendizagem ou experiência. Poucas ações desse tipo persistem na vida adulta. Como a modificação ocorre na superfície, cada ação é, primariamente impulsiva e basicamente instintiva. Hoje, nossa análise do impulso mostra que ele também tem uma fonte, um objetivo e um objeto. A fonte é o centro de energia do organismo, nas profundezas de seus processos do id. O objetivo corresponde à direção biológica, sobre a qual falaremos mais tarde. O objeto é aquele estímulo do meio externo que, atuando sobre a superfície (ego), causa o surgimento do impulso. Somente o objeto está sob o controle do ego. Fonte, força e direção são fenômenos do id.

Não fingimos que a abordagem dualista é a resposta completa para a relação mente-corpo. Quem conhece o trabalho de Reich sabe que seu conceito de unidade e antítese de funções biológicas inclui esse dualismo, ao mesmo tempo que fornece unidade em um nível mais profundo. No tratamento dos problemas emocionais do organismo humano, a abordagem a partir da superfície impõe uma perspectiva dualista. Para facilitar o entendimento sobre essa relação, eu gostaria de introduzir duas figuras que mostram diferentes atitudes perante esse problema.

No símbolo chinês do *yin* e do *yang* (Figura 3), o *t'ai chi* é um recipiente dos opostos. Esses opostos têm sido interpretados como preto e branco, dia e noite, céu e terra, macho e fêmea. Podemos acrescentar os opostos mente e corpo.

O todo é o cosmo, o macrocosmo e o microcosmo que constituem a vida individual. É composto de duas metades perfeitamente iguais que estão em contato direto entre si. Estas metades são sujeitas a várias interpretações, todas elas adequadas ao símbolo. O que mais nos impressiona nele é sua circularidade, a ausência de interação, a qualidade imutável e estática do desenho. Trata-se de uma expressão da filosofia oriental, na qual os conceitos de mudança e progresso são relativamente pouco importantes.

Compare agora esse símbolo com a estrela de Davi hebraica (Figura 4), na qual os mesmos elementos são mostrados em uma relação diferente. As metades são sujeitas às mesmas interpretações anteriores: dia e noite, céu e terra, macho e fêmea — mente e corpo.

Na estrela, porém, nos impressiona a interpretação dos opostos. Ela representa uma qualidade dinâmica. Os seis pontos mostram um contato com o externo, um transbordamento do recipiente. A figura é toda angular e lhe falta a suave circularidade de sua equivalente oriental. Esse conceito de interação dos opostos está na base do princípio de mudança e progresso.

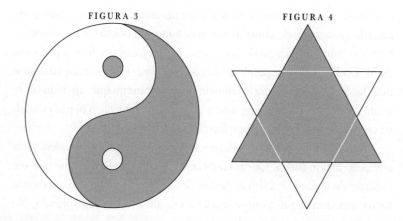

FIGURA 3   FIGURA 4

Não nos surpreende, portanto, que a história do pensamento ocidental tenha se originado na tradição greco-judaica de conflito.

É possível mostrar a interação dinâmica de forças opostas de outras maneiras. Quanto maior a ênfase dada ao conceito de força e menor à de estrutura, mais aberto se torna o símbolo.

A Figura 5 mostra dois opostos que também podem ser interpretados como luz e escuridão, céu e terra, macho e fêmea, corpo e mente. A superposição de duas forças é um conceito retirado da obra de Reich. É uma interpretação ainda mais dinâmica que o símbolo hebraico, porque a interpenetração é substituída pela interação em movimento. Embora seja mais dinâmica, falta-lhe o sentido de fronteira ou superfície, que está relacionado ao ego.

Não podemos encerrar o assunto da psicologia do ego sem discutir o lado criativo da função do ego. No capítulo 1, mencionamos que a unidade dos opostos era manifestada na superfície como uma unidade de função. A despeito da interação que se dá nos níveis mais profundos, a personalidade é uma entidade — um todo. Se essa unidade da personalidade é destruída, falamos de uma personalidade "cindida". A psiquiatria reconhece essa cisão como decorrente de uma fraqueza ou desintegração do ego. Teremos a oportunidade de estudar o problema da esquizofrenia nos últimos capítulos deste livro. Por ora, tentemos entender como o ego funciona como uma força integradora e organizadora.

FIGURA 5

De novo, precisamos olhar antes para o aspecto psíquico do problema. Freud, que tinha um pensamento dualista, reconheceu logo os opostos do funcionamento humano. Em sua tentativa de compreender os conflitos básicos da psique, ele postulou vários pares de tendências antitéticas. Para mencionar apenas alguns, havia a oposição entre fome e sexo, entre libido objetal e libido narcisista, entre ego e sexualidade. Finalmente, em 1920, Freud reduziu todas as forças a dois grandes princípios: uma força vital, eros (sexualidade) e um princípio de morte, Tânatos (destruição). Essa proposição não está tão distante dos princípios básicos que governavam o pensamento primordial do ser humano. Novamente, os opostos que podem ser acrescentados à série: luz e escuridão, céu e terra, macho e fêmea, corpo e mente — sexualidade e destruição.

Mas Freud foi ainda mais longe. Baseado em seus estudos das neuroses, ele reconheceu que no ser humano a unidade desses opostos básicos era destruída. Falando dessas forças como tendências instintivas, apontou que ocorre uma desfusão parcial ou completa. Enquanto o ego funciona para manter a unidade do organismo, o superego opera no sentido de cindir aquela unidade.

O superego surge, como sabemos, a partir da identificação com o pai, visto como um modelo. Todos os aspectos de tal identificação compõem a natureza da dessexualização ou até mesmo da sublimação. Parece então que, quando uma transformação desse tipo acontece, ocorre ao mesmo tempo uma desfusão instintual.[45]

Essa desfusão de tendências instintivas básicas foi vista por Freud como o preço da existência civilizada. O pai, na afirmação de Freud, é o portador de exigências culturais. A partir de uma divisão básica na personalidade, surgem aqueles cismas que caracterizam o homem civilizado: bem e mal, Deus e diabo, cultura e natureza etc. Logicamente, a severidade da divisão ou desfusão depende de fatores individuais da constelação familiar da criança em desenvolvimento, mas podemos presumir que nenhum ser humano civilizado está livre de alguns efeitos desse problema.

Nada é mais perturbador para a personalidade do que a desfusão das tendências que a compõem, ou a divisão em seus sentimentos. Como se trata de uma cisão no ego, ela equivale a um corte aberto na superfície do

O corpo em terapia

corpo. O ego se apressa em reparar o problema, da mesma forma que os tecidos se esforçam para cicatrizar e fechar qualquer ferida na pele. Mas essa não é uma ferida comum. Um agente estranho foi introduzido na estrutura da personalidade (a internalização da autoridade parental), e esse corpo estranho não pode ser removido. O ego é impotente diante de seu superego. Ele precisa reconstruir um novo padrão de comportamento no qual as proibições do superego não sejam contestadas. Esse novo padrão comportamental constitui sua *Weltanschauung* pessoal, um ideal de consciência na qual as tendências em oposição são refundidas de acordo com as demandas do ambiente.

Essa formação de um ego ideal consciente ocorre quando a criança sai do período edipiano. Ele extrai seus valores de uma identificação consciente com figuras amadas: irmãos mais velhos, amigos admirados, professores respeitados. Através do ego ideal, os instintos são refundidos "em um nível superior". É essa nova construção que representa a natureza superior do ser humano, não o superego. Esse ego ideal consciente, em contraposição ao superego inconsciente, parece assumir uma forma definitiva por volta da época em que nascem os dentes permanentes. Daí para a frente, durante toda a vida, ele é constantemente avaliado e modificado.

Se o grau de desfusão é grande demais para ser contornado por um esforço consciente — ou, dito de outro modo, se o ego é tão fraco que não consegue unir as tendências opostas —, ele elimina o elemento mais perturbador da formação de seu ego ideal. Esse processo é comparável ao de uma criança com estrabismo grave que simplesmente descarta o uso de um dos olhos. Geralmente, são as tendências agressivas que não têm participação consciente permitida na determinação da ação.

O ego e seus derivativos — superego e ego ideal — são sempre suscetíveis aos impactos de novas experiências na vida do indivíduo. Nenhum crescimento emocional seria possível se essas novas experiências não pudessem ser integradas a sistemas existentes. Para isso, o ego precisa abrir suas barreiras para permitir a entrada da experiência, do mesmo modo que precisa baixá-las para permitir a saída de impulsos.

Quanto maior a experiência, maior deve ser a abertura. Não é uma questão de flexibilidade ou adaptabilidade, porque isso não envolve mudança. Literalmente, o ego deve se deixar sobrecarregar por cada nova experiência de vida, a fim de que emerja um novo ego no qual essa experiência seja adequadamente integrada. Porém, isso só é possível se o ego amplia sua profundidade. Se o ego está lutando para se manter sua integridade perante o superego, nenhum crescimento importante é possível.

Seria interessante desenvolver nosso pensamento nessa linha, mas infelizmente o assunto ultrapassa os limites da presente empreitada. Assim, vou deixá-lo reservado para outro estudo.

É possível apontar a contraparte somática desses princípios? Acredito que sim, se usarmos o diagrama desenvolvido anteriormente (Figura 6).

O ego é um poder em desenvolvimento. Desenvolve força, bem como coordenação e adaptabilidade. Qualquer pessoa que tenha observado crianças pequenas brincando não pode deixar de se impressionar com a tentativa quase consciente de desenvolver suas habilidades e sua força física. Como ficam empolgadas quando aprendem a nadar, escrever, tocar um instrumento musical etc.! Mas esse crescimento e desenvolvimento do controle muscular e da coordenação não é exclusividade das crianças. Durante toda a vida, tentamos aprimorar nossa coordenação em várias atividades que nos interessam. E, embora possa haver uma redução da força física a partir da meia-idade, a capacidade de desenvolver e executar movimentos mais sutis continua até uma época bem avançada na vida. Isso explica por que, com o passar dos anos, o ego se torna mais forte na maioria das pessoas.

Esse crescimento do ego só pode ocorrer dentro das limitações impostas pelo superego. Muitas pessoas, por exemplo, nunca aprendem a dançar

FIGURA 6 — Id: centro e profundezas do organismo. Ego: superfície e controle sobre a musculatura voluntária. A profundidade e a força do ego dependem do grau de controle e coordenação conscientes da musculatura voluntária. Superego: funções musculares que estão congeladas ou inibidas. Esses músculos são cronicamente contraídos e espásticos (o retângulo na figura) que estão além do controle consciente. Caráter: expressão física resultante do organismo. Ego ideal: expressão física e mobilidade desejadas.

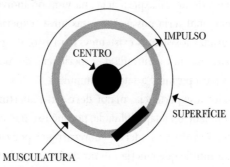

O corpo em terapia

devido a problemas na motilidade das pernas, por conta de treinamento muito precoce e severo para largar as fraldas. Ou, o que é ainda mais grave, a capacidade de falar em público pode ser enormemente prejudicada por tensões na região da garganta. O problema do superego e sua limitação da motilidade podem ser tratados através da psique ou do soma. O soma oferece uma resposta mais direta aos problemas — que, entretanto, não podem ser removidos, exceto por um procedimento analítico. O problema é levar à consciência do ego aquilo que foi reprimido pelo superego.

A terapia bioenergética combina o princípio da atividade no nível somático com o procedimento analítico no nível psíquico. O paciente adquire novas experiências em motilidade, que são então integradas ao ego. A unidade do método é garantida pela atenção ao caráter, que expressa os aspectos psíquicos e somáticos da personalidade. Antes de estudarmos a aplicação dessa técnica, precisamos saber mais sobre os processos energéticos dinâmicos no organismo.

3. O princípio do prazer

Todas as terapias analíticas funcionam dentro da estrutura do que é conhecido como princípio da realidade, isto é, a capacidade de um organismo tolerar dor ou desprazer em prol de um prazer maior esperado no futuro. É isso que torna possível a um paciente suportar os dolorosos processos da terapia analítica. Porém, apesar de reconhecermos a validade e o funcionamento desse princípio, não sabemos nada sobre seus mecanismos básicos. Tentaremos descobrir e elucidar alguns desses mecanismos no capítulo 4, mas antes precisamos entender que o princípio da realidade deriva e é uma modificação de um princípio geral mais básico, que governa o pensamento e o comportamento dos organismos. É o chamado *princípio do prazer*.

Em seu estudo dos processos mentais inconscientes, Freud descobriu que eles seguiam uma lei que diferia daquela que governava as atividades mentais conscientes. Freud considerou esses processos inconscientes "processos mais antigos, primários, resíduos de uma fase do desenvolvimento na qual eles eram a única modalidade de processos mentais".[46] Tais processos primários obedeciam a uma tendência que ele denominou "princípio do prazer-desprazer". Definido em termos simples, significa que o organismo busca prazer e evita o desprazer ou dor. Mais tarde, Freud reelaborou esse princípio, relacionando "o desprazer a um aumento na quantidade de excitação e o prazer a uma diminuição".[47] Podemos simplificar essa afirmação substituindo a palavra "excitação" pelo termo "tensão", de tal modo que o desprazer ou dor está relacionado a um aumento e o prazer, a um decréscimo de tensão.

No nível psíquico, temos poucos meios de aprofundar nossa compreensão desse princípio. Pode-se acrescentar que a tensão surge em consequência de necessidades cuja satisfação produz prazer. Mas nosso entendimento ainda é precário. A tensão é, em si mesma, uma necessidade, do mesmo modo que a necessidade é uma tensão. Portanto, devemos procurar um esclarecimento no nível biológico.

Em 1934, Reich fez uma série de experimentos na Universidade de Oslo para abordar especificamente esse problema. Como os detalhes do procedimento empregado podem ser encontrados no livro de Reich intitulado *A função do orgasmo*, nos limitaremos, no momento, a apresentar suas principais observações e conclusões.

Já havia sido demonstrado que o potencial elétrico da superfície da pele se alterava com as emoções. Tratava-se do chamado "fenômeno psicogalvânico". Os experimentos de Reich tinham o objetivo de determinar o que ocorria na excitação sexual e como isso estava relacionado à percepção do prazer. Foram feitos registros oscilográficos do potencial da pele nas zonas erógenas sob condições de estimulação produtora de prazer ou desprazer. Reich descobriu que em cada zona — labial, mamária, palma das mãos etc. — a percepção do prazer correspondia a um aumento acentuado do potencial dérmico dessas áreas, conforme registrado no oscilógrafo localizado em outra sala. Por outro lado, pressão ou medo produziam um marcante decréscimo do potencial da pele. Além disso, a "intensidade psíquica da sensação de prazer corresponde à quantidade do potencial bioelétrico".[48] Desse modo, obtivemos a confirmação experimental da tese de Freud de que o ego, em sua função perceptiva, é primordialmente um fenômeno de superfície do corpo. Ao mesmo tempo, é a projeção dos fenômenos de superfície sobre áreas cerebrais apropriadas que torna possível a percepção como um processo consciente. Temos, agora, dois fatos intimamente relacionados na função de percepção: a projeção sobre a superfície do corpo e a projeção da superfície sobre outra superfície.

Para compreender esses dois fenômenos como a expressão unitária do organismo total, recorremos à formulação reichiana da lei básica de funcionamento biológico: a unidade e antítese da vida vegetativa. Duas funções dominam a vida vegetativa do organismo: expansão e contração. Elas têm sua identidade na função comum de pulsação, que é uma das características de todos os organismos vivos. No âmbito somático, como mostrou Reich, expansão e contração ocorrem como processos fisiológicos correlacionados às atividades dos sistemas nervosos simpático e parassimpático e à ação de determinados grupos iônicos. No nível psíquico, a expansão biológica é percebida como prazer e a contração, como desprazer. Há uma antítese

O corpo em terapia

funcional entre o centro e a periferia vegetativos. Torna-se possível estabelecer uma correlação mais profunda entre sensação psíquica e o movimento energético. O movimento de energia do centro para a periferia de um organismo é funcionalmente idêntico à expansão biológica e à percepção de prazer. De modo inverso, o movimento energético da periferia para o centro é funcionalmente idêntico à contração biológica e à percepção de desprazer ou ansiedade.

A representação desse mecanismo está no mesmo diagrama usado no capítulo anterior para mostrar a base somática dos níveis de funcionamento psíquico.

Observa-se a ausência de um sistema muscular que esteja relacionado ao desenvolvimento do princípio de realidade. O ego é limitado à membrana da superfície. Expansão e contração são basicamente fenômenos do id.

Antes de prosseguirmos, é importante deixar clara a distinção entre desprazer e ansiedade. Até onde sabemos, nem Freud nem Reich formularam exatamente a diferença; Reich equipara os dois termos. A questão, portanto, pode ser colocada da seguinte forma: se a expansão biológica é experienciada como prazer, por que a contração correspondente não é experienciada como desagradável? A palavra "desprazer" não descreve uma sensação perceptual. No estado pulsátil de expansão e contração, a tensão que se acumula antes da descarga é aceita e submersa na antecipação da descarga que virá a seguir. A antecipação do prazer permite tolerar estados de tensão que, de outro modo, seriam claramente desagradáveis. No próprio princípio do prazer existe o rudimento da função de realidade — que, mais tarde, se tornará o princípio dominante do comportamento humano adulto.

Se a tensão se desenvolve em situações nas quais a antecipação da descarga que conduz ao prazer não é possível, experiencia-se a ansiedade. Porém, a ansiedade não é necessariamente uma condição patológica. Nosso julgamento deve ser sempre baseado no princípio de realidade. A ansiedade é patológica quando desproporcional à situação externa que a provocou. Mas, mesmo quando não é patológica, a ansiedade é sempre experienciada como uma ameaça ao ego, que o organismo maduro procura eliminar. Ou podemos dizer que a tensão se torna patológica quando vira um estado crônico e fora do controle do organismo. Baseando-nos nesses conceitos, podemos definir saúde como a capacidade de um organismo de manter seu ritmo de pulsação dentro dos limites do princípio de realidade. O prazer

Alexander Lowen

tem sido contraposto ao desprazer, à ansiedade e à dor, como parte de um princípio total: tensão-relaxamento, contração-expansão. Agora podemos definir o terceiro termo da série: dor.

Se o desprazer descreve o estado de carga energética que precede a descarga, a ansiedade implica uma carga energética cujo movimento de avanço para a descarga está bloqueado ou contido. Se a intensidade da carga aumenta a ponto de ameaçar a integridade dos elementos estruturais do corpo, a dor será experienciada. Essa afirmação é justificada pelos conceitos teóricos que compõem a base desta exposição; também é possível demonstrar que ela é aplicável a todas as situações em que a dor é experienciada. Não se nega que o sistema nervoso desempenha um importante papel na percepção da dor, assim como em todas as funções perceptivas. Por sua estrutura, o sistema nervoso pode ser comparado a uma árvore invertida, em que as ramificações se entrelaçam com a complexa rede vascular, responsável pela distribuição de energia e pela sustentação dos movimentos corporais.

Parece que não poderia haver nada mais simples ou mais fundamental que a operação do princípio do prazer. Já em 1920, Freud publicou um livro extremamente controvertido: *Além do princípio do prazer*. Nele foi postulada a existência de duas forças instintivas: o instinto de morte (masoquismo primário), que remete à natureza inanimada; e o instinto de vida (ou instinto sexual), que conduz a vida em seu desenvolvimento e evolução. A exposição de Freud sobre sua tese é concisa e brilhante. Não é nosso propósito debatê-la aqui. A discussão é se essas forças, ou quaisquer instintos, operam além do princípio do prazer ou dentro dele.

Freud chegou a esses conceitos por dois fenômenos clínicos. O primeiro foi o problema do masoquismo. Era como se houvesse indivíduos que não desejavam melhorar. Contrariando o princípio do prazer, tais indivíduos pareciam buscar situações dolorosas, ser dominados por uma compulsão interna de "se apegar ao sofrimento e experimentá-lo repetidamente".[49] Na terapia analítica, isso se manifestava como uma "reação terapêutica negativa".[50] A experiência analítica tinha revelado a operação de um princípio que parecia explicar esse fenômeno. É a "compulsão de repetição", que, na opinião de um analista, é "tão imperativa que até o princípio do prazer é totalmente desconsiderado".[51] O próprio Freud disse: "Minha asserção do caráter regressivo dos instintos também se baseia em material observado — a saber, nos fatos da compulsão para repetir".[52]

O corpo em terapia

Vamos olhar com mais atenção essa "compulsão para repetir", já que, paradoxalmente, é possível demonstrar que ela constitui um aspecto da operação do princípio do prazer. Estamos cientes de que todos os organismos experienciam o desejo de repetir certas atividades. De imediato, pensamos em comer, dormir, ter relações sexuais etc. Sem sombra de dúvida, a repetição dessas atividades se baseia em certas necessidades recorrentes que estabelecem um estado de tensão no organismo enquanto permanecem insatisfeitas. O impulso resultante busca aliviar a tensão, e sabemos que o alívio desses estados de tensão é sentido como prazer, seja a atividade de comer, dormir e defecar, seja a descarga sexual.[53] Outras atividades repetitivas podem ser empreendidas mesmo que o prazer não seja esperado imediatamente — se nosso senso de realidade nos diz que elas vão levar a um prazer futuro. O paciente que regularmente comparece à sessão analítica está agindo com base nesse princípio. Mas o princípio de realidade tem sido reconhecido como uma modificação do princípio do prazer, não como a negação dele.

Existe uma compulsão de repetição que esteja além do princípio do prazer? Freud apresentou como resposta dois conjuntos de observações que confirmam essa ideia. O primeiro é a condição conhecida como "neurose traumática", que acontece ocasionalmente após um acidente que envolveu risco de vida. Nessa neurose, os sonhos "têm a característica de, repetidamente, trazer o paciente de volta à situação do acidente, situação da qual ele acorda de novo em estado de medo". Esses sonhos parecem contradizer o tom de realizador de desejos dos sonhos e, como Freud diz, "levar o indivíduo a refletir sobre as misteriosas tendências masoquistas do ego".[54]

Sabe-se, como o indica Freud, que uma neurose traumática não se desenvolve se houver lesão física grave. A explicação psíquica de Freud, embora complicada, é correta, porque a fraqueza do órgão lesionado permite uma contenção do excesso de excitação. Em termos bioenergéticos, a agitação mecânica e o choque produzem uma quantidade de energia livre que é dirigida ou descarregada no ferimento. Essa energia livre é necessária ao processo de cura. Quando essa descarga é impossível, desenvolve-se uma síndrome do tipo histeriforme. Vou usar um caso como exemplo. Uma jovem chegou à terapia devido à sua incapacidade de se relacionar com homens, embora fosse procurada por muitos bem interessantes. Sua história, conforme foi contada por ela, era muito significativa. Alguns anos antes, ela havia se casado com um jovem a quem amava profundamente. Após seis meses

Alexander Lowen

de felicidade, ela viveu a tragédia de ver o marido morrer em um desastre de avião. A moça não emitiu nenhum som, apenas deu meia volta e se afastou. Em nenhum momento aliviou o sentimento chorando. Afastou-se dos amigos e, logo em seguida, alistou-se nas forças armadas. Quando estava deitada no divã, na segunda sessão, senti por sua respiração um nó em sua garganta. A palpação revelou um poderoso espasmo da musculatura do pescoço. Uma rápida pressão sobre esses músculos produziu um grito de pavor, seguido de choro profundo. O incidente traumático voltou rapidamente à cabeça da jovem. Durante várias sessões, induzi os gritos e o choro. Toda vez ela revivia a horrível experiência. Então, acabou. Continuamos a terapia por mais um tempo e, logo depois, ela se apaixonou e se casou.

Não sei se essa paciente tinha revivido sua experiência traumática em sonhos. Sabemos que a dinâmica do problema exige uma liberação completa de todo afeto envolvido na experiência e que essa liberação deve ocorrer em um nível consciente. É possível explicar sua incapacidade de se apaixonar como consequência da imobilização dessa grande quantidade de afeto ou libido. Devemos interpretar qualquer sonho no qual o paciente revive situações traumáticas como uma tentativa de efetuar uma descarga do afeto reprimido. Isso fracassa por causa da falta de participação consciente. Sonhos repetidos são tentativas repetidas que também fracassam. Esse fracasso dá à toda a empreitada seu carimbo masoquista. O elemento masoquista deriva de um distúrbio de caráter subjacente que, em si mesmo, é receptivo à terapia analítica. O quadro clínico, contudo, de modo algum contradiz o princípio do prazer, já que o organismo está lutando para descarregar uma tensão interna, ou seja, evitar desprazer ou dor.

A outra observação clínica da compulsão à repetição se baseia no fenômeno de transferência dos neuróticos. Eu também experimento diariamente a tendência, por parte dos pacientes, para "repetir todas essas situações indesejadas e emoções dolorosas na transferência e revivê-las com a maior ingenuidade".[55] Isto é verdadeiro sobretudo na análise do caráter masoquista. Ainda que o problema seja difícil, não é insolúvel. A elucidação de Reich dos aspectos psicológicos do problema do masoquismo é um dos capítulos brilhantes na história da psicanálise. Acredito que minhas observações sobre o tema vão acrescentar mais conhecimento ao assunto. Tenho certeza de que outros analistas também encontraram maneiras adequadas de lidar com esse problema. As dificuldades na terapia analítica não devem nos levar a

O corpo em terapia

postular impossibilidades inerentes ao tratamento. Se tivermos em mente que toda terapia analítica também envolve uma reeducação, teremos dado um grande passo. O indivíduo que figurativa e literalmente não conseguiu equilibrar-se sobre os próprios pés os sentirá bem instáveis quando fizer suas primeiras tentativas.

Dediquei algum tempo à compulsão para repetir precisamente porque ela faz parte do princípio do prazer. Vejamos mais um exemplo disso. Usarei a observação de Freud sobre uma menina que foi forçada a abrir a boca no dentista. Em casa, ela tentou brincar de ser dentista e repetiu a mesma experiência com uma criança menor. Essa brincadeira demonstra "uma tendência peculiar e totalmente inconsciente de ser forçada a repetir ativamente o que se experimentou passivamente". As crianças sempre brincam assim, e é de Freud o mérito de ter apontado a natureza subjacente dessas atividades. Eu também as considero uma compulsão para a ab-reação das experiências traumáticas que ocorreram em épocas precoces da vida. Porém, isso se refere exatamente ao significado do princípio do prazer, à medida que é modificado pelas demandas da realidade. Vou dar mais um exemplo.

Se pressionamos a superfície de uma bola de borracha ou de um balão cheio de gás, o objeto recupera a forma original assim que a pressão é removida. Ao recobrar a forma original, a superfície da bola ou do balão repete, em sentido contrário, o mesmo movimento que foi feito quando foi submetida à pressão. Não hesito em dizer que a compulsão à repetição segue as mesmas leis de energia da bola ou do balão de gás. O organismo vivo e o balão cheio de gás obedecem a leis decorrentes da tensão da superfície mantida por uma pressão interior ou carga energética. A experiência traumática é para a criança um insulto ao ego comparável à pressão sobre a superfície da bola. Quando se elimina a pressão, o ego tenta ab-reagir à experiência com um movimento ativo que repita, na direção inversa, a reação original. Além disso, se a criança não consegue reagir ativamente a uma experiência traumática desse tipo, é porque seu sistema energético não exerce pressão suficiente para fora. O ego está parcialmente colapsado e a situação é semelhante à tensão de superfície em um balão parcialmente murcho.

No nível psíquico, podemos falar do impulso para dominar situações ameaçadoras. A identificação com o processo ativo permite à criança integrar a experiência total à consciência. Não é masoquista o indivíduo que cai de um cavalo e o monta de novo imediatamente; ele apenas tenta vencer o medo. Qualquer que seja a interpretação psicológica do comportamento, padrões básicos são determinados por processos de energia subjacentes.

Tanto Freud quanto Reich concordam que o princípio do prazer traduz as leis bioenergéticas básicas. Freud, como sabemos, relacionou prazer e desprazer "à quantidade de excitação que está presente na mente, mas de forma alguma 'contida'; e se relacionam de tal modo que o desprazer corresponde a um aumento da excitação, enquanto o prazer, a uma diminuição". Reich identificou prazer e desprazer com o movimento de energia no organismo. O movimento para a periferia diminui a pressão interna, eleva a tensão de superfície e facilita a descarga no mundo exterior. O movimento em sentido inverso, para dentro, tem o efeito contrário. Somos então levados ao problema da descarga de energia no organismo vivo, que é uma função de sua relação com o mundo exterior.

A própria existência de um organismo vivo cria a primeira antítese na dinâmica de seus processos energéticos — entre o indivíduo e o mundo externo. Pouco importa que o organismo não esteja consciente de sua individualidade. Porque, independentemente de sua dependência do mundo exterior, cada organismo vivo é também uma entidade independente. Dessa relação de dependência-independência deriva a antítese interior básica: em direção ao mundo-em direção ao *self* (centro). Em termos de libido, isso pode ser expressado como libido objetal em oposição a libido narcisista. Essa última formulação, contudo, é psicológica. É possível observar os processos somáticos correspondentes de modo mais claro na ameba.

O próprio Freud comparou a emissão e a retração de um interesse psíquico com a emissão e a retração de um pseudópode. Se perguntarmos o que causa um movimento de expansão na ameba, deveremos responder que ela reage a um estímulo ambiental. Mas esse estímulo determina apenas a direção do movimento, não sua força motriz. Tal força deriva de um acúmulo de tensão no organismo. Como conceito físico, a tensão descreve um estado de expansão ou retração em relação a uma força aplicada. Em um animal unicelular, podemos concebê-la como uma pressão interna aplicada contra uma membrana elástica que delimita o organismo. Os seres humanos experimentam a tensão de modo semelhante. Em alguns casos, ela pode se tornar grave a ponto de produzir uma sensação de explosão.

Toda tensão é essencialmente um fenômeno de superfície. A tensão de superfície pode aumentar em consequência de uma contração da membrana

O corpo em terapia

elástica de superfície ou de um aumento da força interna ou carga. A tensão pode diminuir em virtude de uma redução da força interna ou de uma expansão da membrana limitadora. É uma característica do organismo vivo conseguir adaptar-se a um aumento da carga interna pela expansão da membrana da superfície. Isso está implícito no conceito de crescimento. A expansão, em oposição à distensão, diminui a tensão de superfície. Mas, como veremos, este mecanismo só é funcionalmente operacional dentro de limites estreitos.

Uma manifestação da diferença entre as membranas elásticas vivas e não vivas é vista no fenômeno da cor. Quando um balão colorido é inflado, existe uma diminuição da cor na superfície, em função da dispersão das partículas de cor. A membrana viva, tal como a pele, apresenta uma intensificação da cor com a expansão. Na expansão agradável, a pele se avermelha, à medida que os vasos sanguíneos se dilatam. Na ansiedade, ocorre palidez e contração dos vasos sanguíneos. A explicação simples é que a membrana não viva se distende de modo mecânico e passivo. Já a expansão da membrana viva é um processo ativo, que resulta do movimento de fluidos corporais até a superfície e do aumento de carga na superfície. Podemos então dizer que a expansão da membrana viva corresponde a tensão de superfície diminuída e carga de superfície aumentada, e contração corresponde a uma tensão de superfície aumentada e carga de superfície diminuída.

A descrição de Reich desses fenômenos merece ser citada.

A palidez no medo e o tremor no estado de ansiedade correspondem à fuga da catexe da periferia para o centro do corpo, causada pela contração dos vasos periféricos e pela dilatação dos centrais (ansiedade estática). O inchaço, a cor e o calor dos tecidos periféricos e da pele na excitação sexual são o oposto exato do estado de ansiedade e correspondem física e psicologicamente ao movimento de energia do centro para a periferia do corpo e, com isso, em direção ao mundo.[56]

O que acontece quando a tensão interna atinge um nível que vai além do limite de expansão da membrana? A tensão só pode ser reduzida pela diminuição de substância e pela descarga da força interna ou energia. No organismo unicelular, isso é realizado pelo processo de divisão celular. Nos metazoários, esse processo é dividido nas funções de sexualidade e reprodução.

Podemos agora distinguir dois aspectos do mecanismo pelo qual a tensão é diminuída. Em um deles, o movimento de energia em direção à periferia produz uma expansão da membrana superficial; no outro, substância e energia são descarregadas no mundo exterior. Os dois processos são prazerosos — o grau de prazer depende da quantidade e da gradação da redução na tensão. Dos dois, o segundo é de longe o mais importante. Vamos examiná-lo mais de perto.

Energia e substância são introduzidas no organismo majoritariamente através da ingestão de alimentos e inspiração de oxigênio. Isso, obviamente, aumenta a tensão interior, que pode então ser atenuada pela expansão da membrana de superfície (que inclui a expansão do organismo total em crescimento como parte do mesmo mecanismo) ou pela descarga de energia e substância no mundo exterior. Isso pode assumir a forma de trabalho, em que somente a energia é descarregada, ou sexo e reprodução, com sua descarga de substância e energia.

Freud postulou como seu primeiro conjunto de instintos antitéticos fome e amor. Seu comentário posterior é interessante:

> No início, em total perplexidade, assumi como ponto de partida o aforismo do poeta-filósofo Schiller, segundo o qual fome e amor fazem o mundo girar. A fome serviria para representar aqueles instintos que se prestam à preservação do indivíduo; o amor busca objetos; sua principal função, favorecida de todos os modos pela natureza, é a preservação da espécie.[57]

A antítese entre fome e amor merece um exame mais detalhado quanto à dinâmica de suas energias.

A satisfação da fome e da necessidade sexual é igualmente agradável, embora uma implique ingestão e a outra, descarga de substância. Ambas têm em comum o seguinte: a satisfação da necessidade em cada caso requer um movimento dirigido para o mundo exterior e um contato com ele. No entanto, uma é determinada pela sensação de falta (fome) e a outra, pela sensação de excesso (sexualidade). O grande problema é como um movimento dirigido para fora, que deve extrair sua força motriz de uma tensão central, pode proceder de uma sensação de falta. A análise de Reich sobre esse problema é brilhante. Eu a transcrevo a seguir:

O corpo em terapia

Um protozoário precisa movimentar o plasma do centro para a periferia — ou seja, aumentar a tensão na periferia — quando deseja comida, isto é, eliminar uma pressão negativa no centro. Em nossa linguagem: ele precisa, com o auxílio de um mecanismo libidinal, abordar o mundo exterior a fim de eliminar essa 'pressão negativa', ou seja, a fome [...] Assim, a energia sexual está sempre a serviço da gratificação da fome, enquanto, inversamente, a ingestão de alimentos introduz as substâncias que, finalmente, através de um processo fisioquímico, levarão a tensões libidinais. A ingestão de alimentos é a base da existência e da realização produtiva, começando pela mais primitiva, a locomoção.[58]

Em termos mais simples: a pessoa precisa de comida para poder continuar se movimento, e de movimento para buscar comida. Se interpolamos uma fase de energia, temos o seguinte: a energia é necessária para produzir movimento a fim de obter comida, que por sua vez fornecerá energia livre para mais movimento. A relação entre energia livre e libido pode ser demonstrada mais claramente do que nessa formulação?

Nos protozoários, a distinção entre fome e sexualidade é muito reduzida. A fusão de dois desses organismos e a absorção de partículas de comida são processos bastante similares. Podemos observar o entrelaçamento de fome e necessidade libidinal na amamentação. O prazer libidinal e a alimentação são uma experiência unitária para o bebê que mama. Se perdemos de vista a interdependência dessas funções básicas, podemos chegar à falácia de que o bebê é normalmente passivo no ato de mamar. Enquanto a fome utiliza o mecanismo libidinal para abordar o mundo, eros precisa do sistema motor do impulso de fome para obter satisfação.

O princípio do prazer se situa no limiar da vida. Além dele se estendem os vastos espaços da natureza inanimada, que mostra em seus infinitos fenômenos a operação das mesmas leis que prevalecem no reino da vida: leis derivadas dos campos da química e física. Com a emergência da faculdade da consciência na evolução dos organismos vivos, começa a vida tal como a conhecemos. Esse é um passo adiante na organização do comportamento, pois implica que o organismo exercitará de modo consciente a escolha de atividades e respostas que têm como objetivo fundamental a luta para obter prazer e evitar o desprazer. Mas não podemos prosseguir sem comentar que deixamos intocado o mistério central desta discussão: a natureza do prazer propriamente dito. Descobriremos, também, que a consciência em si mesma não deixa de ser um mistério, embora possamos elucidar alguns aspectos de sua natureza.

4. O princípio da realidade

Se partimos do conceito de que o princípio do prazer está intimamente relacionado ao princípio de vida, segue-se que ele não pode ser violado pelos processos vitais. Mas pensamos também, de imediato, no princípio da realidade, que é antitético ao do prazer. Estranhamente, o princípio da realidade, tão importante em toda terapia analítica, é entendido apenas de modo superficial. Reich, que tão brilhantemente analisou as bases bioenergéticas do princípio do prazer, faz pouco mais do que simplesmente se referir às funções de realidade. Nesse aspecto, a função de realidade está mais ou menos na mesma situação que o ego — também muito pouco compreendido em bases energéticas. Veremos que estamos lidando com dois aspectos de uma única função, e que a elucidação de um levará à compreensão do outro. Como o princípio do prazer é o *modus operandi* do id, o princípio da realidade é o método de trabalho do ego.

Fenichel afirma com clareza: "A origem do ego e a origem do senso de realidade não são mais que dois aspectos de um passo do desenvolvimento. Isso é inerente à definição do ego como aquela parte da mente que lida com a realidade".[59]

O princípio da realidade, naquele aspecto em que é oposto ao princípio do prazer, requer a aceitação de um estado de tensão e o adiamento do prazer, em concordância com as demandas de uma situação externa. Em troca, o princípio da realidade promete que, no futuro, essa ação levará a um prazer maior ou ao evitamento de uma dor maior. A essência dessa função é interpor um intervalo entre o impulso e sua expressão em ação franca. Durante esse intervalo, é criado e mantido um estado de tensão até que ocorra o momento adequado para a descarga. Assim, se perguntamos como se desenvolve essa tolerância à tensão, qual é seu mecanismo e por que ela aparece, deparamos com certa confusão. A resposta — que a realidade exige esse comportamento — não nos diz nada. As formas inferiores de vida não têm essa mesma faculdade, embora vivam no mesmo mundo em que nós vivemos.

Todos sabemos que o ego infantil é incapaz de tolerar muita tensão. A frustração de uma necessidade leva rapidamente a uma descarga motora, em geral na forma de choro. A tolerância à tensão se desenvolve com o controle motor e como consequência dele? Essa é a opinião de Fenichel: "Andar e controlar os esfíncteres são a base para a independência da criança; essas habilidades ajudam-na a desenvolver o princípio da realidade e superar a dependência receptiva e a necessidade de descargas imediatas".[60]

Essa afirmação é apenas parcialmente verdadeira. A experiência clínica tem mostrado que, nos casos em que o controle esfincteriano é adquirido em idade muito precoce, desenvolvem-se traços neuróticos, que consequentemente prejudicam a função de realidade. Pode-se dizer o mesmo de andar. A criança que aprende a ficar em pé e a andar muito cedo pode acabar com uma falta de segurança nos órgãos de suporte e locomoção. Análises têm demonstrado que indivíduos com traços orais acentuados de dependência e imaturidade apresentam uma história de crescimento intelectual e emocional precoce. A criança precoce é típica desse problema. Em longo prazo, a criança que se ajusta à realidade adulta cedo demais tem mais a perder. Uma infância rica e agradável é a melhor garantia para um ego forte e uma boa função de realidade.

A todo tempo corremos o risco de perder de vista que o princípio da realidade é funcionalmente idêntico ao princípio do prazer, mesmo se antitético a ele em seu aspecto superficial. Precisamos saber, portanto, como o princípio da realidade se desenvolve a partir do princípio do prazer em bases bioenergéticas.

Sabemos que a função bioenergética básica que deu origem ao princípio do prazer como determinante de função psíquica foi o movimento de energia do centro para a periferia e de volta. O fluxo de energia na direção centro-periferia diminui a tensão, seja ele acompanhado ou não de descarga de substância, e é percebido como prazer. O movimento energético na direção oposta (periferia-centro) aumenta a tensão e é equiparado ao desprazer, que não é percebido. Não se trata de ansiedade, que só se desenvolve nos casos em que a energia de um impulso deixa de ser descarregada.

Esse padrão básico da função caracteriza a dinâmica energética do mais simples dos animais unicelulares, como a ameba. Na ameba, a expansão de

O corpo em terapia

um pseudópode ocorre em qualquer direção, e fluido e substância passam através de qualquer parte da membrana de superfície. Como carga e descarga acontecem em todos os pontos da membrana de superfície, que são mais ou menos equidistantes do centro, podemos dizer que a ameba tem certo grau de movimento. Em outras palavras, todos os movimentos têm o mesmo significado, independentemente da direção. Nesse estágio, sexualidade e fome também estão intimamente relacionadas: a tensão interna é aliviada pelo mecanismo básico da divisão celular. Esse animal simples não exibe diferenciação de superfície e nem mesmo especialização elementar para carga e descarga, sexualidade ou fome. Pode-se dizer que a ameba funciona puramente no princípio do prazer.

A ameba mostra pouca polaridade em organização corporal ou movimento. Em alguns protozoários, e em todos os metazoários, é evidente uma polaridade definida. No curso da evolução, as extremidades da cabeça e da cauda se diferenciaram de tal modo que a cabeça se desenvolve na parte frontal da direção do movimento. Esse novo desenvolvimento é visto com mais clareza na minhoca. Em vez de impulsos que se movem do centro para a periferia em qualquer direção, eles agora são orientados ao longo de uma linha longitudinal de um extremo ao outro, passando pelo centro. Essa polaridade parte da orientação básica centro-periferia e se desenvolve em consequência do domínio de certas tendências que estão presentes de forma latente na fase anterior. O maior fator responsável pela polaridade pode ser descrito como a tendência antigravitacional da força vital.

A minhoca é um bom exemplo dessa fase da evolução. Todos os animais superiores mostram sua estrutura básica; uma orientação longitudinal e um arranjo metamérico. Na minhoca, o movimento se dá essencialmente em uma única direção: para a frente. A cabeça é diferenciada na medida em que é aí que ocorre a ingestão de substâncias, enquanto a cauda é limitada à função de descarga. A diferenciação entre as duas extremidades não é muito grande, como se constata ao observar qualquer minhoca, mas elas podem ser distinguidas uma da outra. Em comparação com a ameba, fome e sexualidade são funções bem diferentes. Podemos dizer que a minhoca tem dois possíveis graus de movimento. Além da pulsação centro-periferia, que ocorre tanto na minhoca como na ameba, há a pulsação cabeça-cauda.

A despeito da evolução da minhoca em comparação com a ameba, sua função de realidade é elementar. A minhoca tem um certo controle esfincteriano dos dois extremos, mas mal consegue diferenciar os objetos que encontra ao avançar. Ela literalmente come o caminho enquanto avança pelo chão. Mesmo assim, em sua orientação e estrutura, a minhoca tem os elementos a partir dos quais a função de realidade se desenvolve nos animais superiores, inclusive o ser humano.

A evolução parece acontecer por um processo de condensação e diferenciação. A extremidade-cabeça de um organismo superior resulta da fusão de vários segmentos metaméricos. Além disso, a economia de energia nos animais mais complexos funciona em um nível mais elevado de carga e descarga. A diferenciação estrutural está muito aumentada e desenvolvida.

Os passos desse desenvolvimento podem ser mostrados em um diagrama (Figura 7): o primeiro estágio (A) é o da ameba, que não exibe nenhuma evidência de função de acordo com o princípio da realidade. Representamos esse tipo de função com um círculo.

O segundo estágio (B) é exemplificado pela minhoca. A evolução pelo crescimento, desenvolvimento e especialização produziu as seguintes melhorias: acentuada polaridade na organização corporal; desenvolvimento de um sistema muscular para facilitar os movimentos e de um sistema nervoso para coordenar as atividades dos diferentes músculos. A representação gráfica dessas mudanças é mostrada pelo alongamento do corpo, por sua polaridade e pelo sistema muscular.

No terceiro estágio (C), do qual o homem é o mais elevado desenvolvimento, encontramos uma condensação maior e uma diferenciação mais elaborada. Essa polaridade aumentou muito — o que, junto com a posição ereta, resultou na especialização e diferenciação dos membros.

Quando estudamos a estrutura e a dinâmica energética do organismo humano, vemos que esses processos progrediram para o mais alto grau de desenvolvimento. O plano corporal mostra três segmentos principais — cabeça, tórax e pelve — e duas constrições: pescoço e cintura. Tais constrições servem como fulcros, ao redor dos quais pode acontecer uma certa medida de movimentos rotatórios. Isso acrescenta um terceiro grau de movimento: a rotação em torno do eixo longitudinal. Os segmentos constritos são zonas de passagem que aceleram o fluxo de fluidos corporais, de acordo com as conhecidas leis da hemodinâmica. Patologicamente, eles podem se tornar as áreas onde o bloqueio ou a redução do fluxo energético ocorre com mais facilidade. Em contraste com esses estreitamentos, os dois segmentos

O corpo em terapia

FIGURA 7

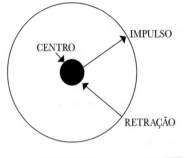

A tensão descarregada pela expansão da membrana da superfície, como na extensão de um pseudópode, ou pela descarga de substância na divisão celular. Não existe maneira possível de impedir os impulsos.

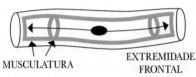

Os impulsos são orientados ao longo do eixo longitudinal, embora o tipo metamérico de movimento também requeira impulsos segmentais de expansão e contração.

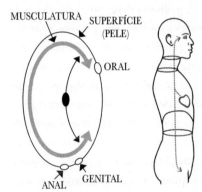

Esquerda: a musculatura agora é mais concentrada nas costas. Os impulsos são fortemente orientados longitudinalmente, embora ocorra alguma descarga nos órgãos mamários femininos. A ingestão é confinada ao extremo superior; a descarga, ao inferior. *Direita*: a condensação reduziu o arranjo metamérico a três segmentos: cabeça, tórax e abdome. Eles são separados por duas constrições: pescoço e cintura.

terminais são alargamentos que servem como reservatórios ou lagos onde ocorrem um desaceleramento e um acúmulo de energia antes da liberação através das aberturas naturais desses segmentos.

Estudemos em detalhe esses dois segmentos. A pelve maior inclui a barriga na frente, as nádegas e os órgãos de descarga. Esses órgãos compreendem o aparelho urinário, com sua abertura pela uretra, o extremo excretor do tubo intestinal, com sua abertura no ânus, e o sistema genital. Podemos também acrescentar os apêndices inferiores — as pernas, que, como principais locomotores do organismo inteiro, são órgãos de descarga de energia.

É na função do aparelho genital que a natureza do princípio da realidade é demonstrada com mais clareza. A intensidade da descarga genital deve depender de quanta energia pode ser acumulada no sistema reservatório

Alexander Lowen

antes do alívio. O aparelho genital propriamente dito funciona de modo semelhante a um condensador elétrico que descarrega automaticamente tão logo a carga atinja o nível máximo de capacidade. O princípio da realidade, em oposição ao do prazer, exige que a eliminação da carga ou tensão seja adiada em prol de um prazer maior. Essa contenção fisiológica da tensão ou carga depende do tamanho do reservatório e da capacidade do condensador. A função diminuída do reservatório e uma capacidade reduzida levam à impulsividade e, especificamente, à prematuridade da ejaculação no macho. Tal prematuridade resulta num prazer diminuído.

Clinicamente, os transtornos da função genital podem ser mais bem compreendidos se utilizarmos a conceituação antes exposta. A prematuridade no macho, que é um problema comum, está sempre associada a tensões e espasmos dos tecidos e músculos nessa área, os quais reduzem as capacidades de reservatório e condensador. A melhoria desse problema depende da eliminação ou redução dessas tensões crônicas, seja psicologicamente ou por intervenção somática. É possível entender por que a prematuridade está quase sempre ausente quando uma segunda relação sexual sucede a primeira. A descarga prévia reduz o nível de energia, ao mesmo tempo que libera alguma tensão. O acúmulo subsequente é mais lento, superando assim a prematuridade, mas a carga reduzida pode levar a um nível inferior de descarga e menor prazer. No masoquismo, em que existe o medo da carga genital, a energia é retida no abdome, que já está contraído. Assim, enquanto o reservatório fica cheio a ponto de explodir com tanta ansiedade, o sistema genital tem uma carga fraca. Não é rara a manifestação de impotência.

Como sistema condensador, o aparelho genital determina a velocidade da descarga, não sua intensidade. Grande prazer no ato sexual depende da quantidade de carga que é retida no abdome ou na pelve. Desse reservatório, a energia é lançada lentamente no aparelho genital. No auge do orgasmo, ocorre a descarga, na forma de uma série de pulsações com esguichos ejaculatórios no macho e movimentos rítmicos e involuntários da pelve. Nesse ponto, a energia flui livremente do reservatório para o condensador, produzindo uma série de cargas e descargas. Sem o auxílio da função de reservatório, o orgasmo ocorreria como uma descarga única e não rítmica. De outro ponto de vista, podemos dizer que a capacidade de controlar o impulso sexual depende sobretudo de quanta energia pode ser retida nos tecidos pélvicos sem sobrecarregar o aparelho genital. Os

O corpo em terapia

genitais em si mesmos não fornecem nenhum mecanismo natural para a contenção do impulso.

O que descrevemos até agora é o ato sexual no reino dos mamíferos. Graças à sua postura ereta, o ser humano é capaz de desenvolver ainda mais sua potência sexual. Os músculos da coxa, mais desenvolvidos no homem, que servem à sustentação num grau maior do que entre outros mamíferos, pode dar ao homem um controle sobre os movimentos sexuais que é impossível para os quadrúpedes. Sua capacidade de mover a pelve sob controle (devagar na primeira fase do ato e, depois, com crescente vigor) permite que a energia se acumule em níveis mais altos do que seria possível se todo o ato fosse involuntário. Pelo mesmo motivo, qualquer espasticidade crônica desses músculos diminui o controle e favorece a prematuridade. Ou, então, a extensão do controle pode ser neuroticamente ampliada até um ponto em que toda espontaneidade no ato se perca.

Considere o problema no caso das funções excretoras. A frequência da micção não depende do esfíncter urinário, mas da capacidade da bexiga. No máximo, os esfíncteres podem regular o movimento de descarga. Eles permitem o controle da liberação até que instalações adequadas para isso estejam disponíveis. Mas que valor teria esse controle esfincteriano sem a capacidade aumentada da bexiga, que é uma característica do organismo adulto? O esfíncter urinário é uma função derivada da capacidade da bexiga e de menor importância para a função de realidade do que a bexiga em si. A função de defecação no bebê demonstra os mesmos princípios. No começo da vida, o bebê tem movimentos intestinais livres e frequentes. Muito antes de qualquer controle esfincteriano, a frequência dos movimentos tende a se tornar menor e regular. Essa capacidade para conter e organizar impulsos se desenvolve durante o crescimento natural do indivíduo. Está relacionada ao desenvolvimento dos órgãos e estruturas localizados no abdome e na pelve — a saber, o cólon, o reto, a bexiga e os órgãos de reprodução e descarga genital.

A patologia médica tem casos de graves distúrbios dessa função de reservatório. Pensemos na colite ulcerativa crônica e na colite espástica crônica. Em ambas as doenças os fatores psicossomáticos são claramente reconhecidos. Tenho tratado vários casos de colite, inclusive um de colite ulcerativa. Do ponto de vista estrutural, todos foram caracterizados por estreitamento e rigidez do segmento inferior. O abdome era pequeno e

Alexander Lowen

bastante contraído. Os músculos que se ligavam aos ossos pélvicos estavam todos muito contraídos. O médico verifica sobretudo a espasticidade do órgão. Em geral, ele não leva em conta a rigidez do organismo. Nessa doença, a falta de um reservatório no canal intestinal é imediatamente aparente. O observador analítico vê a consequência no sintoma da diarreia. Minha experiência com esses casos me levou a postular três fatores na produção da sintomatologia. Um é a falta de uma função de reservatório no abdome. Trata-se de uma predisposição. O segundo é quantitativo. A diarreia ocorre somente quando a quantidade de excitação ou energia é maior que a capacidade limitada desses indivíduos para bloquear os sentimentos. Desse modo, os pacientes com colite é beneficiado por repouso, dieta branda ou qualquer redução de excitação emocional.

O terceiro fator é caracterológico. É a rigidez do organismo todo e a incapacidade para responder com movimentos apropriados a situações de estresse ou tensão. No caso do indivíduo com colite ulcerativa, testes psicológicos (inclusive o de Rorschach) mostraram uma personalidade emocionalmente rasa e imatura, com bloqueio dos níveis mais maduros de expressão. A descarga tendia a ocorrer nos níveis mais primitivos.

O estudo analítico desses problemas no nível bioenergético permitiu-nos compreender as funções dos dois princípios. Uma jovem desenvolveu diarreia persistente ao longo da terapia. Sua estrutura corporal era estreita e muito rígida, com o abdome mantido em constante contração. A predisposição para colite estava ali, e o segundo fator, o quantitativo, também aparecia. A paciente estava sob considerável estresse emocional quando iniciou a terapia, mas nessa etapa — e por algum tempo depois dela —, embora os dois fatores estivessem operantes, a diarreia não ocorreu. A diarreia só se desenvolveu quando a paciente começou a melhorar, especificamente no âmbito profissional. Sexualmente, também houve algum progresso, mas inconsistente. É importante acrescentar que, antes da terapia, a paciente usava drogas, dormia e acordava tarde e levava uma vida irrealista.

Eu supunha que a diarreia dependeria de excitação ou energia poderem ou não ser liberadas em ações apropriadas. A diarreia ocorreria se essa liberação não acontecesse, garantida, obviamente, a presença dos dois primeiros fatores. Nesse caso, contudo, não houve diarreia no primeiro estágio da terapia, quando o comportamento da paciente era mais irracional. Deve-se presumir que o comportamento irracional servia para prevenir a

O corpo em terapia

diarreia, e que ela se desenvolveu quando esse comportamento desapareceu e fechou algumas vias neuróticas de descarga.

Enquanto a paciente funcionou pelo princípio do prazer em oposição ao princípio de realidade, nenhuma colite crônica se desenvolveu. Só quando a paciente tentou conter sua energia de acordo com as exigências da realidade a incapacidade do abdome para funcionar como reservatório manifestou-se como um transtorno somático. O abdome não estava apenas contraído, mas sobrecarregado ao extremo. A rigidez do organismo completo, visível numa musculatura rígida e espástica, torna impossível para esses indivíduos suportar qualquer pressão extra. Uma pressão externa é imediatamente transmitida aos órgãos internos, com consequentes danos. A chave do funcionamento adequado do princípio da realidade é a flexibilidade e a elasticidade da musculatura voluntária. Essa flexibilidade permite reações adaptativas que são impossíveis sem ela. Por outro lado, o princípio da realidade depende da unidade de todos os segmentos.

Discutimos alguns aspectos do princípio da realidade no funcionamento da metade inferior do corpo. Os impulsos que se movem em direção ao extremo da cabeça têm características diferentes daqueles que se movem para baixo. A cabeça é diferenciada para ingerir comida, água, absorver o ar e impressões sensoriais. Ela está a serviço daqueles impulsos instintivos cuja função é carregar o organismo, em oposição àqueles dirigidos para baixo, cujo objetivo é a descarga. Nos seres humanos e nos macacos antropoides, os membros superiores associam-se às funções da extremidade superior (cabeça), enquanto os inferiores especializam-se cada vez mais em sustentação e locomoção. Mas, mesmo com respeito aos impulsos cujo objetivo é carregar o organismo, fica aparente uma função de reservatório. Enquanto a minhoca absorve tudo em seu caminho, os organismos superiores analisam cuidadosamente o ambiente antes de extrair qualquer coisa dele.

Na metade superior do corpo, o órgão que restringe o impulso é o cérebro. Antes de o impulso ser transmitido aos nervos motores que controlam a descarga muscular, ele é submetido ao exame e à censura das áreas sensorial e de associação. Se a percepção ou a memória aconselham contenção, não ocorre nenhuma descarga motora. A principal energia do impulso é congelada no nível subcortical ou recolhida para o sistema do id. Não se pode compreender o princípio da realidade se se ignora o fato de que o cérebro e, com efeito, toda a cabeça são capazes de conter os impulsos mais poderosos. Assim como o aparelho genital, o cérebro também funciona como um condensador. É enorme a quantidade de energia que pode ser retida e focada no cérebro humano. Em organismos muito saudáveis, ela cria uma luminosidade ao redor da cabeça.

Teoria e observação clínica concordam que a função de realidade é quantitativamente igual nas duas extremidades. As ações em cada extremidade diferem qualitativamente. O indivíduo demonstrará uma atitude idêntica em relação à realidade tanto no pensamento como na sexualidade. A agressão, que é característica da psicologia do caráter fálico, é "igualmente" clara em sua sexualidade. A vida fantasiosa do caráter oral se reflete na falta de contato com o companheiro no ato sexual. A "contenção" psicológica do caráter compulsivo deriva de uma atitude semelhante perante as funções de descarga e eliminação. Essas são ideias psicanalíticas básicas; o que é novo é a estrutura de referência. O princípio da realidade deriva de uma oscilação bioenergética entre as extremidades superior e inferior (cabeça e cauda) que é de natureza pendular. Ele não pode ir mais longe em uma direção do que na outra.

A pergunta que fica é: em que medida é possível uma descarga pela extremidade da cabeça? Desconsideramos, para esse propósito, formas insignificantes de descarga, como cuspir, espirrar etc. Vamos formular a pergunta de outra maneira: em que medida pode a fantasia servir como um meio de descarga? Considerações estruturais já indicam a resposta a essa questão. O invólucro ósseo da cabeça e o fato de a principal abertura para o crânio transportar impulsos do e para o cérebro nos levam concluir que poucas descargas reais ocorrem pela extremidade da cabeça. O movimento ascendente de energia conduz sempre a um aumento de carga. Isso vale para todas as funções da extremidade superior: comer, usar os braços para capturar ou ingerir comida, respirar, impressões sensoriais e fantasias. A fantasia sexual aumenta a carga sexual, atuando de modo semelhante às preliminares no ato sexual. Se isso não leva à descarga pelo aparelho genital, torna-se uma condição patológica de impotência. Quando a energia se move para baixo, ela é agregada ao sistema muscular para ser descarregada.

Podemos equiparar a função de carga com a função mais geral de expansão. A fórmula seria: tensão → exploração → carga. A fórmula para descarga, que é uma função da contração muscular, pelo menos nos animais superiores, é: descarga → contração → relaxamento. A fantasia pode servir à

O corpo em terapia

função de aliviar temporariamente a tensão; ela leva a uma expansão geral do organismo, mas se o ciclo para nesse ponto e não é concluído, o resultado é uma condição de irrealidade. A atividade muscular, tanto na exploração quanto na contração rítmica, é evitada. Nem o ego nem o princípio da realidade estão envolvidos. O resultado é a dissociação entre a percepção e o estado real de tensão que existe enquanto a fantasia estiver operante.

A fantasia, usada desse modo, não é a mesma coisa que pensamento inteligente e imaginação. Os dois últimos derivam da mesma função, mas não são distorcidos como substitutos da realidade. Fantasia e seus derivados, imaginação e pensamento construtivo, têm um papel importante na realidade: encontram-se no começo de um ciclo que precisa terminar em ação; não podem constituir um fim em si mesmos.

Como o ego se desenvolve a partir do id, o princípio da realidade se desenvolve a partir do princípio do prazer, à medida que a orientação longitudinal e antigravitacional do organismo se estabelece com o crescimento. Apesar da antítese evidente, as conexões entre essas funções relacionadas nunca devem ser interrompidas. O princípio da realidade, privado de sua motivação e fonte de energia, torna-se estéril no princípio do. Um ego que nega sua base no id fica árido e frágil. Essas relações podem ser claramente elucidadas pelo estudo da dinâmica energética do ato sexual.

A abordagem sexual começa como uma expressão do ego. Muito antes de ocorrer qualquer contato físico, as duas personalidades se encontram pelo olhar. Shindler, à semelhança de Claparède, coloca o centro do ego "entre os olhos". Eu também localizo o ponto superior da oscilação de energia na região da glabela, entre os olhos. O ego se mostra nos olhos em tão grande medida que um observador treinado pode avaliar o ego pela expressão deles. O contato físico que se segue ainda é uma função da realidade — é exploratório. A atividade ainda é dominada pela procura consciente de mais sensações agradáveis, estando o ego ainda no comando. O prazer agora serve à função de aprofundar a excitação e despertar as sensações mais profundas do id. A participação do sistema do id na experiência total aumenta pouco a pouco.

Com a penetração, o sistema do id amplia sua influência. O prazer cresce, de acordo com uma curva que Reich traçou em *A função do orgasmo* — aos poucos no início, depois rapidamente, até o clímax. O ponto final é alcançado quando ocorre uma reação involuntária que leva à descarga.

Esse ponto final acontece quando o sistema do ego está submetido ao id, ou quando o princípio da realidade é submerso no mais profundo princípio do prazer. A força relativa dos dois componentes determina o tempo de seu acontecimento. A ejaculação precoce resulta de um sistema de ego fraco, que não consegue conter as fortes sensações do id. Por outro lado, se o ego é desenvolvido à custa do id, o ponto final pode ser adiado pela diminuição da participação do id, com um correspondente decréscimo do prazer final.

Vamos presumir que ego e id trabalhem juntos, não de forma antagônica. Se o ego se identifica com as mais profundas sensações do id, a percepção consciente do prazer aumenta durante o ato sexual. O fluxo de energia para o cérebro e o aparelho genital se intensifica. Atinge-se um ponto no qual o cérebro, que está em um "recipiente" fechado, não consegue mais aguentar o aumento de carga. Os reservatórios estão repletos. As sensações são tão fortes que a consciência é subjugada. O sistema do ego é afogado pelas fortes ondas dos impulsos do id, o princípio da realidade se esvanece, desaparecem todas as barreiras. Os reservatórios se esvaziam numa enxurrada poderosa que segue em direção aos genitais para a descarga. Por uns poucos momentos, o id é supremo; o organismo perde sua identidade na união sexual. Ao final da tempestade, quando retrocede a enchente, o ego renasce para um novo dia, renovado e revitalizado nas mais profundas fontes de energia vital. A realidade se impõe com o redespertar da consciência — ou, se o sono intervir, isso é adiado.

Em síntese, podemos dizer que o ego se diferencia do id apenas para perder-se nele nos momentos supremos da vida. O princípio da realidade serve para aprofundar o princípio do prazer.

É óbvio, com base nessas observações, que eu comparo o sistema do ego com o princípio da realidade e o sistema do id com o princípio do prazer. A justificativa para isso é clara em tudo que já foi discutido. O ego é um fenômeno perceptual, descreve uma consciência subjetiva. O princípio da realidade descreve uma atitude vista de maneira objetiva. A base somática para ambos é a corrente longitudinal da energia. A relação entre ego e id, princípio da realidade e princípio do prazer, só pode ser expressa por uma fórmula que deriva da unidade básica e da antítese dos processos vitais.

Podemos dizer, além disso, que se compararmos o ser humano com os outros animais, ficarão evidentes as diferenças bioenergéticas seguintes. O homem é caracterizado pelo mais desenvolvido sistema de realidade.

O corpo em terapia

Isso implica uma pulsação energética maior e uma função de reservatório mais desenvolvida. Ele tem o melhor cérebro em uma das extremidades e o aparelho genital mais carregado na outra. Uma é o corolário da outra. Por definição, seu ego é o mais forte. Tudo isso, porém, não seria possível sem uma fonte profunda e poderosa de formação de impulsos. O ego nunca pode ser maior que o id, do qual surge e do qual permanece sendo uma parte. Também é por causa de seu sistema de energia extremamente carregado que o homem se tornou ereto. A energia bioenergética é, por sua natureza, antigravitacional em seu efeito.

5. O conceito bioenergético dos instintos

Nos capítulos anteriores, estudamos vários aspectos da natureza da atividade impulsiva. O impulso é um movimento energético do centro para a periferia do organismo, onde afeta a relação desse organismo com o mundo exterior. Esse movimento de energia do centro para a periferia tem dois propósitos ou fins. Um está relacionado à função de carga, como a ingestão de alimentos, a respiração, a excitação sexual etc. O outro está relacionado à função de descarga de energia, sendo suas expressões mais importantes a descarga sexual e a reprodução. Todas as atividades podem ser classificadas de acordo com esse critério simples, isto é, se servem à função de carga ou descarga de energia. O objetivo dessas atividades não é obter um nível constante de tensão ou carga energética; antes, carga e descarga são parte do processo vital, cujo objetivo transcende nossa compreensão. Os fenômenos do crescimento e da evolução certamente negam qualquer conceito de constância como o princípio dinâmico da vida — que parece se mover em direção a objetivos desconhecidos determinados pelo princípio do prazer.

O crescimento individual e a evolução da espécie seguem uma tendência de desenvolvimento em que o princípio do prazer simples é modificado a fim de fornecer meios mais efetivos de interação com a realidade externa. Tal modificação do princípio do prazer é conhecida como princípio da realidade. Ele se origina na separação das funções básicas de carga e descarga. A primeira especialização estrutural é a diferenciação de uma parte do organismo para a função de carga energética. Embora ausente na ameba, ela já está presente em outros protozoários. A separação dessas funções básicas gera uma polaridade interna que determinará a futura organização de todas as formas superiores de vida. Em paralelo ao desenvolvimento do princípio da realidade e sua expressão interna em diferenciação e especialização crescentes, encontraremos níveis de função energética cada vez mais elevados.

Diferenciação, especialização e organização cada vez mais acentuadas, por um lado, são as manifestações funcionais de níveis mais altos de energia. Vou mostrar essa relação em uma análise simples. As melhorias estruturais e funcionais dos aviões não teriam qualquer sentido sem o desenvolvimento de motores mais possantes e combustíveis melhores. A invenção dos irmãos Wright não necessitava de um trem de aterrissagem móvel, nem tampouco de um sistema de radar. Mais poder exige mais controle, e mais controle requer maior especialização e organização. É assim também com os organismos vivos. Porém, o poder é somente a expressão motora de um nível mais alto de energia. Os outros aspectos do mesmo processo energético são: maior sensibilidade, consciência aumentada e mais controle.

É preciso evitar afirmações teleológicas dentro de um raciocínio biológico. Descreve-se o que é visto e tenta-se entender a dinâmica do processo. Todos os sistemas móveis são governados pela relação entre energia livre e massa estrutural. Se a maior produção de energia é equilibrada por um aumento na massa estrutural, não ocorre nenhuma melhoria na função. A história do desaparecimento dos grandes dinossauros está relacionada, de alguma maneira, ao aparecimento dos mamíferos, nos quais uma função energética melhorada anulava a desvantagem da grande massa que condenou os dinossauros. Vimos a mesma coisa na substituição da válvula pelo transistor, assim como a válvula havia substituído métodos mais antigos e ineficientes de controle de energia. Esse princípio é a base do conceito de cibernética de Norbert Wiener[61] e de sua aplicação aos sistemas vivos e não vivos.

Comparados a todas as demais formas de vida, os mamíferos, como classe, exibem o mais alto grau de mobilidade. A exceção a essa afirmação é o caso das aves, mas aqui a mobilidade como deslocamento no espaço é obtida à custa de mobilidade em relação a objetos. A maior mobilidade é resultado de um nível de energia funcional aumentado, que também se manifesta na capacidade do organismo para decolar da terra. Os membros dos mamíferos certamente constituem um tremendo progresso em comparação aos membros dos répteis. Porém, todos os conceitos biológicos estão sujeitos à grande lei da antítese. A girafa, com suas longas pernas, não tem a agilidade dos gatos ou dos canários. Se a mobilidade é avaliada por suas relações antitéticas, ou seja, mobilidade como deslocamento espacial em contraposição a mobilidade ligada à capacidade para manipular objetos, os bípedes primatas exibem o mais alto grau de mobilidade geral.

Essa mobilidade aumentada, que é tão clara no homem, é resultado direto de sua postura ereta, que libertou os membros superiores da subserviência às funções de sustentação e locomoção. Eis, de novo, um importante desenvolvimento no princípio da realidade. A diferenciação da estrutura corporal em termos de carga e descarga é estendida aos membros. Toda a metade superior do corpo agora pode ser dedicada à função de carga energética. A descarga se torna ainda mais especializada como função da metade inferior do corpo, já que esta metade assumirá a importante função de movimentar o organismo no espaço. Tal desenvolvimento do princípio da realidade é, em si mesmo, o produto de um novo e mais alto nível de função energética. De fato, podemos nos arriscar a afirmar que a proporção entre energia livre e massa é tão grande no organismo humano que levantou do chão toda extremidade frontal do organismo e possibilitou as diferenciações, especializações e os controles que identificamos no ser humano. Compare as partes da Figura 8.

Com esse desenvolvimento do princípio da realidade no nível biológico, o problema de coordenação e controle da mobilidade transcende, pela primeira vez, o problema da mobilidade aumentada.

Os psicólogos sabem há algum tempo que o crescimento da consciência do ego está relacionado à maior força do sentimento espiritual no homem. Porém, antes que isso acontecesse, houve um longo período de desenvolvimento. Em *História da origem da consciência*, Erich Neumann traça esse

FIGURA 8 — *Esquerda*: mamíferos. A energia do impulso ainda é dominada pela massa ou pelo sistema muscular. *Direita*: ser humano. A força do impulso é maior do que a massa ou sistema muscular. Sensibilidade, consciência, comunicação e controle tornam-se iguais ou maiores que a mobilidade.

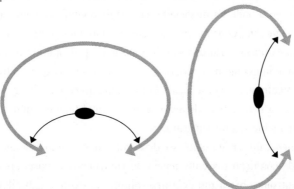

Alexander Lowen

desenvolvimento na esfera psíquica. No começo, havia a unidade do inconsciente — um mundo sem princípio nem fim, simbolicamente representado pelo círculo ou pela circunferência. Esse é o mundo do princípio do prazer. Essa unidade é destruída pelo aparecimento da luz, que em termos psicológicos é a luz da consciência. Neumann explica: "Somente à luz da consciência o homem é capaz de conhecer. E esse ato de cognição, de discriminação consciente, cinde o mundo em opostos, porque a experiência do mundo só é possível através dos opostos".[62]

A consciência tem um duplo aspecto. Primeiro, temos a consciência de sentimentos e ações e, depois, a consciência do conhecimento. Neumann diz: "O importante é que a consciência como centro de ação precede a consciência como centro de cognição".[63] Na medida em que se desenvolve essa maior consciência de ego, ela tende a se estabelecer em oposição ao corpo, que se torna um representante do inconsciente. A luz que é o brilho da consciência se diferencia de e opõe à corrente que a criou e manteve. No entanto, sabemos que uma luz nunca pode ser mais forte que a fonte de energia que a alimenta. Essa corrente é a da formação de impulsos no corpo, a qual, movendo-se para cima na direção da cabeça, excita os tecidos cerebrais e os faz brilhar. Mas isso está a apenas um passo atrás de dizer que o poder e a glória da consciência do ego no homem são reflexos da força de seus impulsos e um produto de processos energéticos intensificados em seu organismo.

No nível inconsciente, todas as atividades são instintivas, todos os impulsos iguais e unitários e tudo pode ser reduzido ao princípio comum: o princípio do prazer. Carga → descarga; tensão → relaxamento. A consciência é sinônimo de quebra dessa união. O impulso não é mais simplesmente uma ação; ele agora pode ser dissociado na energia do impulso e no movimento propriamente dito. O primeiro é percebido como um sentimento e o último, como sua expressão. Tal dissociação é parte do princípio da realidade; do contrário, o indivíduo não poderia refrear suas ações. O que é refreado não é o sentimento, mas sua execução. Outros animais compartilham com o ser humano essa consciência de ação, pois o animal também pode controlar voluntariamente sua musculatura.

Somente no ser humano esse desenvolvimento vai mais longe. A consciência de cognição é a consciência do controle; não existe apenas o fato do controle sobre a musculatura voluntária, existe a experiência ou o

O corpo em terapia

conhecimento desse fato. Essa experiência só pode resultar de uma situação na qual o sentimento é apropriadamente expressado com um mínimo de participação muscular. O ego precisa ter um órgão de expressão além da coordenação motora grossa. Essa função é transferida para o órgão da fala. Assim, podemos dizer "Estou furioso" sem precisar expressar o sentimento em movimentos.

A possibilidade de opostos, o conceito de relações antitéticas derivadas de uma unidade precedente, decorre biologicamente dessa cisão do impulso. Foi a partir desse ponto que Freud iniciou seu estudo sobre os instintos. Vamos acompanhar seu raciocínio.

No capítulo anterior, vimos que Freud postulou como seu primeiro conjunto de instintos antitéticos fome em oposição a amor. Isso corresponderia às direções para dentro e para fora. Posteriormente, ele identificou essas direções com o instinto de autopreservação em oposição ao instinto de preservação da espécie. Mais tarde, isso foi formulado como uma antítese entre a libido do ego (narcisismo) e a libido objetal (sexualidade). Contudo, todos esses são apenas diferentes aspectos da relação com o interior e o exterior. Como tal, constituem manifestações secundárias; o problema da cisão do impulso não foi abordado até 1920.

As razões que, em 1920, levaram Freud a abandonar seus conceitos anteriores em favor de uma nova abordagem da natureza dos instintos já foram discutidas. Ainda que discordemos de sua argumentação, devemos reconhecer a audácia e o escopo das novas formulações.

Ao elaborar a natureza dos instintos do ego, Freud concluiu que esses impulsos instintivos eram, em essência, conservadores e "tendiam ao restabelecimento de um estado anterior de coisas".[64] Em outras palavras, Freud disse: "Porque, em nossa hipótese, os instintos do ego surgem quando a matéria inanimada ganha vida e buscam restaurar o estado inanimado".[65] Por outro lado, Freud encontrou em seu conceito original dos instintos sexuais uma força que tendia a "preservar a vida por um período relativamente longo".[66] Ele presumiu que esses "são os instintos de vida, que levam, em virtude de sua função, à morte; e esse fato indica que existe uma oposição entre eles".[67]

Em consequência desse raciocínio, Freud abandonou o conceito de instintos do ego e instintos sexuais como forças primárias no fenômeno da vida. No lugar deles, propôs a ideia de que essas forças são, na verdade, os instintos de vida e de morte.

Alexander Lowen

É como se a vida do organismo se movesse num ritmo oscilante. Um grupo de instintos corre para a frente a fim de alcançar o objetivo final de vida tão rápido quanto possível; mas quando um estágio particular do avanço é alcançado, o outro grupo de instintos retrocede bruscamente até um certo ponto para recomeçar e, assim, prolongar a jornada.[68]

Freud localizou os "instintos de morte" na musculatura.

Freud deu o nome de eros ao instinto de vida, o "eros dos poetas e filósofos que une todas as coisas vivas".[69] Nesse eros, ele reconheceu a libido dos instintos sexuais.

Originalmente, o conceito de libido estava restrito à energia dos instintos sexuais dirigida a um objeto. Mais tarde, Freud declarou que a libido poderia ser recolhida e direcionada para dentro como narcisismo. Isso não contradiz de maneira alguma seu caráter original de energia ou força. Pode-se discordar de Freud quando ele iguala eros e instinto sexual. Um é uma força. O outro, como o definimos, é o canal no qual se move a força. A esse respeito, Jung se aproxima mais dos fatos quando usa a palavra "libido" para significar força instintiva em geral. Porém, Freud se aproxima do conceito bioenergético no seguinte comentário: "A diferença entre os dois tipos de instinto, que de algum modo era *qualitativa*, deve ser agora caracterizada de maneira diferente — especificamente, como sendo *topográfica*".[70] Falaremos mais adiante sobre essa diferença topográfica.

Se observarmos o galope de um cão ou de um cavalo, a diferença do movimento nos mamíferos fica evidente. A alternada aproximação e extensão dos dois pares de pernas representa um processo de carga e descarga que pode ser esquematizado (Figura 9). À medida que a energia varre o sistema muscular, que está essencialmente nas costas do animal, as duas extremidades dele se aproximam uma da outra e tocam o solo. A energia é descarregada no chão pelas quatro patas. Essa descarga de energia produz um salto no qual as pernas se estendem. A extensão das costas do animal conduz à inspiração de ar. Forma-se um novo impulso que carrega primeiro a frente do corpo e, em seguida, se move para a principal massa muscular das costas e a carrega. O organismo está agora preparado para nova descarga e outro salto.

Aqui temos o conceito freudiano de alternância. Um grupo de instintos impele o animal para a frente, mas descarrega sua energia no processo; o

FIGURA 9 — *Esquerda:* descarga = ação muscular. *Direita:* carga = ação de eros, transmitida pelo sangue.

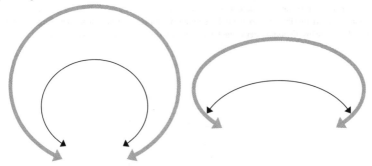

outro grupo recarrega o sistema para um novo movimento. A falha no recarregamento do sistema resultaria em morte.

No ser humano, a posição ereta permite uma dissociação das duas fases. A função de carga não leva necessariamente à descarga; isto é, pode ser dissociada do sistema muscular. A energia da carga é, assim, localizada ao longo da parte da frente do corpo, aumentando sua sensibilidade, mas diminuindo sua mobilidade. A sensibilidade aumentada dá origem a certos sentimentos que podem ser expressados em ação, verbalmente ou ambos. Há diferenças fundamentais nos dois modos de expressão, sendo a mais importante o fato de que somente a ação muscular pode descarregar a grande quantidade de energia produzida pelo ser humano. A fala, como extensão do pensamento, trabalha com quantidades bem menores de energia.

Observemos esses processos energéticos no ser humano (Figura 10).

Em minha exposição original desses caminhos do movimento de energia, extraí meus conceitos da observação de pacientes, de experiências pessoais e da análise do movimento animal. Eles tinham, como ponto de partida, o conceito de movimento longitudinal de energia, mas eu ainda não havia elaborado sua relação com o ego ou com o princípio da realidade. Vou mencionar algumas das experiências que levaram a essas descobertas.

Ao longo da minha análise com Reich, tomei conhecimento de que é possível sentir um movimento descendente ao longo da frente do corpo durante uma expiração profunda e tranquila. Se a pessoa está totalmente relaxada, a sensação termina como uma sensação genital. Reich presumiu que esse sentimento e o movimento que o acompanhava refletiam o fluxo de energia descendente para os genitais; seu ponto de partida era o peito. Não

FIGURA 10 — A linha cinza representa o fluxo de energia ao longo das costas. A linha preta, o fluxo ao longo da frente do corpo. Os pontos de confluência são as estruturas periféricas nas metades superior e inferior do corpo que interagem com o meio. O ponto principal acima é a região da glabela, entre os olhos, e abaixo é o dos genitais. O ponto superior de confluência inclui olhos, nariz, boca e mãos. O ponto inferior inclui a região que vai do ânus aos genitais e os pés.

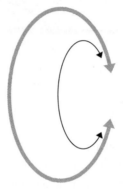

houve nenhuma sugestão de Reich de um movimento ascendente, nem uma afirmação de que o fluxo de energia era de natureza pendular.

Foi quando ouvia Chopin, certo dia, que tomei consciência do fluxo ascendente de sentimento. É possível reconhecer a música de Chopin por sua característica emocional. A melhor palavra para descrever essa característica parece ser "anseio". O sentimento de anseio é tão forte que quase chega a ser uma avidez. Ao ouvir sua música, parece que o sentimento não alcança satisfação; é como se ele ficasse preso na garganta.

Rapidamente compreendi que toda música carrega esse sentimento de anseio. Ao cantar, é possível experienciar o movimento ascendente do sentimento da região do diafragma até a cabeça. Há outras formas de expressão nas quais um impulso se move para cima para se expressar pela voz. Choro e riso pertencem a essa categoria, da qual a fala comum também faz parte. A vocalização, seja na canção, no discurso, no choro ou no riso, é um dos meios de buscar contato com os outros. Mas existem outras maneiras de expressar essa busca de contato. Os braços erguidos em prece, os lábios se oferecendo para o beijo; os braços estendidos de um bebê, todos têm o mesmo significado fundamental: buscar alguém ou algo fora de nós. A esse sentimento básico dou o nome de "anseio". É um anseio por contato.

No ato sexual, o mesmo sentimento que desce para os genitais tem outra característica. Dado o contato na metade superior do corpo, esse sentimento é experimentado como derretimento e o desejo de fluir-se.

O corpo em terapia

Na música, o sentimento de anseio é básico para a melodia. A música também tem um componente rítmico. Enquanto a melodia se eleva como o voo de um pássaro, o ritmo é preso ao chão e encontra seu meio natural no movimento das pernas e dos pés. O ritmo é, por natureza, extremamente pulsátil e, por isso, relacionado a todos os demais fenômenos de descarga energética. Isso fica mais claro na dança: a metade superior do corpo transmite a melodia; a inferior, o ritmo.

Em um estudo que fiz sobre a arte da dança, cheguei à conclusão de que o sentimento na base da dança é a alegria. Se a expressão "dançando de alegria" é verdadeira, podemos também dizer que onde quer que alguém dance há alegria. Naquela época, entretanto, não estabeleci nenhuma ligação entre ritmo e alegria, embora soubesse que a maior experiência de alegria resulta da atividade na qual ocorre a maior descarga rítmica — o orgasmo sexual.

Como sempre ocorre com o pensamento, os vários elementos se encaixaram espontaneamente para completar o quebra-cabeças. Começamos andando, o que é uma atividade rítmica — esquerda, direita, esquerda, direita, em igual medida. Se ficamos mais excitados, podemos pular, saltitar, saltar ou correr. O aumento da excitação leva a uma descarga mais intensa. Andar, comer, pular e dançar são interações do nosso organismo com o solo. Cantar e falar, com o ar e o espaço. Movemo-nos pela descarga de energia no chão. A esse respeito, o chão ou a terra mostram uma função básica. Toda energia encontra seu caminho para a terra em algum momento; esse é o princípio conhecido como *grounding*. Ele explica a descarga de uma atmosfera sobrecarregada pela tempestade ou pelo trovão. Esse princípio também deve embasar o ato sexual. Sem elaborar o tema, deixe-me dizer que o abraço sexual de uma mulher é, para o homem, o abraço da terra. A mulher carrega consigo um pouco da terra. A mulher no abraço de um homem abraça o espírito.

A polarização que levou ao princípio da realidade deriva dessas observações. A energia se move do sol para a Terra através da atmosfera. Figurativamente falando, todos os organismos se voltam para cima, para o sol, para se energizarem, e isso é literalmente real no caso das plantas. Buscar acima ou fora (anseio) faz parte da função de carga: comida, oxigênio, excitação. Vimos como isso envolve a metade superior do corpo. A descarga é descendente, em direção à terra. Antes de uma descarga, a energia promove duas outras funções vitais: crescimento e movimento. Somente o excesso — maior nos adultos, nos quais o crescimento cessou, do que nas crianças — é descarregado para a terra como sexualidade.

Uni esses movimentos numa pulsação comum cujo centro era o coração. São sentimentos que parecem fluir desse órgão. Os sentimentos do coração são mais suaves e atraem o indivíduo para relacionamentos por carga ou descarga. Mas faltava alguma coisa. A formulação era insuficiente para explicar certas experiências clínicas. Esses sentimentos, embora forneçam força ao ego, não explicam a fraqueza de certas estruturas de caráter que exibem falta de agressividade. Também não explicam emoções como raiva ou ira.

Durante certo tempo, limitei meu raciocínio ao movimento da energia cujo centro estava no coração. Era possível sentir que o caminho desse movimento estava no aspecto anterior do corpo. Eu sabia havia algum tempo que a raiva era experienciada nas costas, especificamente na área entre as escápulas. Nos animais, é nessa região que os pelos se eriçam na raiva. Darwin havia observado e comentado esse fenômeno. Em *A expressão das emoções no homem e nos animais*, ele descreve um macaco enraivecido: "Vi o pelo do babuíno furioso eriçar-se ao longo das costas, do pescoço até o lombo".[71]

Experimentei pessoalmente esse "eriçar de pelos" nas costas durante a raiva. Também dizemos que uma pessoa "arrepia as costas" de raiva. Isso nos faz pensar em um gato. No leão, a expressão desse sentimento em movimento é o salto, patas estiradas à frente para agarrar ou bater, mandíbulas abertas e prontas para morder. No homem, a energia é dirigida com mais força para os braços, que assumem a função agressiva dos dentes.

Uma vez que minha atenção foi direcionada para o movimento de energia ao longo das costas, percebi que esse movimento também era pendular. Flui para cima na raiva ou ira, cobrindo o couro cabeludo e chegando até os dentes superiores. O movimento para baixo ao longo das costas ocorre no ato sexual. A energia que produz a projeção da pelve pode ser sentida como um impulso que desce pelas costas, contorna as nádegas e o períneo e alcança os genitais.

Concluí que o movimento pendular ao longo das costas tem uma característica diferente do movimento que ocorre na frente. A relação entre ambos ficou clara quando estudei os movimentos de animais se locomovendo.

O corpo em terapia

Os diagramas anteriormente apresentados foram o resultado imediato desse raciocínio. Só mais tarde percebi a conexão com o desenvolvimento do princípio da realidade e o crescimento do ego.

Originalmente, na Figura 10 (p. 88), retratei o fluxo de energia ao longo das costas com uma linha vermelha (agora preta) e o da frente com uma linha azul (agora clara). Embora o uso dessas duas cores tenha sido fortuito, mais tarde elas se revelaram profundamente significativas.

A linha azul, que indica o fluxo ao longo da parte anterior do corpo, representa sentimentos cuja característica geral é ternura. Compreende sentimentos específicos como compaixão, piedade, caridade, fé etc. Seu objetivo é a identificação do indivíduo com outras pessoas ou coisas. O objeto, logicamente, varia e determina a característica específica; ternura por um objeto sexual, sentimentos religiosos em relação a Deus, pena de alguém que sofre etc. Sua origem parece ser o coração. Se esses sentimentos não estão associados a um componente na parte posterior do corpo, eles têm uma tonalidade azul, ou propiciam o *blue mood*, um estado de tristeza. A linha vermelha representa sentimentos cuja característica geral é a agressividade. Entre eles estão raiva, ira, agressão sexual, busca de alimento etc. Não há nada de terno nesses sentimentos, como não há nada de suave naqueles representados pelo preto. Dado que o principal desenvolvimento muscular se dá na região das costas, esperaríamos que o fluxo energético nessa área fornecesse energia motora para a movimentação espacial do organismo. São agressivos porque seu objetivo é "mover o organismo na direção de" objetos, que naturalmente devem ser os mesmos objetos das outras forças instintivas. Aqui também o objetivo determina a característica específica. Tendo a localizar a fonte desse vaivém energético na região em torno das laterais do diafragma. Esses sentimentos, quando isolados do componente de ternura, produzem calor e uma sensação de vermelhidão. São, desse modo, a base do rubor colérico, do ardor da paixão sexual e da sede de sangue da caçada.

O uso das duas cores tem uma implicação mais profunda. Os sentimentos ternos têm um aspecto espiritual. Estão intimamente relacionados à função respiratória e à inspiração de ar. Sua cor azul reflete o domínio de um elemento espiritual ou celestial. Já os sentimentos das costas têm uma orientação materialista. Estão relacionados ao sistema digestivo pela busca do alimento. Significativamente, as funções de respiração-circulação e alimentação-digestão ocupam lugares semelhantes no corpo, a primeira

Alexander Lowen

sendo mais anterior que a última. Comida, em oposição a oxigênio, deriva da terra; os sentimentos agressivos são, basicamente, terrestres, e isso também justifica sua coloração vermelha.

Cada ação traz um componente de cada aspecto do indivíduo. Na ação de estender os braços para outra pessoa, por exemplo, estão representados impulsos tanto da frente do corpo como das costas. A característica do movimento é determinada pela razão entre esses dois elementos. No exemplo anterior, se o componente terno domina, o gesto é o de abraçar. Por outro lado, se o elemento agressivo é mais forte, a ação exibe uma ameaça de força que estaria totalmente fora do lugar numa relação amorosa, mas adequada a uma briga. Nas neuroses, como veremos, a proporção entre os dois impulsos instintivos tende a ser estabelecida dentro de limites estreitos, independentemente da situação. O caráter oral tende a abordar todas as situações com uma atitude de compaixão; a atitude básica do caráter fálico é a determinação agressiva. A proporção é característica para cada tipo de transtorno de caráter.

Deve estar claro para o leitor analítico que existe uma enorme semelhança entre o conceito bioenergético de instintos delineado aqui e as opiniões de Freud, expressas em *Além do princípio do prazer*. Essa semelhança só se tornou aparente para mim depois de eu ter construído minhas atuais formulações. Se a análise no nível somático fornece os mesmos resultados que a análise das tendências psíquicas, isso prova a unidade das duas funções.

O problema dos instintos é confuso para Freud, já que ele não estabelece uma distinção entre caminhos primários, que determinam a natureza de um instinto, e seu objetivo, que determina sua característica específica. Freud admite que os instintos do ego têm um componente libidinal. Também "reconhece a presença de um elemento sádico no instinto sexual".[72] Veremos adiante que os instintos do ego podem ser analisados como um componente agressivo, de natureza motora, e um componente terno, de natureza sensorial, ambos com movimentos para cima. É a direção ascendente que determina sua identidade de ego, uma vez que os dois componentes aportam uma carga energética à cabeça. De modo similar, o instinto sexual é composto de dois elementos que se movem para baixo, em direção aos genitais.

Deve-se também estabelecer uma distinção entre o caminho do movimento e a força energética propriamente dita. Existe uma única força ou energia no organismo. Essa força ou energia é idêntica ao conceito

O corpo em terapia

psicanalítico da libido e também ao eros freudiano. Ela atua em ambos os caminhos instintuais. No caso dos instintos agressivos, ativa um sistema motor, tornando-se uma fonte de energia para a contração muscular. É usada como força motriz para criar movimento. Quando a energia é dissociada do sistema muscular, seja porque a ação é reprimida ou porque a necessidade de conscientização e controle domina a necessidade de movimento, a energia livre tende a mover-se ao longo da frente do corpo. Os sentimentos a que ela dá origem são ternos, porque os tecidos estão fluidos e macios. A ausência de uma musculatura forte torna essa região sensível. A energia domina os elementos estruturais que são, sobretudo, veículos para seus movimentos. A expressão desses sentimentos, em geral, se dá pela verbalização.

O ego é o criador dos opostos, como é o sintetizador de antíteses. É um catalizador que pode separar e recombinar. Na verdade, faz as duas coisas. Restringindo a expressão muscular de um sentimento, podemos dissociá-lo em uma ação motora e um componente sensorial de sentimento. A pessoa não consegue tomar consciência dos sentimentos ternos se age imediatamente a partir de cada impulso, porque o ego é então dominado pela ação física e por suas consequências. Do mesmo modo, a pessoa cessa o movimento para aumentar a percepção sensorial. A cisão na unidade do impulso é a base da consciência do ego, pois permite uma posterior recombinação dos componentes para uma resposta mais efetiva. A cisão, porém, não deve ser grande demais para que possa ocorrer a refusão dos dois componentes.

Se procurássemos uma antítese a eros para satisfazer uma conceituação dualista da natureza dos processos vitais, a encontraríamos no conceito de matéria não organizada — na expressão bíblica, o barro. Eros é, assim, o sopro de vida que Deus juntou ao barro para fazê-lo ganhar vida. Aqui, contudo, estamos afastados dos instintos propriamente ditos e próximos do domínio físico de matéria e energia. A vida não é uma mistura de matéria e energia, mas energia na matéria, de tal modo conectadas que uma dissociação é impossível enquanto continuarem os processos vitais. Eros então é identificado com o conceito do espírito; os elementos estruturais do corpo são derivativos da matéria da qual foram construídos. A morte é a condição na qual ocorre a dissociação entre espírito ou alma e o corpo material. Dizemos que a alma abandonou o corpo.

Cada célula, como cada organização celular em tecidos, órgãos ou organismo, é uma mistura de barro e espírito, de corpo e alma, de matéria

Alexander Lowen

e eros. O processo vital resulta dessa mistura, não é a mistura em si. Essa relação pode ser compreendida se compararmos a vida a uma chama. O fogo requer tanto uma substância combustível quanto oxigênio. Porém, o fogo não é nem um nem outro, nem a combinação entre eles. Sob certas condições, pode-se iniciar o fogo. Uma vez existindo, é um novo elemento: nem matéria, nem energia, mas um processo. Tem tendências próprias para crescer e provocar novas labaredas. A vida tem sido comparada à chama que, embora possa ser extinta em um ponto, é capaz de produzir novas chamas que continuarão o mesmo processo.

A vida em si não tem tendência para a morte, tanto quanto o fogo não tem tendência inata para extinguir-se. A vida é um fogo autoperpetuante — e esse é seu grande mistério, não o inevitável eclipse de uma chama individual. O fogo continuará enquanto for garantida uma substância combustível, oxigênio e a eliminação de produtos residuais. Também a vida tem essas necessidades: comida, oxigênio e a eliminação de matéria residual. Mas a analogia termina aqui. A vida segue certas leis de crescimento, organização e reprodução que, até o momento, não compreendemos. Pode ser que, quando o potencial para crescimento, organização e reprodução legado ao organismo vivo na concepção se esgote, o organismo individual morra, mas isso não prova a existência de um instinto dirigido para a morte.

O conceito de um instinto de morte é ilógico. Dado que a palavra "instinto" implica vida, é como se fosse dito: "Vida é igual a vida mais morte", ou "A = A + B". A morte pode ser contrastada com a vida; não é parte dela. O vivo se desenvolve como parte de sua estrutura, uma estrutura de matéria inanimada que pode provocar lentidão ou inércia na mobilidade. Não pode ser designada como uma tendência ou instinto.

Freud presumiu a "presença de um componente sádico no instinto sexual", que ele sentia que era um representante do instinto de morte. Eu, entretanto, não vejo essa conotação de sadismo como apropriada a esse componente. Devemos distinguir sadismo de agressão: O leão que mata para comer é agressivo, mas não é sádico. A ação da turba em linchamentos é sádica. No sadismo, o prazer deriva do ato da destruição *per se*. No caso do leão, a destruição só possibilita o prazer derivado da satisfação da fome. O mesmo vale para o ato sexual. Se o prazer é extraído do sentimento de domínio sobre o ego do parceiro ou do prejuízo a ele causado, o ato tem um elemento sádico. Quando o prazer deriva da experiência da comunicação

O corpo em terapia

— tanto física quanto espiritual —, que é a essência do ato sexual, não se pode atribuir nenhuma conotação sádica à ação.

O ato sexual é, bioenergeticamente, um fenômeno de descarga energética. Isso envolve necessariamente dois componentes: um fator agressivo que provê a força motriz e sentimentos ternos que conferem à ação o seu significado. Sentimentos de amor em si mesmos são incapazes de gerar uma descarga, a menos que contem com o auxílio do impulso agressivo. Esse não é um problema incomum. Pacientes do sexo feminino que têm uma estrutura de caráter predominantemente oral experimentam forte excitação sexual, mas não conseguem chegar ao clímax. A análise bioenergética da estrutura dessas pacientes revela uma acentuada fraqueza do impulso agressivo, associada a uma falta de mobilidade nas costas e pernas. A situação oposta também existe. A estrutura rígida do homem fálico-narcisista permite que a descarga ocorra à custa dos sentimentos ternos. O resultado é um sentimento de alívio e menor satisfação, com pouco significado. Quando o componente agressivo não é temperado por amor ou ternura, manifesta-se o sadismo. Mas essa é uma condição patológica.

Em sua teoria do instinto de morte, Freud introduziu o conceito de masoquismo primário, isto é, o instinto de morte é uma tendência destrutiva que é originalmente voltada para dentro. Eros faz que essa tendência se volte para fora na forma de sadismo. Não existe evidência clínica para a existência de um masoquismo primário. Todos os terapeutas analíticos lidam diariamente com problemas de masoquismo ou tendências masoquistas e, se são incapazes de resolver o problema, a terapia acaba fracassando. Quando examinamos analiticamente esses casos, parece que a agressão é voltada para dentro. O sucesso terapêutico, no entanto, desaprova a ideia de uma tendência biológica primária para o fracasso. Como explicar, então, a observada tendência autodestrutiva?

A estrutura bioenergética do caráter masoquista mostra uma musculatura superdesenvolvida, que, ao mesmo tempo, se encontra gravemente contraída. Freud associou o aparato muscular ao instinto de morte. Ao mesmo tempo, os sentimentos ternos estão muito suprimidos, não reprimidos. A supressão dos sentimentos ternos produz uma musculatura abdominal acentuadamente contraída e tensa. Se fizermos um gráfico do fluxo de energia em termos de movimento ao longo das partes anterior e posterior do corpo, teremos a imagem vista na Figura 11.

FIGURA 11 – Masoquismo. A linha grossa pontilhada mostra a musculatura superdesenvolvida e patologicamente contraída. Os sentimentos ternos são "engarrafados" e geram pressão interna e ansiedade. A agressão se volta para dentro. Existe um cruzamento das duas tendências instintivas. As linhas contínua e pontilhada representam a relação instintual normal.

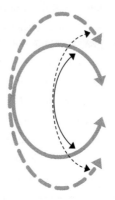

No estado natural não neurótico, cada impulso é o resultado da fusão dos dois componentes: um, agressivo e motor; o outro, terno e sensorial. Talvez um lado seja mais forte que o outro, dependendo da situação externa, mas há pouco conflito entre as duas tendências. Na estrutura masoquista, essas duas tendências se cruzam e geram uma condição de ambivalência. Esse é um tipo de desfusão instintual para o qual Freud chamou atenção em sua discussão sobre os instintos.

Para antecipar brevemente o detalhado estudo da estrutura de caráter masoquista, mencionaremos as duas causas básicas dessa condição. A musculatura superdesenvolvida é resultado de uma ênfase exagerada, na infância, no lado material da vida. Em geral, isso é feito por mães superprotetoras que privilegiam a alimentação, o desfralde ou ambos. Esse desenvolvimento muscular é destinado a "conter" impulsos, em contraste com os músculos alongados e relaxados necessários para os movimentos. Como os movimentos corporal e intestinal estão intimamente relacionados, qualquer interferência acentuada nas funções intestinais normais leva a um decréscimo generalizado da mobilidade no organismo. Nesses casos, também se vê que o lado afetivo da relação mãe-filho está suprimido. A mãe demonstra seu afeto por meio da atenção à alimentação e à defecação; da criança é esperado que responda comendo bem e tendo movimentos intestinais regulares e controlados. É óbvio que há pouca tolerância com a expressão de desejos e interesses pessoais da criança; suas outras necessidades emocionais

O corpo em terapia

são ignoradas e sua resistência, vencida. As mães sufocam os filhos com uma atenção que eles não desejam. Veremos a exata interação dessas forças nos relatos de casos detalhados que serão apresentados mais adiante. Neste ponto, meu propósito é mostrar que o conceito de uma agressão voltada para dentro é verdadeiro em termos bioenergéticos, mas deve ser considerado uma condição neurótica, secundária.

Mas também devemos nos perguntar: não é verdade que é eros que direciona a agressão para o exterior e que, sem eros, a musculatura se contrairia até atingir o *rigor mortis*? A resposta é "sim". Até nosso diagrama diz a mesma coisa. Mas eros não é o instinto sexual, é a força que motiva toda atividade instintiva. A atividade vital, como tal, seria impossível sem ele. Eros é a força vital e só existe uma força ou energia desse tipo. A esse respeito nossas ideias são monísticas. Porém, essa força ou energia opera através da matéria. A parte anterior do corpo é, assim, o lado sensorial; a parte posterior, o lado motor. O domínio dos elementos sólidos nas costas responde pela característica material do impulso agressivo. Em oposição, a preponderância de energia sobre matéria na parte anterior do corpo determina sua característica espiritual.

Compare esse conceito com o que Freud apresentou em *O ego e o id*: "Ambos os instintos estariam ativos em cada partícula da substância viva, embora em proporções únicas, de modo que qualquer das substâncias deva ser o princípio representativo de eros".[73] Freud não diz o que pode ser essa substância, mas identifica um órgão especial através do qual "o instinto de morte da célula única pode ser neutralizado com sucesso e os impulsos destrutivos, desviados para fora, para o mundo exterior [...] Esse órgão especial parece ser a musculatura".[74] Eu arriscaria sugerir que a substância especial "que é o princípio representativo de eros" é o sangue. Isso explicaria por que a identificação dos membros de uma família é tratada como "laços de sangue". Além disso, fazemos também uma antítese entre os elementos fluidos do corpo e os elementos estruturais.

Não necessitamos, por ora, nos aprofundar nessa questão. Estamos interessados em saber como as duas "classes de instintos" funcionam em qualquer ação específica. Aqui também Freud indicou uma resposta teórica. De acordo com sua concepção, as "duas classes de instintos estão fundidas, ligadas e misturadas entre si". Reich sugeriu um mecanismo que explicaria esse fenômeno. É seu conceito de superposição, que, posto de maneira simples, é a observação de que quando duas ondas que se movem na mesma direção se encontram, elas se fundem em uma onda comum com maior amplitude e força.

Ocorre a "desfusão" instintual. Freud suspeitava de "que a crise epilética é um produto e sinal de desfusão instintual"[75], uma descarga motora totalmente separada de qualquer componente dos sentimentos ternos que relacionariam a ação ao mundo exterior. Sadismo é outro exemplo de desfusão instintual. Nesse caso, uma ação destrutiva é dirigida contra um objeto que normalmente seria o recipiente de um sentimento terno. Vejamos um exemplo de um sentimento terno ao qual falta o componente motor: o indivíduo que anseia um objeto ou se consome por ele tem uma identificação com tal objeto, mas a agressão necessária para alcançar a satisfação através da união não está presente.

A desfusão completa dos instintos caracteriza a condição psicótica. A desfusão incompleta é responsável pela ambivalência, sintoma comum das neuroses. Ao analisar a ambivalência expressa na polaridade amor-ódio, Freud chega a uma construção que, em essência, é bioenergética. Primeiro, ele reconhece que, "em muitas circunstâncias, o ódio se transforma em amor e amor em ódio".[76] O mecanismo pelo qual se efetua essa mudança é concebido da seguinte maneira: "Uma atitude ambivalente (fusão incompleta) está presente desde o início, e a transformação é efetuada através de uma mudança reativa de catexia, pela qual a energia é retirada dos impulsos eróticos e usada para suplementar a energia hostil".[77] O pressuposto no qual se baseia essa afirmação é a equivalência psíquica de bioenergia. "Avaliamos que existia na mente — seja no ego ou no id — uma energia deslocável que é em si mesma neutra, mas capaz de unir forças com um impulso erótico ou destrutivo".[78]

Vamos resumir as ideias apresentadas até aqui. Uma energia básica motiva todas as ações. Quando ela carrega a musculatura e circula por ela, especialmente pelos músculos voluntários, produz movimentos espaciais que equiparamos à *agressão* (mover na direção de). Quando ela carrega as estruturas delicadas, como o sangue e a pele, produz sensações que são eróticas, ternas ou amorosas. Cada um desses aspectos da vida emocional do indivíduo tende a ser localizado topograficamente: o componente motor, nas costas e pernas; o sensorial, na frente e nas mãos. Embora essa tendência para a localização topográfica não seja absoluta, essa distinção entre frente e costas é válida para o propósito prático da terapia bioenergética.

O corpo em terapia

No comportamento não neurótico, essa energia única está distribuída pelos dois caminhos para produzir uma ação que seja racional e apropriada à situação. Impulsos dos dois caminhos se fundem ou se sobrepõem numa ação que, vista na superfície, é uma expressão unitária. Fusão é uma função de superfície, isto é, uma função de expressão e sob o controle do ego. Onde ocorreu a fusão completa, é impossível para o observador delinear os dois componentes. A fusão incompleta cria ambivalência e produz comportamento irracional. Isso é visto facilmente pelo observador, como no caso da paciente que chora quando é levada à raiva, ou se enraivece quando é levada às lágrimas. Desfusão completa deve ser sinônimo de cisão psicótica.

Estamos agora preparados para ampliar nosso raciocínio. Reconhecemos a antítese de matéria e energia e postulamos uma antítese entre uma via agressiva, motora, e um caminho sensorial, terno. Agora, num nível superior de organização, podemos falar de ego e instintos sexuais. O instinto sexual inclui os dois componentes fundamentais — sensorial e motor, ternura e agressão. O componente erótico se move para baixo pela parte anterior do corpo e se une ao componente agressivo, que desce pelas costas em torno do períneo e para os genitais. A natureza sexual desses impulsos é determinada por seu objetivo — um ato sexual com um objeto sexual — e também por seu ponto de confluência nos genitais. Por outro lado, quando a direção do movimento dos dois impulsos é ascendente, para a cabeça, com um importante ponto de confluência nos olhos, podemos designar o caminho comum como um instinto de ego.[79]

Devido à sua direção oposta, o instinto do ego se torna antitético ao sexual. Isso explica a observação de que no auge do orgasmo sexual o ego se extingue. Permite-nos determinar a característica do ego a partir da expressão dos olhos, da postura de cabeça e pescoço, da expressividade do rosto etc. Combina-se com nossa discussão do princípio de realidade, na qual postulamos um movimento longitudinal básico entre a cabeça e os genitais, entre os órgãos de carga e descarga. Se, agora, essa pulsação energética longitudinal pode ser dividida em mais dois componentes básicos, a divisão só tem sentido em termos de uma função perturbada, isto é, desfusão instintual. No nível do ego e da descarga sexual, uma única corrente é discernível. O movimento no organismo humano é pulsátil. O movimento energético para cima e para baixo é de natureza pendular. O instinto do ego não pode ser mais forte que o instinto sexual; o próprio ego não pode ser maior que o

Alexander Lowen

sentimento sexual. Se existe uma ambivalência no nível do ego, será encontrada uma ambivalência semelhante na função sexual. Essa oscilação como a base do princípio de realidade é a pedra angular de todos os princípios e da terapia bioenergéticos.

Concluímos agora nossa discussão dos princípios teóricos que embasam a terapia bioenergética. Nos três próximos capítulos, a teoria é unida à técnica, de tal modo que a consequente apresentação das estruturas de caráter terá valor prático e teórico.

6. Princípios bioenergéticos na terapia analítica

A psicanálise originou-se da tentativa de Freud de compreender um transtorno somático (sintoma histérico) como um conflito psíquico. Outro grande problema que, em seguida, chamou sua atenção foi a diferença entre a neurose de ansiedade e a neurastenia. No decorrer de seu desenvolvimento, a psicanálise jamais conseguiu dissociar-se das manifestações físicas de conflitos emocionais. Contudo, com relação à função física do organismo, a atitude psicanalítica tem sido a de abordá-la através de sua reflexão psíquica. Pode-se proceder no sentido inverso com maior eficácia, ou seja, do problema físico para sua representação psíquica.

Vimos, no capítulo 1, que Ferenczi suplementou o método tradicional com técnicas que buscavam envolver mais diretamente o corpo no procedimento analítico. Reich enfatizou ainda mais as funções somáticas, sobretudo a relação da respiração com o problema de controle emocional. Além disso, Reich introduziu o conceito de uma energia física como contraparte do conceito de Freud de energia mental. Mas nem em Reich nem em qualquer outro autor analítico existe uma apresentação sistemática da relação entre a função somática e os problemas psíquicos. Esse tema ocupará a segunda metade deste livro. Por ora, eu gostaria de apresentar alguns princípios bioenergéticos básicos e mostrar sua validade para a prática analítica.

Há algum tempo, tratei de um colega que sofria de uma incapacidade para trabalhar após vários episódios de depressão, um dos quais havia exigido sua hospitalização. Ele se submetera à psicanálise tradicional e também à terapia de grupo. Sem dúvida, foi beneficiado por esses tratamentos, mas sua função profissional não havia melhorado. Finalmente, ele me foi encaminhado para a terapia bioenergética, na esperança de que eu pudesse ajudá-lo com nossas técnicas mais ativas onde outros haviam fracassado.

Após cerca de oito meses de terapia bioenergética com sessões semanais de uma hora, ele conseguiu retomar a prática analítica. Algum tempo

Alexander Lowen

depois, um amigo comum cumprimentou-me pelo resultado e comentou: "Eu não sei o que você fez para pô-lo novamente em pé, mas ninguém havia conseguido isso antes". Respondi que o havia colocado, literalmente, em pé. Muito pouco da terapia bioenergética foi feita com o paciente deitado no divã, em uma posição relaxada. A maior parte do tempo ele estava em pé, andando ou falando.

Pergunto-me quanto é possível realizar com um paciente deitado de costas num divã, ou confortavelmente sentado em uma cadeira. Como todos os meus pacientes sofrem algum grau de falta de agressividade, a passividade física induzida pela posição deitada ou sentada deve causar algum prejuízo à terapia. Se pensarmos em "agressividade" nos termos de seu significado no dicionário, "mover-se em direção a", a posição analítica padrão impõe um limite sobre a ela e o movimento.

Não quero sugerir que no caso relatado apenas colocar o paciente em pé foi capaz de vencer problemas tão sérios quanto a depressão e a incapacidade para trabalhar. Há muito mais fatores envolvidos. Uso o caso para ilustrar o significado literal de expressões como "ficar em pé", "estar em pé", "defender sua posição" etc. Às vezes, em casos muito raros, o paciente toma conhecimento espontaneamente da conexão imediata entre seu problema emocional e o distúrbio somático. Quando isso acontece, o trabalho terapêutico é enormemente facilitado.

Um jovem procurou a terapia após ser desligado do serviço militar. Queixava-se de não saber para onde estava indo, nem o que queria fazer. Era muito alto, 1,95m, magro, e andava ligeiramente inclinado para a frente, como as pessoas bem altas tendem a fazer. Na entrevista inicial, ele descreveu certas sensações que, pensei, explicavam sua incapacidade de "saber aonde estava indo". Cito textualmente suas palavras:

> Foi justo antes de eu viajar para o exterior que [o problema] apareceu. Quando eu mexia a perna [andando] no sentido mecânico, havia um instante, quase incomensurável, durante o qual ela balançava livremente e fora de controle, como o movimento de pêndulo de um peso. Quando eu iniciava o movimento de andar, minha perna estava sob controle. Quando eu a projetava para a frente, tinha a sensação de que não a controlava, como se eu não tivesse certeza de que ela voltaria. O efeito cumulativo dessas experiências instantâneas, mas contínuas, em toda a

O corpo em terapia

caminhada me impactou. Há uma vaga sensação no corpo de que, em algum ponto vital do movimento, perde-se o controle. Parece-me que isso está muito próximo da esquizofrenia. Há duas situações diferentes; uma quando estou sentado e outra quando ando. Parece que minha personalidade tem dois aspectos, um quando estou sentado, outro quando estou andando. Quando ando, sinto-me como se estivesse sobre pernas de pau.

Depois acrescentou: "Sinto que ainda estou aprendendo a andar e isso me provoca um sentimento muito infantil. Como você disse, a metade inferior do meu corpo tem uma aparência infantil. Em última análise, você se sente desligado das pernas: acima delas é você, abaixo são as pernas, algo estranho ao eu".

Para mim, faz sentido que um indivíduo que sinta não ter controle sobre as pernas também sinta não saber aonde está indo. É lógico que sua altura não o ajuda muito. As pessoas altas costumam ter certa perda de contato com as pernas ou com o chão. Às vezes, parece que o paciente está "nas nuvens". Sentimo-nos tentados a dizer a um indivíduo assim: "Desce à terra". Mas o problema técnico em um caso como esse é como trazê-lo de volta à terra e como ancorá-lo nela. A sensação de pertencer, de ter raízes, deve estar diretamente relacionada ao sentimento de contato íntimo entre os pés e o chão. Outra paciente expressou com clareza essa relação: "Eu tinha a sensação de que não estava na vida, de que não estava nas coisas. Estava andando um passo acima do chão".

O problema da falta de contato dos pés com o chão pode se manifestar de outros modos. Na interpretação de desenhos da figura humana como método de investigação da personalidade, observa-se que "pernas e sobretudo pés são fontes de conflito e dificuldade em muitos desenhos". Karen Machover afirma que "podemos entender porque a insegurança de pisar, interpretada literalmente, é demonstrada na maioria dos desenhos de problemas".[80] A importância funcional das extremidades inferiores não pode ser superestimada. A observação de Machover repete o conhecimento comum. "Além da potencialidade para o contato, que pernas e pés compartilham com mãos e braços, eles têm a responsabilidade extra de sustentar e equilibrar adequadamente o corpo, e de possibilitar sua locomoção".[81]

O problema da segurança emocional não pode ser dissociado da questão da segurança física da pisada do indivíduo. Embora o problema possa ser resolvido no nível verbal, ele cede mais rápida e completamente em uma terapia que combine análise "de cima" com trabalho direto no transtorno físico "de baixo". Nesses casos, a terapia bioenergética procura colocar o paciente em contato com seus pés e com o chão e, ao mesmo tempo, torná-lo consciente da relação entre seu problema emocional e sua correspondência física. A terapia acontece simultaneamente em duas frentes, embora em um momento possa predominar o trabalho analítico, enquanto em outro a ênfase mude para o aspecto físico.

Quando Ferenczi falou da "análise de baixo", tinha em mente a função dos esfíncteres que governam os processos de descarga. Precisei de muitos anos de trabalho analítico com o corpo para compreender que, para que essa técnica cumpra a promessa que traz, ela deve começar literalmente do chão. É senso comum que uma casa não é mais sólida do que seus alicerces. Antes de examinar as pernas de um ponto de vista dinâmico, não se sabe quão fracos são os alicerces que sustentam certas estruturas de ego aparentemente fortes.

Há alguns anos, tratei de um paciente que sofria de grave hipertensão. Ele havia sido assessor de imprensa de vários artistas e produtores de cinema de Hollywood. Comia bem, bebia muito e falava manso. Tinha um rosto redondo e vermelho e corpo cheio. Quando ele se despiu, fiquei chocado ao ver as pernas extremamente finas e os quadris estreitos. Foi inevitável a conclusão de que as aparentes segurança e força da metade superior do corpo eram uma compensação para a fraqueza da metade inferior. Suas principais atividades estavam limitadas à metade superior do corpo e eram essencialmente de natureza oral. As funções de descarga energética se mostravam gravemente restringidas e a descarga de energia em movimento e sexo eram muito reduzidas. Bioenergeticamente, a hipertensão poderia ser interpretada como consequência de uma preponderância de carga energética sobre descarga energética. Entendi também por que esse paciente tinha um interesse tão grande por barcos. Com as pernas fracas que tinha, era muito possível que se sentisse inseguro em terra.

Certa vez, examinei um rapaz que era piloto de aviões a jato na Marinha. Esse jovem tinha um histórico de dificuldade de leitura que conseguiu superar com exercícios especiais. Queixava-se também de um sentimento de insegurança. O corpo exibia muito pouco transtorno de forma. Ele era bem proporcional, magro e firme. O queixo era bem marcado e determinado, as

O corpo em terapia

pernas pareciam um pouco pesadas demais. Seu problema apareceu quando pedi que ele batesse no divã. Cada vez que ele desferia um golpe, seus pés saíam do chão. Quando comentei esse fato, indicando quanto era difícil, para ele, manter sua posição, o rapaz disse: "Agora sei porque me sinto tão mais seguro lá em cima". Experiências como essa confirmam a importância de estudar o ser humano física e psicologicamente.

Reich sustentava que não podia haver neurose sem um transtorno da função sexual. Essa observação encontrou fortes objeções de muitos analistas na época em que foi formulada. Mas podemos ir bem mais longe que Reich. Não existe um problema neurótico que não se manifeste em todos os aspectos da função do indivíduo. Isso deriva, logicamente, do conceito gestáltico do organismo como uma unidade. Devido ao fato de expressarmos nossa personalidade ou caráter em cada ação e em cada atitude, torna-se possível determinar os traços de caráter a partir de expressões tão diversas quanto caligrafia, jeito de andar etc. O analista bioenergético não depende de uma manifestação. A história, a aparência, a maneira de falar e até testes psicológicos são usados para se chegar a um diagnóstico correto da estrutura de caráter. Mais importante que tudo, no entanto, é a aparência física em descanso e em movimento. Não há palavras mais claras do que a linguagem da expressão corporal, uma vez que se tenha aprendido a lê-la.

Começamos com as pernas e os pés, porque constituem as bases e o suporte da estrutura do ego. Mas eles têm outras funções. É através das nossas pernas e pés que mantemos contato com a única realidade invariável da vida, a terra ou o chão. Dizemos que as pessoas são "pé no chão" para indicar que elas têm um bom senso de realidade. O oposto, "estar nas nuvens", denota falta de contato com a realidade. O tratamento bioenergético do caráter psicótico ou esquizoide consiste, em parte, em estabelecer no paciente uma consciência de suas pernas e pés e do chão sobre o qual ele está. Para obtermos sucesso nesses casos, é preciso conhecer o mecanismo do transtorno bioenergético. Uma vez estabelecida uma boa comunicação com o paciente; um trabalho consistente no nível físico para desenvolver consciência corporal e mobilidade produz resultados surpreendentes.

A falta de contato com os pés e o chão está relacionada a outro sintoma comum, o medo de cair. Esse sintoma é manifestado em sonhos com quedas, no medo de altura e no medo de se apaixonar. Quando há uma insegurança básica na metade inferior do corpo, o indivíduo a compensa agarrando-se com braços e olhos à realidade objetiva. Pode-se questionar por que incluo o medo de amar entre os sintomas de insegurança básica. Obviamente, a expressão *to fall in love* relaciona esse fenômeno aos outros, mas também sabemos que amar é uma forma de rendição do ego. Todas as demais formas de ansiedade de queda traduzem o medo da perda de controle do ego.

Além das funções de sustentação, equilíbrio e enraizamento, as pernas são as estruturas mais importantes na função de movimento corporal. Se a função de sustentação é fraca, podemos esperar também problemas na mobilidade. Medimos a mobilidade nas pernas pela capacidade do indivíduo para balançar livremente a pelve sem usar qualquer parte do tronco no movimento. Isso se aproxima muito dos movimentos exigidos por danças tais como o samba, o mambo e a rumba. Requer uma articulação de joelho relaxada e flexível, pelve solta no tronco e relaxamento de todos os músculos das pernas. Descobrimos que existem três condições que impedem essa mobilidade básica: fraqueza, volume e rigidez.

Indivíduos com músculos das pernas subdesenvolvidos, tornozelos fracos e pés chatos encontrarão séria dificuldade na execução e manutenção desse movimento. Em primeiro lugar, sofrem de falta de controle sobre os músculos necessários e, em segundo lugar, cansam-se muito facilmente. Coxas grossas e volumosas apresentam outro problema. Nesses casos, a falta de mobilidade é tão pronunciada que dizemos que essas pessoas têm "chumbo nas pernas". O acúmulo de gordura ao redor das nádegas e coxas deve ser interpretado bioenergeticamente como consequência de uma estagnação de energia nessa região devido à mobilidade inibida. Na perna rígida, os músculos são tão espásticos e contraídos que o equilíbrio é sempre ameaçado. Um paciente me contou que entendia por que tinha tanta dificuldade para sair da cama de manhã. Segundo ela, suas pernas estavam tão enrijecidas que tinha medo de apoiar seu peso nelas. A rigidez deve ser encarada como uma compensação pelos sentimentos subjacentes de fraqueza. O andar de indivíduos com músculos das pernas espásticos é mecânico e rápido, pois, com o relaxamento, manifestam-se sentimentos de fraqueza e insegurança.

As pernas podem ser fracas, mais pesadas que o normal ou rígidas. Frequentemente, as pernas apresentarão uma mistura desses elementos. Na análise de estrutura, dá-se atenção a cada componente, bem como ao aspecto total. Os pés podem ser estreitos ou largos, os dedos apertados uns contra os outros ou afastados, o arco colapsado, relaxado ou gravemente

O corpo em terapia

contraído. Os músculos da panturrilha podem ser informes ou nodosos. Os pés na postura natural da pessoa podem ser retos e paralelos, virados para fora em decorrência de músculos glúteos espásticos ou virados para dentro. Cada problema é interpretado segundo seus efeitos sobre a função de suporte e movimento.

Discuti a análise bioenergética das pernas e pés com alguns detalhes para ilustrar os princípios dessa abordagem terapêutica. Até o analista freudiano tradicional pode observar a expressão facial, mas poucos são os terapeutas analíticos que estudam a forma e o movimento da metade inferior do corpo. Na realidade, dirigimos nossa atenção em primeiro lugar para a postura da pessoa. Está ereto, quase caindo para trás ou inclinado para a frente? O peso do corpo está colocado sobre as pernas ou sobre o sacro? O paciente se apoia sobre os calcanhares ou sobre a parte arredondada da sola dos pés? Quando o peso do corpo fica diretamente sobre os calcanhares, a posição em pé pode ser facilmente desequilibrada por um pequeno empurrão para trás. Aqui também a expressão comum descreve bem a situação. Dizemos que pessoas assim são "moles". Quando o termo é usado com relação a moças, só tem um significado. Tive uma paciente cuja principal queixa era não conseguir resistir às investidas sexuais dos homens. Quando estava em pé, ela tendia a se equilibrar sobre os calcanhares. Agressividade ou movimento não são possíveis, exceto por uma pressão exercida através da parte da frente do pé.

A relação da pelve com as pernas e o tronco é muito importante devido à função genital. A pelve pode ter uma movimentação livre, o que confere graça especial ao movimento, ou pode estar imobilizada em uma posição de avanço ou recuo. É evidente a quebra da linha natural do corpo nessas últimas posições. Com a pelve mantida para a frente e para cima, ocorre tensão nos músculos abdominais, espasticidade no reto abdominal e contração das nádegas. A impressão é de que o indivíduo está fechando os canais naturais de descarga. Tendências para contenção e retenção são claramente marcadas na estrutura de caráter. Uma pelve imóvel está associada a uma diminuição da potência sexual. A pelve bem recuada, fixada nessa posição retraída, representa uma grave repressão sexual.

Lê-se pouco sobre a coluna vertebral na terapia analítica. Sendo um elemento importante na estrutura corporal, a fraqueza da coluna é refletida em um sério transtorno de personalidade. O indivíduo com uma curvatura nas costas não pode ter a mesma força de ego que uma pessoa que tem as costas retas. Por outro lado, a rigidez da coluna, embora aumente a força de sustentação, diminui a flexibilidade. Além disso, esses indivíduos frequentemente têm dores nas costas. Tratei de inúmeros pacientes com essa queixa. Em todos os casos, a redução da tensão nos músculos lombossacrais, a mobilização da pelve, a análise do conflito reprimido e a resolução do problema do impulso inibido resultaram no completo desaparecimento da dor e da disfunção. A rigidez da coluna vertebral não é só evidente na perda da flexibilidade do movimento; ela pode ser sentida pela palpação na tensão dos músculos lombares.

Desde o momento em que Reich chamou a atenção para a importância da respiração no fluxo de sentimentos, o estudo dos movimentos respiratórios ocupa um importante lugar na análise bioenergética. Procuramos ver se o peito está aumentado e mantido rigidamente nessa posição, ou se está à vontade, relaxado. Um peito inflado é o concomitante invariável de um ego inflado. Lembra-me da fábula do sapo que tentou inchar até ficar do tamanho de um boi. Por outro lado, um peito relaxado, embora relacionado a mais sentimento, não é necessariamente sinal de saúde. Aparece em certos tipos de caráter impulsivo que têm uma estrutura pré-genital. Procuramos uma estrutura relaxada, na qual os movimentos respiratórios mostrem a unidade de peito, diafragma e abdome na inspiração e expiração. A respiração não é analisada independentemente da estrutura total, mas como um aspecto da função do organismo.

A posição e a mobilidade dos ombros são tão significativas para as funções do ego quanto as pernas e a pelve o são para as funções sexuais. Várias atitudes são facilmente discerníveis. Ombros retraídos representam raiva reprimida, uma contenção do impulso de atacar; ombros levantados estão relacionados ao medo; ombros abertos expressam a atitude geral de assumir suas responsabilidades; ombros caídos traduzem a sensação de carga, peso. Os ombros têm papel importante na mobilidade do peito, uma vez que a cintura escapular vai da espinha dorsal, via romboides, ao esterno, via músculos peitorais. Alterações na cintura escapular afetarão, portanto, a função respiratória. Como a função básica dos braços nos primatas é se estender para pegar ou dar, agarrar ou agredir, a extensão e a característica dela é uma medida do ego. A experiência clínica nos permite fazer certas caracterizações e relacioná-las a alterações físicas específicas. O caráter

O corpo em terapia

esquizofrênico não estende a mão para o mundo, o caráter oral só a estende em condições favoráveis, o masoquista a estende mas depois recua — portanto, falha; os tipos rígidos, homens fálico-narcisistas, tendem a agarrar.

A alteração funcional específica na estrutura corporal esquizofrênica é a dissociação entre os braços e o corpo. Nos movimentos, essas estruturas não funcionam como uma unidade. Isso confere ao movimento dos braços uma característica mecânica que pode ser observada em ações como estender os braços ou atacar. Tensões muito profundas na articulação do ombro são responsáveis por essa dissociação. Além disso, observa-se que a cintura escapular está "congelada" e participa de modo muito limitado nos movimentos dos braços. Como o corpo não toma parte dos movimentos de extensão dos braços, dizemos que o esquizofrênico não se lança no mundo.

Em estruturas neuróticas, os braços e o corpo formam uma unidade. Esta, porém, está sujeita às limitações da estrutura do caráter. O caráter oral se queixa de sensações de fraqueza e impotência nos braços. Observamos, em sua estrutura corporal, que os músculos que ligam a escápula ao corpo e controlam seu movimento são superdesenvolvidos e cronicamente contraídos. Os mais visíveis são os músculos peitorais, na frente, e os trapézios, atrás. Mas os músculos que unem os braços nas articulações dos ombros são fracos e subdesenvolvidos. Isto explica a dificuldade que o caráter oral tem para estender os braços para dar ou receber. O masoquista exibe uma condição muscular superdesenvolvida nos braços, como no resto do corpo. Seus movimentos são atáxicos, desajeitados e difíceis. Estender os braços é um esforço que, para o masoquista, é difícil manter. Nas estruturas rígidas, como nos fálico-narcisistas, os movimentos são coordenados e extremamente carregados; as tensões, periféricas. Na extremidade superior, elas se localizam sobretudo nas mãos e nos antebraços. A grande carga atuando contra uma forte tensão periférica confere às mãos um aspecto crispado, de garra.

Vimos que existe uma antítese entre as metades superior e inferior do corpo. Não é incomum ver um homem de ombros largos, quadris estreitos e pernas finas, de aparência frágil. É como se toda a energia estivesse concentrada na metade superior, deixando a inferior impotente. Vemos na prática que, à medida que as pernas se fortalecem e a potência sexual aumenta, os ombros descem, o peito diminui de tamanho e o centro de gravidade cai visivelmente. A distribuição da musculatura no corpo humano concentra a maior parte dos músculos nos quadris e nas pernas. Isso nos dá apoio para nos mantermos na posição ereta. Os músculos da metade superior foram poupados da função de sustentar ou movimentar o corpo. Assim, deveriam ser macios, relaxados e disponíveis para movimentos rápidos e sensíveis.

A sustentação da cabeça tem relação direta com a essência e a força do ego. Nossos princípios teóricos apoiam esse conceito, que é extraído, em última análise, de observações clínicas. Estamos familiarizados com o pescoço longo e orgulhoso e com o pescoço curto, como o de um touro, que representam atitudes conhecidas. Certos esquizofrênicos mantêm a cabeça num ângulo tal que dão a forte impressão de que ela está deslocada. Quando vejo isso em um paciente, é o que basta para me pôr em alerta para tendências psicóticas. Há outra expressão quando a cabeça é sustentada em ângulo. A impressão é a de que a cabeça é uma carga grande demais para o corpo, e por isso pode pender. Isso representa a atitude do paciente com respeito à realidade. Às vezes faz lembrar imagens de Cristo descendo da cruz, e essa impressão é reforçada por uma atitude expressiva de martírio no resto do corpo.

Quando estudamos a expressão da face como medida do caráter e da personalidade, estamos pisando em terreno mais familiar. Já que esse é um procedimento que mantemos inconscientemente durante toda a vida, acrescentarei apenas algumas palavras a fim de mostrar a base bioenergética para nossa prática. Estamos cientes do traço dominante, mas nossa atenção deve ser dirigida primeiro aos olhos. Vimos que outros autores, como Schilder[82], situam o ego nos olhos ou perto deles. Deve haver algum motivo para considerarmos os olhos o espelho da alma. Nossa pesquisa indica que as duas vias instintivas convergem, em cima, nos olhos, como convergem embaixo nos genitais.

Podemos determinar a intensidade da expressão, bem como suas características. Alguns olhos são vivos e brilhantes, outros cintilam como estrelas, outros são opacos e muitos são vagos. A expressão muda, é claro. Procuramos, portanto, o olhar típico. Alguns olhos são tristes, outros raivosos; alguns são duros e frios; outros, doces e envolventes. Essas não são qualidades que se possa medir com um instrumento, como não podemos medir a beleza de um lindo corpo de mulher ou o senso de masculinidade no homem ágil e vigoroso. Porém, se não percebemos essas coisas, a psiquiatria se transforma numa profissão sem vida. Muitos psiquiatras experientes podem identificar a esquizofrenia pelo olhar vago, distante.

O corpo em terapia

Não é raro que duas expressões conflitantes apareçam no mesmo rosto. Os olhos podem parecer fracos e retraídos, enquanto o queixo é forte e saliente. Ou pode ser que o queixo seja fraco, enquanto os olhos são fortes. Se os músculos do queixo se mostram superdesenvolvidos, existe um bloqueio no fluxo de energia para os olhos. O queixo é uma estrutura móvel cujos movimentos lembram os da pelve. Pode ser imobilizado tanto numa posição retraída quanto em uma projetada, ambas representando uma diminuição na mobilidade. O queixo que não consegue se mover para a frente com agressividade ou se suavizar com ternura, é considerado funcionalmente patológico. Muitas expressões estão relacionadas à posição do queixo. Quando se move para a frente, ele expressa determinação; um avanço um pouco maior confere uma expressão de luta, enquanto protrusão extrema, como no caso de Mussolini, significa claramente desafio.

O número e a variedade de expressões que podem aparecer na fisionomia de um indivíduo são enormes. Quando observamos nossos pacientes estamos, claro, cientes desse jogo de sentimentos. O escárnio passa pela expressão do paciente, e perguntamos por que ele fez aquela cara. Para nossa surpresa, ele garante que não fez cara nenhuma. Absortas como estão nas reações dos outros, as pessoas quase nunca tomam consciência da própria expressão. Essas expressões são como atos falhos, cuja importância Freud assinalou muitos anos atrás.

De maior importância para a terapia analítica são as expressões inconscientes estampadas no semblante, a ponto de as considerarmos parte da personalidade. Lembro-me de um professor cuja sobrancelha direita era tão erguida que rugas de surpresa e estupefação estavam gravadas em sua testa. Ninguém prestava a menor atenção nisso, muito menos o professor. No entanto, quando alguém levanta enfaticamente uma sobrancelha, o sentimento de surpresa e estupefação é tão forte que chega a ser perturbador. Por que o professor não tinha consciência de sua expressão? Concluímos que, quando uma expressão se torna parte das feições, a pessoa perde a consciência dela. Como nossas roupas velhas, essas expressões tornam-se tão parte de nós que só nos lembramos delas quando estão ausentes. Uma expressão muito comum e que aceitamos como natural é a de nojo, causada pela retração e elevação das asas do nariz. Você já viu pessoas que exibem uma perpétua expressão de dor? Essas pessoas estão sofrendo? Certamente! Uma análise profunda do inconsciente revelaria que essas expressões retratam sentimentos reprimidos — surpresa, insatisfação ou dor.

Chega, vocês podem dizer. Até onde isso pode ir? Olhos fracos, míopes, não serão devidos à hereditariedade, sem nenhuma relação com o ego? Ou um paciente comenta: "Meu pai tem queixo fraco, o pai dele tinha queixo fraco; isso não contraria suas ideias sobre meu queixo?" Ou pode ser que todos os membros de uma família tenham pernas iguais, e isso é mencionado para mostrar que a estrutura delas não tem nada que ver com influências ambientais.

Esses argumentos são válidos e devem ser considerados com seriedade. Há duas questões aqui, e cada uma exige uma resposta individual. Qualquer que seja a causa de olhos míopes, eles representam uma fraqueza que afeta o ego. A experiência clínica tem confirmado repetidamente que o ego é determinado por fatores dinâmicos e estruturais, independentemente de sua etiologia. Por certo, os bebês são muito diferentes no parto, e essa diferença terá uma profunda influência em seu futuro desenvolvimento, tanto físico quanto mental. O que não se pode dizer é quanto dessa diferença se deve à hereditariedade. Na época do nascimento, o bebê já foi submetido a uma experiência vital de nove meses. A qualidade dessa experiência não pode ser facilmente avaliada, mas nunca é demais enfatizar sua importância. Hoje, existe na medicina uma crescente conscientização de que muitas malformações e anomalias congênitas se devem a doenças e deficiências às quais a mãe esteve sujeita durante a gestação.

Considerações teóricas apenas deveriam nos forçar a reexaminar nossa atitude em relação à vida intrauterina do indivíduo. Duas sementes da mesma flor ou do mesmo fruto são quase indistinguíveis se ambas estiverem igualmente maduras. No entanto, as árvores ou arbustos em que elas se desenvolverão poderão exibir acentuadas diferenças. Obviamente, as sementes não são idênticas, nem tampouco os dois pedaços de terra onde elas criam raízes e crescem. Não somente o solo tem diferenças em sua composição como drenagem e exposição raramente são as mesmas em dois lugares diferentes. O útero é um pedaço de terra no qual a semente dos mamíferos é implantada durante nove meses. Não existem dois úteros iguais em termos de fertilidade. Alguns são duros, empedrados de tumores fibroides. Outros, duros e contraídos, com um suprimento sanguíneo reduzido. Alguns são pequenos e imaturos, enquanto outros já passaram por várias gestações.

O corpo em terapia

Os bebês nascidos desses úteros serão diferentes. Todos os obstetras observaram essas diferenças. Serão bebês cheios de vida, energia e animação ou mirrados e encolhidos, enrugados, que parecem velhos. É lógico também que o início da vida extrauterina do bebê repita as características de sua existência intrauterina. Sem preparação especial, a atitude da mãe com o filho repetirá o padrão inconsciente dado na relação do útero com o embrião. As pessoas não mudam com facilidade. A experiência da criança com a mãe é continua e começa na concepção. As potencialidades individuais da criança assumem forma e configuração específicas somente na medida em que a realidade o permite, e a realidade para a criança é sua mãe. Esse conceito está ganhando cada vez mais aceitação dentro de círculos analíticos. A atitude da mãe ao interagir com as necessidades da criança de apoio e afeto, por um lado, e de independência, por outro, determinarão e estabelecerão os padrões emergentes da personalidade infantil. Com o passar do tempo, modelos estabelecidos de resposta se tornam endurecidos e congelados na estrutura de caráter dinâmica que confronta o terapeuta analista. O papel do pai e de outras pessoas no ambiente deve ser considerado, mas têm importância posterior e secundária.

Não pode haver substituto para o amor materno, que se manifesta nos níveis físico e mental. O desenvolvimento que ocorre sob condições ótimas produz uma estrutura corporal e uma personalidade que geram admiração. Porém, os analistas encontram diariamente indivíduos cuja estrutura e personalidade são deficientes a ponto até de serem incapazes de lidar com as pressões da realidade. Em sua luta pela sobrevivência, essas pessoas desenvolvem mecanismos compensatórios para enfrentar suas fraquezas. As teorias de Adler sobre inferioridade orgânica e a luta por poder e superioridade derivam dessas observações clínicas. Infelizmente, mecanismos compensatórios jamais corrigem falhas ou fraquezas. A terapia analítica bioenergética ataca o transtorno básico à medida que ele se manifesta no padrão adulto de comportamento, eliminando a necessidade de compensações e ajustes.

Uma paciente procurou a terapia bioenergética após muitos anos de análise. Ela relatou ter ido até onde pôde com a análise verbal, e que nossa abordagem parecia oferecer mais. Seu corpo era gordo e pesado, o pescoço era pequeno, mas bem formado, e havia em seu rosto uma expressão de determinação severa. Os braços e as pernas eram magros, com pernas em "x" e pés pequenos e fracos. A despeito de sua determinação, ela não conseguia

Alexander Lowen

controlar o apetite. Sua função de trabalho era boa, mas tinha poucos relacionamentos sociais. Foi sua capacidade para trabalhar que a manteve funcional em meio a depressões, ansiedades e desânimo.

Essa paciente começou sua terapia bioenergética com sua determinação característica. Durante várias semanas, houve uma melhoria acentuada em seu estado de espírito e ela comeu menos. Então, voltou a ficar ansiosa e deprimida. A determinação e entusiasmo só conseguiram levá-la até ali. Agora ela precisava encarar a árdua tarefa de fortalecer as pernas, adquirir mobilidade corporal e abandonar a atitude rígida de determinação. Bioenergeticamente, tal determinação deve ser considerada uma compensação para a fraqueza de pernas e genitais. Nenhuma determinação pode substituir a segurança e a mobilidade decorrentes de pernas bem equilibradas. Além disso, a determinação caracterológica estabelecida na estrutura do ego impede a carga e a liberação da excitação genital. O movimento pendular natural da energia está bloqueado pela imobilidade do queixo. Entretanto, apesar de apontarmos e analisarmos essa atitude caracterológica de determinação, nosso esforço principal é voltado para a eliminação da fraqueza.

A determinação como atitude fixa não é uma fonte real de força do ego: implica uma falta de flexibilidade egoica. Cristaliza energia num padrão de comportamento à custa de outras reações possíveis. É uma defesa do ego contra a depressão e o fracasso, mas, como todas as defesas, empobrece a vida emocional e pode conduzir à própria calamidade que procura evitar. Constitui uma limitação à mobilidade, ao mesmo tempo que tenta vencer a limitação. Quando se aumenta-se a mobilidade natural do organismo, a determinação caracterológica desaparece e é substituída por uma capacidade de ser determinado quando surge a situação apropriada.

Outro paciente iniciou a terapia analítica bioenergética após cinco anos de análise tradicional. Muitos de seus padrões compulsivos de comportamento haviam sido elaborados e ele tinha alcançado algum *insight* sobre suas motivações. Ele costumava correr atrás de mulheres compulsivamente, até compreender que essa era uma tentativa de corresponder a um ego ideal de si mesmo como homem jovem e bonito procurado pelas mulheres. Seu comportamento real mudou à medida que, embora ainda procurasse mulheres, não iniciava mais relacionamentos com elas. Depois de sua análise anterior, ele havia desenvolvido um tique compulsivo nos olhos. Como é comum em casos assim, ele tinha baixa potência sexual. O orgasmo era

O corpo em terapia

fraco, e o interesse sexual residia em grande parte no desejo de satisfazer a parceira. A interpretação psicanalítica de suas ações estava correta, mas não oferecia outra alternativa a não ser renunciar ao seu ego ideal e aos comportamentos a ele associados. Infelizmente, isso não resolveu seu interesse por outras mulheres, nem a compulsividade.

Ele apresentava uma estrutura corporal que, embora bem desenvolvida, era desproporcional. Peito largo e ombros encolhidos davam à metade superior de seu corpo uma aparência enorme. Os quadris eram estreitos, o abdome era recolhido e contraído, e a pelve, retraída trás. Os músculos das pernas eram espásticos. Mobilidade pélvica e carga genital mostravam-se reduzidas. Outra interpretação de seu comportamento pode estar baseada na dinâmica bioenergética de sua estrutura. Correr atrás de mulheres era uma tentativa de aumentar carga e excitação na porção inferior do corpo. Sua ação era compensatória, na medida em que procurava remediar uma fraqueza através da resposta da mulher. Sua falta de virilidade revelou-se, então, pela identificação com a mulher no ato sexual, à custa do próprio prazer orgástico. Ele terminava cada experiência com a mesma necessidade dependente de antes. Em um aspecto, seu ego ideal era válido, pois refletia sua real insatisfação consigo mesmo como homem e seu desejo de melhorar.

A terapia bioenergética foi direcionada para a metade inferior de seu corpo, a fim de aumentar sua mobilidade e carga. Fortalecendo a estrutura onde ela é fraca, a necessidade de um comportamento compensatório irracional é eliminada. Conforme o paciente foi desenvolvendo uma carga genital mais potente, cresceu um senso de virilidade. Isso produziu uma mudança em seu ego ideal. Ele conseguia se conceber como mais agressivo nos negócios e mais responsável na vida familiar. O tique compulsivo se originou de um sentimento de fraqueza nos olhos como tentativa de obter maior força. Um mecanismo compensatório estava em ação aqui e no nível genital. A fraqueza nos olhos era condicionada por músculos superdesenvolvidos do queixo, que expressava uma determinação exagerada. Foi interessante ver como seus olhos brilhavam e relaxavam quando a tensão era liberada da metade superior do corpo ao fim de cada sessão.

A psicanálise tem como objetivo primário descobrir as defesas do ego e os mecanismos compensatórios. Nós analisamos um padrão de comportamento para mostrar os impulsos do ego que os motivam. Mas essa é a parte mais fácil de qualquer terapia. Mais difícil e importante é tentar fortalecer as funções naturais do ego até que o paciente não mais necessite de defesas e compensações. Para esse propósito, a psicanálise tem à disposição apenas dois procedimentos técnicos: trabalhar através da transferência ou analisar o comportamento cotidiano do paciente na vida exterior. Ambos implicam um elemento analítico e um didático. Neste último, está implícita a personalidade do analista como força que guia o paciente para um comportamento mais racional. O paciente só consegue desenvolver as atitudes positivas necessárias pela identificação com o analista, e só o fará na medida em que elas forem parte da personalidade do profissional.

Quando o sintoma neurótico serve como defesa do ego, pode-se eliminá-lo expondo sua função defensiva. Isso é válido sobretudo para os sintomas de conversão produzidos por uma genitalidade deslocada no caráter histérico. As fobias e os sintomas obsessivos não são resolvidos tão facilmente. A despeito da análise de seu mecanismo, a fobia não desaparece até que o indivíduo encare a situação temida. No caso da obsessão ou compulsão, a exposição ao perigo imaginado também é necessária. O problema é ainda mais difícil nas neuroses de caráter, pois nesses casos lidamos com estruturas de ego imaturas. Muitos desses pacientes conhecem e compreendem a natureza de seu problema quase tão bem quanto o analista. Se, portanto, não conseguiram resolver a situação, dizemos que está faltando *insight*. Mas isso só pode significar que eles não têm coragem ou força para adotar uma atitude mais madura. Nessas circunstâncias, o analista continua — até que, por desespero, o paciente desiste ou se impõe. Foram dificuldades desse tipo que levaram Ferenczi a adotar suas "técnicas ativas".

A terapia bioenergética trabalha diretamente com as forças do organismo que podem proporcionar força e coragem. A força e a coragem não são adquiridas fácil e rapidamente. A situação temida deve ser encarada repetidas vezes. Isso faz parte da técnica usada para superar a fobia. Na terapia bioenergética, o medo é relacionado à dificuldade na expressão de sentimentos de raiva, de amor etc. Basicamente, cada transtorno emocional é uma redução de mobilidade. A palavra "emoção" significa um movimento para fora. Nos organismos superiores, o "para fora" é sinônimo de descarga. Todo problema emocional implica um bloqueio do fluxo de energia para os órgãos de descarga, entre os quais os genitais estão em primeiro lugar. Quanto mais periférico é o bloqueio, menos grave o distúrbio. Quando os bloqueios têm localização mais central, tendem a ser mais graves. Força e

O corpo em terapia

coragem dependem da disponibilidade de energia nas zonas de descarga. Ilustremos o tema com o exemplo a seguir.

Certa vez, tratei de um rapaz que disse estar muito perturbado por ter fugido de uma situação na qual alguém o havia ameaçado com uma faca. A ação em si não indica falta de coragem. O problema está no sentimento de perturbação em relação ao comportamento, pois ele sentia em si próprio uma falta de coragem. Durante a terapia, ambos compreendemos que ele não encarava os problemas da vida. Um dia, ele ficou perturbado e enjoado e precisou vomitar. Quando vomitou, nós dois ficamos chocados ao ver uma linha amarela aparecer na porção mediana de seu abdome. Pensamos imediatamente e ao mesmo tempo na expressão "amarelar". Tendemos a não considerar essas frases no sentido literal, mas aqui houve uma demonstração que não podia ser ignorada. A coloração amarela desapareceu quando seu estômago se esvaziou.

Temos outra expressão comum para pessoas que agem como se não tivessem coragem. Dizemos que elas "não têm estômago". Porém, como todo mundo tem estômago, a expressão deve sugerir que o indivíduo não tem a sensação do estômago ou não tem sensibilidade abdominal. Quando um paciente se queixa de sentir um nó ou um vazio no estômago, não podemos esperar que ele seja corajoso.

Esse paciente sofria de hiperacidez estomacal e tinha azias frequentes. Eu podia sentir a acidez em seu hálito. Quando ele vomitou, o vômito tinha uma cor amarelo-esverdeada. Às vezes sua pele tinha a mesma coloração. Não sei como a "mancha amarela" apareceu e desapareceu. Anos de observação convenceram-me de que as manifestações cutâneas representam processos dinâmicos subjacentes que alcançam a superfície. O próprio paciente sabia que um bloqueio era responsável pela maioria de suas dificuldades. Esse bloqueio era uma profunda sensação de tensão localizada na boca do estômago, que ele chamava de seu "nó górdio". Havia tanta energia acumulada nessa tensão profundamente assentada que o abdome era relativamente pouco carregado.

Esse paciente apresentou outras manifestações de sua insegurança básica. Sob tensão, suas pernas tremiam tanto que ele saía literalmente do chão. Vimos, neste capítulo, que a expressão "defender sua posição" é uma expressão de coragem. A atenção consistente à dinâmica estrutural, nesse caso, produziu resultados excelentes. A acentuada hiperacidez diminuiu sobremaneira.

Suas pernas e coxas relaxaram e melhorou sua capacidade de permanecer no lugar, no chão, defender sua posição. Ao mesmo tempo, ele foi capaz de enfrentar problemas em sua vida dos quais havia fugido. E começou a experienciar prazer no abdome, o que era uma nova experiência para ele.

O sentimento de força depende do grande aumento da força vital ou energia. Não tenho a menor hesitação em fazer essa afirmação. Não estamos lidando, aqui, com propriedades mecânicas, como levantamento de peso etc. A criança que está cheia de vida sente sua força, assim como o ser humano no auge da vida. O sentimento de força é basicamente força do ego. Todos nós vimos homens com ombros largos e músculos bem desenvolvidos cuja força estava em sua capacidade de aceitar punição. Um padrão de comportamento que denominamos passivo-feminino, e se manifesta na falta de agressão em relação às mulheres, desmente o físico do homem forte. O superdesenvolvimento da musculatura é uma compensação para sua fraqueza subjacente. Os músculos podem ser usados para conter impulsos, assim como movimentos. *Uma terapia que incentiva movimentos expressivos aumenta a mobilidade do organismo, melhora sua agressão e cria um sentimento de força nos níveis físico e psíquico.*

Até que ponto é possível mudar uma estrutura? Se os ombros são muito erguidos, é possível baixá-los? Se o pescoço é muito curto, pode ser alongado? Se as coxas são muito pesadas, podem ser reduzidas? Essas coisas têm sido alcançadas, mas o paciente que apresenta um problema relacionado à estrutura não espera ser transformado em uma nova pessoa. Quando a patologia estrutural é reduzida, a função é aumentada; à medida que a função melhora, a patologia diminui. Estrutura é função congelada.

Já mencionamos aqui o problema do homem de ombros largos. Não estou falando daqueles cujos ombros largos estão em harmonia com um corpo também largo. A harmonia da configuração corporal é, em si mesma, uma indicação de saúde relativa. O homem de ombros largos e quadris estreitos, o tipo ideal de homem americano, invariavelmente mostra tendências passivo-femininas. Ele muitas vezes sofre de ejaculação precoce, e análise mais profunda revela uma identificação com o feminino. A relação com a mulher é ambivalente; às vezes ele atua no papel de pai da filha menina, e em outras ele é o "menininho" de sua mãe. Os ombros largos dão a impressão de que ele é o pilar de força, de que pode suportar nos ombros as próprias responsabilidades e seus fardos.

O corpo em terapia

A investigação analítica do passado revela que o paciente teve uma mãe cuja atitude básica era sofrer e sacrificar-se pelos filhos. Esse rapaz pode ter sido o favorito. Ela compartilhava suas penas com ele, e ele sentia sua infelicidade. Quando criança, ele decidiu levar alguma felicidade para a vida da mãe e tornou-se o responsável por seu bem-estar. É claro, todo o conflito edipiano está envolvido; existe rivalidade entre o menino e seu pai. Mas o que é importante para nossa discussão é que em seus ombros largos esse homem exibe seu exagerado senso de responsabilidade pelo bem-estar da mulher. Esse sentimento de responsabilidade está congelado na estrutura de seus ombros.

Uma atitude como essa carrega sua própria antítese. Há um sentimento igualmente forte de ressentimento e medo de mulheres. O ressentimento está na tensão das costas e do pescoço; o medo, na imobilização da pelve. Esse medo responde pela estreiteza de seus quadris. Nesse caso hipotético, baixar os ombros significa desfazer-se da carga, expressar o sentimento de "eu não me importo", libertar-se da exagerada responsabilidade.

Quais são as dinâmicas de energia dessa atitude estrutural? Os ombros não se alargam simplesmente porque a criança se sente responsável pelo bem-estar da mãe. A estrutura se cristalizou a partir de uma relação que começou no parto. Os ombros se erguem como reação de medo. Eles expressam medo, mas não terror. São mantidos a meio caminho entre uma posição para a frente e uma posição para trás. Trata-se de um equilíbrio dinâmico entre o estender os braços para a frente e a contenção recuada, entre raiva e desafio. A posição é um compromisso entre duas atitudes opostas — e, como tal, produz uma imobilidade. O bloqueio limita a energia nos músculos da cintura escapular à custa das mãos.

A rigidez dos ombros diminui a mobilidade do peito. A respiração é reduzida e há uma diminuição no nível da economia energética. A canção do sentimento é silenciada e a função genital, enfraquecida.

Esse problema é atacado bioenergeticamente em várias frentes ao mesmo tempo. Psicologicamente, analisamos a atitude de responsabilidade pela mulher e a identificação com o feminino. Incentivamos movimentos para liberar os ombros. A mobilidade da pelve é aumentada e a carga genital, fortalecida. O sentimento ampliado de virilidade age para interromper a identificação feminina. Há um fluxo aumentado de energia para baixo a partir da região dos ombros, e, quando eles recuperam sua mobilidade

Alexander Lowen

natural, o peito relaxa. A abertura e a largura exageradas desaparecem quando a curva natural dos ombros é recobrada. A eliminação da função neurótica coincide com a mudança na estrutura. A restauração da função natural produz a estrutura natural.

Toda mudança bioenergética atua simultaneamente em dois níveis. No nível somático, existe um aumento de mobilidade, coordenação e controle; no psíquico, há uma reorganização de pensamento e atitude. Nenhuma mudança permanente é possível, a menos que se alcance esse duplo efeito. Uma nova função deve ser integrada à consciência do ego antes que o paciente possa reclamá-la como sua. Não é possível fazer terapia bioenergética sem um trabalho minucioso com as atitudes e o comportamento cotidianos atuais e as forças genéticas e dinâmicas que os trouxeram à existência.

Nunca são feitas interpretações bioenergéticas de elementos estruturais isolados, embora o problema seja logo reconhecido. O diagnóstico clínico só é realizado depois de um estudo intensivo da história e dos problemas apresentados e de sua integração com o aspecto estrutural. Cada aspecto do indivíduo é considerado a expressão de uma personalidade unitária. Quando todas as facetas da personalidade são conhecidas e sua inter-relação é estabelecida, temos condições de descrever o caráter específico do paciente. Análise e terapia seguem, então, tendo esse caráter como sistema de referência. Assim, é importante compreender a técnica da análise de caráter e entender as forças dinâmicas que formam a estrutura de caráter.

7. Análise do caráter

Em 1933, Wilhelm Reich publicou pela primeira vez os resultados de seu trabalho psicanalítico dos nove anos anteriores num livro que ele denominou *Análise do caráter*. Os princípios teóricos e conceitos técnicos incluídos nesse título constituíram um progresso significativo na compreensão e no tratamento psicanalíticos das neuroses. A primeira edição da obra foi avidamente recebida pelos analistas. Hoje, muitos anos depois, o livro ainda é considerado por analistas e psicoterapeutas um dos textos básicos na teoria e na prática analíticas. Na minha opinião, ele representa a maior realização da técnica psicanalítica e constitui a ponte que vai da psicanálise à compreensão analítica da tensão muscular e dos bloqueios energéticos. A psicologia e a biologia se encontram no estudo do caráter. É por esse motivo que os princípios bioenergéticos apresentados neste volume são clinicamente expressos em estruturas de caráter.

Desde a publicação da primeira edição de *Análise do caráter*, não surgiu nenhum outro trabalho que ampliasse ou aprofundasse o conhecimento da estrutura do caráter. O próprio Reich avançou na investigação de couraças musculares, bloqueios energéticos, doenças somáticas e natureza da energia biológica em si. Outros analistas consideraram valiosos para seu trabalho analítico os princípios e as técnicas da análise de caráter, mas não seguiram nessa direção. O presente autor foi treinado por Reich em análise do caráter e vegetoterapia e o acompanhou no progresso de seu trabalho sobre tensões musculares e bloqueios energéticos. Este livro surgiu da necessidade de integrar, em um esquema unitário, os conceitos psicanalíticos básicos e os princípios bioenergéticos mais recentes que formam a base de nossa terapia. Tal unidade é alcançada clinicamente pela aplicação dos princípios da análise do caráter. O caráter é a expressão unitária do funcionamento do indivíduo, tanto no âmbito psíquico quanto no somático: sua compreensão requer um conhecimento minucioso da psicologia do ego e dos conceitos de energia.

No prefácio à primeira edição, Reich declarou que seu estudo do caráter estava incompleto: "Hoje, como há nove anos, estamos ainda longe de uma caracterologia abrangente e sistemática. Este livro, no entanto, servirá para encurtar consideravelmente a distância".[83] Dado que as edições mais recentes não acrescentaram qualquer dado novo, encaramos ainda os problemas que Reich postulou em 1933 e aos quais respondeu apenas parcialmente. São eles: "Uma teoria genético-dinâmica do caráter; uma diferenciação estrita do conteúdo e da forma das resistências; e, por fim, uma diferenciação clinicamente bem fundamentada dos tipos de caráter".

O conceito de caráter não começou com Reich. Em 1908, Freud publicou um artigo intitulado "Caráter e erotismo anal", no qual enfatizou a relação entre a combinação regular de três traços — ordem, obstinação e parcimônia — com o erotismo anal. Na sua conclusão, Freud postulou a ideia de uma estrutura de caráter: "De qualquer modo, pode-se dar a fórmula para a formação do caráter básico a partir dos traços constitutivos do caráter; os traços de caráter permanentes são perpetuações imutáveis de impulsos originais, ou suas sublimações, ou formações reativas contra eles".[84] A fórmula mostrou-se inadequada porque não foi possível derivar o caráter de nenhuma combinação dos traços. Ao contrário, os traços são aspectos de uma estrutura unitária.

Ao longo dos anos seguintes, Freud desenvolveu os conceitos da psicologia do ego. Os traços de caráter foram observados, estudados e interpretados, mas não foi feita nenhuma tentativa de formular tipos básicos de caráter. Em 1921, Abraham publicou um artigo sobre o caráter anal, no qual discutiu muitas características consideradas associadas a problemas anais e, por indução, relacionou-as a experiências na infância. Depois, em 1924 e 1925, ele ampliou esse estudo dos tipos de caráter com mais dois artigos sobre o caráter oral e o caráter genital. A tentativa de relacionar tipos de caráter com o desenvolvimento da libido na criança tem méritos óbvios. Mas, infelizmente, esses tipos de caráter de Abraham são descritos como traços específicos e não há nenhuma tentativa de síntese por meio de relatos de caso. O problema se complica ainda mais porque a literatura faz referência a outros tipos de caráter, como o caráter compulsivo, o histérico, o masoquista etc., os quais não foram integrados em uma linha geral de trabalho.

Reich abordou o estudo do caráter não a partir de considerações teóricas, mas como um problema prático na técnica analítica. Ele não isolou

O corpo em terapia

os traços, mas buscou compreender o caráter primeiro em seu papel de resistência à interpretação analítica e, depois sua função na economia de libido do organismo. Do primeiro ponto de vista emergiram os princípios da análise do caráter dos quais nos ocuparemos neste capítulo. É nesse sentido que Wolfe definiu o caráter como "comportamento característico [do paciente] ao se defender do *insight* analítico e do material inconsciente".[85]

A relação entre caráter e economia de libido requer a compreensão da formação e da estrutura do caráter, o que constituirá o assunto do próximo capítulo. A definição de Abraham relaciona caráter e organização da libido. "De acordo com o ponto de vista tradicional, o caráter é definido como a direção habitualmente tomada pelos impulsos voluntários de uma pessoa."[86] É importante reconhecer que, como quer que definamos o caráter, ele é a atitude básica com a qual o indivíduo enfrenta a vida, seja na sessão analítica, seja no mundo exterior. Uma vez entendido o caráter, a natureza e o significado da resistência que o paciente estabelece logo são apreciados.

Nem sempre se leva em conta que o caráter descreve uma realidade objetiva. Ele pode ser facilmente observado por outros, mas somente com grande dificuldade o próprio indivíduo se conscientiza do próprio caráter. Somos críticos com os outros, mas favorecemos a nós mesmos. O ponto principal sobre o caráter é que ele representa um padrão típico de comportamento ou uma direção habitual. É um modo de resposta que está estabelecido, congelado ou estruturado. Tem uma qualidade "característica" que sempre o estampa como a marca da pessoa. Nesse sentido, toda estrutura de caráter é patológica. Não se pode dizer que o indivíduo que nunca teve suas energias libidinais estruturadas de modo típico, ou numa direção habitual, tem uma estrutura de caráter. Essas pessoas, muito raras, são difíceis de definir, caracterizar ou apelidar; elas têm uma expressão cheia de vida e uma espontaneidade que desafiam qualquer tentativa de analisá-las.

Seria bom diferenciar o conceito de personalidade do de caráter. Ambos são experienciados pelo observador; o primeiro, porém, costuma ser mais subjetivo. Dizemos que a personalidade de uma pessoa é agradável, magnética, forte, depressiva etc. Isso descreve nossa resposta emocional ao outro. Por outro lado, o caráter deve ser determinado pela observação e pelo estudo do comportamento da pessoa. A personalidade é uma expressão da força da vida em um ser humano e, provavelmente, é a extensão dessa força

Alexander Lowen

no ambiente. Existe uma relação entre personalidade e caráter, mas esses termos não devem ser usados como sinônimos.

A relação entre o ego e o caráter é complexa. O ego é fundamentalmente uma percepção subjetiva do *self*, enquanto caráter e personalidade são apreciações objetivas. Mas a descrição que o paciente faz do próprio ego merece destaque por não ser confiável. O paciente pensa no próprio ego em termos de seu ideal de ego, que expressa alguma capacidade inerente e não uma função real. Assim, o analista deve construir o verdadeiro ego a partir de uma determinação da estrutura do caráter e de uma avaliação da personalidade.[87]

Um rapaz, cujo caso será aprofundado mais adiante, aparecia nas sessões com uma expressão imponente e um sorriso presunçoso. Contou-me que era um sucesso com as mulheres e ia bem no trabalho. Em outras ocasiões, contudo, apresentava-se muito deprimido e desanimado. A realidade era que ele fracassara em todas as tentativas que havia feito e se tornava arrogante diante da menor possibilidade de sucesso. Agia como se tivesse uma estrutura de ego muito desenvolvida, forte, mas deveras inflada em relação à realidade. Desinflada, ela era bem pequena e subdesenvolvida. Sua imagem de um ego grande, amplo, era uma defesa contra a percepção de sua real estrutura de ego. Havia nele, porém, algo que me fazia sentir possibilidades latentes bem maiores do que as que ele manifestava. Se eram enormes as dificuldades de realização de suas possibilidades latentes, não se podia dizer que seu ideal de ego não expressasse um aspecto válido de seu ego. Libertar o ego de sua associação com o caráter e torná-lo disponível às aspirações legítimas do ideal de ego parece ser um objetivo válido para uma terapia analítica.

Infelizmente, o indivíduo neurótico se identifica com seu caráter, do qual o ideal de ego também faz parte. Isso acontece porque a estrutura de caráter representa a única modalidade na qual a vida instintiva tem sido capaz de funcionar. O indivíduo determinado pode considerar a determinação seu maior trunfo. De certo modo, é, mas por outro lado ela é o inimigo que vai impedir a realização de uma vida mais bem-sucedida e completa. Mas não se pode insistir em sua rendição sem oferecer um *modus vivendi* melhor. Essa pode ser uma situação aparentemente difícil. No caso de um paciente que se pressionava e cujo esforço provocava frustração e ansiedade, sugeri que ele parasse com isso. Sua resposta: "Se eu não me forçasse a levantar

O corpo em terapia

de manhã, ficaria deitado o dia inteiro e não iria trabalhar". Fui obrigado a reconhecer que era melhor ir trabalhar do que ficar na cama o dia inteiro. Seja qual for o modo como outros analistas possam enfrentar esse problema, temos uma solução na terapia bioenergética. Durante as sessões comigo, ele não teria de se forçar a nada. Progrediria mais se deixasse os movimentos se desenvolverem espontaneamente com sentimento, em vez de reclamar tanto. Ao mesmo tempo, a tensão que torna o esforço necessário é elaborada.

O caráter é resultado de forças opostas: o impulso do ego e as defesas do ego, que também utilizam as energias do ego. Se pudermos separar o ego da estrutura do caráter na qual está enraizado, liberamos o caminho para a modificação da estrutura. Porém, para alcançar essa identificação do paciente com o ego e não com o caráter, é preciso vencer e eliminar as defesas egoicas. Independentemente de como é realizada, essa é a tarefa de toda terapia analítica. Quando Reich escreveu: "Toda neurose se deve a um conflito entre exigências instintuais reprimidas — que sempre incluem exigências sexuais infantis — e as forças repressoras do ego"[88], ele propôs o problema básico de toda terapia analítica. O problema, não obstante, deve ser apreciado em sua totalidade. O caráter propriamente dito é o transtorno básico, e não se pode ter nenhum progresso real na terapia analítica até que isso seja reconhecido pelo paciente.

Desse modo, a análise de caráter tem um objetivo básico: fazer o paciente sentir seu caráter como uma formação neurótica que limita as funções vitais do ego e interfere nelas. Trata-se de uma tarefa hercúlea. Tanto Ferenczi quanto Reich apontaram que, embora o paciente experimente o sintoma neurótico como estranho ao ego, o caráter é aceito como o próprio ego. O problema analítico requer análise persistente e consistente do padrão de comportamento, mostrando como cada ação se encaixa no panorama geral. Por meio da análise bioenergética, podemos também mostrar como a dinâmica da estrutura corporal revela a mesma estrutura de caráter. Como disse Ferenczi, nada é tão convincente quanto a experiência no nível físico.

O princípio da análise de caráter requer que não se faça nenhuma interpretação no nível infantil até que se tenha dissociado caráter e ego. Caso contrário, a interpretação será empregada para justificar a estrutura de caráter, tornando-a ainda mais difícil de mudar. Deixar de observar rigidamente a regra de que o caráter é o principal objeto de ataque provoca confusão e um eventual colapso da terapia. Era essa a situação quando

Alexander Lowen

Reich introduziu pela primeira vez a análise do caráter como procedimento técnico:

> Se, por exemplo, durante um seminário, é apresentada uma situação de resistência, um analista dirá que ela pede determinada medida, um segundo apoiará outra, e um terceiro, outra ainda. Então, se o analista que tem à sua disposição todos esses conselhos aborda novamente o caso, surgem inúmeras outras possibilidades, e a confusão fica pior que antes. E, ainda assim, devemos presumir que determinada situação analítica — dadas certas condições e situações — só admite um procedimento técnico ideal, que, nesse caso, é melhor do que qualquer outro. Isso se aplica não apenas a uma situação individual, mas à terapia analítica como um todo.[89]

Não se pode negar que, hoje, existe essa confusão entre os analistas. Tratei vários analistas que tinham feito análise anteriormente, alguns por períodos prolongados. Todos diziam que a análise não havia sido profunda o bastante, que seus problemas fundamentais não haviam sido compreendidos. Isto só acontece quando não se conduz a análise do ponto de vista da estrutura do caráter. A análise dos sintomas e problemas permite apenas uma compreensão superficial que não atinge a insatisfação interior. Lembro-me do caso de um analista que havia completado seu treinamento com um psicanalista muito famoso. Ele me procurou porque havia tomado consciência da rigidez no peito. O pai havia sofrido vários ataques cardíacos e meu paciente estava amedrontado. Mas ele tinha medo de muitas coisas: tinha medo de água e não sabia nadar. Para ele, era muito difícil dizer "não" a uma mulher. Tinha medo de se comprometer com um curso de ação, um projeto ou uma pessoa. Seu padrão de comportamento era caracterizado por simpatia e boa vontade superficiais que encobriam desconfiança e rebeldia subjacentes. Como o caráter desse paciente não esteve em questão durante o tratamento psicanalítico, esses problemas básicos não foram elaborados. O analista aceitou, sem questionar, a simpatia do paciente e sua pronta aceitação da interpretação analítica. Foi justamente para isso que Reich alertou na análise do caráter. O resultado, nesse caso, foi o fracasso do tratamento. É mérito do paciente ter reconhecido que a análise não avançara suficientemente.

O corpo em terapia

Conheço bem esse problema, porque também cometi muitos erros parecidos. Aprendi a evitá-los somente depois de ter aprofundado minha compreensão da natureza da estrutura do caráter. Esse é um ponto tão bem elaborado por Reich em seu livro que não preciso fazer mais do que indicá-lo ao leitor interessado. Gostaria apenas de ilustrar o problema com alguns comentários e um caso que faz parte da minha experiência.

Todos conhecemos o paciente que sorri para o analista. Em alguns momentos, isso ocorre como resposta a uma interpretação; em outros, pode ser a expressão típica que o paciente exibe ao analista. Na maior parte das vezes, o paciente não tem consciência de seu sorriso, uma vez que se trata de uma de resposta habitual. O sorriso é notado sobretudo em situações nas quais o paciente se encontra numa posição embaraçosa ou "incômoda". É raro que esses sorrisos sejam apenas gestos de simpatia pelo analista, e jamais aceito uma interpretação desse tipo nessas circunstâncias. Esconder-se atrás de um sorriso é uma atitude negativa. Mas que atitude? Ela difere em cada paciente, e essa diferença aparece em uma leve distorção da expressão facial. Em um, o sorriso é prepotente; em outro, corrosivo; em um terceiro, pode ser o sorriso ingênuo do bobo, que assim evita a responsabilidade por seus atos. A interpretação correta da expressão pode ser deduzida intuitivamente — essa é a arte da análise. A avaliação apropriada depende de um conhecimento do mecanismo neurótico total do indivíduo, ou seja, de sua estrutura de caráter.

Havia um paciente cujo sorriso era totalmente destoante da seriedade do problema que ele colocava. Quando apontei isso, ele logo tomou consciência da função de defesa do sorriso, mas, por mais que se esforçasse, não conseguia apagá-lo do rosto. Ele o detestava intensamente, mas mesmo quando pronunciou essas palavras, lá estava o sorriso. O paciente o observava em todas as situações de relacionamento interpessoal fora da sessão terapêutica, mas de nada adiantava. Era o sorriso de um menininho bonzinho tentando agradar. Era um bom menino que tentava ganhar a aprovação de todos os que encontrasse. E quanto mais ele se esforçava para remover o sorriso, mais ele era aquele menino bonzinho. A análise bioenergética revelou que ele tinha uma estrutura de caráter masoquista com disfunção erétil.

Ele me contou espontaneamente que sempre havia sido o bom menino. Sua popularidade na escola advinha de não ter qualquer inimizade. No entanto, lembrava-se de como, aos 7 ou 8 anos, era considerado um terror pela família. Tinha violentíssimos acessos de birra. Acredito que o masoquismo se estabeleceu depois do desaparecimento dos acessos de birra. O masoquismo é uma estrutura de caráter pré-genital. A análise atuou em duas frentes: a bondade como defesa contra a agressão e o menino como defesa contra o homem. A análise bioenergética teve prioridade sobre a psicanálise. A ênfase principal foi liberar a agressão e desenvolver a genitalidade. Um dia, sem muita atenção, o paciente comentou que seu sorriso havia desaparecido. E desapareceu, tanto no tratamento quanto fora dele.

Se o analista não compreende o problema básico do masoquismo, pode facilmente cair na mesma armadilha em que o próprio masoquista está. O sorriso encobre uma camada bem profunda de negativismo e ressentimento. Essa camada é como areia movediça. No capítulo 10, descreverei com mais detalhes a dinâmica dessa estrutura de caráter. Por ora, gostaria de dizer que o sucesso terapêutico desse problema depende da habilidade do terapeuta em introduzir um elemento positivo na atitude do paciente. Nem o bom menino nem o mau menino conseguem ter êxito na vida adulta: o que se precisa é do homem. O paciente, contudo, não desenvolverá essa atitude mais positiva enquanto sua estrutura de caráter não for trabalhada a fundo. Cada sintoma, cada expressão, cada sonho é analisado de forma retroativa até o caráter, e depois para a frente em termos do caráter. Só quando ele começa a ceder a análise pode seguir para as camadas infantis. Isso fica muito bem ilustrado no caso a seguir.

Tratei uma paciente durante vários meses antes que ela fosse estudar no exterior. Ela continuou a análise com outro terapeuta por mais ou menos cinco anos. Durante esse longo período, sofreu várias vezes crises emocionais graves, ou seja, descargas afetivas, depois das quais dizia sentir-se melhor. Quando reassumi seu tratamento, não a encontrei em estado melhor do que a deixara. As fortes descargas afetivas não haviam levado a lugar algum. Essas descargas haviam se iniciado ainda durante a terapia comigo. Naquela época, tomavam a forma de crises de choro com sensações de sufocamento que se misturavam com raiva. Observando essas explosões, compreendi que eram ineficientes para promover a terapia. Ela não chorava nem ficava furiosa por tomar consciência de um trauma passado. Sua reação era de frustração não direcionada. Eu a interpretei como uma resistência, no sentido de que a paciente estava "extravasando a pressão". Esse "extravasamento da pressão" permitia que ela se sentisse melhor temporariamente, mas ao

O corpo em terapia

mesmo tempo impedia o acúmulo suficiente de tensão interna para colocá--la em contato com sua couraça de caráter. Só precisei apontar isso várias vezes para pôr fim a essas reações, e só quando elas desapareceram eu pude continuar com o trabalho analítico.

Essas crises devem ser distinguidas da descarga afetiva espontânea, desencadeada pela súbita tomada de consciência de um conflito ou experiência reprimida. O analista experiente pode, muitas vezes, sentir a diferença. Em geral, desconfio de crises emocionais. Em primeiro lugar, a descarga irrompe através do ponto mais fraco da estrutura do caráter. Isso vale para todas as descargas explosivas. Os pontos mais fortes e essenciais da couraça do caráter são resguardados e podem até ser fortalecidos. Em segundo lugar, esse tipo de descarga emocional tem, em muitos indivíduos impulsivos, a função de impedir uma pressão muito grande sobre o caráter e as tensões musculares. Na realidade, portanto, essas descargas são parte do mecanismo neurótico. Esse é o problema da "representação" em terapia. O analista que permite ao paciente funcionar neuroticamente na análise se impede de atacar a neurose de modo efetivo. Essa expressão franca do caráter neurótico é a resistência fundamental.

Assim, a terapia dessa paciente seguiu pela análise e pelo tratamento das resistências. Mas logo deparei com outro bloqueio mais grave. Cada ataque bem-sucedido fazia a paciente chorar, mas ela não conseguia entregar-se ao choro. Ela sufocava, começava a tossir, babava e se engasgava. Até as tentativas de aliviar os espasmos da musculatura do pescoço fracassaram. Ela repetia o que já havia dito ao outro analista. Quando sufocava durante o choro, dizia ter a sensação de que o leite de sua mãe era azedo. Assim que essa sensação subia pela garganta, a experiência desse gosto azedo a fazia sufocar. Quando ela me disse isso, lembrei-me do que havia lido em *Análise do caráter* sobre a interpretação de material do começo da infância. Aquilo era de fato o começo da infância! Fiquei desconfiado. A lembrança do leite materno era verdadeira, provavelmente — pelo menos eu não podia negá-la —, mas por que surgia no momento em que eu analisava sua situação presente? Além do mais, ela era definitivamente um tipo histérico de caráter, e o problema de sua relação com os homens não havia sido solucionado.

Recusei-me a aceitar sua interpretação, mas a sufocação persistia. Eu devia ter me perguntado que papel a sufocação tinha em sua função

Alexander Lowen

presente, mas duvido que tivesse a resposta naquela época. A análise continuou enfocando seus problemas no presente. Alguns meses mais tarde, vi de repente o quadro geral. Eu tinha a interpretação correta e era exatamente a de que eu precisava. Não era azeda, mas amarga a sensação que a moça descrevia, embora nunca usasse essa palavra. Ela era amarga, embora isso estivesse tão bem camuflado que eu não havia suspeitado de sua presença. O amargor derivava do contínuo sentimento de frustração. Entendi, então, que suas explosões iniciais de raiva misturada com choro eram reações a esse sentimento de frustração. Como eram reações a ele e não contra ele, não mudavam coisa nenhuma.

Assim, pude me aprofundar no caso. Era preciso apenas fazer duas perguntas e encontrar as respostas para elas. Em que circunstâncias surge a amargura? E com relação a que ela se amargurava — agora e antes? Outro traço evidente exibido pela paciente era orgulho. Ele não era expresso, mas reprimido, como a amargura. Porém, era impossível não ver o significado do pescoço longo e rígido. Não consegui chegar ao orgulho analiticamente, nem trabalhando os músculos tensos do pescoço, enquanto a amargura permaneceu escondida. A exposição dessa amargura desobstruiu o caminho para o sucesso terapêutico, assim como o fracasso do terapeuta anterior em interpretar estritamente esse sintoma havia condenado seus esforços.

Vamos responder às questões acima para concluir esse caso. A amargura, no presente, estava relacionada à incapacidade da paciente para desenvolver um relacionamento bem-sucedido com um homem. E, enquanto perdurasse a amargura, seria impossível ter um relacionamento doce. Durante a infância, ela sentiu a mesma frustração. A mãe era do tipo "abelha-rainha". Seu pai era extremamente solícito com a esposa e indiferente à feminilidade da filha pequena. Tratava-a como um menino, com sentimentos de companheirismo, e ela aceitou o papel. Vestia-se como um menino e brincava brincadeiras de meninos[90], competindo com eles de igual para igual. Quando assumiu o papel feminino no final da adolescência, ela já tinha uma acentuada ambivalência em relação ao masculino. Era amarga devido ao insulto à sua feminilidade quando era pequena, extraordinariamente orgulhosa a ponto de encobrir o sentimento de dor e determinada a não ser dependente de nenhum homem, a fim de prevenir uma repetição das experiências infantis. E, apesar disso, necessitava desesperadamente de um homem para confirmar sua sexualidade.

O corpo em terapia

Quando o quadro foi totalmente esclarecido, a paciente começou a mudar. Aos poucos, o orgulho, a amargura e a determinação foram deixando de intervir em seu comportamento. Ela perdeu um pouco da inquietação, o corpo assumiu linhas mais femininas e ela iniciou um relacionamento mais maduro que todos as anteriores. À medida que desenvolveu atitudes mais positivas, o trabalho bioenergético no nível físico se tornou mais importante. Daí em diante, o progresso foi rápido.

Para dominar os conceitos implícitos na técnica de análise do caráter, é preciso compreender as bases teóricas da estrutura do caráter. Deve-se conhecer a natureza e o funcionamento da estrutura do caráter e estar muito familiarizado com os tipos básicos de caráter. No próximo capítulo, apresentarei uma teoria genético-dinâmica da formação do caráter que será seguida, nos demais capítulos, de detalhada discussão dos tipos básicos, com relatos de caso. Aqui, vamos examinar mais de perto a natureza e o funcionamento do caráter e relacioná-lo aos problemas técnicos da análise de transferência.

Mencionamos antes que tanto Reich quanto Ferenczi distinguiam o sintoma neurótico do caráter propriamente dito. Reich assinalou que o sintoma neurótico é experimentado como "um corpo estranho e gera a sensação de estar doente".[91] Ele "nunca é inteiramente racionalizado como o caráter".[92] O sintoma neurótico é experimentado como algo alheio ao ego. De fato, o caráter não é racionalizado, ele é só a maneira como o indivíduo neurótico experiencia seu ego. Só é racionalizado depois de ser atacado. Quando a estrutura do caráter começa a se romper na terapia e surge um modo de ser mais espontâneo, esse novo modo, embora seja mais saudável que o antigo, é sentido como estranho pelo paciente.

É claro que o paciente gostaria de ser diferente do que é. Por isso está em terapia. Esse é também o significado de seu ideal de ego. Mas isso é como olhar para a outra margem do rio sem saber o que fazer para chegar lá. É como pedir a alguém que tem medo de água que nade. O paciente sente que está sendo solicitado a abandonar um terreno familiar por terras desconhecidas. Quando começa a terapia, ele se descobre amedrontado, fraco e inseguro; a resistência é forte. A motivação deve ser igualmente forte. Para isso, o terapeuta precisa tornar o paciente consciente de seu caráter como um transtorno e, ao mesmo tempo, fazê-lo sentir a possibilidade de um modo melhor de funcionamento. Se ele consegue sentir esse modo melhor, a tarefa fica muito mais fácil. Nessa situação difícil, a transferência tem papel fundamental, como logo veremos.

A pessoa se identifica com seu caráter e não o questiona enquanto ele a capacita para funcionar sem muito conflito no âmbito social. Se o caráter deixa de garantir esse funcionamento, ela questionará primeiro as exigências de seu ambiente. Só o fracasso repetido e uma profunda insatisfação farão o indivíduo duvidar de seu modo de ser e agir. Mas ele não pode fazer mais do que questionar. Embarcar em um novo jeito sem orientação é como dar um passo no vácuo. A estrutura de caráter, contudo, é resultado de um compromisso, é a expressão de um equilíbrio dinâmico entre forças opostas — e, como tal, apenas relativamente estável. Nas circunstâncias mutáveis da vida, vai sempre se mostrar inadequado. Se as forças reprimidas irrompem na forma de um sintoma histérico, raiva violenta ou reação compulsiva, experimenta-se uma ameaça ao ego. Em oposição, um traço de caráter que é integrado a ele e faz parte de sua estrutura é considerado pelo indivíduo, no máximo, uma excentricidade ou peculiaridade. Se as forças repressoras são muito fortes, o que pode ocorrer quando a pessoa muda para um ambiente mais liberal, ela se sente estranha diante de sua situação social. Mais uma vez, isso prova a extensão da identificação com o caráter. Destrua a estrutura de caráter, mesmo que temporariamente, e o indivíduo ficará confuso. Perguntará: "O que eu sou?", "O que é o meu eu real?"

Com base nas afirmações anteriores, pode-se reconhecer que, no instante em que a análise toca o caráter, a resistência se desenvolve. Como qualquer pessoa gostaria de se libertar de seus sintomas neuróticos, só se encontrará resistência quando o caráter for desafiado. Assim, equiparamos resistência a caráter e, desse modo, concordamos com a definição de Wolfe. A passividade do caráter passivo-feminino, a desconfiança do masoquista e a dependência do caráter oral não são somente resistência, mas modalidades fundamentais de comportamento. Essas pessoas não conseguem agir de modo diferente, seja nas sessões analíticas, seja em qualquer outro lugar. Eu, portanto, não interpreto essas atitudes somente como resistência. Prefiro dizer que a resistência é só mais uma manifestação da estrutura de caráter que também é responsável pelos problemas que trouxeram o paciente à terapia. Embora esse padrão de comportamento fosse a melhor solução diante das condições específicas da infância do paciente, ele constitui um forte obstáculo no ambiente mais fluido do adulto.

O corpo em terapia

Na terapia bioenergética, a ênfase está na flexibilidade de respostas e em atitudes positivas. Se a criança desenvolve uma atitude de desconfiança em consequência de sucessivas experiências negativas na infância, devemos considerar essa atitude como uma defesa contra mais frustrações. A criança é submetida ao seu ambiente. Ela pode mudar os pais? Deixar a casa deles? Já o adulto não é tão limitado. Sua contínua desconfiança impede-o de ver aqueles que são seus amigos. Mesmo que volte a ser magoado em um relacionamento, não pode mudar isso? Escolher outro amigo, um novo parceiro? Essas possibilidades estão implícitas em qualquer terapia analítica, mas é bom torná-las explícitas.

Vejamos agora como opera a estrutura de caráter na situação de transferência. A maioria dos pacientes começa a terapia com uma atitude positiva; o fato de terem vindo indica isso. Porém, essa atitude positiva é muito superficial. Está baseada na esperança de uma cura rápida, na promessa de felicidade e autorrealização inerentes à terapia analítica e em um desejo real de ser diferente. Embaixo disso está a resistência do caráter — medo, desconfiança, dúvidas, ressentimentos etc. Se fosse possível conduzir a análise sem tocar no caráter, tudo seria perfeito. Como não é assim que funciona, devemos esperar que atitudes negativas surjam. Devemos esperar que cada paciente reaja ao analista de acordo com sua própria estrutura de caráter. Se ambos os aspectos da transferência são mantidos em mente com toda clareza, é possível evitar muita confusão sobre a questão da transferência. É uma boa política apontar para o paciente que, enquanto o indivíduo não questiona a sinceridade de suas expressões de boa vontade, há elementos em sua estrutura de caráter que sugerem que atitudes negativas também estão presentes. Quanto mais avança a análise do caráter, menos encobertos ficam esses sentimentos negativos. Quanto mais cedo é iniciada a análise do caráter, menor será a dificuldade apresentada por essas atitudes negativas.

Poucos pacientes mostram a cooperação que se encontra no caráter passivo-feminino. Ele encobre seu antagonismo pela terapia da mesma maneira que encobriu o ódio pelo pai. Sua cooperação não é apenas um esforço para aprofundar a terapia, ela expressa o medo do terapeuta e seu desejo de não provocá-lo. O medo da provocação reside numa camada ainda mais profunda de ódio e antagonismo. A despeito da cooperação, ou justamente por causa dela, a terapia fracassará. Então, com boas razões, ele vai atacar o terapeuta, provar que ele é incompetente e, assim, justificar sua atitude de passividade. O analista é posto em uma situação difícil. Necessita da cooperação do paciente, mas deve desmascarar sua motivação.

Uma palavra sobre a situação de transferência na qual o paciente fica obcecado pelo analista. Ela significa que o paciente desenvolveu uma transferência muito positiva que impede o progresso da terapia. Quanto mais positiva se torna a transferência, mais profundamente reprimidas estão as atitudes negativas. Por fim, o caráter se torna inacessível. Isto acontece quando o terapeuta assume o papel do pai, que é mais responsável pela estrutura do caráter. Quando a ruptura acontece, a súbita liberação das atitudes negativas reprimidas destrói a terapia. Tratei de uma paciente que, em análises anteriores, havia desenvolvido uma transferência muito forte com seu analista. Ela me contou mais tarde que ele era como sua mãe para ela. Ele a conhecia tão bem quanto sua mãe, mas não conseguiu ajudá-la. Ao invés de trabalhar com sua necessidade de apoio e falta de independência, ele aliviou os sintomas. Isso criou uma dependência ainda mais profunda e a situação ficou insustentável.

A situação analítica se baseia em um relacionamento real entre duas pessoas unidas num esforço comum. As reações de cada parte estarão estritamente de acordo com suas estruturas de caráter. Isso vale para o analista ou terapeuta e para o paciente. Também vale para o analista que assume uma atitude formal, distante, porque nessa situação o paciente reage ao inconsciente no analista, àquelas expressões sutis que revelam o caráter. De fato, sua formalidade o impede de atacar o caráter do paciente, já que este também responderá de modo semelhante. Se o terapeuta analítico tem um jeito aberto e livre e já elaborou os problemas do próprio caráter, a transferência fornece o melhor material a ser usado para delinear o caráter do paciente.

A estrutura de caráter pode ser trabalhada a partir dos vários detalhes dos comportamentos diários do paciente. Pode ser avaliada a partir da dinâmica da estrutura e expressão corporais, ou determinada pelas atitudes do paciente em relação à terapia e ao analista. Então, uma vez que o caráter esteja totalmente determinado e mostrado, é preciso separar seus componentes. Assim, as forças positivas do ego são separadas das funções negativas de defesa do ego. Estas devem ser analisadas, mas não eliminadas, até que as primeiras sejam fortalecidas. Um de meus pacientes fez um comentário muito bom sobre isso. Disse sentir que seu ego estava se cristalizando a partir da mistura que era seu caráter.

O corpo em terapia

Os conceitos de estrutura de caráter e couraça do caráter não são sinônimos. O caráter é o cavaleiro medieval; a couraça, sua defesa. Como todas as couraças, a do caráter limita a mobilidade e diminui a sensibilidade. Os empecilhos à mobilidade prejudicam as funções agressivas do indivíduo. Até certo ponto, a diminuição na sensibilidade aumenta a agressão. Em contraste com Reich, reservo o uso da palavra "couraça" somente para as estruturas de caráter que incluem em seu mecanismo neurótico uma capacidade para diminuir a sensibilidade ao sofrimento. Isto exclui todas as estruturas de caráter pré-genitais.

Reich passou do conceito de armadura de caráter para o de couraça muscular, manifesta na rigidez e na tensão dos músculos. Na verdade, é mais correto dizer que as estruturas do caráter e do corpo são meramente dois aspectos do modo de ser de um indivíduo. Mas, independentemente da definição, foi estabelecido o elo entre psicologia e biologia. Agora é possível determinar o tipo de caráter de uma pessoa por um estudo de seu comportamento ou por uma análise de sua atitude corporal conforme ela se revela na forma e no movimento. Esse foi um grande avanço, porque não apenas abriu à análise e interpretação o aspecto físico do indivíduo como possibilitou um ataque direto às tensões e rigidez musculares como meio de modificar o caráter. Vou dar um exemplo com um traço que formava parte de uma estrutura de caráter.

Na primeira sessão com uma jovem atraente, fiquei impressionado com a força de seu queixo e a postura da cabeça. O queixo dava uma impressão de severidade. A diferença entre um queixo determinado e um severo é mera questão de grau, mas não duvidei de minha impressão. A jovem tinha consciência de uma falta de alegria tanto na vida pessoal como no ambiente familiar. Ela entendeu imediatamente quando falei sobre o tipo de severidade que via nela. Com a cabeça um pouco caída para um lado e os ombros levemente erguidos, o corpo tinha uma expressão resignada, como uma mártir suportando com pesar o seu destino. Embora eu trabalhasse com toda sua atitude corporal, dedicava um bom tempo de cada sessão a suavizar o queixo e liberar as tensões da parte posterior de seu pescoço. Cada vez que eu trabalhava nessa região, ela chorava baixinho e, em seguida, se animava visivelmente. Continuei com esse trabalho e fui agradavelmente surpreendido alguns meses mais tarde, quando não consegui detectar nenhum traço de medo em sua expressão. A estrutura do caráter estava começando a ceder, mas esse traço, em específico, havia desaparecido, pelo menos por ora.

Não quero dar a impressão de que a análise do caráter e a resolução da estrutura do caráter são tarefas fáceis. A capacidade para diagnosticar o caráter a partir da estrutura corporal requer conhecimento dos processos bioenergéticos e uma experiência considerável na observação de pacientes. Reich costumava descrever uma boa análise como "uma experiência muito difícil". A melhor descrição do que compõe a análise bioenergética é dada na *Divina comédia*, de Dante. Talvez você se lembre de que o poeta Dante se encontra perdido em um bosque. Não há como voltar e, à frente, ele vê um tigre feroz. Desesperado e amedrontado, clama aos céus por ajuda. Seu apelo é ouvido por sua protetora, Beatriz, que envia o poeta Virgílio para guiá-lo para casa. Virgílio diz a Dante que o caminho de volta atravessa o inferno, o purgatório e o céu. O inferno está repleto de perigos e cenas amedrontadoras. Ninguém pode atravessá-lo sem um guia competente. Virgílio diz que passou pelo inferno e conhece o caminho. No inferno, Dante vê o sofrimento de todos que foram pecadores e estão sendo punidos de acordo com a gravidade de suas ofensas. Dante não sofre nenhuma punição, mas entende o que é o pecado e suas consequências. Com a ajuda de Virgílio, sai do inferno.

Virgílio pode representar o analista, que, anteriormente, encarou os problemas do próprio caráter e os resolveu. Dante é o paciente. O inferno é o sofrimento causado pelos impulsos neuróticos secundários no indivíduo. No purgatório, o indivíduo é libertado dessas tendências neuróticas para apreciar as alegrias do céu e participar delas.

Cabe terminar este capítulo com uma citação extraída de *Os irmãos Karamázov*, de Dostoiévski. Nesse livro, mestre Zózimo diz a seus monges: "O inferno é o sofrimento daqueles incapazes de amar". Cada um de nós deve encarar e viver o próprio inferno para encontrar o caminho do céu e de casa.

8. Formação e estrutura do caráter

Não há na literatura psicanalítica aspecto mais confuso do que o referente à formação e à estrutura do caráter. Fenichel dizia: "A descrição de tipos patológicos de caráter é muito confusa. Os diversos critérios que têm sido usados para classificá-los se sobrepõem, e isso exige frequentes repetições. Seria vantajoso se a caracterologia psicanalítica nos desse uma classificação dinâmica".[93]

Já em 1908, Freud mencionava a necessidade de se formular uma teoria geral sobre a formação do caráter. Ele só voltou a esse tema em 1931, quando, após ter estudado e subdividido a mente nas categorias id, ego e superego, sugeriu ser possível distinguir tipos de caráter humano de acordo com a subdivisão predominante. Assim, haveria um tipo "erótico", no qual a personalidade é dominada pelas demandas instintivas do id; um tipo "narcisista", centrado no ego, e um "compulsivo", cuja vida é regulada por um superego que controla sua personalidade. Essa classificação tem muito valor, além da autoridade de Freud para recomendá-la. Se não tem sido usada de maneira mais ampla é porque se baseia na sintomatologia, e falta a ela uma fundamentação genético-dinâmica.

A base do fracasso de Freud em compreender o caráter é sua propensão para igualar neurose e sintoma neurótico. Entretanto, como diz Fenichel,

> houve uma mudança fundamental no cenário clínico das neuroses durante as últimas décadas. Na neurose clássica, uma personalidade integrada era subitamente perturbada por ações ou impulsos incoerentes. Nas neuroses modernas, contudo, não se trata de lidar com uma personalidade até então harmoniosa que é meramente incomodada por algum acontecimento imediato, mas com uma personalidade que é evidentemente distorcida ou malformada — ou, de qualquer modo, tão envolvida na doença que não há linha demarcatória entre "personalidade" e "sintoma".[94]

Hoje, muitos dos casos que chegam à terapia não apresentam nenhum sintoma neurótico mais claro. No entanto, a neurose está claramente presente e pode ser reconhecida com facilidade. Lembro-me de um exemplo típico. Uma moça de 26 anos chegou se queixando de não ser suficientemente agressiva. Tinha uma conformação corporal miúda, era bonita e bem proporcional. Estava bem-vestida, tinha modos reservados e quietos e um tom de voz baixo. Não mencionou qualquer problema sexual. Seu desempenho no trabalho não era tão satisfatório quanto ela desejava que fosse. Disse que tinha medo de pessoas muito obstinadas.

Ela ficava quieta no divã, deitada, e sua respiração se mostrava muito contida. Esses fatos me fizeram pensar que sua neurose era grave. A pele do rosto na região das maçãs e da ponta do nariz tinha um aspecto ceráceo, o que conferia uma expressão desvitalizada ao rosto. A ausência de comentários ou movimentos espontâneos era contundente. Certa vez, ela cruzou as mãos sobre o peito e só faltou o lírio para que parecesse estar num caixão. Sua neurose era precisamente essa falta de vida. No início, não compreendi até que ponto seria difícil alcançar a vida naquele organismo e trazê-la à superfície. Por motivos que serão discutidos em outro capítulo, eu a diagnostiquei como uma estrutura de caráter histérica. Dentro desse rótulo mais amplo, ela apresentava uma característica específica que poderia ser descrita como "jeito de manequim". Ela trabalhava com roupas femininas e disse que queria ser *designer*. Isso não poderia ser interpretado como um desejo do manequim de se tornar vivo?

Esses casos costumam ser muito resistentes à análise de sintomas e da resistência. Ela dava uma única resposta às várias perguntas que eu fazia sobre seu passado: "Eu não sei". Não se pode esperar outra coisa de uma manequim! O caráter foi finalmente quebrado graças a uma técnica capaz de contornar o exterior rígido e alcançar o âmago biológico.

Mencionei esse caso para mostrar que a formação de sintomas não é um sinal necessário de neurose. Também demonstra o problema do bloqueio de emoções. Nos primórdios da psicanálise, havia uma tendência a distinguir o chamado tipo impulsivo do tipo emocionalmente bloqueado de personalidade. A distinção é válida, embora lhe falte a uma base genética.

O interesse pela estrutura e pela formação do caráter foi estimulado pelos trabalhos de Abraham e Reich. A caracterologia de Abraham se baseava num conglomerado de traços. Seus tipos de caráter não eram conceitos

O corpo em terapia

dinâmicos, embora fossem geneticamente determinados. A base de uma caracterologia analítica foi proposta por Reich com a primeira publicação de *Análise do caráter*, em 1933. Nesse livro, pela primeira vez, a questão da caracterologia analítica é estudada em todos os seus aspectos. Em primeiro lugar, a função econômica do caráter é claramente apresentada: "Economicamente, o caráter na vida diária e a resistência do caráter na análise servem à mesma função, ou seja, evitar o desprazer, estabelecer e manter o equilíbrio psíquico — mesmo que seja neurótico — e, finalmente, absorver as energias reprimidas".[95] Em segundo lugar, a formação do caráter resulta das mesmas experiências infantis que produzem a resistência na análise ou a formação de sintomas. De fato, o caráter é a resistência mais forte na terapia analítica. "As situações que fazem a resistência do caráter aparecer na análise são duplicatas exatas das situações infantis que puseram em movimento a formação do caráter. Por esse motivo, encontramos na resistência do caráter tanto uma função defensiva quanto uma transferência das relações infantis com o mundo exterior". Em terceiro lugar, o livro contém uma clara exposição da técnica da análise do caráter. Em quarto, Reich apresenta com detalhes estudos de caso que ilustram alguns tipos de caráter mais importantes.

É possível arranjar esquematicamente os diferentes tipos de caráter para termos um quadro amplo dos distúrbios neuróticos essenciais? Essa esquematização pressupõe uma relação entre os tipos de caráter e alguns padrões de desenvolvimento. Seria possível formular uma teoria genético-dinâmica da formação do caráter que funcionaria como esse padrão?

A íntima relação entre estrutura de caráter e desenvolvimento do ego encontrou expressão no conceito de Abraham do caráter oral, anal e genital. A maioria dos analistas concorda que os tipos de caráter devem estar relacionados à estrutura do ego para terem algum significado. Logicamente, essa base para o estabelecimento de uma caracterologia dinâmica e analítica é firme, mas enfrentamos o problema de termos de esclarecer nossos conceitos de estrutura do ego.

O caráter genital, como descreveu Abraham, é essencialmente não neurótico. Reich também emprega o conceito de caráter genital como um símbolo de saúde, em oposição ao de caráter neurótico. Porém, muitas pessoas têm uma estrutura libidinal que atingiu a fase genital de organização do ego e, mesmo assim, são neuróticas. Na verdade, se acompanharmos Freud em suas últimas teorias propostas em *Além do princípio do prazer* e *A civilização e os seus descontentamentos*, precisamos presumir que saúde emocional absoluta é impossível dentro das condições de vida civilizada.

Eu sugeriria que limitássemos o conceito de caráter em terapia analítica aos estados patológicos. A saúde deve ser identificada como a ausência de um modo típico de comportamento. Suas qualidades são a espontaneidade e adaptabilidade às demandas racionais de uma situação. A saúde é um estado fluido, em oposição à neurose, que é uma condição estruturada. Encaramos, portanto, a escolha de usar o conceito do caráter genital como um tipo de estrutura neurótica ou dar outro nome para a neurose na qual a estrutura do ego se desenvolveu até o nível genital. Fiquei com a segunda opção.

Não pode haver dúvidas sobre a fase oral e fase genital do desenvolvimento do ego. Existe uma dúvida séria sobre a existência de um estágio anal no crescimento e desenvolvimento naturais da estrutura do ego. Em suas últimas publicações, Reich negou que essa fosse uma fase natural da organização da libido. Apesar disso, é justamente o chamado estágio anal que constitui o ponto de partida para os estudos analíticos do caráter e sobre o qual tanto tem sido publicado na literatura psicanalítica.

O fato de existir um tipo anal de caráter se baseia nas descrições de Freud, Abraham, Jones e outros. Mas não já justificativa para presumirmos que o que é uma reconhecida condição patológica corresponda a uma fase natural do desenvolvimento do ego na criança. Várias considerações me compelem a tratar esse estágio como sendo artificialmente induzido, não como um passo natural em direção à genitalidade.

O verdadeiro caráter compulsivo ou o caráter anal não são tipos que se encontrem com facilidade na prática analítica nos Estados Unidos. Notei em muitos pacientes alguns traços que fazem parte dessa estrutura, mas um agrupamento de traços tão completo que se assemelhe ao que autores europeus têm descrito é raríssimo em minha prática pessoal. Os poucos casos que observei foram indivíduos educados no exterior. Há uma grande diferença entre as atitudes americanas e europeias em relação à higiene e ao desfralde. Um conhecido me contou que, na Suíça, as mães se orgulham do fato de que seus bebês de 8 meses já utilizam o vaso sanitário. Durante minha longa permanência no exterior, convenci-me de que a exagerada limpeza encontrada em alguns países, embora muito agradável ao visitante, é obtida à custa da espontaneidade e da alegria de viver.

O corpo em terapia

A observação pessoal de crianças espontaneamente treinadas para o uso do vaso sanitário convenceu-me ainda mais de que elas não têm nenhum interesse pela região anal ou por suas fezes. A vida civilizada requer que todas elas sejam treinadas para usar o vaso sanitário. O que, logicamente, significa que os adultos darão certa atenção às funções excretoras. Se deixadas por conta própria, as crianças esvaziam bexiga e intestino em qualquer lugar, porém afastadas de onde desenvolvem suas atividades habituais. Tudo depende, então, da atitude dos adultos. Devemos deixar a criança usar fraldas até que compreenda a natureza dessas funções, expresse suas necessidades em linguagem clara e até façam alguns movimentos para se aliviarem ou devemos agir tão prontamente quanto possível a fim de nos libertarmos desse encargo? Podemos tratar as funções excretoras como naturais, ou devemos demonstrar horror e vergonha diante delas? O movimento intestinal regular é considerado uma medida de saúde? Diante dessas questões, a tradição americana e a europeia tendem para lados diferentes. É possível compreender a atitude europeia perante a limpeza levando sem conta seu passado de pragas e epidemias. A Europa sofreu o processo de civilização urbana muito antes da existência de instalações sanitárias. As crianças de culturas originárias e climas mais quentes tendem a não ter esse problema.

Considerações teóricas indicam que a fase anal não é uma etapa natural do crescimento normal do ego. Freud nos recorda o comentário de Abraham de que, em termos embriológicos, "o ânus corresponde à boca primitiva, que se moveu até o fim do intestino"[96]. O ânus começa a funcionar tão logo a boca funcione, não algum tempo depois. Se o bebê não tem controle esfincteriano voluntário nos primeiros tempos de vida (ele tem algum controle esfincteriano), também não tem controle sobre todos os movimentos da boca. As duas extremidades do tubo se desenvolvem ao mesmo tempo. Via de regra, ambas as extremidades estão igualmente perturbadas. A mãe que é rigorosa quanto à higiene na excreção é impositiva e rígida com a alimentação. Quando o transtorno é grave, desequilibra todo o trato digestivo: em cima, há náuseas e vômitos; embaixo, constipação e diarreia.

A maior parte das crianças que crescem em ambientes civilizados terá algum grau de transtorno na função anal. Sua tentativa de desenvolver o controle esfincteriano em idade muito precoce resulta em espasmos e tensão nos músculos dos glúteos e isquiotibiais. Surge um bloqueio energético que, subsequentemente, sobrecarrega a região, criando um erotismo anal que é puramente patológico. Embora estejamos corretos, portanto, ao falarmos de traços anais, estamos errados quando atribuímos à função anal uma posição de independência na organização natural do ego.

É claro que, se admitirmos tendências destrutivas inatas na criança, o desenvolvimento dos dentes pode ser considerado um sinal ameaçador. Sujar a fralda também pode ser interpretado como comportamento sádico-anal. Porém, o instinto de morte de Freud não é uma avaliação real das tendências agressivas naturais no organismo vivo. Isso não quer dizer que não se desenvolvam tendências destrutivas na criança. Elas podem ser rastreadas analiticamente até interferências nas necessidades e nos ritmos naturais da criança, e é isso que desejamos evitar. Portanto, uma estrutura de caráter sádico-anal também pode se desenvolver, embora não corresponda a nenhuma fase natural de crescimento do ego — não podendo, em consequência, ser usada como um tipo genérico de caráter. Ela vai aparecer como uma variação de um desses tipos.

Freud vai mais longe. Concorda com Abraham quanto à divisão do estágio anal em duas partes: a primeira contém "tendências destrutivas de aniquilar e se livrar de coisas", enquanto mais tarde "predominam as tendências que são simpáticas ao objeto e buscam possuir coisas e retê-las com firmeza".[97] Não há justificativa para considerar essas tendências biológicas como mais que derivativos de um processo cultural especial. Todos admitiriam que a vida civilizada é impossível sem alguma forma de sanitarização. Seria igualmente impossível administrar uma casa se as crianças não fossem treinadas para usar o vaso sanitário. Mas as observações que deram origem ao conceito de Abraham, com a qual Freud concordou, dizem respeito às condições culturais existentes numa parte especial da Europa durante o início do século 20. Naquela época e lugar, o treino para o uso do vaso sanitário era incomumente severo. Também era instituído cedo e realizado com rigidez. As famílias eram grandes, as instalações sanitárias, terrivelmente inadequadas e havia um medo disseminado de germes. Observei muitas crianças em nosso tempo e lugar que não exibiam nenhuma dessas tendências descritas por Freud. Se o treino começa quando a criança está suficientemente madura para compreender as demandas feitas a ela, a experiência se torna mais um passo na aquisição das habilidades que constituem o ser humano socializado. De modo algum difere da aprendizagem quanto ao uso de talheres, ou saber como

O corpo em terapia

tomar conta da própria roupa etc. A época em que essa maturidade aparece coincide com o início da fase genital.

Ainda hoje, muitos pais insistem no controle esfincteriano em uma idade bem precoce. Para a criança, as consequências dessa atitude são desastrosas. A inervação motora do músculo esfincteriano anal externo se mieliniza tardiamente, de modo que não é possível o seu controle no início da vida. A análise bioenergética mostra que as crianças contraem as nádegas, elevam o assoalho pélvico e contraem a parte posterior das coxas para impedir o movimento. Como essa é uma condição dolorosa, se desenvolve um sério conflito. Se a criança luta contra as pressões dos pais, expressará tendências destrutivas. Esse é o primeiro estágio. Sendo mais forte, o pai vence a disputa e a criança se vê forçada a se submeter. Ela então mostra tendências retentivas em um segundo estágio. O que ocorre é que o medo do movimento é mais forte que a urgência natural de evacuar. A criança tem prisão de ventre com frequência; os pais atacam novamente com laxantes, enemas e outros meios de resolver o conflito neurótico. O problema todo pode ser evitado com compreensão e paciência.

A divisão dos padrões de comportamento em duas tendências opostas é característica de Freud. O estágio oral também é dividido em dois períodos pelo aparecimento dos dentes. "No período inicial, temos somente a incorporação oral e não existe ambivalência quanto ao objeto, isto é, o seio materno. O segundo estágio, identificável pelo surgimento da atividade de morder, pode ser denominado estágio 'oral-sádico'. É aqui que aparecem as primeiras manifestações de ambivalência".[98] Vi algumas crianças mostrarem ambivalência em relação ao seio nos primeiros meses de vida, quando a mãe estava ansiosa, e outras que jamais sentiram essa cisão durante prolongados períodos de amamentação. Para que a criança se torne ambivalente quanto ao objeto que é ao mesmo tempo fonte de nutrição e prazer, é necessária a introdução de um fator externo fortemente perturbador. Nesse caso, é a relutância materna — consciente ou inconsciente — que provoca os sentimentos confusos na criança. É errado considerarmos nossos órgãos agressivos elementos sádicos. Os dentes podem morder com amor ou ódio, os braços podem abraçar ou esmagar, o pênis pode acariciar ou ferir.

Em nossa consideração do desenvolvimento do ego, dispensamos toda a fase anal e a ideia de dois estágios na fase oral. Podemos simplesmente dizer que o desenvolvimento da criança segue da condição de dependência emocional para uma de independência emocional, do ego nebuloso de prazer-dor do bebê para a realidade cristalizada do ego do adulto, da fase oral para a genital. O crescimento físico e psíquico do organismo é um processo contínuo. As pessoas que vivem muito próximas da criança em desenvolvimento sabem que é impossível distinguir o que está mudando, embora se reconheça a mudança. Aos 7 meses, ela pode dar os primeiros passos com apoio, aos 11, dar vários passos sozinha; só andará sozinha mais tarde. A primeira palavra não constitui a fala. O crescimento também é vagaroso e consiste de inúmeras experiências diárias, cada uma das quais amplia a consciência de realidade do organismo — tanto da realidade interna de seus sentimentos e necessidades quanto da realidade externa do ambiente. Quando observamos analiticamente a história de um indivíduo, vemos um espectro que vai da imaturidade à maturidade, como a mudança de cor em um tomate que amadurece. Só aparecem destaques nesse espectro quando comparamos pontos distantes; áreas adjacentes se misturam de maneira imperceptível.

Vamos olhar para esse processo de crescimento e maturação do ponto de vista bioenergético, a fim de chegar a conceitos que são básicos e válidos para tempos e culturas diferentes. O recém-nascido humano é, biologicamente, totalmente indefeso e dependente da mãe para a manutenção da vida. Não pode se locomover de um lugar para outro como outros mamíferos recém-nascidos, nem mesmo se segurar à mãe. Precisa ser carregado e sustentado. Aos poucos, vai adquirindo força e coordenação. Consegue se sentar, depois ficar em pé e, em seguida, andar. Mas mesmo aos 3 anos de idade, quando é capaz de correr e brincar, persiste a necessidade de ser carregado. A criança que se cansa precisa ser carregada. Se cai, quer ser levantada e acalmada. Biologicamente, a dependência do ser humano jovem dura muito tempo. Ele não atinge a maturidade biológica antes da puberdade. Ao final desse período, o crescimento físico está quase completo; a função sexual está bem estabelecida no nível genital. O crescimento emocional não é uma progressão linear. É bem mais rápido no período inicial de vida do que em qualquer outra época, até gradualmente atingir um equilíbrio mais estável na maturidade.

Se distinguimos vários períodos nesse amplo espectro, é somente para propósitos de discussão. A vida tem apenas dois pontos fixos: nascimento e morte. Quando falamos de uma "fase oral", referimo-nos a um período na

O corpo em terapia

vida do organismo em que ele é mais dependente, quando a necessidade de obter sustento domina suas atividades. À medida que cresce e se desenvolve, ele aos poucos alcança um período de equilíbrio energético com o ambiente. Uma vez concluído o crescimento físico, o organismo se vê obrigado a descarregar o excesso bruto de energia resultante das atividades relacionadas à sua manutenção. É uma característica dos processos vitais produzir mais energia do que a necessária para o crescimento individual. Quando o protozoário atinge esse nível, mantém o equilíbrio energético através da divisão celular. Nos metazoários, a sexualidade e a reprodução servem para isso. Podemos descrever essa fase da vida do indivíduo como genital.

Os processos vitais são contínuos. A genitalidade não emerge totalmente funcional, como Minerva nasceu da cabeça de Júpiter. Não sei em que idade a criança toma consciência pela primeira vez de seus genitais; é certamente durante o período inicial da fase oral. Com 1 ano de idade e ainda mais cedo, um bebê do sexo masculino pode ter uma ereção. A partir dos 2, 3 ou 4 anos, as crianças exibem um interesse considerável por sua atividade genital. É óbvio que essa é uma função que amadurece vagarosamente. No entanto, existe uma idade, que varia de criança para criança, em que ela entra na fase genital. Logo em seguida, a genitalidade se estabelece, mesmo que a função ainda não esteja amadurecida. A partir daí, a primazia dos genitais se fortalece à medida que o organismo adquire força, controle e coordenação de seus movimentos. Enquanto a oralidade decresce, aumenta a genitalidade. Equiparamos oralidade e dependência, genitalidade e independência.

No período que vai do nascimento à adolescência, podemos distinguir as mudanças por meio de vários acontecimentos: o aparecimento dos dentes entre os 6 e 7 meses, o início das funções de andar e falar, a aquisição do controle esfincteriano, o interesse por outras crianças e a interação com elas, o início da escolaridade, a erupção da dentição permanente etc. Se conseguíssemos ajustar as demandas culturais que fazemos às crianças ao seu ritmo natural de crescimento e desenvolvimento, várias doenças mentais seriam evitadas. Qualquer interferência séria no processo de crescimento produzirá um problema de caráter patológico que pode persistir durante toda a vida do indivíduo. Vejamos que formas tais interferências podem assumir.

Dissemos que, ao nascer, a criança humana depende da mãe para o sustento. Sustento para o bebê e para a criança é mais do que simplesmente alimentação. A criança precisa de amor, segurança, satisfações narcisistas — chame como quiser. Analise os estudos de René Spitz sobre os efeitos dessa privação, que podem custar a vida à criança. A relação dela com a mãe é libidinal; existe aí um processo energético. O contato do bebê com o sistema energético da mãe excita a energia de seu sistema e gera um fluxo em direção ao ponto de contato. Se esse ponto é o seio, a carga energética na boca do bebê fica muito forte. Tem início a pulsação longitudinal do centro para as extremidades. O princípio da realidade começou a operar, mesmo que o bebê, nesse momento, não tenha consciência da realidade exterior do seio e do mamilo. Crescimento, maturação e estabelecimento das bases bioenergéticas para o princípio de realidade seguem uma lei biológica bem conhecida: o desenvolvimento acontece da extremidade da cabeça para a extremidade da cauda.

A criança necessita de contato físico com a mãe tanto quanto de água e ar. A intimidade necessária é mais bem alcançada pela amamentação; a substituição do seio pela mamadeira enfraquece o contato. Mas quando a criança mal é segurada no colo, a perda de contato com a mãe implica uma privação grave. Do ponto de vista bioenergético, a amamentação tem muitas outras vantagens sobre a mamadeira. A criança amamentada no peito tem mais controle da ingestão de alimento. Ela pode ingerir quanto quiser. No entanto, mais importante ainda é que o seio é sugado profundamente pela ação da língua contra a parte posterior do palato duro. O bico da mamadeira é sugado sobretudo com os lábios. O primeiro procedimento é muito mais ativo do que o segundo.

Aqui temos as questões importantes. De quanto contato com a mãe o bebê precisa a fim de evitar algum sentimento de privação? Partindo disso, é preciso saber: por quanto tempo a mãe deve continuar apoiando, nutrindo e carregando a criança? Minhas respostas chocarão alguns leitores, mas também explicarão o elevado número de problemas que enfrentamos na área de saúde mental. Respostas exatas dependem de cada criança em particular, mas podemos dar uma ideia geral aproximada.

Só a criança é quem realmente sabe de quanto contato ela precisa. Algumas precisam mais do que outras. O bebê demonstra sua necessidade chorando. A criança pode se manifestar pela voz ou por gestos. Qualquer criança que chora precisa de atenção. Deixar uma criança chorar sem responder provoca um sentimento de desespero e desamparo. Se a prática se

O corpo em terapia

torna regular, o bebê ou a criança param de chorar. *De que adianta?* Mas esse sentimento de "de que adianta?" persiste até se manifestar como uma razão para a resistência na terapia analítica. Não hesito em dizer que não se estraga uma criança com amor. Mas o amor deve ser autêntico, ou seja, um sentimento terno que atenda às necessidades da criança, não o que a mãe "pensa" que a criança precisa ter. Embora as demandas de um bebê sejam nosso único indício para entendermos suas necessidades, temos meios objetivos para determinar se elas são ou não satisfeitas. Uma criança feliz é sadia; uma criança satisfeita é bonita, tem olhos brilhantes, compleição saudável, comportamento animado e espírito combativo.

Por quanto tempo a mãe deve continuar satisfazendo as necessidades da criança? Também aqui são as necessidades desta que determinam a resposta. É preciso reconhecer que as condições atuais impõem demandas às mulheres que as impedem de se dedicar aos filhos como faziam as mães dos povos originários. Por outro lado, bebês e crianças ainda não estão plenamente educados, e suas demandas em quase nada diferem das que são feitas por crianças nascidas em culturas ancestrais. O resultado é que a mulher ocidental está em frequente conflito com os filhos.

Apesar de nenhum fato biológico relevante ocorrer aos 3 anos de idade, essa é uma idade significativa na história da criança. As mães indígenas, por exemplo, amamentam e carregam seus filhos até essa idade. Mais ou menos por volta dos 3 anos, a criança adquire controle dos músculos esfincterianos, uma boa coordenação locomotora e a compreensão adequada da palavra falada. Também a começa a mostrar uma noção de independência e um sentimento de responsabilidade pelas próprias necessidades. A pesquisa analítica demonstrou que o conflito edipiano surge por volta desse período. Essas considerações levaram à conclusão de que a função genital se estabelece também nessa época, ou que a primazia genital foi alcançada. Em termos bioenergéticos, isso quer dizer que o fluxo energético longitudinal está, a partir desse momento, ancorado na cabeça e nos genitais. A questão criada pela crescente independência da criança está biologicamente relacionada à sua genitalidade em desenvolvimento.

O conhecimento sobre estrutura de caráter e tipos de caráter deriva de observações clínicas. Por exemplo, nos casos em que o padrão comportamental do indivíduo se caracteriza por sentimentos de privação, um forte medo de perder o objeto de amor, vazio interno e desespero, descrevemos a

147

estrutura de caráter como um tipo oral. Essas pessoas são dependentes em seus relacionamentos. Estão sujeitas a marcantes mudanças de humor — da euforia para a depressão. Veremos um estudo de caso detalhado desse tipo de caráter no próximo capítulo. No momento, podemos dizer que, para produzir uma estrutura de caráter como essa, a privação deve ser muito grave e ocorrer durante os primeiros seis meses de vida. Se for mais amena e ocorrer mais tarde, a estrutura do ego estará mais forte e desenvolvida, mas a pessoa mostrará certo grau de oralidade na forma de traços orais. A base bioenergética dessa estrutura de caráter é a pouca força do fluxo energético longitudinal. Nem cabeça nem genitais são fortemente carregados. A função de realidade está condicionada à atitude do ambiente. O caráter oral aceita a realidade somente se ela for favorável. Um ambiente desfavorável é rejeitado, mas não há negação da realidade, como se vê na esquizofrenia.

Compare o cenário anterior com a criança que só depara com frustrações graves depois dos 3 anos de idade. Essa é a época em que, como vimos, ela já ultrapassou o estágio da primeira infância (bebê) e exibe certa independência. Como consegue falar e entender a palavra falada, os pais esperam que comece a obedecer às suas ordens. A criança precisa aprender os modos da vida civilizada. Masturbação e brincadeiras sexuais são proibidas. Boa educação e boas maneiras são enaltecidas. Infelizmente, a criança tem outras ideias. Sua recém-descoberta independência e o interesse consciente pelos genitais forçam-na a entrar em conflito com os pais. Se um bebê nunca apanha e raramente se bate em crianças muito pequenas, as de 3 ou 4 anos podem começar a receber castigos físicos regularmente. Se a função genital já se estabeleceu em definitivo, não há como escapar da realidade. A criança enfrenta frustração, privação e pressão com o endurecimento. A energia não é retirada da cabeça nem dos genitais. A criança pode esconder o interesse genital, reduzir sua carga ou ser abertamente desafiadora. Mas jamais desiste. É a isso que nos referimos quando dizemos que mais ou menos nessa idade o fluxo bioenergético está ancorado nas duas extremidades.

O endurecimento produz rigidez física e emocional, e os vários tipos de caráter desse grupo são marcados pela inflexibilidade de suas estruturas de ego. Como a rigidez é sua característica dominante, denominamos esse tipo de estrutura de caráter rígido. Esse grupo amplo inclui vários tipos clínicos: o homem fálico-narcisista, a mulher histérica, o caráter compulsivo, o neurótico obsessivo, o caráter anal etc. Todos esses subgrupos

O corpo em terapia

clínicos têm como denominador comum a rigidez estrutural, caracterológica e somática.

As pessoas de caráter rígido diferem muito das de caráter oral. Se estas
se afastam da realidade em condições desfavoráveis, as rígidas se enrijecem
ainda mais, mas mantêm o contato. Por esse motivo, sua função de trabalho
costuma ser boa e elas estão menos sujeitas a flutuações de humor. Constituem o grupo que foi antes descrito como tipo bloqueado afetivamente, em
contraste com a impulsividade que caracteriza o caráter oral. Por causa da
rigidez, a mobilidade é diminuída e o indivíduo se queixa de sentimentos de
falta de vida, mas não de vazio interno. É claro que o grau de rigidez varia
de um indivíduo para outro, e no mesmo indivíduo em condições diferentes.
Fenichel observou essa diferença de reação. "Em casos extremos", escreve, "a rigidez é total; em casos menos extremos, poderá estar preservada
uma elasticidade relativa, de modo que os padrões rígidos se tornam mais
pronunciados quando a ansiedade é sentida e são relaxados, em alguma
medida, quando uma experiência de reafirmação ou prazer lhes permita
amenizar a barreira".[99]

Foi o reconhecimento dessa rigidez caracterológica que levou Reich a
formular o conceito de couraça muscular e equipará-lo ao de atitude psicológica. Mas é somente a esse tipo de estrutura que se aplica o conceito de
couraça, porque o caráter oral não tem essa defesa. Os indivíduos que têm
esse tipo de couraça muscular sentem muito pouca ansiedade, já que pertence exatamente à couraça a função econômica de bloquear a ansiedade.
Pelo mesmo motivo, seu contato com o mundo externo também é limitado
e, na presença de pessoas mais espontâneas, esses indivíduos se sentem sem
vida, maçantes, inferiores etc. É essa experiência que os leva à terapia. Se
a couraça é desmanchada durante a terapia, a ansiedade surge imediatamente. No caso de uma paciente nessas condições, apenas o fato de abrir a
boca e abrir bem os olhos produziu uma forte reação. Ela deu um grito de
pavor. Seu corpo estremeceu por inteiro. Ela me pediu para não repetir a
experiência porque ficava muito amedrontada.

Quando a couraça muscular é incompleta, sua capacidade de bloquear
a ansiedade é menor. As reações emocionais e a formação de sintomas são
mais comuns e podem dominar o quadro. Se aumenta a pressão no indivíduo encouraçado, pode surgir uma situação perigosa. Uma mulher com
pouco menos de 40 anos veio em busca de ajuda porque tinha palpitações,

Alexander Lowen

insônia e a sensação de que se quebraria em mil pedaços a qualquer momento. Não foi difícil, nessas circunstâncias, abrir a comporta e liberar a enchente de lágrimas que fizeram surgir os sentimentos de vergonha e culpa por ter se deixado "amolecer". Durante toda sua vida, essa mulher carregara um grande fardo de responsabilidade com uma atitude de austera determinação. O marido estivera gravemente doente durante os últimos seis meses e ela havia tomado conta dos negócios, cuidado da casa e dos filhos e tratado o esposo com uma força moral notável. Não é de admirar, portanto, que estivesse próxima de um colapso! Por mais admirável que seja essa força moral, ela representa uma séria ameaça ao indivíduo. A rigidez não pode ser mantida indefinidamente sem o perigo de uma explosão emocional ou física.

Há um tipo intermediário de estrutura de caráter que não apresenta rigidez e também não tem flutuações de humor nem o afastamento da realidade que identificam o caráter oral. Não há queixa de vazio interior nem sensações fortes de privação. A ausência total de rigidez se manifesta na tendência de desmoronar quando aumentam a tensão interior ou a pressão externa: o homem pode perder a ereção imediatamente antes da penetração. Em termos bioenergéticos, a pulsação energética deixa de ancorar com segurança na cabeça e nos genitais. A função genital não está superdeterminada, como no caso do caráter rígido, nem é condicional, como no tipo oral. É hesitante, como todo o resto da personalidade. Há avanço e recuo, esforço e colapso — que, durante um longo período, revelam um padrão de fracassos sucessivos. É o tipo de estrutura que denominamos "masoquista". Ela introduz um novo fator nas determinantes da estrutura de caráter.

A privação produz oralidade, a frustração no nível genital leva à rigidez. A primeira é um fator mais forte durante o primeiro ano de vida; a frustração é um fenômeno edípico. Em nossa cultura, podemos introduzir um terceiro fator entre o primeiro e o terceiro anos de vida. Ele surge da mãe superprotetora, extremamente solícita e supercuidadosa; o interesse material pelo bem-estar da criança substitui a ternura e o afeto que têm relação com a crescente independência do novo indivíduo. Tem sido chamado de opressão (*smothering*) em vez de maternagem (*mothering*). Assume a forma de alimentação forçada, preocupação e interesse pelo funcionamento intestinal e um cuidado hipervigilante para que a criança não se machuque em suas atividades físicas. Isso tudo é feito em nome do amor, mas o efeito é a supressão do ego infantil em desenvolvimento. Logo surgem resistência e

O corpo em terapia

rebelião; autoafirmação e autorregulação não são permitidas. Sob a máxima "a mãe sabe o que é melhor", o espírito da criança é literalmente esmagado.

O masoquismo tem originem em experiências que acabam com o ego da criança antes que ele consiga se estabelecer firmemente na genitalidade. A supressão difere da privação, na medida em que força física é usada para efetivar os objetivos maternos. Embora não haja falta de atenção com a criança, ela é focada em suas necessidades materiais, excluindo por completo suas necessidades espirituais mais delicadas.

A supressão difere da frustração, na qual o objetivo é ajustar as atividades instintivas da criança a formas adultas. A supressão almeja tornar a criança submissa ao conhecimento e à sabedoria superiores da mãe. Embora não haja privação real, desaprovação e ameaça de privação são empregadas para forçar obediência. A batalha não é vencida com facilidade. Antes que se consiga a submissão, há intensas crises de birra, reações de raiva etc. Estudaremos esse problema com mais detalhes no próximo capítulo. É importante reconhecer que o processo que conduz ao masoquismo se inicia no segundo ano de vida. É um problema pré-genital, que origina uma estrutura pré-genital.

Chamamos de estrutura de caráter masoquista o padrão de comportamento que é composto de esforço e colapso, tentativa e fracasso. Sua característica subjacente é o medo de autoafirmação em qualquer forma. O caráter oral se afirma sob condições favoráveis, o caráter rígido se afirma de um jeito difícil, obstinado e compulsivo. A compulsão não é um traço característico do masoquista, mas uma formação reativa a ele. No masoquismo, a ansiedade é intensa em todas as situações em que a agressão é necessária. A compulsão é uma forma de rigidez que minimiza a ansiedade. O masoquismo como estrutura de caráter não é raro; é mais comum encontrar traços masoquistas na maioria dos neuróticos.

Durante o crescimento e o desenvolvimento da estrutura de ego, a criança está sujeita a três tipos principais de transtorno, e cada um deles deixará sua marca característica em sua personalidade. A privação leva à oralidade; a supressão, ao masoquismo; e a frustração à rigidez. Há uma certa correspondência com os três tipos de caráter de Abraham, mas Freud se aproxima ainda mais com seus tipos libidinais: o erótico, o narcisista e o obsessivo. A descrição de Freud do tipo erótico mostra que ele é idêntico ao caráter oral. "São governados pela ameaça de perder o amor, e isso os torna peculiarmente dependentes dos que podem lhes retirar seu amor".[100] O caráter obsessivo não é masoquista, embora haja nele fortes elementos masoquistas. Porém, é na estrutura masoquista que o superego domina a personalidade "acompanhado de forte tensão". O tipo narcisista foi mais tarde descrito como o caráter fálico-narcisista. É o exemplo mais importante da estrutura rígida.

Parece ser pouco provável que um indivíduo possa crescer, em nossa cultura, sujeito a apenas um dos distúrbios mais comuns. A maioria das pessoas exibe uma combinação variável de oralidade, masoquismo e rigidez. A análise de caráter não depende da pureza do tipo, mas do padrão dominante de comportamento. Quando fazemos o diagnóstico do caráter oral, isso não quer dizer que o indivíduo não tenha traços masoquistas ou que não apresente rigidez. O diagnóstico é o julgamento que o analista faz das tendências predominantes na estrutura do paciente. A técnica de análise do caráter requer que a interpretação analítica e o trabalho terapêutico sejam consistentemente direcionados a esse problema maior. As tendências neuróticas secundárias são analisadas de acordo com sua influência na formação da estrutura final. Não podemos, certamente, concordar com a ideia de Freud de que uma combinação de tendências narcisistas erótico-obsessivas seriam "a norma absoluta, a harmonia perfeita". A saúde mental não é consequência do ajuste de tendências conflitantes, mas da eliminação do conflito.

Todos os adultos que procuram a terapia analítica chegam impelidos por algum transtorno em sua capacidade de funcionar no nível da realidade. A realidade adulta requer que o indivíduo funcione satisfatoriamente no trabalho, em suas relações sociais e em sua sexualidade. O neurótico não nega essa realidade. Pode até questionar seus padrões, mas gostaria de ser capaz de corresponder a eles. O caráter oral não funciona no nível oral, mas no genital. No entanto, esse funcionamento é enfraquecido pelas tendências orais: necessidade de segurança, medo de perder o objeto amado etc. A necessidade do masoquista de constante reafirmação e aprovação limita sua agressividade no trabalho e no sexo. A rigidez provoca uma imobilidade que impede o funcionamento. A psicanálise e a análise bioenergética revelarão a natureza desses transtornos e algumas das experiências mais precoces que levaram a eles. Freud apontou isso em 1933: "Hoje em dia, damos mais atenção aos fatos que indicam quanto dessas fases anteriores persistem lado a lado com — e por trás de — organizações posteriores e

O corpo em terapia

obtêm uma representação permanente na economia da libido e no caráter do indivíduo".[101]

Nem sempre é fácil fazer um diagnóstico do tipo de caráter. Como a maioria dos indivíduos apresenta uma estrutura de caráter que contém dois ou mais elementos, essa é uma questão de julgamento sobre qual é o fator dominante daquela personalidade. São necessários uma considerável experiência clínica e um profundo conhecimento da dinâmica de cada tipo. Os casos limítrofes são bastante comuns. A maioria dos caráteres orais mostrará certo grau de masoquismo e, de modo semelhante, o masoquista terá traços orais. Têm em comum o fato de serem ambas estruturas pré--genitais. A combinação de tendência pré-genital, oralidade ou masoquismo com a rigidez pode produzir uma estrutura de caráter que não é uma coisa nem outra. Há entre os homens um tipo de caráter reconhecido pela clínica como passivo-feminino. Reich descreveu duas bases para essa formação de caráter: uma na qual a mãe é a pessoa frustradora, outra na qual a "excessiva severidade do pai" afasta o menino de sua posição fálico-masculina. Freud considerava o tipo passivo-feminino uma forma de masoquismo. A experiência levou-me a incluir esse tipo nas estruturas rígidas como uma de suas variedades. Estudaremos detalhadamente o problema um pouco mais adiante. O que importa agora é o tipo limítrofe de caráter, que, em algumas ocasiões, oferece dificuldades para o diagnóstico.

Essa combinação de tendências é responsável pela existência de tantas classificações clínicas. O conceito de caráter compulsivo é amplamente empregado na literatura analítica. Na verdade, essa é uma classificação baseada em um sintoma, não na estrutura dinâmica que o embasa. Tendências compulsivas são encontradas tanto nos caráteres masoquistas quanto nos rígidos. Em si mesma, a compulsão é uma defesa contra o colapso, o fracasso ou a derrota masoquista. No masoquista a defesa é fraca, enquanto na estrutura rígida ela é forte. Só pelo fato de a defesa ser boa e por serem prevenidos colapso e fracasso, temos motivos para considerar rígido o caráter compulsivo. Em sua estrutura corporal, o compulsivo verdadeiro é uma das mais rígidas estruturas que se vê.

O chamado "caráter anal" é outra delineação baseada em certos sintomas ou traços. A própria natureza desses traços — organização, parcimônia e avareza — requer uma rigidez considerável para mantê-los. O caráter oral não tem nenhum deles. Os masoquistas podem exibi-los somente na medida em que conseguem desenvolver o necessário poder de retenção. Se essas características se destacam, pode-se ter certeza de que a estrutura é dominada pela rigidez. Na realidade, o masoquista raramente sofre de prisão de ventre, que é uma queixa comum entre as estruturas rígidas.

A rigidez é sempre um problema genital, mas pode ser determinada por fatores que vão além da frustração genital. O indivíduo com fortes traços orais ou masoquistas desenvolverá a rigidez a fim de sustentar a organização genital, enfraquecida pela privação e pela supressão sofridas anteriormente. Mas o que temos aqui é uma função genital pouco carregada, que se enrijece à mais leve frustração. No caráter rígido, a genitalidade é superdeterminada.

Dentro de cada grupo maior de tipos de caráter, o desenvolvimento de qualquer forma especial depende de diversos fatores. Nunca dois caráteres orais, ou dois masoquistas, ou ainda dois rígidos são exatamente iguais. Há variações tanto quantitativas quanto qualitativas no nível de oralidade, masoquismo e rigidez. O caráter específico de cada indivíduo é a resultante de todas as experiências ocorridas desde a concepção até a maturidade. As experiências mais precoces são mais marcantes. As posteriores proporcionam à estrutura sua configuração formal.

Entre os masoquistas que tratei foram encontrados os seguintes perfis individuais: um rapaz tinha como expressão típica a do menino bonzinho, outro era uma criança inocente; um terceiro tinha uma expressão boba, o quarto era angelical. Essas são atitudes masoquistas típicas. Cada uma delas, é claro, encobria as tendências opostas. Quando eufóricos, os caráteres orais tendem a assumir ares mais pomposos. Os caráteres rígidos mostram muito mais variedade. São todos caracteristicamente determinados: alguns de um jeito sofrido, outros com coragem; alguns obviamente amargos, outros ressentidos. Alguns são claramente desafiadores; outros, astutos e ardilosos. Determinar essa característica específica é a arte, não a ciência da análise.

Seria bom, em resumo, explicar as diferenças entre privação, supressão e frustração. O recém-nascido e o bebê têm uma necessidade de nutrição que inclui afeto. Em termos bioenergéticos, dizemos apenas que a criança tem uma necessidade de absorver energia. Se essa energia (comida, amor etc.) não é disponibilizada, há privação. Mais ou menos aos 3 anos, a criança é depende menos dos adultos para absorver energia. Pode ainda sofrer privação, mas ela é menos perigosa. A criança tem agora uma

O corpo em terapia

crescente necessidade de dar, de expressar seu afeto, de descarregar energia. Ela entra na fase genital, quando surge a necessidade de descarregar, seja em brincadeiras com outras crianças ou afetuosamente com os adultos de seu ambiente imediato. Sua libido, antes voltada para dentro, está agora dirigida para o mundo e necessita de um objeto. A falta de um objeto ou — o que dá no mesmo — da resposta do objeto provoca frustração. Em termos bioenergéticos, a frustração descreve a incapacidade de descarregar, enquanto a privação representa o fracasso ou a falta de carga. A supressão envolve uma negação de direito. A criança é forçada a adotar uma posição passiva. Sua vontade é subvertida. O ego do caráter oral é mais ou menos vazio, o do masoquista é carregado. O caráter rígido tem um ego rígido, duro e inflexível.

PARTE II

9. O caráter oral

No capítulo anterior, aprendemos que as estruturas de caráter neuróticas são determinadas por experiências traumáticas no começo da vida. O conhecimento dessas relações é fruto da investigação psicanalítica do comportamento neurótico. Embora tenhamos um conhecimento razoável da origem genética de muitos traços, ainda não foram completamente elucidados os fatores dinâmicos específicos que determinam os diferentes tipos de caráter. É nosso propósito, nos capítulos seguintes, estudar esses fatores por meio de estudos de caso e apresentações clínicas.

O problema da estrutura de caráter oral é apresentado primeiro porque ela mostra, mais que qualquer outro, tipo a grande dependência da função psíquica dos processos bioenergéticos subjacentes. A literatura psicanalítica contém muitas referências a traços orais. A relação entre moralidade e depressão tem sido frequentemente observada e psicanaliticamente interpretada. Abraham introduziu o conceito de caráter oral, mas seu artigo era especulativo e apenas relacionava certos traços à persistência de tendências observadas durante o período inicial de desenvolvimento. O livro de Reich *Análise do caráter* não contém relatos de caso sobre esse tipo de estrutura. Embora o caráter oral não seja o tipo mais comum de estrutura de caráter neurótico, é possível encontrar traços e tendências orais em quase todos os indivíduos que se apresentam para a terapia analítica.

O paciente cujo problema servirá de base para nossa discussão preliminar procurou a terapia devido à persistência de períodos de acentuada depressão. Era um rapaz de quase 30 anos. Além das repetidas depressões, tinha uma dificuldade considerável para se manter em um emprego. Quando me consultou pela primeira vez, ele estava desempregado, e o início do tratamento ficou condicionado a ele conseguir um emprego. Sua carteira de trabalho mostrava uma sucessão de contratantes, mas ele não permaneceu

Alexander Lowen

com nenhum por mais que seis meses. Não tinha profissão específica, nem habilidade ou treino em alguma área particular.

Quando o indaguei, na primeira entrevista, a respeito de sua atitude em relação ao trabalho, ele se mostrou muito relutante em aceitar a necessidade de trabalhar. Descobri que essa atitude é característica do caráter oral. Eu o desafiei perguntando se ele achava que o mundo deveria garantir seu sustento. Ele respondeu que sim, sem a menor hesitação. Não se pode argumentar contra uma crença como essa, porque ela traduz um sentimento interno de privação. O indivíduo que tem essa atitude age como alguém que acredita ter sido roubado de sua herança, e vai passar a vida tentando recuperá-la. No máximo, pode-se apenas provar sua impraticabilidade. Concordei com ele sobre ter sido enganado e ofereci meu apoio. Isso tomou a forma de uma declaração escrita em uma folha em branco do receituário, segundo a qual o portador estava apto a reclamar seu sustento em qualquer banco ou financeira nos Estados Unidos. Assinei meu nome e entreguei a ele a folha de papel. Então ele riu. Compreendeu que, por mais que considerasse sua exigência justa, jamais conseguiria realizá-la. Concordou em procurar um emprego.

A terapia teve início dois meses depois. Meu paciente havia sido contratado como gerente de produção numa pequena fábrica. Era a primeira vez que ocupava uma posição que implicava responsabilidade e autoridade sobre outras pessoas. Também era a primeira vez que estava do lado das lideranças na luta trabalhista. Mas seu serviço não era fácil. Ele precisava chegar à fábrica às oito da manhã e, muitas vezes, tinha de ficar lá até que a agenda do dia fosse cumprida. Não demorou muito para começar a reclamar da natureza estafante de seu trabalho. À noite, estava cansado. Era um esforço tremendo levantar-se toda manhã para chegar ao trabalho no horário. Mas ele admitia que se sentia melhor do que há muitos anos e não sofrera nenhum episódio de depressão. Nessa fase inicial da terapia, concentrei-me no problema de suas tensões musculares específicas, ao mesmo tempo que a questão do "trabalho" como uma necessidade na vida era debatida com base em suas experiências diárias.

Antes de prosseguirmos com a discussão da terapia nesse caso, gostaria de apresentar o histórico do paciente, além de explicar sua estrutura corporal e seus bloqueios e tensões específicos.

O paciente era o filho mais velho de três irmãos em uma família em que as desavenças eram comuns. Embora o pai fosse um artesão independente

O corpo em terapia

e dono do próprio negócio, o rendimento mensal familiar era pouco mais que suficiente para cobrir os gastos essenciais. Um dos irmãos mais novos sofria de cardite reumática.

O paciente descrevia a situação em sua casa da seguinte maneira: os pais se odiavam. A mãe era uma mulher fraca que, ele sentia, tentava se apoiar nele. A impotência dela o incomodava. O pai tinha episódios frequentes de uma raiva violenta, mas no geral mostrava pouco interesse pela família. O paciente lembra-se de que, quando criança, tinha medo do pai. Não sentia ter recebido amor de nenhum dos dois. Caracterizava a atitude da mãe como "maternal de um jeito pegajoso". Sentia que nenhum dos genitores tinha personalidade.

Ele teve as doenças infantis comuns. Interessava-se pouco por esportes e atividades atléticas, mas lia bastante. Na escola, tinha dificuldade para concentrar-se nos estudos, mas obtinha boas notas mesmo assim. Ele concluiu o ensino médio e frequentou a universidade durante um ano. Aos 18 anos, saiu de casa e abandonou a faculdade para ir morar com a moça que se tornaria sua esposa. Ele comentou que não sabia o que queria fazer — ou melhor, que não tinha o ímpeto para fazer nada. Sua carreira se limitava a uma sucessão de empregos aleatórios intercalados com períodos de desemprego. A vida conjugal não era muito bem-sucedida. A esposa também enfrentava períodos de depressão. Estiveram separados por cerca de um ano, mas haviam reatado o casamento antes do início da terapia.

Dois períodos de sua vida destacavam-se nitidamente em sua memória. O paciente se lembrou de que, aos 11 anos de idade, era muito agressivo com as meninas. Essa atitude era repelida e, a partir de então, o paciente disse ter-se tornado distante. Aos 15, ele se juntou a um grupo de jovens socialistas e, mais tarde, a uma comunidade anarquista. É possível supor que, nesses grupos, ele realizou as primeiras identificações sociais de sua vida. Em resposta à minha pergunta, o paciente disse que os sentimentos mais marcantes do começo de sua infância eram desapontamento e solidão. Da adolescência em diante, sofria com fortes dores de cabeça e náuseas (provavelmente enxaquecas), que relacionava ao sentimento de desamparo.

Antes da terapia comigo, o paciente havia passado por tratamentos com vários analistas diferentes, por períodos que não ultrapassaram seis meses. "Um deles", ele disse, "me estraçalhou". Isso aconteceu quando o analista pintou para o paciente uma imagem real de seu ego, ao mesmo tempo que ria para ele com simpatia. Em momentos de euforia, o paciente se comportava como se fosse uma pessoa de alguma importância. Não hesitava em falar de seus talentos habilidades, que não tinham nenhuma relação com seus feitos reais. Em consequência da deflação do ego, o paciente disse ter desenvolvido sintomas de diarreia, indigestão, insônia e cefaleias. Sentia ter recebido pouca ajuda dos outros analistas.

As primeiras sessões de terapia foram marcadas analiticamente pela necessidade de produzir certo equilíbrio entre as reivindicações de direitos que ele fazia baseado em uma avaliação de suas habilidades e a recompensa baseada em sua produtividade. As sessões terapêuticas aconteciam uma vez por semana, durante uma hora. Cada hora se iniciava com a reafirmação de quanto ele era bom e como era pouco reconhecido. Ele defendia bem seu ponto de vista. O discurso era fluente e as palavras, bem escolhidas. As críticas à relação patrão-empregado e a análise de seu patrão também era bem-feitas. Mas ele não tinha empatia pela luta implicada na tentativa de desenvolver uma pequena empresa. Exibia um narcisismo exagerado, além de falta de consideração pelos problemas dos outros.

É interessante, neste ponto, analisar a estrutura física do paciente. O corpo era bem desenvolvido, com estatura um pouco acima da média e bem proporcionado. O maior problema de seu físico era o esterno afundado e costelas inferiores pronunciadas, o que lhe conferia uma aparência de peito de frango. Os músculos peitorais eram proeminentes e pareciam superdesenvolvidos. Os ombros, erguidos. O pescoço era mais fino do que se esperaria para seu tipo de corpo. Cabeça e rosto tinham feições regulares, sem distorções óbvias. O diafragma era a causa de as costelas inferiores serem mais pronunciadas. Embaixo, o abdome era liso e parecia não ter volume; as pernas não davam impressão de fraqueza.

Os movimentos respiratórios se limitavam ao peito, que parecia móvel. Os ombros, contudo, não participavam desses movimentos. A inspiração e a expiração não envolviam de modo visível o abdome; o diafragma mantinha sua posição retraída. Uma extensão forte dos braços produzia acentuados tremores nos ombros, na cabeça e no pescoço. Na ação de socar o divã, era claramente discernível em seu rosto uma expressão de raiva, com os dentes à mostra, as narinas abertas e os olhos dilatados. No entanto, os socos não tinham força e o paciente pulava cada vez que desferia um deles. Braços, ombros e corpo se moviam como uma peça única, como se tivessem sido

O corpo em terapia

congelados em conjunto. Para mim, ficou claro que um anel de tensão extremamente forte contornava seu corpo na altura da cintura escapular. Isso se manifestava de maneira mais acentuada na tensão dos músculos peitorais. Embora fosse fácil despertar raiva no paciente com os socos, a emoção não durava muito. Depois de alguns movimentos, ele ficava sem fôlego, arquejante e cansado. Não era incomum que os murros provocassem sentimentos de desamparo e terminassem em choro.

O diagnóstico de presença de oralidade seria justificável em virtude do histórico de repetidas depressões. Pode-se ir ainda mais longe e descrever toda a estrutura de caráter como oral. Isso significaria que o padrão dominante de comportamento é determinado por tendências orais. De um lado, temos as afirmações do paciente quanto a profundos sentimentos de solidão, desapontamento e desamparo; de outro, há o narcisismo, a óbvia necessidade de atenção e elogios (busca de "suprimentos narcisistas") e o desejo de ser alimentado. "O mundo me deve sustento." O paciente admitiu que, durante certa época de sua vida, comia demais e era bem gordo.

Enquanto descrevo a terapia desse paciente, seria bom discutir e elaborar os aspectos psicológicos conhecidos de seu problema e compará-los à dinâmica bioenergética dessa estrutura de caráter.

Primeiro, há o histórico de falta de sucesso no trabalho. Em geral, encontra-se nesses caráteres a incapacidade de manter-se no emprego por um período um pouco maior. Outra paciente me contou que, assim que tinha certeza de um emprego, precisava fazer alguma coisa para ser demitida ou se sentia compelida a pedir demissão. Não é incomum que isso se desenvolva a ponto de se tornar uma revolta contra a necessidade de trabalhar ou, mais frequentemente, contra as exigências do contexto laboral.

Meu paciente exibia claramente essa atitude. No entanto, a alternativa para o trabalho, como lhe apontei por sua experiência, era a depressão. Por mais difícil que fosse para ele — e eu mesmo concordei que, considerando seus problemas, as exigências da realidade seriam duras —, não havia alternativa. Como já mencionei, esse assunto dominou as fases iniciais da terapia. Ele era obrigado a admitir semana após semana que, a despeito de seus ressentimentos e queixas, sentia-se melhor quando trabalhava. A terapia física que atenuou suas tensões, melhorou a respiração e aumentou seu potencial energético ajudou de modo incomensurável. Nesse aspecto, ele era um paciente muito cooperativo e batia no divã regularmente até perder

Alexander Lowen

o fôlego. Aos poucos, sua capacidade vital aumentou e ele conseguiu manter uma atividade contínua por períodos mais longos.

Um dos primeiros problemas surgidos foi uma queda na potência genital do paciente. Quando voltava do trabalho, estava sempre muito cansado e tinha pouco apetite sexual. Isso o incomodava consideravelmente. Apontei que, naquele momento, ele só tinha energia suficiente para enfrentar as demandas da vida profissional. Como essa era a função de realidade mais importante, tinha precedência. À medida que fosse ficando mais forte, poderia esperar uma melhora também nesse aspecto. O paciente ficou satisfeito com minha explicação e continuamos.

A relação amorosa do caráter oral exibe os mesmos transtornos observados em sua função de trabalho. Seu interesse é narcisista, suas exigências são grandes e a resposta é limitada. Ele espera compreensão, compaixão e amor e é hipersensível a qualquer frieza do parceiro ou do ambiente. Como a outra pessoa no relacionamento não pode suprir essas exigências narcisistas, o caráter oral desenvolve sentimentos de rejeição, ressentimento e hostilidade. Como o parceiro também tem as próprias necessidades, que o caráter oral não consegue satisfazer facilmente, a situação é de conflito praticamente constante. A dependência é grande, mas quase sempre encoberta pela hostilidade.

O problema de manter esse paciente numa função de trabalho contínuo se complicava por sua insatisfação com a esposa. Isso, é claro, me deu ampla oportunidade de analisar suas tendências neuróticas e apontar seu caráter narcisista. Mas quando se mergulhava mais fundo em sua história, não se encontrava nada positivo que pudesse substitui-lo. Ele odiava o pai e sempre desprezou sua mãe. Ela estava sempre suja e desarrumada. Uma de suas lembranças mais antigas era a de estar deitado no berço, chorando amargamente. O pai se debruçava sobre o berço com uma expressão severa e gesticulava indicando desaprovação. Com o dedo indicador em riste, sacudindo-o na frente da criança, dizia: "Shsh, shsh". Ele não devia fazer nenhum barulho.

Análise é uma coisa, satisfação é outra. Meu paciente sentia que precisava procurar outra companheira. A esposa não lhe dava o bastante. A separação foi fácil para ele, uma vez que o casamento era frágil e não havia filhos. Cada novo "caso" era vivido com excitação e entusiasmo. Uma ou duas vezes houve um prazer maior, mas nenhum de seus vários

O corpo em terapia

relacionamentos durou. Cada vez mais, o paciente era forçado a reconhecer que o problema estava nele.

Não preciso dizer que, ao longo do primeiro ano de emprego, o paciente teve muitos impulsos de abandoná-lo. Não era bem pago nem devidamente reconhecido. O patrão era um tipo amargo que explorava os funcionários. No entanto, no posto de gerente de produção, ele observava que, sem certa pressão sobre os trabalhadores, eles produziam menos. Ele se manteve no emprego por saber que era o melhor que já havia conseguido. Além disso, agora aceitava que precisava trabalhar e queria provar que podia se manter em um emprego por um ano, pelo menos.

As vicissitudes de uma empresa pequena o fizeram compreender os problemas que o patrão enfrentava. Durante um período menos movimentado, ele percebeu que ganhava um salário, enquanto o patrão tinha de suar a camisa para manter o negócio funcionando. Foi um passo importante para o paciente, pois ele superou o ressentimento por algumas desigualdades do sistema social. Disse que não gostaria de estar no lugar do patrão.

Como veremos, a aceitação progressiva da realidade é um dos objetivos primordiais na terapia do caráter oral. Ela o põe de frente para o mundo. Mas outro problema importante permanece: o medo da rejeição — que no caso do caráter oral é medo de perder o objeto amado — continua à espreita no inconsciente como enorme perigo e ameaça. O pensamento analítico relaciona a depressão a esse medo. O destino decidiu que essa ameaça deveria se concretizar para esse paciente durante o curso da terapia.

É difícil conviver com um caráter oral. O casamento do paciente não fora bem-sucedido. Mas um dia ele descobriu que a esposa estava apaixonada por outro homem. Não creio que isso o tenha surpreendido totalmente, mas, mesmo assim, provocou um acesso de fúria desproporcional aos sentimentos que ele nutria por ela. Certa noite, essa mulher me telefonou dizendo que o marido estava furioso e procurava seu amante para matá-lo. Alguns amigos do paciente conseguiram que ele conversasse comigo por telefone várias horas mais tarde, e eu o acalmei um pouco.

Quando o encontrei no dia seguinte, ainda estava bastante zangado e decidido a "acabar com aquele homem". Não foi muito difícil mostrar que sua raiva era descabida. Ele havia falado várias vezes em abandonar a esposa. Por que então o aborrecia tanto que ela desejasse deixá-lo? Não era a raiva reprimida que nutria pelo pai que o havia impedido de chorar pela mãe? Quando fiz esse apontamento, ele começou a chorar copiosamente. O ódio o havia fortalecido, mas ele não sabia o que fazer com esse sentimento. A análise pôde então revelar toda a tendência infantil em sua personalidade. Como uma criança pequena, ele se interessava apenas pelas próprias necessidades e por seus sentimentos; era um narcisista. A esposa o deixara, pelo menos em parte, porque ele não tinha noção das necessidades dela. Ela não foi feliz com ele, assim como ele não foi feliz com ela. Há pouco tempo, ele dissera que havia se desenvolvido mais do que a mulher em consequência da terapia. Não deveria ele, então, ter entendido que ela também precisava dar algum sentido para a própria vida? Sua incapacidade de sentir pelos outros ou ter consciência dos desejos e necessidades daqueles com quem se relacionava era uma fraqueza em sua personalidade. Ele teve que encarar o mesmo problema no emprego. Naquela situação, por causa de uma identificação com o chefe, havia feito um progresso significativo quanto à capacidade de trabalhar. Não poderia agora realizar um avanço semelhante em sua capacidade de amar?

Na terapia do caráter oral, é preciso fazer o paciente compreender que o que ele oferece como amor é experienciado pelos outros como um pedido de amor. Dizer "eu te amo" significa "eu quero que você me ame". Sua atitude no relacionamento amoroso não se baseia no padrão adulto de dar e receber. Em vez disso, lembra o padrão infantil de necessidades e exigências no qual a outra pessoa é considerada a fonte provedora dos necessários suprimentos narcisistas.

Apesar de fazer esse apontamento para o paciente, não desinflei seu ego expondo a questão em termos claros e firmes. Em vez disso, provoquei sua compaixão pela esposa e pelo amante dela. Não foi difícil, já que, como todos os caráteres orais, meu paciente era uma pessoa sensível. Usamos várias sessões para discutir o assunto, e esse acabou sendo o ponto crucial na terapia. Ele compreendeu que uma separação era o melhor para ambos e que eles seriam mais felizes separados. Havia adquirido respeito pelos problemas dos outros.

Quando ressentimentos e ódio desapareceram, restou o problema do que fazer com sua raiva. Sugeri que essa força agressiva era muito valiosa para ser desperdiçada em objetivos destrutivos. Ela poderia ser direcionada para reduzir as tensões físicas do paciente e fortalecer sua estrutura. O

O corpo em terapia

paciente concordou. O ponto crucial em qualquer terapia analítica ocorre quando a agressão liberada através da análise é conscientemente dirigida para a tarefa de melhorar o funcionamento no presente.

A terapia física continuou com mais força. O paciente se sentia mais forte e mais carregado a cada semana. Conheceu uma nova mulher, com quem começou um relacionamento que ainda se mantinha enquanto eu escrevia este livro. Depois ele perdeu o emprego, mas isso não o abalou, embora àquela altura tivéssemos parado a terapia. Alguns meses mais tarde, ele se estabeleceu nos negócios por conta própria, e a última notícia que tive foi que ocupava um cargo de executivo em uma empresa sólida.

Em vez de resumir esse caso, vamos estudar os vários aspectos do problema proposto por essa estrutura de caráter. Ilustrarei os pontos mais relevantes com os fatos mais significativos desse e de outros casos.

O caráter oral é caracterizado pelo desejo de falar e pelo prazer no discurso. Isso é típico e está presente em todos os indivíduos desse tipo. Ele adora falar a respeito de si mesmo, em geral de modo favorável. Pode facilmente assumir o centro do palco e não fica constrangido com seu exibicionismo. É diferente do exibicionismo da mulher histérica e do homem fálico, que sempre tem uma importância genital. No caráter oral, esse é um modo de conseguir atenção, interesse e amor.

Essa necessidade de expressão verbal está sempre acompanhada de um nível elevado de inteligência verbal. Sua capacidade intelectual não se reflete em nenhuma realização concreta, mas a despeito disso o caráter oral tem uma imagem egoica exagerada de si mesmo. Na verdade, o ego inflado é concomitante a períodos de bem-estar e excitação. Em momentos de desespero e impotência, sentimentos de desamparo e inadequação dominam a cena.

A tendência para a depressão não deve ser subestimada. Onde existe, é patognomônica de tendências orais. Quando ela domina a personalidade, determina a estrutura de caráter oral. A depressão geralmente segue um período de atividade aumentada e aparente bem-estar. Esse padrão de euforia e depressão tende a ser cíclico, embora possa não ser sempre evidente.

O caráter masoquista não sofre de depressão real, embora esteja sujeito a períodos de atividade reduzida. O masoquista se vê preso no que denominamos "atoleiro masoquista". É como um estado de não reação; mas o masoquista pode ser facilmente provocado por qualquer sugestão que prometa

Alexander Lowen

prazer e, quando é mobilizado dessa maneira, torna-se tão enérgico quanto antes. Isso não acontece com o caráter oral numa fase depressiva. Trata-se de um estado muito resistente.

Em um nível mais profundo, há dificuldade na percepção de um desejo. O caráter oral costuma dizer: "Eu não sei o que quero". A veracidade dessa afirmação muitas vezes me surpreendeu. Desejos materiais raramente são importantes. Fiquei impressionado com uma declaração semelhante feita por dois pacientes, que disseram: "Acima de tudo, eu quero paz". Eles relutam em aceitar a realidade e a necessidade de esforço na vida.

A agressividade e os sentimentos agressivos são fracos na estrutura do caráter oral. Ele não faz grandes esforços para ir atrás do que deseja. Em parte, isso se deve à falta de um desejo forte; em outra, ao medo de ir atrás do que quer. Esse medo de ir atrás do que quer se manifesta facilmente. A justificativa apresentada é a experiência de constante desapontamento. Ele espera conseguir o que quer sem ir atrás disso; assim, consegue evitar a temida decepção.

A raiva não é uma emoção fácil de provocar. Em seu lugar, vê-se quase sempre uma grande irritabilidade. Pode haver muito barulho e fúria, mas o sentimento forte está ausente. Não devemos nos deixar enganar por fantasias ou sonhos de hostilidade. É difícil provocar uma expressão poderosa ou um gesto de hostilidade em ação.

O caráter oral é o tipo "pegajoso". Em casos extremos, é como se ele absorvesse a força e a energia das pessoas. Em todos os casos, a incapacidade de se manter sobre os próprios pés é realmente característica desse tipo de estrutura de ego. Outra característica do caráter oral são sentimentos de vazio interior, que estão presentes em todos os casos reais, independentemente do comportamento superficial. A solidão também costuma estar presente, ainda que haja um relacionamento amoroso. Na situação terapêutica, a demanda de segurança e apoio não pode ser subestimada nem ignorada.

A sintomatologia aqui exposta é mais ou menos comum a todos os casos de estrutura de caráter oral, embora, evidentemente, exista a individualidade de cada paciente. Os detalhes específicos são determinados por fatores quantitativos, bem como por experiências posteriores. Algumas vezes, uma estrutura de caráter oral pode estar encoberta por um comportamento que pertence a um tipo mais desenvolvido de organização do ego.

O corpo em terapia

Apenas uma cuidadosa avaliação do comportamento é que pode determinar se o caráter é determinado pela organização superior com a persistência de traços orais ou se é fundamentalmente oral.

De maneira geral, as observações psicanalíticas de traços orais concordam com as delineadas aqui. Abraham aponta os seguintes traços como oralmente determinados: inveja anormalmente hiperdesenvolvida, parcimônia neurótica, seriedade melancólica ou acentuado pessimismo, grude e drenagem de energia, urgência obstinada para falar, ânsia e esforço intensos, hostilidade, impaciência, inquietude e, por fim, um apetite mórbido e intenso por comida e uma inclinação para várias perversões orais.[102] Infelizmente, muitos desses traços não são típicos do caráter oral puro, mas se devem à mistura de supressão e frustração a uma privação precoce e grave. A hostilidade é encontrada em todos os caráteres neuróticos. A hostilidade do caráter oral é geralmente impotente, como muitas de suas ações.

Uma verdadeira compreensão da dinâmica dessa estrutura de caráter requer a redução de todos os traços e sintomas orais a um transtorno básico em cujos termos cada um possa ser explicado. Uma vez estabelecido o padrão desse transtorno, o problema do diagnóstico e da terapia é bastante amenizado. Esse padrão pode ser estabelecido com muito mais facilidade por um estudo dos processos bioenergéticos.

As observações a seguir sobre a estrutura do corpo, o aspecto de seus movimentos e a localização de suas tensões apontam para uma resposta.

O caráter oral se cansa rapidamente quando engajado numa atividade física continua, como bater no divã. A maioria desses indivíduos sente que lhe faltam forças. A desistência do esforço se deve apenas em parte à fadiga muscular. Quando retomam a atividade, não o fazem por longo tempo. Essa presunção de falta de energia encontra apoio no fato de essa estrutura estar associada à baixa pressão arterial e a um metabolismo basal normal baixo. Embora cansaço e falta de energia não sejam patognomônicos dessa estrutura, sua presença sempre indica um forte elemento oral na personalidade.

Em geral, o peito é murcho; o abdome não tem turgor e se revela macio e vazio à palpação. A deflação do peito pode produzir a depressão do esterno encontrada em algumas estruturas orais. Movimentos de extensão dos braços à frente são sentidos como desagradáveis. Quando exagerados e mantidos, a ação frequentemente leva ao choro e ao sentimento de vazio interior. Ações mais fortes, como bater no divã, parecem não ter força. O paciente pode sentir a fraqueza e a impotência nos braços e nas mãos. Os movimentos não são sustentados por um fluxo adequado de energia.

As pernas nunca são sentidas como sustentação estável para o corpo. É possível demonstrar que o sentimento de fraqueza nas pernas se baseia na percepção verdadeira de sua função. As pernas se cansam rapidamente em posições de tensão. O controle de seus movimentos é pobre e a coordenação, inadequada. O caráter oral tende a compensar a fraqueza das pernas travando os joelhos quando está em pé. Isso confere à perna uma sensação de rigidez que é adquirida à custa de flexibilidade. Os pés são fracos e, muitas vezes, chatos. O traço específico que caracteriza a estrutura do caráter oral pode ser descrito como "desarticulado". É diferente da dissociação esquizofrênica que descrevemos antes. Uma paciente esquizofrênica contou que pernas e braços iam em todas as direções e que ela não os controlava de modo algum. Outro produto da fraqueza das extremidades inferiores é a perda de contato com o chão. O medo de cair é comum nos caráteres orais. Pesadelos e sonhos com tombos são experiências comuns desses indivíduos, tanto durante a infância quanto na vida adulta. O medo de cair pode ser demonstrado na sessão terapêutica.

As cefaleias constituem uma queixa bem comum dos caráteres orais. É possível explicar sua frequência pelas tensões no pescoço e na cabeça. Qualquer esforço que produza um fluxo de energia mais forte para a cabeça pode resultar em uma dor de cabeça de pressão ou tontura, a que também são propensos.

As tensões musculares são uma propensão particular no caráter oral. Sempre se encontra um forte anel de tensão ao redor da cintura escapular e na base do pescoço. A escápula está firmemente ligada ao tórax. Os músculos peitorais são superdesenvolvidos no homem. Na mulher, os seios tendem a ser grandes, flácidos e caídos. Os músculos longitudinais das costas mostram-se muito tensos, sobretudo entre as escápulas, no nível das cruras diafragmáticas e na inserção no sacro. Os músculos da cintura pélvica são tão contraídos quanto os da cintura escapular. Tensões musculares mais acentuadas parecem estar ausentes na parte anterior do corpo, mas só por causa condição desinflada do peito e abdome. Quando se palpa mais profundamente, é possível perceber a espasticidade do músculo abdominal reto.

Acima de tudo, o sistema muscular do caráter oral é subdesenvolvido, se comparado com a estrutura do corpo. Esse fracasso no desenvolvimento

O corpo em terapia

muscular é tipicamente oral, onde quer que seja encontrado. Em oposição, o caráter esquizoide exibe frequentemente uma hipertrofia muscular, enquanto o masoquista tem uma compleição que se pode descrever melhor como "musculosa".

O reflexo de ânsia é bem fácil de provocar, o que pode se dever a transtornos alimentares precoces, com tendências persistentes para o vômito. Nem é preciso dizer que a função genital do caráter oral é fraca. Oralidade e genitalidade são tendências antitéticas. Uma está relacionada à função de carga, outra, à de descarga. O impulso sexual do caráter oral decorre do contato com o parceiro. A descarga é subsidiária. Representa a necessidade de receber, de se alimentar do parceiro; isto é, o órgão genital serve à necessidade oral. A descarga genital é fraca tanto no homem quanto na mulher. Nesta, um clímax definitivo ou orgasmo está quase sempre ausente. Entretanto, não existe frigidez. O que falta é a força do impulso motor para descarregar os sentimentos.

Um dos meus pacientes, cuja percepção de si mesmo e de sua condição física era precisa, fez um diagrama da postura do caráter oral (Figura 12). É uma autopercepção. Eu a reproduzo aqui juntamente com suas observações, que são de fato valiosas. Para comparação, ele também representou seu conceito de postura natural (Figura 13) (ver também o relatório de Schilder[103] sobre o modelo postural do corpo.)

Por todas as manifestações psicológicas e biológicas do caráter oral corre um fio unificador. Bioenergeticamente, trata-se de um organismo subcarregado; um saco vazio. Há energia suficiente para garantir as funções vitais, mas não em quantidade que permita carregar completamente o sistema muscular. É de esperar que as regiões e estruturas periféricas sofram mais. Membros, cabeça e aparato genital são insuficientemente carregados. A pele, na estrutura de caráter oral, é fina e fácil de marcar. Tudo isso, como vou demonstrar, é suficiente para explicar a sintomatologia observada. Ele não explica por que a condição persiste.

Por que o caráter oral é incapaz de se encher de energia? Ela está disponível no ambiente na forma de comida, oxigênio, prazer no amor e no trabalho. A resposta é evidente. A própria estrutura do caráter deriva de uma imobilização do impulso agressivo. Se um organismo tem medo de buscar o que quer ou não consegue tentar, de nada adianta ter meios disponíveis para isso. Por outro lado, o caráter oral tem necessidades que precisa

FIGURA 12 — Postura oral. A análise da postura mostra ângulos obtusos (A, B, C, D) nos pontos de compressão. Dos joelhos para baixo, as pernas são contraídas e subcarregadas.

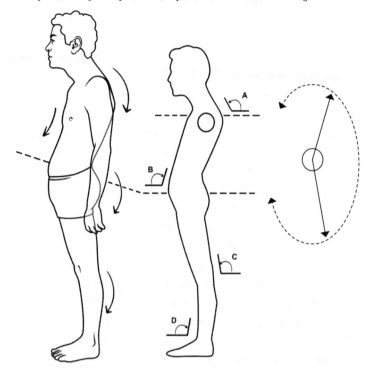

ANÁLISE DINÂMICA DAS POSTURAS ORAL E NATURAL

1. Na estrutura de caráter oral, o peso do corpo repousa sobre os calcanhares. Na postura natural, o peso do corpo se apoia sobre o arco metatarso, entre a sola do pé e o calcanhar.
2. O caráter oral tende a ter costas encurvadas. Os ombros são empurrados para trás, o que é compensado pela cabeça projetada para a frente. Na parte de baixo, nádegas e pelve são mantidas para a frente. As costas, na postura natural do corpo, são retas, com a pelve "empinada" para trás. Isso me faz pensar em uma cauda erguida ou um gatilho pronto para o disparo.
3. Na estrutura oral, o movimento de avanço é iniciado pela cabeça, enquanto na postura natural ele começa a partir do chão.
4. Como as pernas não são suficientemente fortes, o corpo é sustentado pela coluna. As costas, portanto, não estão disponíveis para ações agressivas. No indivíduo saudável, porém, o corpo é sustentado pelas pernas, que retêm a flexibilidade da articulação do joelho. Esse tipo de estrutura é marcado pela agressividade livre e pela capacidade de "respaldar" suas ações.
5. Na estrutura de caráter oral, os ângulos de compressão entre os segmentos corporais, conforme mostrados no diagrama, são obtusos e abertos. Ao contrário, no indivíduo saudável, esses ângulos são agudos. O corpo é mantido como uma mola comprimida, carregada e pronta para a ação.
6. Na postura natural, as extremidades do organismo voltam-se para a frente. Isso pode ser interpretado como uma busca de contato com o mundo. No caráter oral, as extremidades do organismo estão recuadas para trás, expressando, portanto, sua rejeição do mundo.

FIGURA 13 — Posição natural. Há ângulos agudos (A, B, C, D) nos pontos de tensão. A análise do diagrama dessa postura revela uma atitude de movimento "pronta para o salto".

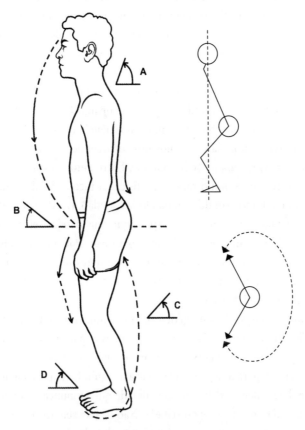

satisfazer. Sua atitude diante dessas necessidades é infantil. Ele espera que o mundo adulto reconheça essas necessidades e as satisfaça sem que seja preciso qualquer esforço de sua parte.

Se pensamos psicologicamente em termos de medo, ou biologicamente em termos de tensões musculares e energia de impulsos, o caráter oral é marcado por uma incapacidade de ser agressivo. A fraqueza do impulso agressivo se reflete na fraqueza das costas. O cansaço de que eles se queixam pode ser relacionado a essa fraqueza nas costas, localizada na região lombar. Por isso, o caráter oral como personalidade não sente segurança. Rotulamos esse caráter como "sem fibra", em oposição ao masoquista que, embora dotado de músculos superdesenvolvidos, também não tem esse sentimento de segurança. O caráter oral tem grande dificuldade para adotar uma postura forte de oposição e sua tendência é fugir, em vez de enfrentar um ataque.

Voltemos ao cenário para enxergar como os vários traços dessas estruturas de caráter se relacionam com o conceito de falta de agressão e vazio interior. A inveja pode ser explicada pelo sentimento de privação. Apegar--se e sugar a energia do outro são os equivalentes adultos das atitudes infantis de sugar e ser carregado. A fraqueza nos braços e pernas também sugere uma estrutura infantil. O apetite anormal deve ser interpretado como uma tentativa de abastecimento. Impaciência e inquietude resultam do anseio insatisfeito. Não devemos nos surpreender se algumas vezes o caráter oral mostrar malícia e hostilidade. Entretanto, a expressão de hostilidade é verbal e só muito raramente física. A incapacidade para tentar contato com o mundo conduz a uma terrível solidão. E a decepção deve ser o legado inevitável no adulto que espera que seus desejos sejam reconhecidos e satisfeitos sem que ele se esforce para isso. Podemos compreender também os fracassos que assombram esses caráteres na adolescência e na vida adulta. Contudo, as manifestações mais básicas desse transtorno requerem alguma elaboração.

Qual é o motivo bioenergético para o fenômeno cíclico da euforia--depressão? Em meu trabalho terapêutico com esses pacientes, todas as vezes em que os vi entrar em uma fase de euforia e aumento de pensamentos egoicos, eu os alertei para a depressão que viria a seguir. Uma paciente me disse sentir que havia dentro dela uma genialidade que eu nunca reconheci. Ela estava animada, mas não superexcitada. Não neguei sua afirmação. Quem sou eu para dizer que ela não tinha essa qualidade... Além do mais, era uma moça de certo talento. Por outro lado, jamais produzira alguma coisa extraordinária. Se alguém perguntar por que ela me disse isso, a resposta é óbvia: ela procurava obter minha admiração e afeto. Isto é psicologicamente verdadeiro, mas também se deveria perguntar qual é a base para esse pensamento. O comentário derivou do sentimento de ser genial e não foi feito conscientemente para ganhar minha admiração e meu afeto. Tinha relação com sua animação, mas também era um prenúncio da depressão que sobreviria.

Podemos também dizer que, psicologicamente, esse comportamento é uma tentativa de estabelecer e manter a autoestima. Concordarei com a afirmação de Fenichel segundo a qual "descritivamente, o núcleo de todos

O corpo em terapia

os fenômenos maníacos é formado por um aumento imenso da autoestima".[104] Mas isso só substitui outro termo da equação. Precisaremos entender a origem desse aumento na autoestima — que, temos de reconhecer, não está de acordo com a realidade. Sempre tenho a impressão de que esse tipo de imagem do ego é como um balão cheio de gás. Sobe com facilidade, mas pode também estourar com facilidade, e então vem a depressão. Vista dessa perspectiva, a depressão sempre é um fenômeno secundário. Se a euforia é evitada, a depressão não ocorre. Fenichel considera a depressão primária. Historicamente, ela é. Diz ele: "O caráter triunfante da mania surge da liberação de energia até então retida na batalha depressiva, que agora busca a descarga".[105] Só gostaria de acrescentar que a depressão não é uma batalha, mas uma diminuição dos processos energéticos e da formação de impulsos. A energia não procura descarga; esta é uma função genital. Em vez disso, sobe à cabeça em busca de contato com o mundo. Dado o grave bloqueio no caminho do fluxo energético para os braços, segue o caminho infantil, para a cabeça e a boca. É isso que produz a volubilidade do caráter oral no estágio de euforia. Fenichel também tem consciência da natureza ilusória da reação: "A euforia não é uma libertação autêntica da depressão, mas uma negativa espasmódica da dependência".

A falta de independência é discernível, apesar da exagerada autoestima. A energia flui para cima, não para baixo. As pernas são subcarregadas e o contato com o chão não se mantém. Não há aumento da excitação genital. Devido a essa falta de contato com o chão, que é a contraparte da falta de contato psicológico com a realidade, sente-se que esses indivíduos estão "nas nuvens", "voando por aí", "fora de alcance".

Quando se analisa o fenômeno bioenergeticamente, o cenário fica mais claro. Na euforia, o caráter oral reverte a um estágio infantil. É buscar o seio com a boca. Nesse estágio, não há necessidade de ser independente. O bebê confia nos braços fortes da mãe para ampará-lo. Sua força é a força do corpo do pai (ou mãe). O sentimento de unicidade com o pai (ou mãe) é bastante forte. Não impressiona que uma criança possa ser segurada em qualquer posição, desde que com amor, sem sentir medo. Pense em um bebê macaco levado pelas copas das árvores, seguro na proximidade com o corpo da mãe.

O falar excessivo pode ser entendido como movimentos simbólicos de sucção. Reconhecemos que, em seu discurso, o caráter oral procura obter admiração e afeto, "suprimentos narcisistas". No discurso, a boca também pode expressar a função agressiva de morder, no que descreveríamos "sarcasmo mordaz". Porém, o discurso do caráter oral é bem pensado e racional, exceto pela imagem egoica exagerada que pinta. Esses indivíduos também têm a inteligência clara e direta da criança. Podemos supor, portanto, a origem do exagero. É que essa imagem de ego é como o ego do bebê: difuso, não cristalizado e onipotente. Um ego verdadeiro aparece com a conscientização do mundo exterior e com o ancoramento do movimento energético longitudinal na função genital. O bebê não tem a capacidade nem a percepção para dar e receber. Enquanto o ego adulto é uma função da capacidade de dar e receber, o ego infantil está relacionado à capacidade de receber e absorver.

A observação de bebês nos ensinou algumas coisas sobre seus sentimentos. Presumimos que o recém-nascido não reconhece que o seio pertence a outra pessoa. No início, seu mundo se limita à área imediatamente próxima de sua boca. Aos poucos, vai se ampliando para outras partes do corpo. Só depois de muito tempo ele se torna mais amplo que seu ambiente pessoal. E nesse mundo ele é o governante, o todo-poderoso; e precisa ser assim, já que suas necessidades são as mais importantes. O ego inflado do caráter oral em euforia corresponde a esse ego infantil. Sentimos sua irrealidade na boca do adulto, mas tente convencer o paciente disso. Eu não consegui. No caso da moça que afirmava ser um gênio, pude apenas trazê-la de volta aos problemas reais que ela enfrentava. Mas, na sessão seguinte, ela me disse: "Você estava certo quando previu que eu ficaria deprimida".

A bolha precisa estourar. O mundo adulto não consegue satisfazer essa demanda infantil. Cedo ou tarde, o caráter oral se defronta com a rejeição. Vem o desapontamento e segue-se a depressão. Durante o período de depressão, o movimento energético é muito reduzido. Segue-se uma fase de recuperação, e no final dele a formação de impulsos recomeça. A depressão como fenômeno bioenergético é análoga aos restos do balão cheio que estourou — um pedaço de borracha flácida. Isso produz perda de autoestima. No entanto, eu não concordaria com a interpretação psicológica dada por Fenichel: "A depressão é uma tentativa desesperada de obrigar um objeto incorporado oralmente a conceder perdão, proteção, amor e segurança". Ela é, em vez disso, o resultado do fracasso dessa tentativa. É fácil entender os sentimentos subjetivos de perda e vazio na depressão.

O corpo em terapia

Devido à necessidade de aceitação e afeto ser tão grande no caráter oral, ele não pode encouraçar — e não encouraça — como uma estrutura rígida de caráter. Sua dependência cria uma extrema sensibilidade ao ambiente. Sob circunstâncias favoráveis, isto é, com aceitação e afeto, esse é o desabrochar do caráter oral. Se as condições se tornam desfavoráveis, ele reage com irritabilidade. Sua tolerância à tensão é muito baixa. O princípio da realidade é fracamente desenvolvido.

A depressão pode ser prevenida de dois modos. Se o desapontamento leva ao choro, a formação de impulso está mantida. Essa é a reação natural infantil à privação. Ela também funciona na vida adulta como um meio eficiente de liberar determinadas tensões. O bebê não tem outro jeito de relaxar a tensão. É somente bem mais tarde, quando se desenvolve a coordenação muscular, que ele se torna apto a reagir às frustrações com raiva. Raiva e choro têm duas funções diferentes. A raiva é dirigida contra um obstáculo interposto entre o desejo e seu objeto. Seu objetivo é remover esse obstáculo. A raiva não é a reação adequada à perda de um objeto amado. O sentimento de perda requer lágrimas. Ambas as reações, contudo, funcionariam no sentido de prevenir o aparecimento de uma depressão no adulto.

Somos então levados a considerar os fatores genéticos no desenvolvimento da estrutura do caráter oral. Por sua designação, podemos sugerir que a neurose se origina de experiências traumáticas ocorridas em idade muito tenra. O conceito de saco vazio só pode ser explicado pela presunção de uma falta de satisfação durante o primeiro ano de vida da criança. O bebê que mais tarde desenvolve uma estrutura de caráter oral é como a pessoa que tem fome mesmo depois da refeição. Obviamente, a refeição não foi suficiente. Não apenas deixou de proporcionar uma sensação de pleno prazer como foi insuficiente para satisfazer as necessidades energéticas do bebê. O bebê anseia pela mãe e chora. A neurose não se desenvolverá enquanto persistir o choro, porque ele impede uma "depressão primal". Mas por quanto tempo uma criança consegue chorar?

Podemos ilustrar com um exemplo extraído de outra situação não muito diferente. Alguns amigos me contaram como conseguiam fazer seu bebê dormir cedo. Uma noite, ele foi levado para a cama às sete horas e os pais saíram do quarto. Ele começou a chorar e chorou continuamente durante quatro horas ou mais, mas os pais recusaram-se a responder. Por fim, ele adormeceu. Na noite seguinte, quando o puseram na cama às sete horas, ele

Alexander Lowen

chorou apenas por uma hora antes de adormecer. Depois disso, quando era posto na cama às sete horas, não fazia nenhum barulho e logo dormia. É preciso reconhecer que nem toda criança é igual. Algumas têm mais energia e lutarão com mais empenho contra a privação. Mas qualquer criança que chora até ficar exausta só para porque a agonia e a dor se tornam intoleráveis. Quando experiências assim são revividas em sessões terapêuticas, às vezes o paciente diz: "Eu me sinto como se meu coração fosse arrebentar". Em geral, o choro reprimido é experienciado como uma tensão insuportável no abdome. As vísceras se contraem como se tivessem sido torcidas. Basta observar as reações dos pacientes quando o choro se intensifica para perceber isso. A criança que chora até se esgotar vai aos poucos sufocando o anseio pela mãe. Se concordamos que a neurose não se desenvolve a partir de uma única experiência traumática, mas de um padrão de repetidas privações, podemos compreender melhor o poder das forças envolvidas.

O caráter oral se desenvolve quando o anseio pela mãe é reprimido antes que as necessidades orais sejam satisfeitas. Essa situação provoca um conflito inconsciente entre necessidade, de um lado, e medo do desapontamento, de outro. Mais tarde, a repressão é mantida pela estruturação desse conflito na atitude corporal. Psicologicamente, podemos falar do medo de reviver a agonia do sofrimento do início da infância, da hostilidade inconsciente, do anseio reprimido. O ego desistiu de sua demanda consciente de mais suprimento. A criança faz uma tentativa heroica de funcionar com independência, no que tem sucesso parcial. Mas as necessidades orais insatisfeitas ainda estão ativas no nível inconsciente. Encontram uma segunda oportunidade de se afirmar quando a função genital se estabelece em definitivo, após a puberdade. O problema original agora aparece como um transtorno da genitalidade. O desapontamento nesse nível ativa o conflito original, que aos poucos se expande para abranger todo o funcionamento do indivíduo.

A repressão do anseio pela mãe produz crianças prematuramente independentes, as quais tendem a ser precoces também na fala e na inteligência. O andar pode ser atrasado ou adiantado, mas elas jamais terão segurança nas pernas. O equilíbrio é precário. Suas mães se queixam de que elas caem a todo momento e estão sempre tropeçando em objetos bem visíveis.

Lembro-me de uma criança cuja mãe me consultou porque o filho havia desenvolvido doença celíaca. O menino tinha mais ou menos 3 anos, era muito magro e subdesenvolvido. Quando ele falou, fiquei impressionado.

O garoto tinha um vocabulário e uma fluência verbal que ultrapassavam muito o esperado para sua idade. Tive de comentar quanto ele era inteligente. A mãe levantou as mãos e exclamou: "As pessoas me dizem que ele é inteligente desde que conseguiu ficar em pé". E acrescentou: "Eu quero um filho saudável".

Os primeiros sonhos e lembranças do caráter oral mostram tipicamente sentimentos de abandono e desamparo. O exemplo a seguir é bastante ilustrativo, dado que essa recordação ocorreu várias vezes durante a terapia. O paciente contou que se lembrava de correr atrás da mãe, que era levada por uma estrada dentro de uma carroça. Ele chorava desesperadamente, depois caiu exausto. Sua lembrança seguinte foi a de que, quando acordou, a mãe estava deitada ao seu lado, em sua casa. Essa última recordação não conseguiu superar o sentimento de ser abandonado.

No caso apresentado neste capítulo, uma memória semelhante foi lembrada várias vezes. O paciente estava deitado no berço, chorando pela mãe. O pai aparecia, se debruçava sobre o berço e, com o indicador em riste e expressão severa, advertia o paciente para não chorar, dizendo "shsh". O paciente ficava com muito medo. Cada vez que essa memória retornava, ele ficava furioso com o pai.

Outro paciente tinha uma fantasia recorrente que surgia à noite, quando ele apagava as luzes. Ele via um único ponto branco no meio de um campo preto. Essa visão o perturbava muito, e ele tentava descobrir seu significado. Certa noite, quando abriu bem os olhos, ele "viu" que o ponto branco era um grito. Teve então uma imagem de si mesmo deitado em um berço, sozinho e apavorado em um quarto escuro. Ele gritou. Depois se sentiu "empalidecer", enquanto o ponto branco ficava cada vez maior e ia preenchendo todo o campo.

Não concordo que seja possível fixar uma criança no estágio oral por meio da satisfação de suas necessidades. A afirmação de Fenichel sobre isso é incorreta: "Quanto aos fatores que criam a fixação oral, vale o que se diz para outras fixações: os determinantes são satisfações extraordinárias, frustrações extraordinárias ou combinações de ambos, sobretudo a combinação de satisfação oral com alguma garantia tranquilizadora de segurança".[106]

No estágio oral do desenvolvimento, a criança só é menos dependente da mãe que o embrião ou feto. Logicamente, pode-se comparar o bebê amamentado com o fruto amadurecendo na árvore; o mamilo corresponde

Alexander Lowen

ao caule. Ocorre com o fruto uma separação natural quando ele está completamente maduro. Ele cai no chão para começar uma vida independente, enraizando-se na "mãe" terra. Somente o fruto imaturo resiste à sua separação da árvore. Por certo, a combinação de "satisfação oral com alguma garantia tranquilizadora de segurança" seria considerada ideal para a criança. A frustração extraordinária seria um determinante de um traço oral. Há apenas uma combinação que poderia produzir uma fixação oral sem uma privação oral específica: a satisfação oral associada a uma insegurança básica é um dos fatores etiológicos no desenvolvimento de um caráter psicopático. O caráter psicopático tem forte fixação oral. Além disso, há na maioria dos casos uma subestrutura masoquista. Porém, a dinâmica da estrutura do caráter psicopático é tão complicada que deve ser reservada para um estudo à parte.

A analogia entre o caráter oral e o fruto verde pode ir ainda mais longe. No caso da fruta, quanto mais madura antes de se separar da árvore, mais açúcar natural contém — e, portanto, é mais doce. A fruta verde é amarga, como o organismo imaturo que perde cedo demais a conexão vital com a mãe. O caráter oral é amargo, e sua amargura é encontrada em toda pessoa que tenha um forte elemento oral em sua estrutura.

Assim como a fruta verde não consegue se enraizar satisfatoriamente, o organismo humano imaturo tem uma grande dificuldade de estabelecer suas raízes funcionais na realidade. A contrapartida física desse problema é a inadequação das pernas e dos pés. A função de suporte e locomoção nas extremidades inferiores depende do contato com o chão. No caráter oral, a fraqueza das extremidades inferiores impede o desenvolvimento da independência e da agressividade essenciais ao funcionamento do adulto maduro. A análise bioenergética confirma constantemente a identidade funcional desses processos dinâmicos com seus conceitos psicológicos análogos.

Se parece que a criança é fixada no estágio oral por indulgência excessiva, investigações mais profundas muitas vezes revelam uma falta grave de apoio materno no início da vida. Não há quantidade de brinquedos, roupas ou satisfação de vontades materiais que substitua, para a criança, a ausência de contato físico e afeto. Essas crianças podem agir como seres mimados. Parece que conseguem tudo que querem, mas não são felizes. O que realmente queriam — contato com o corpo da mãe — foi negado; reprimido esse desejo, agora nada as fará felizes.

O corpo em terapia

Sem o conhecimento desses conceitos dinâmicos, o problema terapêutico proposto pela estrutura de caráter oral é um dos mais difíceis na terapia analítica. Não se pode proporcionar o amor da mãe, nem mesmo um substituto adequado para ele. Mas, mesmo que isso fosse possível, não resolveria o problema. Esses pacientes não são mais crianças e necessitam um padrão adulto de funcionamento. Para tanto, é preciso desenvolver e fortalecer raízes que permitam o funcionamento integral de uma existência independente. Isto acontece em dois níveis. Psicologicamente, as resistências devem ser analisadas e eliminadas, de modo que o paciente possa constituir boas relações amorosas e laborais. Ao mesmo tempo, a terapia física fortalece as pernas e estabelece um bom contato com o chão, o que é necessário. A independência de todos os organismos adultos é mantida por sua relação de dependência com a mãe universal, a terra.

Vimos que a energia necessária para abastecer o organismo está disponível no ambiente, mas que o caráter oral é incapaz de captá-la. Sua agressividade deve ser mobilizada e disponibilizada. Não é tarefa fácil, porque mesmo que o paciente consiga sentir a falta de agressividade, devem ser eliminados muitos bloqueios e resistências profundamente instalados para mobilizar o impulso. O medo da rejeição, do abandono e da dor física é real. Reagimos a ele com a realidade do sofrimento atual real em que o caráter oral se encontra. Como o caráter oral não nega a realidade objetiva, como o fazem o esquizofrênico e o caráter esquizoide, o problema cede quando há paciência, apoio e a lógica consistente da realidade adulta.

No caráter oral, o apoio se dá de duas maneiras. Em primeiro lugar, o ambiente terapêutico deve ser favorável. Isso é mais verdadeiro para o caráter oral do que para qualquer outro problema neurótico. Requer a aceitação do paciente como indivíduo. Ele precisa sentir que o terapeuta está do seu lado e não o abandonará. Em segundo, é necessário reconhecer que suas queixas são justas. Somente nessas condições ele concordará com a insistência do analista na necessidade de aceitar a realidade adulta. O caráter oral muda à medida que seu funcionamento adulto melhora. A análise do caráter deve ser feita de maneira sistemática e concomitante ao trabalho com as tensões musculares.

Começamos a terapia bioenergética pelas pernas. Elas são fortalecidas por exercícios especiais e os pés recebem mais energia. O trabalho com as pernas é fundamental e continua durante toda a terapia. A direção do

Alexander Lowen

crescimento biológico é da cabeça para baixo, mas a terapia bioenergética é orientada do chão para cima.

As tensões musculares nas costas e nos ombros devem ser liberadas. Movimentos de extensão e de bater são incentivados nas sessões. A abertura contraída da garganta deve ser alargada para possibilitar maior absorção de energia pela respiração. Todo o trabalho corporal é funcionalmente orientado para o objetivo final: aumentar a sensação genital e a capacidade de descarga genital. Quando a carga genital aumenta, também aumenta a carga na cabeça, havendo uma melhor apreensão da realidade exterior.

Se o ego está inflado, deve ser esvaziado aos poucos. Não é possível construir um progresso substancial e permanente no funcionamento do paciente antes que ele encontre seus alicerces. Ao longo do tratamento, ele deve ser mantido em contato com a realidade no trabalho e no amor. Esse pode parecer um comentário óbvio, mas sua aplicação não é tão simples. O paciente que se queixa de dificuldades no emprego pode ter motivos justos para reclamar. Contudo, essas queixas não podem servir como desculpa para que ele siga sem rumo, mudando de uma atividade para outra. Na luta pela manutenção de seu funcionamento, o caráter oral adquire força e segurança até mesmo em situações difíceis. Deixar-se levar pela correnteza impede o desenvolvimento de raízes funcionais, tão necessárias ao crescimento.

Esse esboço da tarefa terapêutica tem o intuito de ser um guia, não uma fórmula. O processo analítico requer que o paciente seja conscientizado de seus problemas e que sua energia seja mobilizada para efetivar a solução deles. Porém, não há substituto para o sentimento intuitivo do analista sobre cada paciente, nem regras que possam determinar sua resposta imediata. Não existem dois caráteres exatamente iguais. Embora as diferenças energéticas sejam essencialmente quantitativas, sua expressão emocional no comportamento tem um aspecto qualitativo. Vou apontar o problema conforme ele se manifestou em vários casos diferentes.

Uma moça de 26 anos que estava em terapia havia algum tempo apresentou mais ou menos todos os traços e sintomas relacionados ao caráter oral. Sua aparência física era arredondada, mas a gordura subcutânea era incomumente macia e a pele se marcava facilmente por hematomas. A atividade física era mínima, e o trabalho com as tensões musculares foi experienciado de modo doloroso. O reflexo de ânsia, muito difícil de provocar, estava associado a um medo intenso. Ela o expressou como medo do que

O corpo em terapia

aconteceria com sua cabeça caso cedesse à ânsia. Foi impossível fazer a paciente tentar dar uma cambalhota, mesmo com meu auxílio. Ela sentia um medo desesperado de perder o controle. Queixava-se de medo de morrer e sofria com pesadelos medonhos. Tinha dificuldade de entrar em movimento de manhã e se atrasava todo dia para o trabalho. O medo intenso do movimento energético no corpo, ao lado da falta de turgidez na pele, apontava para um organismo muito subcarregado. Após meses de análise de caráter e trabalho bioenergético, o problema foi enfrentado na questão dos atrasos. Quando a paciente aceitou a lógica da exigência de pontualidade no trabalho, houve uma mudança acentuada de atitude. A necessidade de exercício físico foi aceita em seguida e, com um esforço físico mais sustentado, houve considerável melhoria em sua situação.

Outro paciente era um rapaz de quase 30 anos. Ele era alto e magro, e tinha os pés tão chatos que pendiam para dentro. Não estava trabalhando no início da terapia. Havia desistido do último emprego dois anos antes. Morava na casa dos pais, que o sustentavam. Ele respondeu rapidamente no nível físico, mas não houve nenhum esforço para encontrar um emprego. Queixava-se muito da relação com a namorada. Sentia que ela não lhe dava afeto, apoio e compreensão suficientes, longe disso. Se ela o fizesse, ele procuraria trabalho.

Logo após o início da terapia, o rapaz foi morar em um apartamento pequeno com um dinheiro que havia herdado do pai. Ficou claro, então, que ele não faria nenhum movimento antes que aquele dinheiro acabasse. Apesar de toda a análise de sua ansiedade em apresentar-se para disputar uma vaga, ele não fez nenhuma tentativa de encontrar um emprego. O dinheiro acabou. Apontei então que, enquanto alguém o sustentasse, ele não encararia a necessidade de se tornar independente. Interrompi a ajuda terapêutica com base no fato de ele não poderia pagar pelo atendimento. Não o abandonei, mas disse que voltasse tão logo conseguisse um emprego. É uma atitude complicada, mas deve ser assumida para que o paciente entenda a base da ação. Ao mesmo tempo, a namorada também rompeu o relacionamento com ele.

Eu o encontrei seis meses mais tarde, quando ele estava trabalhando e se mostrava ansioso por voltar à terapia. O que o manteve motivado foi sentir que a abordagem física oferecia uma solução real. Iniciamos no nível físico intensamente. Não houve mais queixas. Ele melhorou tanto que fiquei impressionado. Ganhou peso, alargou o corpo e seus pés endireitaram. Ele começou um novo relacionamento com uma moça, mas precisei ajudá-lo a compreender suas responsabilidades na situação. Antes que o ano terminasse, ele havia dobrado seu salário. Disse que jamais voltaria a viver como antes.

É necessário fazer um diagnóstico de caráter antes de tratar a neurose? Não podemos analisar as resistências à medida que aparecem e obter os mesmos resultados? É claro que devemos analisar as resistências sistematicamente conforme emergem. Porém, uma mudança caracterológica não acontece até que as resistências sejam vistas como uma constelação que então se torna óbvia para o paciente como sua estrutura de caráter. Sem isso, duvido que possa haver um fim para o número de resistências que podem aparecer. Uma vez delineado o caráter, o paciente reconhece e compreende as próprias resistências. Desse modo, chega-se a um diagnóstico mais cedo ou mais tarde. É como montar um quebra-cabeça. Conhecer o cenário geral simplifica muito a tarefa. Só se alcança o sucesso quando o cenário total é montado.

Há um aspecto da estrutura de caráter oral que temos observado comumente, mas não discutimos. Vê-se com frequência que o indivíduo alto, magro e astênico tem uma estrutura de caráter oral ou um elemento oral muito forte em sua constituição. Não creio que essa relação seja acidental. Se a forma e o movimento são funções da dinâmica energética, também o crescimento deve estar sujeito a essas leis. Psicologicamente, o caráter oral está "lá em cima", ou seja, acima da terra. Seu padrão de comportamento é o oposto do que chamamos de "pé no chão".

Há algum tempo, apresentei um caso de uma estrutura de caráter oral a psiquiatras e analistas que participavam de um seminário. O paciente era um rapaz de quase 1,95m, com pernas excepcionalmente longas e finas. Sempre havia sido alto, mesmo quando criança. Disse o médico da família que ele "cresceu muito depressa", e foi a primeira vez que essa frase fez sentido para mim. Todos na família tinham estatura mediana. Quando discutimos seu passado, ele disse que a mãe o chamava de "seu homenzinho" quando ele ainda era bem novo. Ela sempre o vestia com capricho. Ele nutria amargura pela mãe. O supercrescimento poderia ser interpretado como um desejo de crescer logo para ser o homenzinho da mãe ou como uma tentativa de crescer rápido para fugir dela. Nesse segundo sentido, isso

O corpo em terapia

também poderia ser interpretado como um afastamento da terra. Qualquer que seja a interpretação, o entendimento completo desse problema dependerá do conhecimento da dinâmica energética das funções endócrinas.[107]

Psicológica e somaticamente, o caráter oral é consequência de maturação e independência forçadas ou rápidas demais. Se as raízes são fracas e falta a ancoragem adequada, a energia do organismo sobe. Nas plantas, isso produziria um caule ou tronco fino e o desenvolvimento prematuro de folhas e flores. Podamos nossas plantas a fim de fortalecer suas raízes. Por que deveríamos privar nossa prole humana de sua infância biológica naturalmente longa? Essa é a melhor garantia de saúde e felicidade na vida adulta. É preciso lamentar a tendência de que as crianças pequenas amadureçam muito rápido. Não fosse pela retomada da amamentação entre as mulheres americanas, a situação das gerações futuras deste país seria grave. Também é animador encontrar mães que amamentam os filhos por mais de um ano. Seus relatos sobre a importância dessa prática natural para a criança podem induzir outras mães a fazer a mesma coisa.

A fim de compreender adequadamente a natureza da estrutura do caráter oral e da oralidade na formação de caráter, é preciso compará-la a outros tipos, sobretudo à estrutura masoquista. Deve-se ter em mente que os efeitos da privação, se não produzem um caráter oral, têm um importante papel na formação da estrutura de caráter nos mais altos níveis de organização do ego. Assim como uma criança experiencia um sentimento de privação nos primeiros anos de vida, genitalidade, independência e responsabilidade também estarão enfraquecidas.

O problema da formação e da estrutura de caráter seria fácil se os fatores biológicos de necessidade oral e satisfação genital fossem seus únicos determinantes. O masoquismo, contudo, introduz um elemento muito especial. Focalizemos nossa atenção nesse problema.

10. O caráter masoquista (1)

O masoquismo foi e ainda é um dos mais difíceis problemas terapêuticos enfrentados pela psiquiatria analítica. Com um analista solidário e competente, o caráter oral responde bem à interpretação analítica. Embora o progresso seja lento, é seguro e consistente. Mas não com o masoquista. Após uma melhora superficial, geralmente há uma regressão aos antigos sintomas e queixas, e esse padrão tende a se repetir durante o curso da análise. Essa resposta se tornou conhecida como "reação terapêutica negativa".

O fracasso de Freud em vencer essa "reação terapêutica negativa" no caso do masoquismo o levou a formular o conceito de instinto de morte, embora a justificativa teórica para o conceito também se baseasse em outras observações. Por outro lado, a solução clínica de Reich para o problema do masoquismo apontava o caminho para a compreensão da base biológica da neurose. Reich publicou suas observações pela primeira vez em 1932, em um artigo intitulado "Der Masochistischer Character", que mais tarde se tornou um dos capítulos de um estudo mais abrangente, *Análise do caráter* — que ainda hoje constitui um dos grandes feitos da teoria e da técnica psicanalíticas. Embora eu cite largamente o artigo de Reich, sugiro que o leitor o estude cuidadosamente para a completa apreensão psicanalítica do problema.

A refutação clínica da teoria do instinto de morte por Reich não invalidou totalmente as deduções de Freud. Se negamos a existência de um masoquismo primário, isto é, de um instinto de morte, ainda concordamos que o masoquismo clínico é um sadismo voltado contra si mesmo. O problema do mecanismo pelo qual um impulso se volta para dentro contra o indivíduo não foi explicado por Reich, embora as condições que desencadeiam esse mecanismo e seus resultados tenham sido plenamente elucidados.

Originalmente, o masoquismo foi estudado como uma aberração do comportamento sexual. Freud havia indicado, bem no início, que o masoquismo poderia existir em formas nas quais faltavam as perversões masoquistas ou as fantasias masoquistas de espancamento. Ele chamou essas formas de masoquismo moral e masoquismo feminino. Reich resolveu o problema clínico não se concentrando na perversão masoquista, como era habitual, mas pela análise da sua base caracterológica de reação. Assim, ele introduziu o conceito de caráter masoquista, o qual, apesar de ter sido publicado há muito tempo, ainda não foi inteiramente compreendido por terapeutas com formação analítica. No caso a seguir, a ausência de uma perversão masoquista ou de fantasias masoquistas de espancamento não afeta de modo algum a designação do caráter.

O paciente procurou terapia depois de ter se submetido a mais de cinco anos de tratamento. Estava motivado a recomeçar a análise devido a experiências vividas durante uma viagem de negócios ao exterior. Todos os antigos sintomas haviam retornado de modo exacerbado. Ele desenvolveu uma intensa ansiedade, que quase o paralisava, e uma forte dor lombar, além de ter sofrido várias crises espasmódicas e perdido peso. Não conseguiu continuar trabalhando e foi forçado a voltar à terapia. As queixas eram as mesmas de quando ele começou o tratamento, destacando-se um sentimento de ansiedade que podia se intensificar a ponto de o paciente ficar frenético. Ele se queixava de ausência quase total de prazer genital na relação sexual, dizendo que, se sentisse tal prazer, poderia funcionar melhor. Às vezes sofria de uma inércia, período durante o qual passava horas sentado e pensativo. Contudo, podia ser facilmente tirado desse estado. Também se queixava de sentimentos negativos pelos outros: desprezo, ressentimento, desejo de menosprezar. Apresentava duas queixas físicas: a perda de cabelo, que era seco e grisalho embora ele ainda fosse jovem, e o aparecimento de varizes nas pernas.

É instrutivo analisar as queixas que o paciente traz. O masoquista sofre muito de ansiedade. No entanto, já vimos que o caráter oral também pode ter muita ansiedade. Nesse aspecto, são diferentes dos tipos de caráter passivo-feminino e rígido, que, devido a um maior desenvolvimento do ego, são capazes de reprimir a ansiedade, exceto em circunstâncias especiais. Mas a ansiedade sentida pelo masoquista e pelo oral é diferente. O masoquista a experiencia quando está sob pressão no ambiente profissional ou em relacionamentos sociais, enquanto o oral fica ansioso antes de deparar com a situação. Embora essa diferença seja pequena, ela é importante, porque é a

O corpo em terapia

sensação de estar continuamente sob grande pressão que caracteriza o ego masoquista. A inércia do masoquista não é o equivalente da depressão do caráter oral. Um paciente de Reich a descreveu como o "pântano ou atoleiro masoquista", ambas expressões muito adequadas. Sentimentos negativos conscientes nunca são encontrados em outros tipos de caráter na proporção em que são sentidos ou expressos pelo masoquista.

A autobiografia desse paciente, escrita no período inicial da terapia comigo, é bastante instrutiva. Além de ele ter estado em terapia anteriormente por muitos anos, suas recordações são muito claras. "Problemas com o vaso sanitário" o atormentaram na infância. Ele comenta: "Ameaçando me bater, minha mãe me forçava a sentar no vaso sanitário durante uma ou duas horas e tentar 'fazer' alguma coisa, mas eu não conseguia". Após os 2 anos de idade, ele se lembra, tinha prisão de ventre e a mãe introduzia o dedo em seu ânus para o estimular. Recebeu enemas frequentes até os 7 anos, bem como laxantes de gosto medonho. Além das dificuldades com o treino para uso do vaso sanitário, a alimentação constituía outro problema grave.

Na minha mente, quando olho para trás, não é que eu não comesse. É que eu não comia o bastante. Minha mãe me empurrava uma quantidade enorme de comida garganta abaixo... Lembro que, mais ou menos aos 3 ou 4 anos, eu corria em volta da mesa da cozinha e minha mãe me perseguia, carregando uma colher cheia de algum alimento que eu não queria e, na outra mão, um cinto, repetindo a ameaça frequente de me dar uma surra... Uma das piores coisas que ela fazia era ameaçar me abandonar ou se jogar do telhado e se matar se eu não comesse tudo. Ela realmente saía do apartamento para o corredor e desabava no chão, chorando histericamente.

Dos 2 anos e meio até os 4 anos, ele tinha pesadelos horrorosos. "Eu acordava aterrorizado e via o quarto crescer infinitamente e o rosto de um homem me espiando do canto". Esse rosto reapareceu nos anos seguintes e também durante a terapia. Aos 3 ou 4 anos, e algum tempo depois disso, o paciente notou que seu pênis se retraía para o saco escrotal. A partir dos 5 anos, ele passou a ter medos irracionais, que, na época em que procurou a terapia pela primeira vez, se haviam desenvolvido em sintomas quase paranoicos.

Embora fosse forte e fisicamente grande quando menino, "tinha muito medo de entrar em luta corporal com qualquer pessoa". Não defendia seus direitos. Sofria inúmeras experiências humilhantes de pequeno porte. Quando criança, dormia no mesmo quarto dos pais. Lembra-se de que sentia medo quando os ouvia tendo relações sexuais. Quanto ao pai, recorda-se de ter dado passeios ocasionais com ele. A mãe usava o pai como ameaça, mas ele diz que nunca apanhou dele. Aos 7 anos de idade, viu o pênis grande e adulto do pai e ficou impressionado.

A masturbação começou aos 9 anos; a puberdade aos 10. Logo em seguida, ele começou a ter "horríveis sentimentos de aflição" quando se masturbava, e escreveu que isso ainda o atormentava. Durante toda a adolescência, ele se masturbou regularmente, sempre com uma "urgência horrível, aflição e culpa".

Também foi logo depois da puberdade que sua doença emocional se apresentou plenamente.

A primeira ansiedade terrível que senti ocorreu mais ou menos dos 11 para os 12 anos e foi causada pelo pensamento de ter relações sexuais com uma garota. Eu enrubescia, me atrapalhava, me sentia ansioso e aflito ao mesmo tempo. Nunca conseguia ficar a menos de um metro e meio de uma menina, apesar da vontade, porque se me aproximasse eu paralisava de ansiedade. Isso continuou até os 17 anos, e ainda acontece hoje em dia, às vezes com a mesma gravidade.

Ele localiza a interrupção em seu funcionamento entre os 11 e os 12 anos, quando teve início sua aflição sexual. "A partir de então, minha personalidade foi o que é hoje: ansiosa, sofrida, desejosa etc." Embora não se concentrasse muito, no ensino médio sua nota média era quase nove. Teve menos sucesso na faculdade, mas concluiu o curso sem problemas.

Fiz citações mais ou menos longas da autobiografia do paciente para mostrar o sofrimento e a frustração reais que ele experimentou. Completarei o quadro descrevendo sua aparência física. Era bem constituído, musculoso, com peito e ombros largos. Tinha uma pele escura e o cabelo era preto, que ia ficando grisalho e ralo. O rosto em descanso não tinha expressão especial; sob condições de esforço emocional, se contorcia numa forte expressão de desagrado e desprezo. Ao mesmo tempo, a parte posterior do pescoço ficava

O corpo em terapia

tensa numa forte contração. A expressão dessa contração no pescoço e na face podia ser interpretada como obstinação extrema. Notava-se que o peito se movia facilmente com a respiração e o abdome era macio. Também isso mudava sob a influência de sentimentos fortes. Os músculos abdominais enrijeciam em um nó apertado. As nádegas se contraíam e a pelve era projetada para a frente e para cima. Os ombros eram sustentados com firmeza, mas não abertos. Era óbvia uma acentuada rigidez nas coxas e pernas. As articulações dos joelhos e cotovelos eram bastante inflexíveis, de modo que era difícil flexioná-las. Os pés contraídos formavam um arco alto. Os dedos não se separavam.

Com base no histórico do paciente e em suas queixas, é relativamente fácil fazer o diagnóstico de masoquismo nesse caso. Veremos que é igualmente fácil chegar ao diagnóstico a partir da estrutura e da função do corpo, uma vez que sua expressão é compreendida. Vejamos mais de perto esse problema de caráter.

Reich resumiu os principais traços do caráter masoquista do seguinte modo:

Subjetivamente, uma sensação crônica de sofrimento que, objetivamente, aparece como uma tendência para reclamar; tendências crônicas para autodestruição e autodepreciação (masoquismo moral) e uma compulsão para torturar os outros que faz o paciente sofrer tanto quanto o objeto. Todos os caráteres masoquistas mostram um comportamento estático, especificamente desajeitado em suas maneiras e na relação com outros, em geral tão acentuado que dá a impressão de déficit intelectual.

De acordo com Reich, é somente quando todos esses elementos estão presentes, determinando a base da personalidade e suas reações típicas, que eles se somam na estrutura de caráter masoquista.

Tratei desse caso há muitos anos, e gostaria de recordar essa experiência. No início, não reconheci a estrutura de caráter masoquista desse paciente. Meu raciocínio estava, naquela época, orientado para linhas de tensão muscular e bloqueios de energia, e eu havia me afastado dos conceitos analíticos de caráter. Comecei tentando reduzir as tensões na parte posterior do pescoço e na base do crânio. Esse trabalho, associado ao fato de o paciente bater no divã, produziu alguma melhora. O paciente dizia sentir a cabeça melhor e mais leve. Embora os efeitos durassem apenas um ou dois dias, isso se repetia a cada sessão. Mas nada mais acontecia. O paciente cooperava bastante e expressava suas queixas com sensatez. Como não consegui avançar nesse caminho, voltei a atenção para outros aspectos de sua função corporal.

Quando o paciente tentava expirar profundamente, como em um suspiro intenso, o peito relaxava, mas as ondas descendentes acumulavam-se num nó apertado no meio do abdome. Como vimos, acontecia a mesma coisa quando ele estava sob a influência de forte emoção, como no choro. Isso me fez pensar em alguém fazendo força para evacuar. O paciente parecia tentar expelir alguma coisa contra uma resistência. Durante a discussão dessa atitude, veio à luz o histórico das experiências do paciente com o desfralde. A autobiografia que citei foi escrita mais tarde. Ele disse que havia sentido essa tensão no abdome enquanto trabalhava Independentemente das condições, sempre se sentia sob pressão no trabalho e precisava se esforçar para conseguir algum alívio. Se a pressão no abdome ficava muito forte, evoluía para uma sensação de descontrole emocional.

Ficou clara para mim uma característica básica do funcionamento desse paciente. Seu comportamento recapitulava as experiências iniciais com o vaso sanitário. Por um lado, o funcionamento anal e geral era bloqueado por uma intensa obstinação inconsciente que poderia ser traduzida por "não vou". Por outro, as exigências da vida requeriam que ele produzisse alguma coisa no trabalho, bem como pelo ânus. Ele precisava se movimentar (e ter movimentos intestinais), independentemente de sua retenção, mas não conseguia fazê-lo naturalmente. A única possibilidade era empurrar no sentido oposto, expulsar contra a resistência. Dadas as graves tensões, o esforço é compreensível e necessário. Infelizmente, o esforço aumenta a resistência, e o paciente ficou preso em um círculo vicioso. Ele percebia a tensão na parte posterior do pescoço como ódio e ressentimento, mas não tinha controle sobre isso.

O que descrevi aqui como a característica típica do funcionamento desse paciente pode ser observado em todos os caráteres masoquistas. Eles fazem esforço para empurrar ou expulsar e todos contraem o abdome para ter alguma descarga emocional. É típico de paciente masoquista espremer o pênis durante a masturbação ou no momento da ejaculação. Traduzindo para uma escala maior, podemos dizer que o masoquista não nega a

O corpo em terapia

realidade como faz o esquizofrênico, nem rejeita suas demandas, como o caráter oral. Aceita a realidade ao mesmo tempo em que luta contra ela, admite a racionalidade de suas exigências ao mesmo tempo em que resiste a elas. Está num terrível conflito como nenhum outro caráter.

Já que eu tinha observado esse padrão regular nos dois primeiros pacientes masoquistas que havia tratado, senti que eram realmente caráteres anais. Nenhum dos dois, contudo, se queixava de prisão de ventre nem de qualquer outro distúrbio anal. Não apresentava nenhuma das demais características associadas à descrição freudiana do caráter anal: organização, parcimônia ou obstinação. A obstinação poderia ser interpretada, mas nunca foi expressa ou manifestada de modo visível. Pensei então que se tratava realmente de um funcionamento intestinal ou retal.

Outra consideração respaldava essa ideia. Faltava "espinha dorsal" a ambos os pacientes. Em qualquer situação em que fosse necessária uma posição firme, eles se esforçavam, mas desabavam logo em seguida. Esse colapso também é típico de todas as estruturas de caráter masoquista. Podemos fazer outra interpretação. A falta de uma "sensação de espinha dorsal" faz que os indivíduos contraiam as vísceras para terem uma sensação de sustentação. É claro que isso não fornece a sustentação, sendo o colapso inevitável.

Nessa época, trabalhei com o paciente para mobilizar o ódio na parte posterior de seu pescoço pela forte expressão do "não vou". Também o incentivei a bater no divã para desenvolver a sensação de sustentação pela liberação de raiva. Essas manobras tiveram um bom efeito, e mais uma vez houve melhora ao final de cada sessão, mas que não perdurou ao longo da semana. Ao perguntar sobre a situação do paciente hora a hora, eu recebia as mesmas queixas. Talvez um pouco menos de ansiedade, uma leve diminuição da tendência para fazer força, mas sempre a ausência de prazer sexual, a dominância de sentimentos negativos, a ausência de alegria. Eu estava ficando incomodado. As queixas eram de fato justificáveis, mas eu podia sentir um choramingo na voz dele. Então me ocorreu que precisamente esse gemido revelava seu caráter masoquista. A partir de então, a compreensão bioenergética e a psicanalítica começaram a fluir juntas para mim.

Anteriormente, ele havia se queixado de suas depressões, durante as quais passava horas sentado, pensativo. Foi fácil ver que esse retraimento não era uma depressão real. Ele ficava "empacado" e retido tanto quanto sentia a retenção no abdome durante as sessões. Mais tarde, ele descreveu um desses estados de espírito. Podia acontecer depois de uma discussão com a esposa. Ele ficava preso entre o desejo de "fazer as pazes" e o sentimento também forte de "esperar até que ela me procure". Qualquer movimento da esposa o tirava desse estado, e é justamente nisso que o retraimento difere de uma depressão real. Além disso, o masoquista tem um sistema de energia extremamente carregado. Ele pode ficar travado entre dois impulsos antagônicos, mas é possível despertar sua emoção com facilidade.

Era necessário analisar o gemido. Assim que o apontei, surgiu o ressentimento contra mim. Eu não estava fazendo esforço suficiente para ajudá-lo, ele me desprezava, mas tudo isso era expresso com um tom choroso. Lá estava a provocação masoquista declarada timidamente: "Você não serve. Você não consegue me ajudar". Ele percebeu claramente a conexão entre querer que "eu fizesse isso por ele" e a atitude da mãe de estimular seu ânus para fazê-lo defecar. Como ele reagiria se eu cedesse? Não defecaria em mim, no sentido figurado? Que outro significado eu poderia atribuir a isso, depois de ter trabalhado muito e mostrado a ele resultados positivos?

Reich diz que "a tortura masoquista, a queixa masoquista, a provocação e o sofrimento se explicam com base na frustração, fantasiada ou real, de uma exigência de amor que é excessiva e não pode ser gratificada. Esse mecanismo é específico do caráter masoquista e de nenhuma outra forma de neurose".[108] Mas por que a necessidade de amor é excessiva? Reich diz: "O caráter masoquista tenta aplacar a tensão interna e a ansiedade ameaçadora com um método inadequado, isto é, com demandas de amor na forma de provocação e rancor". É claro, não dá certo. O caráter masoquista sabe que não vai dar certo. Isso já aconteceu muitas vezes. Ele até reconhece. Pode-se dizer então que, em certa medida, ele quer que isso fracasse. É esse o desejo de punição sobre o qual lemos tanto? Há duas outras interpretações. Em primeiro lugar, o fracasso justifica sua inadequação. A culpa pode ser atribuída aos outros. Em segundo lugar, o sucesso é temido porque põe o masoquista em evidência e provoca uma forte ansiedade associada ao exibicionismo.

Durante várias sessões, analisei o comportamento do paciente em relação ao "atoleiro" masoquista. Ele é como um bêbado que caiu na sarjeta. Geme por socorro, mas quando a mão é estendida, o samaritano é puxado para a sarjeta para se sujar também. Essa não é uma intenção consciente, é o resultado inevitável do padrão de comportamento do caráter masoquista.

O corpo em terapia

Para compreender o problema, é preciso conceber o masoquista como um indivíduo que foi profundamente humilhado e se sente inferior. Seu comportamento pode ser interpretado como "Está vendo, você não é melhor do que eu". Sua história dos primeiros anos de vida não deixa dúvida quanto às humilhações que sofreu.

Esse trabalho analítico produziu a primeira melhora emocional real. O paciente comentou que tinha vivido vários períodos de otimismo durante a semana anterior e que era a primeira vez em mais de um ano que tinha sentimentos bons. Isso não quer dizer que ele estava livre de todas as queixas; elas também estavam lá. No entanto, me senti animado. Otimismo em um caráter masoquista é raro, porque o estado masoquista se baseia em sentimentos profundos de desânimo e desespero.

Durante as seis semanas seguintes, houve uma melhora constante. Os sentimentos otimistas se mantiveram, houve uma redução no choramingo e o paciente desenvolveu a capacidade de tolerar mais energia na cabeça. Isso ficou evidente no brilho dos olhos, na cor do rosto e em como sustentava a cabeça. O fluxo de energia para a cabeça dá a ela uma sensação de leveza e uma aparência mais luminosa. Não houve, no entanto, mudança no prazer genital.

Esse período terminou em consequência de uma discussão que tive com o paciente sobre sua atitude em relação à esposa. Ele a havia criticado por falta de agressividade, mas ela reagiu intensamente à crítica, e em consequência ele se tornou muito moroso e abatido. Entrei na discussão porque não sentia que a solução para o seu problema estivesse na conversão do masoquismo em sadismo. Quando o paciente chegou para a sessão seguinte, estava novamente no atoleiro masoquista. E estava cheio de sentimentos negativos por mim, inclusive ódio, desprezo, o sentimento de que eu não fazia nada por ele etc. Apesar de ter sentido muito medo de mim recentemente, quando me encarou com um olhar direto e franco, achava que eu era um "merda", como ele mesmo disse. Depois de quase um ano de trabalho, as tendências masoquistas resistiam fortemente. Apontei para ele que, apesar do meu esforço que o tirava do abatimento, alguma coisa continuava o empurrando de volta. Algo que ainda era desconhecido. Mas a pista apareceu logo.

Ele comentou que durante a semana anterior, ouvindo Beethoven, havia chorado. Chorar de verdade o havia tirado do atoleiro muitas vezes, mas

Alexander Lowen

dessa vez não funcionou. E ele acrescentou que, enquanto chorava, tinha consciência de um sentimento provocador dentro dele que dizia: "Você não quer chorar; só faz isso para enganar os outros". Então, de repente ficou claro para mim. Era como se um diabo dentro dele estivesse rindo de nós dois, debochando do nosso esforço para libertá-lo do atoleiro. Não sei se essa simples observação teria causado em mim a mesma impressão se eu não tivesse acabado de ler *Os demônios*, de Dostoiévski. Nessa história, o protagonista revela estar possuído pelo demônio. Senti que ali estava o elemento misterioso que desafiava meu trabalho e os esforços do paciente, e encarei com seriedade o conceito de demônio.

Para minha surpresa, o paciente relatou que sentia o "diabo" dentro dele e que, de vez em quando, conseguia vê-lo. O "diabo", segundo o paciente, tinha o rosto de um homem com uma expressão de deboche maldoso, como se dissesse: "Você não vai conseguir, você é realmente imprestável". Por outro lado, quando experienciava o "diabo" dentro de si, sempre se sentia mais forte, melhor e fora do atoleiro masoquista. Era nessas ocasiões que experimentava desprezo pelos outros e se sentia muito superior aos demais. Com respeito à terapia, sua atitude era a seguinte: "Foda-se, eu posso sair dessa sozinho. Não preciso de você. De qualquer modo, você não presta para nada". E ele sabia que fora o "diabo" dentro dele que o levara a criticar a esposa na semana anterior.

O paciente então me contou que era atormentado pelo "diabo" desde que tinha 2 anos de idade. Durante os anos iniciais de sua infância, havia sofrido com pesadelos. Quando estava deitado na cama, à noite, via muitas vezes o "diabo" no canto do quarto, olhando para ele com uma risada de deboche. Ao mesmo tempo, o quarto recuava. Ele ficava apavorado com essas experiências e vivia em terror constante por causa delas.

Outra coisa que se tornou clara a respeito do paciente foi o significado de sua expressão facial e corporal. Quando ele batia no divã, o olhar ficava parado, as sobrancelhas se erguiam e apareciam duas linhas que irradiavam a partir das sobrancelhas para cima e para fora. Além disso, ele sorria de um jeito maldoso, que o deixava realmente parecido com um "diabo". Não há dúvida de que o paciente via uma projeção da própria expressão, pois sua descrição do diabo correspondia ao que eu via em seu rosto. Não sei explicar como isso acontece, mas podemos fazer alguns comentários quanto à natureza e à função do "diabo".

O corpo em terapia

Com base na descrição que o paciente fazia da mãe e das muitas coisas que relatou sobre ela, não tenho dúvidas de que o diabo estava relacionado à sua mãe. Ele me havia descrito as profundas humilhações que sofreu em suas mãos. Ela criticava cada movimento que ele fazia, chamava-o por nomes degradantes e dizia que ele não prestava para nada. Ria dele e o ridicularizava. A constante e exagerada ênfase na alimentação e defecação minou a confiança da criança nos próprios sentimentos. Mas ainda mais desastroso para o ego em desenvolvimento foi a prática de inserir o dedo no ânus da criança para provocar os movimentos intestinais. Com essa associação de satisfação erótica e humilhação, ela minou a independência da personalidade em crescimento. O papel do pai na situação parece ter sido passivo. Ele era só um "estranho misterioso" sobre o qual a criança projetava seus sentimentos mais íntimos.

Nessa tentativa de proteger o próprio ego, a criança adotaria o método de seus opressores; uso essa última palavra com deliberação e cautela. Acredito que esse é um mecanismo importante no processo de identificação entre criança e pais. Adotamos as táticas do inimigo a fim de derrotá-lo. Em todas as situações, esse paciente derrotou a mãe no jogo dela. Tornou-se mais ardiloso, mais insolente, mais detestável etc. Só assim sobreviveu. Se a criança adota os métodos do diabo, na verdade vende sua alma para ele, que então se apodera da criança. Agora, o diabo está no paciente. Suas visões futuras são de si mesmo, projetadas no rosto de outra pessoa. "Era um rosto de homem adulto que olhava para mim com desprezo, com a boca aberta, os dentes cintilando, sobrancelhas levantadas, o rosto irradiando uma luminosidade demoníaca. Isto geralmente acontecia no escuro, acompanhando uma espécie de rotação da 'escuridão'."

O paciente sabe que isso vem de dentro. "Na última sessão de terapia, eu realmente chamei a coisa de 'diabo' e a associei à 'teimosia involuntária' que há em mim. O que permitiu a associação foi a 'desconfiança' que acompanhava meus sentimentos negativos e o deboche em meu rosto. É como quando você faz um comentário sobre algum assunto e uma desconfiança me invade e ouço a voz diabólica, que diz: 'O que você sabe a respeito disso, hein, seu monte de estrume?' etc. etc. Essas parecem ser coisas que eu diria à minha mãe ou ela para mim".

Duas semanas mais tarde, o paciente me contou que havia identificado a expressão sarcástica do diabo com um sentimento sorrateiro nos genitais e

Alexander Lowen

no corpo todo. Ele reconhecia essa sensação sorrateira como a base de sua atração por mulheres e compreendeu sua relação com pornografia.

Ultrapassa o escopo deste capítulo entrar em uma discussão completa sobre o fenômeno do diabo. Reich o descreveu no processo esquizofrênico. Observei uma função diabólica em cada estrutura de caráter masoquista. É uma força negativa que se expressa em dúvida e desconfiança, o oposto dos sentimentos de fé e amor. O diabo faz seu trabalho sujo bloqueando todo impulso expansivo extrovertido com dúvida ou desconfiança. No caráter masoquista, a desconfiança, fundamentada em experiências infantis, está profundamente entrincheirada e resiste, obstinada, aos ataques. Enquanto ela existe, deve-se esperar uma reação terapêutica negativa. Ela só pode ser desalojada por cuidadosa exposição analítica do caráter. A posição é conquistada apenas temporariamente. À menor sugestão de antagonismo, ela é logo retomada. Mas o diabo pode ser vencido se os sentimentos do coração — amor, Deus — eros, dominam o cérebro e os genitais.

O papel dos olhos no processo de projeção foi observado no seguinte incidente, ocorrido numa sessão posterior: com os olhos arregalados de medo, o paciente comentou que observara a expressão do diabo em meu rosto. Quando o fiz continuar olhando para mim com olhos abertos, porém relaxados, a projeção desapareceu.

Logo depois dessas sessões, o paciente reagiu de um jeito que o libertou temporariamente do estado masoquista. Ele entrou na sessão com um forte sentimento de tristeza. Sem choramingar, expressou seu desconforto nessa condição. Não havia evidências de sentimentos de aflição. Ele falou umas poucas palavras, e tive uma forte intuição para esperar. Quase sempre, começo a sessão ativamente, com uma discussão ou movimentos, mas dessa vez esperei até que ele dissesse alguma coisa.

Em poucos minutos, ele começou a chorar baixinho. O choro não era tão profundo quanto eu esperava, mas não era forçado. Chorando, exclamou "não" muitas vezes de modo espontâneo. Eu conseguia ver as pulsações, conforme a energia se movia através dele e descia para as pernas. Isso continuou por cerca de 20 minutos, durante os quais fiquei sentado em silêncio.

Então, o paciente se conscientizou de bons sentimentos em seu peito, mas sentiu que não conseguiria expressá-los. Perguntei se ele desejava que eu o ajudasse com alguma sugestão. Em resposta à sua aquiescência, disse-lhe

O corpo em terapia

que estendesse os braços e pedisse ajuda. Ele estendeu os braços, mas tudo que conseguiu dizer foi: "Por favor, por favor". Mais tarde, acrescentou: "Por favor, me ajude". Ele poderia endereçar o pedido de ajuda de maneira mais específica? Eu tinha em mente um pedido a Deus. Mas ele não era capaz disso. Disse que "não confiava em ninguém". E então voltou a chorar baixinho.

Depois de certo tempo, apontei que ele era como uma pessoa perdida em um deserto ou em uma floresta de onde não tinha esperança de escapar sozinho. Ele admitiu isso. Não seria, portanto, imperativo que superasse a desconfiança e pedisse ajuda? Sim, era, mas ele não conseguia. Novamente chorou. E de novo sugeri que pedisse a Deus. Imediatamente, ele sentiu que isso era impossível. Então me contou que, quando criança, havia pedido a Deus para impedir que os pais brigassem, mas seu pedido não fora atendido. Respondi que toda prece era respondida na medida em que era sentida e expressa com verdade. Isso se baseia no fato de a prece abrir o coração para o universo externo e, desse modo, servir para libertar tensões e ganhar nova energia. Se uma pessoa ora corretamente, pede força ou alívio de uma carga. Expliquei que não sabíamos quanto ele teria se sentido pior se não houvesse rezado. O paciente começou a chorar baixinho, mas profundamente. Levantou-se do divã e beijou-me nas duas faces. Seus olhos estavam límpidos, livres de desconfiança.

Quase sempre, uma experiência emocional desse tipo se mostra a força que amolece a estrutura de caráter. Foi assim nesse caso. Psicologicamente, as tendências masoquistas diminuíram sobremaneira. Nas sessões seguintes, houve uma ausência quase total dos choramingos e do desprezo e uma acentuada diminuição da profunda desconfiança. Porém, as tensões físicas e os bloqueios que formam a base da atitude do caráter masoquista não são removidas por esse trabalho analítico. Eles não funcionam mais de maneira unitária como uma estrutura de caráter masoquista; assim, cada bloqueio energético pode ser agora atacado de modo individual. O trabalho de fortalecer o fluxo energético para a cabeça e os genitais precisava ser continuado, e até que estivesse mais avançado era possível antecipar outras recaídas no atoleiro masoquista. Mas agora o paciente conhecia o caminho para a saída, e as recaídas eram apenas momentâneas. A terapia continuou por vários meses com um progresso lento, mas acentuado.

Atitudes positivas com respeito à terapia e ao terapeuta ganharam ascendência crescente à medida que o paciente se colocava com mais facilidade nas sessões. A mobilização dos ombros com os golpes no divã proporcionou ao paciente um sentimento de força em ação. Por outro lado, a condição espástica das coxas, pernas e pés exigiram mais trabalho.

Nesse estágio do tratamento, a técnica da terapia bioenergética se desenvolveu para oferecer um trabalho mais intensivo com as tensões dos membros inferiores. Uma estrutura de ego forte só pode ser construída sobre uma base segura e, essa base faltava ao paciente. Além disso, enquanto a insatisfação sexual perdurasse, não se podia contar com uma melhora permanente. A descarga energética, tanto como função genital quanto em termos de movimento, depende de contato com o chão. Nem o pé chato do caráter oral nem os arcos muito contraídos do masoquista permitem estabilidade suficiente. Além do mais, o caráter masoquista geralmente apresenta os músculos da panturrilha e da parte anterior das coxas superdesenvolvidos. Ao mesmo tempo, os músculos e tendões da parte posterior das coxas são bastante tensos. O resultado é a incapacidade para executar uma projeção pélvica normal.

O caráter masoquista projeta a pelve para a frente, não consegue balançá-la. Ele projeta a pelve para frente comprimindo as nádegas uma contra a outra e contraindo os músculos abdominais. É possível entender a pequena quantidade de satisfação genital que ele alcança. O próprio ato de descarga genital no masoquista cria as tensões que impedem a ocorrência de uma descarga efetiva. Em geral, o balanço pélvico durante a relação sexual é controlado pelas pernas. Se estas são fracas, como no caráter oral, ou imobilizadas, como na estrutura masoquista, um movimento pélvico natural é impossível. Veremos no próximo capítulo os motivos de tal imobilização.

Notamos que a tendência a colapsar, ou seja, fracassar e afundar em um sentimento de prostração, é típico do caráter masoquista. Mas ele não colapsa fisicamente por completo; ele não cai no chão. A tensão nos músculos da panturrilha e da frente da coxa se opõe a isso. O movimento é sacrificado em favor da segurança. Menciono tudo isso agora porque foi esse o problema que ataquei nesse paciente durante a fase seguinte da terapia. Pela primeira vez, então, obtive os resultados positivos que tanto desejava.

Quando a pelve foi aos poucos liberada e seu movimento para a frente, desenvolvido, o paciente relatou novos sentimentos de prazer sexual genital. Na verdade, eles eram inconsistentes, mas um passo importante tinha sido dado. E o paciente reconheceu de imediato a validade dessa abordagem.

O corpo em terapia

No entanto, ainda faltava um passo importante. A cada sessão o paciente aguardava que eu lhe dissesse o que fazer. Embora conhecesse os exercícios específicos que usávamos e os resultados que produziam, ele não assumia a responsabilidade pelo início dos movimentos. Poder-se-ia dizer que ele ainda desejava que a mãe "inserisse o dedo em seu ânus" para fazer as coisas funcionarem. Somente depois que isso foi trabalhado analiticamente ocorreu uma melhora de fato consistente.

A terapia bioenergética é fundamentalmente um procedimento analítico. A análise é feita tanto no nível psíquico quanto no somático. A expressão do sentimento verbalmente e pelo movimento é usada para promover uma liberação da emoção bloqueada. Um relatório da terapia com esse paciente estaria incompleto sem pelo menos uma menção ao trabalho analítico efetuado para libertá-lo de muitos de seus traços masoquistas menores: a compulsão para se sobrecarregar de trabalho, a ansiedade diante do prazer, a incapacidade de comprar boas roupas a dificuldade para exprimir afeto.

Quando a terapia desse paciente terminou, ele se sentiu satisfeito com os resultados. Tinha adquirido conhecimento sobre seu transtorno e sentia-se capaz de enfrentar as situações normais da vida sem medo ou fracasso. Acima de tudo, tinha adquirido controle sobre seu corpo e sabia como prevenir ou superar o colapso do ego e dos impulsos sexuais. No entanto, devemos ter em mente a advertência de Reich:

> Não se deve esquecer também que uma dissolução do caráter masoquista não pode acontecer até que o paciente tenha tido um trabalho e uma vida amorosa durante um período razoável, ou seja, durante um bom tempo após o término do tratamento.[109]

Agora podemos discutir os aspectos mais importantes da estrutura de caráter masoquista. O problema central do masoquismo é a aparente necessidade que o masoquista tem de sofrer ou extrair satisfação e prazer da dor, ou de experiências que outras pessoas consideram desagradáveis. No caso habitual, essa necessidade de sofrer encontra expressão nas fantasias masoquistas que acompanham a excitação sexual, ou no comportamento provocativo que leva ao castigar e à humilhação do masoquista. No caso da fantasia, como ser espancado ou amarrado, essa é uma condição necessária para que alcance a descarga no ato sexual. O comportamento provocativo tem função semelhante. A humilhação leva à tristeza, que traz à tona os sentimentos mais profundos. Após uma discussão com o parceiro, o masoquista funciona melhor sexualmente.

Estudos analíticos revelaram que o masoquista tem um superego muito severo. A necessidade de sofrer foi interpretada como uma tentativa de abrandar o superego, aliviar as dores de uma consciência culpada. Na base do comportamento masoquista existe ressentimento e ódio. Esse ódio latente justificaria plenamente a severidade do superego ou da consciência. Mas essas observações não resolvem o problema. Permanece a questão de como é possível que um impulso (ódio), originalmente dirigido para fora, para o mundo exterior, volte-se para dentro, para o indivíduo?

A resposta de Freud para essa questão foi pressupor um instinto de morte, isto é, um instinto primário de destruição originalmente voltado contra o *self*.[110] Sob a influência do amor (eros), esse instinto é dirigido para fora em direção ao mundo como sadismo misturado com amor. De acordo com esse conceito, o masoquismo resulta de um estado que produz uma difusão desses dois instintos, de modo que o instinto de morte esteja então livre para retomar seu caminho original contra o *self*. "Não deveríamos ficar chocados por saber que, sob certas circunstâncias, o sadismo ou instinto de destruição que era dirigido para o exterior pode ser introjetado, voltado para dentro, regredindo desse modo à sua condição primitiva". Ele chamou esse fenômeno de "masoquismo secundário" para distingui-lo de uma parte do instinto de morte original que não está incluída nesse deslocamento "para o exterior", denominado masoquismo primário.

A existência de um instinto de morte é extremamente discutível. Há, porém, no ser humano e na vida animal, duas correntes de energia que originam impulsos que podem ser chamados de instintuais. Em nossa discussão desse problema no capítulo 5, descrevemos esses impulsos instintuais como agressão e sentimentos de ternura; os últimos podem ser equiparados a eros. Como diz Freud, sob certas condições, essas tendências instintivas podem se difundir e se tornar antagônicas. Vejamos de que forma isso ocorre.

Quando estudamos a estrutura física do paciente masoquista, somos impressionados por vários aspectos. Estruturalmente, todos eles tendem a ser pesados, com forte desenvolvimento muscular. Tanto o homem quanto a mulher são fortes fisicamente. Não se trata da força física do atleta ágil e esguio; é mais como a força esmagadora do gorila. Também na aparência física eles lembram um gorila, porque as costas tendem a ser arredondadas, o pescoço é curto e grosso e as coxas são bem musculosas. Todo caráter masoquista real exibe a condição conhecida como "musculoso", e isso responde por seu comportamento atáxico no movimento e na expressão. Ao traçar o movimento energético em uma estrutura como essa, com suas graves tensões na parte posterior do pescoço e na região lombar, encontra-se uma explicação para o comportamento masoquista. A Figura 14 (esq.) mostra os movimentos energéticos no indivíduo normal. Compare-os com a situação do caráter masoquista (Figura 14, dir.).

Na estrutura masoquista, o impulso agressivo está curvado para dentro, como se enormes pinças tivessem sido postas nas duas extremidades do organismo. O resultado é que os sentimentos ternos são comprimidos entre os braços da agressão e contidos. Eros, representado pela linha mais fina, luta para se livrar dessa limitação, mas fracassa e colapsa. Parece que o fracasso de eros em manter os braços da agressão voltados para fora é o responsável pela agressão se voltar para dentro. Essa interpretação apoiaria a tese de Freud de um instinto de morte primário. Mas isso não explicaria o desenvolvimento genético do masoquismo, nem faz justiça ao fato de, no indivíduo normal, os dois instintos não serem antagônicos, mas complementares. Um precisa do outro.

Esse é um caso particularmente ilustrativo para o estudo dos fatores genéticos que produzem a estrutura de caráter masoquista. Em primeiro lugar, é preciso reconhecer que o caráter masoquista não se queixa de sentimentos de vazio interior. Ao contrário, se queixa de sentir-se estourar, reclama de

FIGURA 14 — Movimentos energéticos no indivíduo normal (esq.) e no masoquista (dir.).

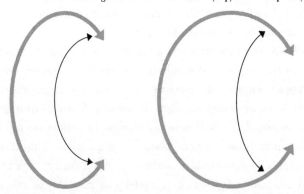

Alexander Lowen

uma pressão interior e da incapacidade para aliviar a tensão. Não mostra sinais de privação. Todo masoquista sente que a mãe o amava. Foi o modo como esse amor se expressou que provocou o distúrbio, e não a falta dele. A expressão "sufocar" se aplica à mãe do masoquista, não à do caráter oral.

O ego do masoquista está esmagado como se tivesse sido preso em uma armadilha. Isso é quase literalmente verdadeiro. Na extremidade superior; é o sentimento forçado; na inferior é a imposição de um treinamento rígido para limpeza dos excrementos — essas são as duas pressões principais. Para dirigir a agressão para dentro, deve-se aplicar uma pressão antes que a agressão seja ancorada na realidade na função genital e na função mental. A criança reage muito fortemente a essas pressões. Chora, resiste, se retrai. Por meio do olhar, da gesticulação e do movimento, apela à mãe por solidariedade e compreensão. Esse apelo aos sentimentos ternos da mãe é ignorado porque a "mãe sabe o que é melhor" ou porque ela está agindo para o bem da criança. A negação das necessidades espirituais da criança e a ênfase exacerbada em suas necessidades materiais cria o masoquismo.

Dissemos antes que a supressão resulta em masoquismo, assim como a privação provoca oralidade. O que é suprimida é a independência crescente do organismo jovem, o ego em desenvolvimento. A supressão não toma a forma de hostilidade aberta. Opera sob o disfarce do cuidado extremado, da superproteção, da preocupação extrema. Eventualmente, a submissão é alcançada e o masoquista se torna um bom menino. São empregadas medidas enérgicas: insistência, punição, apelo ao amor da criança pela mãe e, por fim, a ameaça de privação do amor materno, caso ela não obedeça. Isso provoca um estado de terrível confusão na criança: seus sentimentos são invocados para bloquear a agressão e a agressão bloqueada impede a expressão de ternura. Em nenhuma outra estrutura de caráter a ambivalência é tão acentuada e o conflito, tão grande.

No desenvolvimento dessa estrutura de caráter, o sistema muscular da criança em crescimento é desviado de sua função natural de movimento para a função neurótica de retenção. Os músculos se desenvolvem excessivamente a fim de conter impulsos negativos e controlar os naturais. A alimentação forçada tende a provocar vômitos, que então são reprimidos, provocando uma grave tensão no pescoço e na garganta. A insistência prematura no uso do vaso sanitário força a criança a empregar os músculos elevadores do ânus, os glúteos e os isquiotibiais para ter controle anal, já

O corpo em terapia

que os esfíncteres externos ainda não estão sob controle voluntário. As fortes tensões musculares na cintura escapular reprimem o ódio e a raiva contra a mãe. Enquanto o masoquismo se desenvolve em virtude de práticas iniciadas durante o segundo ano de vida, a estrutura masoquista só adquire uma forma definitiva mais tarde. Em geral, há um período intermediário de luta, acessos de birra e rebeldia, e só quando essa resistência finalmente cede a estrutura masoquista se forma, normalmente após a puberdade.

Existe outra resposta à pergunta de como e por que apanhar, ou a fantasia de apanhar, pode ser experienciado como agradável? A resposta de Reich a essa questão foi uma das obras-primas da investigação analítica. Ele mostrou que o masoquista não se esforça para apanhar, mas pelo prazer da descarga sexual, como qualquer outra pessoa. "O mecanismo de prazer do masoquista consiste no fato de que, enquanto ele se esforça pelo prazer como outra pessoa qualquer, um mecanismo disruptivo causa o fracasso desse esforço e o leva a sentir como desagradáveis sensações que, quando excedem certa intensidade, o indivíduo normal experiencia como prazerosas".[111] Esse mecanismo disruptivo específico é a espasticidade da musculatura, que, no nível genital, impede os sentimentos de carregar intensamente os órgãos de descarga. O resultado é um acúmulo de energia na pelve, os sentimentos no abdome e a agressão nas nádegas e coxas. Nesse ponto, nos casos mais graves, o masoquista experimenta sensações de explosão, fica agitado e precisa obter alívio. Nessa situação, o masoquista é como a criança tensa, irritadiça, irascível, cujo aborrecimento dos pais finalmente resulta no castigo físico, depois do qual a criança chora, se aquieta e cai no sono. Muitas vezes, os pais sentem a necessidade que a criança tem de chorar e podem até sentir o mecanismo. No caso da criança, o castigo físico aumenta a tensão a ponto de a contenção ser impossível. A energia represada atravessa o bloqueio na forma de choro convulsivo e soluços. Choro e soluços descarregam a tensão e produzem relaxamento, não o castigo físico.

A situação é semelhante no masoquista. O medo de uma forte excitação genital faz que a energia seja retida nos órgãos pélvicos e nas nádegas. A energia fica presa, incapaz de se mover para fora em uma descarga ou para dentro em um recuo. Segue-se um estado de ansiedade intolerável. É possível utilizar dois mecanismos alternativos para reduzir a tensão. O primeiro é apertar com muita força as coxas uma contra a outra e comprimir as nádegas. Assim, a energia é forçada para os genitais e descarregada. Essa é a prática masoquista corriqueira durante a masturbação e a relação sexual. É claro, o prazer da descarga é muito reduzido. O que o masoquista fez foi adotar uma prática anal para a função genital. O outro mecanismo provoca uma descarga mais potente, mas exige o uso da força para aumentar a tensão até um ponto em que a retenção é impossível e a descarga acontece. O espancamento ou a fantasia de espancamento masoquista servem justamente a esse propósito de aumentar a tensão.

Não é sempre necessário ter uma fantasia de espancamento. É preciso que a fantasia seja suficientemente poderosa no indivíduo para produzir uma forte reação, para mobilizar a energia adicional necessária a fim de superar o bloqueio. A fantasia tende a repetir a situação infantil que produziu originalmente o medo e a tensão, e assim mobiliza a agressão que está paralisada na atitude retentiva. Aqui, a compulsão para repetir se apresenta em sua forma mais clara, mas a razão para esse comportamento também é evidente.

As interpretações psicanalíticas das mesmas ações veem a situação a partir da superfície, ao contrário da interpretação dinâmica em nível bioenergético. "O mais profundo significado da fantasia de espancamento passivo" parece ser: "Me bate para que eu possa relaxar sem ser responsável por isso". Psicologicamente, é verdade que existe uma "transferência da responsabilidade para a pessoa que administrou a punição". O papel das nádegas tem uma dupla interpretação psicológica. Freud havia apontado que "as nádegas são as regiões corporais especialmente erógenas que têm preferência no estágio sádico-anal". Reich mostrou que "bater na bunda" tem a função de proteger a vulnerável região genital.

A espasticidade do assoalho pélvico no caráter masoquista também se estende ao aparelho genital. Nesse paciente havia uma tendência de o pênis se recolher para o saco escrotal. Tenho observado a retração do pênis em outros caráteres masoquistas. Psicologicamente, há uma ansiedade de castração muito forte. O masoquista tem medo da sensação intensa de prazer nos genitais. A inibição da excitação aumentada transforma-se em ansiedade. Então, a falta de prazer aumenta o "desejo e o sofrimento que estão na base das reações do caráter masoquista". O paciente de Reich descreveu o medo como o sentimento de que o "pênis derreteria" ou "estouraria se ficasse cada vez mais rijo". Um de meus pacientes sentia dor no pênis à medida que aumentava a excitação. Tinha uma urgência incontrolável de apertar o

O corpo em terapia

pênis e conter a ejaculação. Fantasias masoquistas com fogo são relacionadas a esse medo do calor genital.

O masoquista transfere para a função genital um padrão de respostas extraído de suas experiências com a função anal. Ele tem medo da descarga involuntária e age para controlá-la. Esse controle reduz o prazer a um ponto em que é insatisfatório. Seu desejo aumentado o leva a buscar mais satisfação genital. À medida que esse desejo aumenta, aumentam a excitação e a retenção. É um círculo vicioso no qual o masoquista se vê preso. Com muita frequência, o terapeuta analítico fica preso no mesmo círculo. No próximo capítulo, estudaremos outros aspectos desse problema e as medidas terapêuticas necessárias para lidar com ele.

11. O caráter masoquista (2)

O caráter masoquista exibe padrões típicos de comportamento em todos os aspectos do seu funcionamento. Na análise bioenergética, esses padrões de comportamento são observados, analisados de modo consistente e modificados. Reich notou alguns desses traços. Podemos ampliá-los tanto psicológica quanto bioenergeticamente.

A mais evidente das caraterísticas que distinguem o masoquista é a sensação de sofrimento e infelicidade que se expressa objetivamente como tendência para reclamar. O sofrimento é real e as queixas são frequentemente justificadas. É difícil convencer o masoquista de que as duas coisas não estão relacionadas, de que a satisfação de reclamar não aliviará seus sofrimentos. Uma jovem com estrutura de caráter masoquista queixou-se de que o marido era frio. Expressava pouco desejo sexual por ela, embora ela soubesse que ele a amava. A queixa era válida, mas sabe-se que com sua estrutura ela tiraria pouca satisfação da sexualidade. A queixa mais comum é a de que a terapia não está ajudando. O masoquista sempre sente que está fazendo o maior esforço, que não é reconhecido nem alcança êxito. Se é assim, a falha deve estar em outra parte. Isso coloca um problema difícil para o analista, uma vez que se deve concordar que o masoquista está mesmo se esforçando.

É característico do masoquismo que, quanto maior o esforço, mais desesperançada é a situação. O masoquista está numa armadilha e, quanto mais se debate, mais preso fica. Já que a agressão é dirigida para dentro, devemos sempre nos lembrar da natureza autodestrutiva de sua atividade. É precisamente essa tentativa que constitui a cilada masoquista. Seus esforços não são racionalmente voltados para as necessidades da situação. Ele busca obter aprovação, angariar amor e afeição através da sinceridade de seu esforço. Isso é claramente demonstrado quando se pede a um caráter masoquista que bata no divã. Ele dá tudo de si na ação, mas sem considerar seu significado, propósito ou suas consequências. Não está zangado, embora

Alexander Lowen

possa aparentar raiva. É preciso convencer o masoquista de que seus esforços não expressam seus sentimentos, de que só está fazendo o que se espera que faça, de que está tentando agradar o terapeuta, obter sua aprovação.

A fim de obter progresso no tratamento do caráter masoquista, deve-se começar pedindo que ele expresse seus sentimentos negativos. Expressões como "não vou", "odeio você" etc. surgem com facilidade. A agressão reprimida constitui o sentimento negativo. Também aqui é preciso tomar cuidado para garantir que a ação seja sentida de forma autêntica. Para ter certeza, pergunto contra quem é dirigida a atitude negativa. Se a resposta não inclui o terapeuta, deve-se desconfiar dela, porque todo caráter masoquista tem uma atitude especialmente negativa em relação à terapia ou à análise.

Esse trabalho de expor o caráter negativo do padrão de comportamento masoquista pode levar um tempo considerável, mas deve ser feito com determinação. É impossível ter um alívio substancial do sofrimento enquanto essa atitude negativa básica persiste. Envolto nessa camada de negatividade, o masoquista desconfia do mundo, da realidade e do terapeuta. Não há amor ou aprovação que consiga penetrar a barreira e não há sentimento positivo que possa se expressar através dela. Essa também é a razão do sofrimento masoquista. Ele quer sair, mas não ousa; quer que você o liberte, mas não confia em você. Dostoiévski faz uma observação particularmente adequada ao masoquista. Como vimos, em *Os irmãos Karamázov*, mestre Zózimo comenta: "O inferno é o sofrimento daqueles incapazes de amar".

O que torna tão difícil o tratamento do masoquista é a profunda desconfiança com que ele vê o mundo. Vimos que é difícil até conseguir dele uma expressão sincera de sentimentos negativos. Tudo é tão maculado pela desconfiança que o masoquista acaba desacreditando de si mesmo, de suas ações e de suas melhoras. Como essa desconfiança se baseia em experiências infantis precoces que justificariam essa atitude, não se pode esperar que o paciente desista dela rapidamente. Diante dessa resistência, o terapeuta analítico precisa conquistar a confiança e a boa vontade do paciente para obter um resultado positivo. Mas isso é como escalar a parede íngreme de um penhasco. O analista enfrenta a negatividade obstinada do masoquista com a força de atitudes positivas respaldadas por sua compreensão. Para quem já enfrentou esse tipo de problema, o fracasso não surpreende nem desanima. Solidariedade pelo sofrimento real do masoquista e aprovação a cada expressão positiva devem permear o trabalho analítico e bioenergético.

O corpo em terapia

Como Reich apontou, a tendência para reclamar é a expressão objetiva de sofrimento do masoquista. Mas o que a caracteriza como masoquista, mais que seu conteúdo, é o medo com que a queixa é feita. Dados os esforços e os fracassos, o desejo e a falta de satisfação, deve-se reconhecer que as queixas do masoquista são justificadas. É o choramingo na voz, a repetição constante, a sugestão de culpa que despertam a suspeita de que a queixa não pretende apresentar um problema. Cedo ou tarde, isso desperta a raiva do terapeuta e, estranhamente, nota-se um progresso nos sentimentos e comportamento do masoquista depois dessa reação. Percebe-se que esse é o típico comportamento provocativo motivado pela mesma necessidade que produz a fantasia masoquista de castigo físico. O masoquista provoca, leva a situação ao ponto de ebulição, para conseguir algum alívio emocional.

É importante conhecer a dinâmica bioenergética do sofrimento e do choramingo. A energia do organismo é aprisionada pela agressão voltada para dentro, que fecha as vias de saída. O desejo, contido internamente cria o sofrimento. Mas as saídas não estão fechadas por completo. Isso seria a morte. Em vez disso, estão gravemente constritas. Um pequeno fio de energia flui para o exterior. Vocalmente, esse pequeno fio de energia ou ar produz o som de choramingo. Se o masoquista realmente abrisse a garganta e deixasse a voz sair, não choramingaria. Nem seria masoquista.

Outras características masoquistas são as tendências a causar dano a si mesmo e à autodepreciação. Analisados psicologicamente, seu significado é: "Veja como sou infeliz. Por que você não me ama?" Em geral, essas tendências não são verbalizadas. Manifestam-se no vestuário e no cuidado com o corpo. Muitas vezes, os pacientes vêm às sessões com aparência desleixada e roupas sujas. Um deles me contou que toda vez que se sentia inadequado vestia uma camisa com o colarinho rasgado. O desprezo que sentem pelos outros também se volta contra eles mesmos. Aqui também entra um elemento provocativo: "Você gosta de mim sujo e desleixado como estou?" O outro lado da moeda é visto em alguns caráteres que apresentam um sentimento exagerado de limpeza. Obviamente, essa é uma reação defensiva contra fortes tendências masoquistas de autodepreciação. Qual é a dinâmica dessas tendências? Qual é sua origem genética? Mencionei no capítulo anterior que o masoquista funciona no nível intestinal. Também observamos o sentimento de falta de espinha dorsal. Podemos dizer agora que, no nível inconsciente, o masoquista se sente uma minhoca ou uma cobra.

Alexander Lowen

A tendência para a sinuosidade pode ser observada tanto psicológica como bioenergeticamente. De novo, no nível inconsciente, ele sente que seu lugar é o chão. Para ele, e muito difícil manter o corpo ereto e firme, e a tendência para cair no chão é característica. Essa qualidade resulta do colapso do balanço energético longitudinal que descrevemos como base do princípio de realidade. O masoquista teme uma afirmação forte assim como teme uma ereção genital potente. No corpo, as graves tensões musculares impedem o desenvolvimento da postura ereta resultante de um impulso energético forte. Em consequência dos bloqueios do fluxo energético, esse fluxo é hesitante e interrompido. Os movimentos não são diretos nem vigorosos, mas bruscos, hesitantes e indiretos. É a percepção desse fenômeno que faz o paciente se sentir como uma minhoca. Os sentimentos autodepreciativos do masoquista expressam essa percepção. Para mim, eles literalmente descrevem o verdadeiro estado de coisas.

Se procurarmos o denominador comum àquelas experiências iniciais que produzem o masoquismo, o encontraremos no sentimento de humilhação. O masoquista é um indivíduo que, quando criança, foi profundamente humilhado. Fizeram-no sentir-se inadequado e sem valor. Que experiências produziriam esse sentimento? No caso discutido no capítulo anterior, elas foram a alimentação forçada em detrimento dos sentimentos da criança e o treinamento das funções excretoras que invadiram os sentimentos de privacidade da criança sobre o próprio corpo. Esses parecem ser os mecanismos mais importantes. O uso de enemas, que era — e provavelmente ainda é — adotado em alguns lares é somente um pouco menos prejudicial que a inserção do dedo da mãe no ânus da criança. A vigilância excessiva rouba dela sua privacidade. O castigo físico à moda antiga, em que as nádegas da criança ficam expostas, funciona de modo semelhante.

A natureza humilhante dessas experiências reside, em parte, na exposição e na interferência forçada de funções que todo organismo animal considera pessoais. Tente forçar um cão ou um gato a comer e observe a reação deles. A preocupação que alguns pais demonstram com as funções intestinais da criança deriva de seus próprios sentimentos neuróticos de vergonha em relação a essas funções. É quase impossível encontrar um masoquista que não tenha o sentimento de que as funções de descarga — anais, uretrais e genitais — são sujas. Quando criança, o masoquista foi forçado a se expor em face de uma atitude de que a região exposta e sua função eram sujas e

O corpo em terapia

repulsivas. A insistência com a alimentação pode criar um problema semelhante. A criança que é forçada a comer frequentemente reage vomitando a comida. A ação provoca na mãe uma reação de nojo.

A criança pequena, como o animal, oferece forte resistência contra essa interferência em suas funções naturais. E essa resistência deve ser suprimida antes que se desenvolva uma estrutura de caráter masoquista. No entanto, só muito raramente a força física é empregada para se conseguir a submissão. Essas mães acreditam que estão agindo pelo bem dos filhos e não adotam o hábito do castigo físico. Em vez disso, a conivência é recompensada com aprovação, e a revolta, com acentuada reprovação. Quando a criança se submete e o padrão é estabelecido, todas as futuras ações do indivíduo serão orientadas para a obtenção de recompensas. Todos os masoquistas têm um desejo exacerbado de receber aprovação. Esforçam-se para agradar na esperança de que a aprovação traga o amor. É claro que acabam frequentemente desapontados. Não julgamos quem que amamos e não amamos aqueles que devemos julgar. É humilhante para um organismo sentir que sua segurança e aceitação dependem de seu servilismo. Porque, em longo prazo, o masoquista se torna servil.

Na história de todo caráter masoquista, o analista encontrará um período de revolta no qual se destacam acessos de birra e reações de raiva. Nesse estágio, a agressão ainda está dirigida para fora. O masoquismo, tal como o consideramos clinicamente nos pacientes adultos, só se desenvolve depois da puberdade. A criança rebelde pode exibir muitos traços masoquistas, mas não há sentimento de sofrimento. Os sentimentos mais ternos estão suprimidos em favor do desafio e da rebeldia. Só depois que a necessidade sexual se impõe intensamente a armadilha é acionada. Porque o conflito entre necessidade e rancor, conformidade e rebelião se intensifica até um ponto em que não há mais solução possível.

A atenção às necessidades materiais da criança com a desconsideração de seus sentimentos ternos ou de suas necessidades espirituais cria um problema masoquista. Não é surpreendente que, mais tarde, o masoquista fale de valores espirituais, mas aja no nível material. Ele tenta conquistar amor em troca de trabalho e esforço. Nega a importância de coisas materiais, mas posses significam muito para ele. É confuso em seus desejos, tem vergonha de expressar suas vontades e duvida de que possa conseguir alguma satisfação. Devido a essas experiências precoces, as tensões do masoquista se centralizam

Alexander Lowen

nas duas aberturas do trato intestinal. Na garganta existe o conflito criado pelo medo de ser forçado a comer ou a vomitar. No ânus e no reto há o medo de esvaziar os intestinos ou de que alguma coisa seja introduzida nele. Os ombros são mantidos erguidos e tensos para proteger a garganta, enquanto nádegas e coxas cumprem a mesma função em relação ao ânus. Por trás das duas tensões residem os impulsos de evacuar o conteúdo do trato alimentar.

O caráter masoquista é uma estrutura pré-genital. O problema começa antes que a função genital se estabeleça. Pode ser também considerado um aspecto do problema oral, na medida em que impede a progressão natural até a independência, embora isso aconteça não por privação, mas pela supressão dos sentimentos da criança. Como o masoquista cresceu num ambiente avesso à expressão de sentimentos mais ternos, ele só consegue reagir com desconfiança à ternura de outras pessoas. A própria mãe não usou seu amor e sua solidariedade para o humilhar? Seus apelos e súplicas não foram ignorados? O analista deve estar consciente de tudo isso ao abordar o paciente.

Dada a forte tensão em todas as aberturas, o masoquista só consegue a descarga forçando ou espremendo alguma coisa para fora. Tanto seu trabalho quanto as funções sexuais são marcados por esse tipo de resposta. Ele se esforça no trabalho de tal modo que, embora possa realizar a função em um nível impossível para um caráter oral, não é uma atividade fácil e relaxada. Ele trabalha com as vísceras, mas não com o coração. Em consequência, muitas vezes faltam espontaneidade e criatividade em seus empreendimentos. Como o masoquista "dá o sangue" em tudo que faz, ele é um trabalhador esforçado. Isso tem relação com sua forte necessidade de aprovação. Em longo prazo, esse esforço contínuo "amarra" as vísceras em um grau no qual o colapso é inevitável.

Essa tendência para conseguir a descarga com esforço e pressão é mais evidente na função sexual do que no trabalho. Mas neste é mais desastrosa. Porque, embora o esforço possa produzir alguma coisa no trabalho, inibe o prazer genital. O resultado é um ressentimento contra o parceiro. O padrão é composto de esforço e recriminação, esforço e ressentimento. Permeando todo o problema está a culpa associada à sexualidade, a vergonha da genitalidade e o medo da afirmação do ego.

A análise das práticas masturbatórias de pacientes masoquistas sempre revela a mesma história. A masturbação não era praticada do jeito normal. Nos dois gêneros, o aumento da excitação e a ejaculação eram obtidos

O corpo em terapia

esfregando as coxas contra os genitais, ao mesmo tempo em que as nádegas eram apertadas uma contra a outra. Às vezes, os genitais eram pressionados contra a cama, sendo observado um uso bastante limitado das mãos. É como se fosse proibido tocar nos genitais, e provavelmente era. Esse tipo de masturbação produz uma descarga de energia muito fraca. O masoquista não consegue tolerar uma descarga mais forte. Um paciente me contou que, no momento da ejaculação, precisava segurar o pênis e apertá-lo com força a fim de bloquear o jorro. Reich observou que o masoquista transfere para a função genital um tipo anal de descarga cuja curva de excitação energética e liberação é achatada. Por trás desse comportamento está o medo de que uma descarga energética mais potente atravesse as fortes tensões, provocando dor. Não duvido de que isso de fato acontecesse.

Observa-se que o masoquista pode parecer bastante tolo em suas interações sociais. Até mesmo uma análise superficial revelaria que isso se deve a uma confusão da qual esses pacientes frequentemente se queixam. Sofrem de um bloqueio na capacidade de expressar ideias ou sentimentos. Isso contrasta com a fluidez verbal característica na expressão do caráter oral. Apesar da aparente falta de jeito para se expressar, o masoquista é muito inteligente e sensível. Sua percepção e compreensão dos outros é precisa e penetrante. Por outro lado, ignora as forças que determinam sua própria conduta. A inteligência é usada a serviço de sua desconfiança e, assim, desempenha um papel sinistro em sua vida pessoal.

Assim como o caráter oral é caracterizado por alterações de euforia e depressão, o padrão energético do masoquista é identificado por uma alternância entre ansiedade e colapso na prostração. Theodor Reik descreveu isso muito bem quando disse que "é como afundar em areia movediça: todo esforço para sair só faz a pessoa afundar ainda mais". Não se trata de um impasse, mas de uma luta constante; não é um estado estático, mas uma condição móvel, intensamente dinâmica. Cada movimento de avanço é realizado em face de uma crescente ansiedade — até que, exausto, o masoquista cai de novo no atoleiro. Aí fica pensativo, até que novos impulsos, um novo dia ou condições novas exijam outro esforço. A saída passa por uma descarga genital, mas essa saída está bloqueada, para o masoquista, por um terror indescritível. Deve ser aplicada uma força externa que o capacite a forçar a barreira. Às vezes literalmente, mas sempre figurativamente, ele deve ser empurrado para avançar.

Se a confusão superficial do paciente é penetrada, encontra-se, numa camada mais profunda, bons *insights* e determinação. Nesse nível, o masoquista conhece seu problema e seus impulsos subjacentes. Aqui temos outro ponto de contraste com o caráter oral. Este, dotado de impulsos enfraquecidos, está verdadeiramente confuso, enquanto o masoquista está consciente da ambivalência de amor e ódio que determina sua condição. Isso explica a culpa esmagadora e o superego aterrorizante que atormentam esses indivíduos.

O problema do masoquismo pode ser entendido e tratado somente como um transtorno caracterológico. Ambivalência, hesitação e incerteza marcam todos os aspectos do comportamento masoquista. Cada impulso agressivo, cada movimento ou gesto mostra esse transtorno básico. Antes que um impulso possa ser completamente expresso, ele é dominado por dúvida e incerteza e reprimido, recolhido ou forçado através da resistência. Tendemos a ver somente os impulsos que emergem; é necessária uma análise mais profunda para revelar a raiva e a fúria bloqueadas.

Não há vazio interior no caráter masoquista; em vez disso, há sempre uma sensação de tensão interna e ansiedade. Ele sente que tem muito a oferecer em termos de amor e trabalho, se conseguir colocar isso para fora. Ele é mais independente que o caráter oral, mas essa independência é minada pelo forte desejo de aprovação. O masoquista é o mais cooperativo dos pacientes do analista, mas é também quem tem os mais pobres resultados terapêuticos. Para compreendermos melhor a dinâmica desse aspecto do problema masoquista, vamos comparar bioenergeticamente a estrutura do caráter oral e a estrutura do caráter masoquista.

O caráter oral é determinado por uma falta de agressão oriunda do subdesenvolvimento do componente motor de seu sistema energético. Ela aparece como um aparato muscular imaturo, incoordenado e relativamente débil. Não se deve fazer o diagnóstico de caráter oral caso estejam ausentes a fraqueza muscular e a impotência. A personalidade esquizoide exibe, pelo menos superficialmente, muitos traços e atitudes que lembram os do caráter oral, mas estas pessoas têm uma força muscular que não se encontra nas estruturas de caráter orais. Existe um desequilíbrio na estrutura oral: um nível elevado de desenvolvimento espiritual e um funcionamento motor infantil. É isso que explica o "estar nas nuvens". Podemos reproduzir esse desequilíbrio usando o símbolo hebreu. Um triângulo é aumentado na mesma medida em que o outro está reduzido (Figura 15, esq.). Isso evidencia a tendência do caráter oral para a euforia, a megalomania, a grandiosidade e a onisciência.

O caráter masoquista mostra uma musculatura superdesenvolvida e reduzida espiritualidade. É como se o sistema muscular sobrepujasse o lado espiritual do organismo, esmagando-o. O masoquista é pé no chão, pesado e pouco agressivo. Como vimos, o superdesenvolvimento de sua musculatura não está associado ao movimento, mas à sua supressão. Assim, não surpreende que isso resulte em uma agressão diminuída.

O triângulo menor na Figura 15 (dir.) representa a tendência a autodepreciação, sentimentos de menos valia e inferioridade. O desequilíbrio é evidente tanto no masoquista como no caráter oral. O problema proposto pelo oral se deve à falta de um desenvolvimento muscular forte o bastante para sustentar o esforço adulto. Uma vez quebrada a resistência à aceitação da realidade, segue-se um rápido progresso para uma boa terapia física bioenergética. O desenvolvimento muscular acontece rapidamente com movimento físico e exercícios. O caráter oral tem um interesse verdadeiro pelo mundo exterior, embora tenha medo e seja incapaz de conquistá-lo. E isso é verdade a despeito de um narcisismo superficial que caracteriza seu comportamento, assim como é verdade para a criança, apesar do egocentrismo de suas exigências.

No masoquismo, contudo, há um duplo problema, pois os impulsos naturais instintivos foram jogados um contra o outro. Se incentivamos a agressão, ela age contra os sentimentos mais ternos e não produz satisfação real. Parece totalmente impossível libertar e liberar os sentimentos espirituais

FIGURA 15

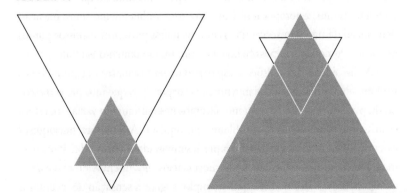

Alexander Lowen

quando a força motriz necessária para essa liberação é o próprio carcereiro. Não é fácil alcançar o centro espiritual do masoquista, aprisionado como está na profunda masmorra formada pelo sistema muscular superdesenvolvido e contraído. Porém, o grito de liberdade do espírito, ainda que fraco como na forma de um choramingo, é continuamente ouvido.

A abordagem terapêutica ao problema do masoquismo tem vários lados. É preciso estabelecer um certo contato com o espírito aprisionado, a fim de sustentá-lo e mantê-lo durante a árdua luta que está por vir. Ou seja, o tempo todo é preciso oferecer ao paciente a solidariedade, a compreensão e o apoio do analista diante dos repetidos fracassos, do desespero, da desconfiança e do antagonismo à terapia analítica. Ao mesmo tempo, não deve ser permitido que ele transfira o peso e a responsabilidade por sua situação para os ombros do analista. Por mais difícil que seja, manter um equilíbrio racional entre solidariedade, de um lado, e análise crítica de seu comportamento, de outro, é a única maneira de desenvolver o trabalho terapêutico. A espasticidade do sistema muscular precisa ser dissolvida. É necessário liberar os movimentos que haviam sido bloqueados, eliminar a ambivalência entre agressão e sentimentos mais ternos, e adquirir uma certa medida de fusão instintual. Esta última é uma função genital.

Somos forçados a concordar com o masoquista em que a solução de seu problema está no desenvolvimento de um prazer e uma satisfação sexuais aumentados. Mas é aqui que sua própria função energética controlará o resultado, podendo o terapeuta apenas orientar o paciente e mostrar-lhe como vencer as dificuldades que enfrenta. Somos potentes em nosso conhecimento, em nossa fé, mas impotentes para fazer isso por ele. Se nosso conhecimento e fé são mais fortes que toda a desconfiança e hostilidade que o paciente consegue reunir, a terapia terá êxito. Porém, conhecimento sem aplicação bem-sucedida não tem serventia. Temos os meios para provar nossos pontos de vista e demonstrar a possibilidade de um funcionamento genital?

A dissolução das tensões e espasticidades musculares depende do conhecimento da dinâmica dos movimentos corporais, o que ultrapassa o escopo do presente estudo. No entanto, faremos neste momento várias sugestões relativas ao tratamento do problema masoquista. A estrutura masoquista assenta sobre uma musculatura superdesenvolvida e contraída. Para desmanchar as graves contrações, são necessários movimentos de extensão e alongamentos. Bater no divã, por exemplo, sugere a sensação de levantar a

O corpo em terapia

cabeça e o corpo com uma ampla extensão dos braços. Assim, são trazidas à consciência profundas tensões que bloqueiam a escápula e o braço. Toda ação é de vigorosa afirmação do ego. Do mesmo modo, devem ser empregados movimentos que abram e libertem as tensões profundas da cintura pélvica. Os músculos da coxa que estão contraídos precisam ser alongados e a mobilidade da pelve, desenvolvida. Além disso, os meios para alcançar e manter uma sensação de relaxamento e completude na pelve devem se tornar parte do conhecimento consciente do paciente.

Talvez o aspecto mais importante da estrutura corporal do masoquista seja o pescoço de touro. Os pacientes masoquistas exibem um pescoço musculoso, grosso, sem muita rigidez. O pescoço duro é uma expressão de orgulho, que está ausente na estrutura masoquista. A grave espasticidade que encurta o pescoço está localizada em músculos bem internos, inacessíveis para movimentos conscientes comuns. Esses músculos reprimem o ódio inconsciente e bloqueiam a expressão de impulsos que se movem para cima. Quando se usa o reflexo de engasgar com esse paciente, vê-se que a onda ascendente constituída pelo impulso de vomitar é aprisionada na garganta. Não é bloqueada pela rigidez encontrada na garganta dos caráteres histéricos. Ao contrário, é contida e suprimida por uma contração que desce a partir da cabeça e interrompe o movimento expansivo. É como se a cabeça dissesse "não" ao impulso de vomitar. O mesmo acontece na parte inferior do corpo. Porém, com o emprego do reflexo de engasgar, temos um modo de levar o mecanismo à consciência do paciente e mostrar a ele como superá-lo.

Na metade inferior do corpo, a tendência a encolher a barriga e erguer o assoalho pélvico a fim de deter a onda descendente de excitação é outro aspecto do mesmo mecanismo observado anteriormente. O problema do masoquista não pode ser resolvido a menos que essa tendência para encolher e contrair a barriga seja anulada. A tendência pode ser objeto de trabalho consciente, mas devemos nos lembrar de que essa contração está baseada no medo da dor resultante, caso a onda de excitação alcance o assoalho pélvico e o aparato genital contraído. A contração ativa tem a função de impedir uma experiência potencialmente dolorosa. Essa dor deve ser encarada, e é preciso desenvolver a capacidade de tolerá-la até que o paciente perca o medo dela. Há vários meios de atingir esse objetivo utilizando o alongamento de músculos contraídos. Estamos falando da operação do princípio do

Alexander Lowen

prazer. Aumentando a tolerância à dor, aumenta também a possibilidade do prazer, pois a estrutura de caráter masoquista tem um padrão de comportamento pré-genital que não é ancorado com firmeza na realidade adulta.

Enquanto o caráter oral não tem contato com o chão por causa dos pés chatos e das estruturas periféricas subcarregadas, o contato do masoquista com o solo é limitado pelos arcos dos pés contraídos e pelos músculos espásticos dos pés e das pernas. Em ambos os casos, embora por motivos diferentes, os alicerces são inseguros e a base para a movimentação é fortemente limitada. É tão necessário anular essas tendências na estrutura masoquista e aterrar seus pés quanto é preciso fortalecer as pernas e os pés na estrutura oral.

Na extremidade oposta do corpo, os movimentos faciais expressivos também estão limitados. Já mencionei que a expressão facial típica do masoquista é de inocência ou ingenuidade. Isso pode aparecer na forma de uma inocência de olhos bem abertos, de um sorriso bem-intencionado ou de uma tolice sorridente. Por baixo está o medo, o desprezo, a expressão de nojo — e, ainda mais profundamente, a criança amedrontada. Essas expressões devem ser trazidas à tona e à consciência, e o medo precisa ser exposto e liberado. Não há tática mais compensadora do que a liberação dessas expressões congeladas.

Nenhuma terapia bioenergética é eficaz sem uma análise simultânea e profunda dos traços caracterológicos. Essa questão pode ser relegada a um segundo plano pelos que se impressionam com os aspectos físicos da terapia. No tratamento do problema masoquista, o trabalho analítico consistente é de fundamental.

No entanto, as interpretações analíticas sofrem o erro geral de toda psicologização: corro porque tenho medo ou estou com medo porque corro? Não é incomum que a mesma ação seja passível de duas interpretações diferentes.[112] Segue-se um exemplo.

Uma paciente com forte estrutura de caráter masoquista relatou o seguinte episódio de sua juventude: quando era chamada pelo professor para uma prova oral, errava deliberadamente e parecia "burra", embora soubesse a resposta certa. A paciente deu sua explicação. Disse que não conseguia suportar o destaque, a classe toda olhando para ela. Reich havia interpretado tal comportamento como medo do exibicionismo. Por sua vez, Theodor Reik interpreta o mesmo comportamento como negativamente exibicionista.

O corpo em terapia

O masoquista chama a atenção sobre si por seus fracassos e queixas. Na verdade, ambas as interpretações estão certas, uma sendo apenas o inverso da outra. O caráter masoquista tem tendências exibicionistas reprimidas. No nível consciente, encontramos um medo violento da exibição e de ser exposto. Inevitavelmente, então, os impulsos bloqueados encontrarão certos meios de se expressar, mesmo que de forma indireta e de modo tipicamente masoquista. Pode ser que uma resposta errada de um aluno de inteligência normal chame mais a atenção do que uma resposta certa. Mas a errada provoca a atenção porque gera pena, enquanto a correta faria da paciente uma figura excepcional. A fim de evitarmos essa dificuldade, fazemos nossas interpretações com uma base bioenergética sempre que possível. Bioenergeticamente, então, explicaríamos esse comportamento como o medo de autoafirmação e dos subsequentes prazer e sentimentos expansivos.

Lidamos, no masoquismo, com uma personalidade caracterizada por subjetividade, ambivalência e manipulação de situações. Na autobiografia do capítulo anterior, o paciente descreveu como seu pênis se escondia dentro do saco escrotal. Essa tendência do pênis para encolher é exatamente o oposto das tendências exibicionistas normais nas crianças. Apesar disso, o masoquista manobrou a situação para tirar dela algum proveito, porque foi até a mãe, mostrou-lhe a situação e pediu a ela que a corrigisse.

O exibicionismo na criança pequena é um teste de realidade. Na maior parte das vezes, assume a forma de conquistas atléticas, podendo ser também abertamente sexuais. A criança espera aprovação e admiração que fortaleçam seu ego e garantam o apoio de seu entorno. Uma resposta positiva habilita a criança a ir para níveis superiores de funcionamento do ego. Uma resposta negativa mina a segurança necessária para a autoafirmação e torna a criança dependente de aprovação nas atividades adultas. O masoquismo deriva de atitudes de desaprovação e escárnio durante os primeiros anos de vida. É por esse motivo que o masoquismo está associado à humilhação.

Há mais um aspecto desse problema que precisamos considerar. A descarga obtida por meio de manobras masoquistas é agradável, embora não libere de modo algum toda a excitação disponível. Isso cria uma dificuldade para o masoquista, dado que ele gostaria de reter o prazer e, não obstante, ser isentado do preço que teria de pagar por ele. Em muitos casos, portanto, pode-se esperar que, quando o paciente desiste de esforço e provocação, diminui sua potência sexual. Mas está aberto o caminho para a exposição do

Alexander Lowen

ódio subjacente e para a dissolução das profundas espasticidades. Observei claramente esses fenômenos: eu havia feito progressos excelentes, durante vários meses de terapia, com um paciente que tinha uma estrutura de caráter masoquista. Certo dia, subitamente, descobri que ele havia voltado para um estado muito grave de abatimento masoquista, com marcada acentuação de todos os sintomas. Ele não conseguia se lembrar de nada que pudesse ter causado a recaída. Perguntei sobre suas atividades sexuais durante a semana anterior. Então ele se lembrou de um ato sexual com esposa na noite anterior à recaída. Contou que ficara bastante excitado sexualmente durante o ato, mas que o pênis havia escorregado para fora da vagina logo antes do clímax. Isso poderia ser interpretado como uma expressão de ódio. O paciente negava a satisfação sexual à sua parceira, mesmo à custa do próprio prazer. Como não houve nenhum outro ato sexual após esse incidente, ficou claro para ambos que a energia não descarregada havia estagnado, produzindo um verdadeiro atoleiro interno.

Conhecendo as dinâmicas da estrutura de caráter, é possível deduzir a forma do problema de transferência e a natureza das resistências. Podemos antecipar as atitudes que o caráter masoquista vai apresentar. Em primeiro lugar, ele procura o analista para ser aprovado, convencido de que, uma vez obtida a aprovação, tudo vai ficar bem. Quando falha, espera que o analista "faça isso por ele" e, nesse aspecto, o analista é considerado a mãe sábia e protetora. Há, do lado negativo, o desprezo, o nojo, a hostilidade e o ódio que, originalmente, se voltavam contra os pais. O masoquista transfere sua dependência para o analista, como uma exigência inconsciente de que "faça isso por ele", e resiste a todas as demandas racionais para assumir a responsabilidade pelo próprio comportamento.

No tratamento do masoquismo, é necessário exigir a expressão de alguns sentimentos positivos. Só assim se pode expor totalmente a retenção rancorosa. Deve-se esperar uma violenta resistência a esse pedido. O masoquista tem muito medo de se abrir. Dizer que ele tem medo de ver sua oferta de amor rejeitada é pouco. Ele foi humilhado quando criança e não vai correr esse risco de novo. A dúvida e a desconfiança têm raízes profundas Ele pode encontrar alegria e felicidade? Será que isso não levará a mais sofrimento? Sim. Ele vai chorar profundamente e vai sentir sua angústia intensamente. Mas só depois de chorar se sentirá em paz e, em certa medida, alegre também. O masoquista *precisa* sofrer. Assim que desiste de forçar

O corpo em terapia

e se esforçar, a tristeza o invade. Se o rancor que bloqueia sua submissão é liberado, o terapeuta depara com uma criança profundamente infeliz. Mas o caráter masoquista específico está superado.

Voltemos ao dilema do problema masoquista. O desejo de amar e ser amado está preso nas duas extremidades de seu movimento pendular. Acima, no cérebro, estão a desconfiança e a dúvida. Elas impedem o fluxo de sentimentos (como os soluços) através da garganta. O ódio, na parte posterior do pescoço, é tão efetivo contra o masoquista quanto era contra a mãe. O "não vou", originalmente voltado para fora, agora impede a submissão ao *self*. E o "diabo" na mente sempre tem razões convincentes e racionais para justificar essa atitude. Embaixo, o fluxo de lágrimas está bloqueado pelas profundas tensões no abdome. O masoquista só está seguro quando mantém a pelve e o abdome rigidamente contraídos. Um fio de fluxo pode ser esperado de vez em quando, mas não é perigoso. Se a pressão fica muito forte, escapa através dos choramingos ou de algum outro comportamento provocativo. O valor dessa função como válvula de segurança não deve ser ignorado.

O que aconteceria se essa válvula de segurança fosse negada ao paciente? Porque é isso que fazemos quando interrompemos os choramingos e o comportamento provocativo. Que possibilidades se apresentam?

Se forçarmos o paciente a encarar o desejo insatisfeito, a tristeza e o sofrimento, criamos o risco de ele cair no desespero. É contra esse desespero que o masoquista luta. Cria-se nele um medo inconsciente que pode se expressar como medo de se afogar ou ser engolido pelo oceano de sofrimento dentro dele. Porém, só a aceitação de seu desespero quebra o padrão de esforço, provocação, frustração e fracassos. Se não há esperança, qual é o sentido de lutar? Contudo, é preciso reconhecer que logo após a desesperança está a fé, abaixo da dor está a alegria e sob a espasticidade do assoalho pélvico está o aparelho genital e o caminho para a liberdade. Existe alguma dúvida de que o masoquista deseja sofrer e, ao mesmo tempo, tem medo do sofrimento? Para mim, não. Você talvez se lembre do verso de uma canção popular um pouco antiga que expressa muito bem o estado masoquista: "(Estou preso) entre o diabo e o profundo mar azul".

No estudo anterior, procurei apresentar os principais aspectos do masoquismo como um problema caracterológico. A estrutura de caráter masoquista é o alicerce de todas as formas de masoquismo — sexual, feminino,

Alexander Lowen

ou moral (empregando as categorias de Freud). Dentro dessa classificação caracterológica, existem variações individuais que determinam a personalidade específica. O paciente que descrevi no capítulo anterior era caracterizado pelo deboche disfarçado em uma expressão de seriedade. Em relação ao caráter, ele era um diabo sarcástico que debochava de você e corroía seus esforços. Descreverei mais dois pacientes.

O primeiro era um jovem com uma típica estrutura de caráter masoquista. Seu rosto era redondo e inchado. Tinha um sorriso habitual que, com seus olhos miúdos, lhe conferia uma expressão muito tola. Ele não era nem um pouco tolo, como provava seu excelente desempenho profissional. Sua expressão facial também me impressionou pela semelhança com a cara de um porco. A característica suína está relacionada ao abatimento masoquista, e todo masoquista foi durante a infância, um suposto "bom garfo". Nesse caso, a expressão tola era a chave dessa personalidade específica. Quanto menino, o paciente organizava pequenos grupos de ataque às mercearias da vizinhança. Roubavam frutas, verduras e doces. Toda vez que era apanhado, fazia "cara de bobo" para confundir seus captores e disfarçar a malícia de suas ações. Em casa, também sob esse disfarce, conseguia ir avante com brincadeiras e comportamentos que teriam, de outro modo, sido severamente punidos.

O outro paciente, uma moça com fantasias masoquistas, tinha um rosto sorridente e bastante iluminado. Os olhos eram bem abertos, mas míopes. Um sorrisinho lhe conferia um ar de inocência surpresa. Por trás dessa expressão havia uma mente calculista. Não consegui avançar com sua análise enquanto não descobri e expus a tendência de manobrar as pessoas para situações nas quais ela sempre era a parte inocente prejudicada.

O caráter oral tem medo de se abrir para o mundo. O masoquista busca a realidade, mas com tantas dúvidas que o gesto é interrompido antes que ele atinja seus objetivos. No entanto, ambos os tipos estão relacionados por serem estruturas energéticas pré-genitais — em sua falta de independência e segurança e em suas necessidades de um ambiente favorável. Num sentido mais amplo, o masoquismo é uma forma de oralidade, contraposto a organismos que funcionam no nível genital. No caráter oral, a produção de energia é baixa, de modo que, apesar das tensões e espasticidades do aparelho genital, há pouco sentimento de sofrimento. O masoquista tem uma alta produção de energia e uma capacidade genital rebaixada, o que

O corpo em terapia

gera fortes sentimentos de frustração e sofrimento. As estruturas de ego mais bem organizadas, com a sexualidade ancorada no nível genital, mostram um equilíbrio melhor entre a produção excessiva de energia e a capacidade de descarregá-la, entre os componentes sensoriais e motores e entre as facetas espiritual e material de sua natureza.

Antes de iniciarmos o estudo dos tipos de caráter dentro desse grupo, é importante reconhecer que o masoquismo é uma tendência — para se contrair, duvidar, falhar e choramingar. Deriva, como vimos, de experiências nas quais a supressão ativa da independência e da afirmação da criança constituíram o trauma para a personalidade. Se essa tendência é a chave para a personalidade e determina seus padrões de resposta básicos, falamos de uma estrutura de caráter masoquista. Isso não quer dizer que seja um tipo puro, mas que podemos categorizar assim seus relacionamentos energéticos fundamentais. Porém, é rara a criança, pelo menos em nossa cultura, que consiga escapar ilesa de certa interferência ativa em sua independência e autoafirmação. Também é raro o indivíduo que não exiba, em certa medida, essa tendência masoquista para se retrair, duvidar e choramingar. Se essa não é a tendência dominante, nós a descrevemos como um traço masoquista. Pode ser fraco ou forte. Nas estruturas de ego mais organizadas, ela é compensada pelas defesas do ego no nível psicológico e pela rigidez no somático.

A análise dos traços masoquistas é realizada do mesmo modo que a análise da estrutura de caráter masoquista, com a devida consideração por seu papel na personalidade como um todo. Até que ponto os mecanismos compensatórios são adequados? Quanto o masoquismo subjacente é ameaçador para o ego? Esses fatores devem ser considerados em uma avaliação da estrutura de caráter do indivíduo. Se são óbvias as tendências masoquistas, a análise de caráter prossegue a partir desse ponto. Por outro lado, caso as compensações sejam muito eficientes, as tendências masoquistas não aparecerão até que a rigidez dominante tenha sido relaxada no plano físico e no do caráter.

Podemos resumir o problema do masoquismo comparando-o mais uma vez com o caráter oral. A oralidade decorre de sentimentos de privação sofridos no começo da infância. O masoquismo resulta da supressão ativa de independência e autoafirmação na idade em que a criança se torna consciente de suas funções oral, anal e genital. A interferência e a dominação maternas sobre as funções oral e anal da criança é especialmente responsável. Enquanto o caráter oral implica um "não consigo" inconsciente, o masoquista é determinado pelo "não vou" inconsciente. Ambos são estruturas de ego deficientes, derivadas do domínio de impulsos pré-genitais. Por sorte, o reconhecimento da alimentação por demanda e o conhecimento das bases fisiológicas para o tratamento das funções excretoras devem ajudar muito a reduzir a incidência do masoquismo nas gerações futuras.

12. O caráter histérico (1)

Nos capítulos 9 a 11, discutimos dois tipos de caráter que podem ser considerados estruturas de ego deficientes. Eles merecem essa descrição porque o movimento energético pendular, que constitui a base da percepção do ego, não está completamente estendido para que suas bases cheguem ao cérebro e à função genital. Também podem ser considerados tipos de caráter impulsivo, em contraste com aqueles que exibem uma predominância do bloqueio emocional. Além disso, como a produção de energia é geralmente maior do que a capacidade de descarregá-la no trabalho ou no sexo, os dois tipos de estrutura de caráter são sujeitos a frequentes crises de ansiedade. Neste capítulo, discutirei um tipo de caráter marcado por pouca ansiedade, mais ou menos bloqueio emocional e estrutura de ego ancorada na função genital.

Embora o conceito de caráter histérico seja um desenvolvimento tardio do pensamento psicanalítico, histeria e sintomas histéricos foram os assuntos que conduziram Freud às construções iniciais da psicanálise. Seria interessante e útil, portanto, relacionar, como parte da análise desse tipo de caráter, a dinâmica da histeria e a base bioenergética do caráter histérico. Para isso, devemos analisar primeiro a psicologia e a biologia da estrutura de caráter histérico.

Fenichel descreve o problema assim: "Considerando os mecanismos da histeria, é de esperar que se manifestem traços que correspondam aos conflitos entre um medo intenso da sexualidade e esforços sexuais intensos, mas reprimidos".[113] A isso é anexada uma lista de características que, embora aplicável a esses casos, é vaga demais para delimitar o tipo.

Os caráteres histéricos têm sido descritos como pessoas inclinadas a sexualizar todas as relações não sexuais, no sentido de suscetibilidade, crises emocionais irracionais, comportamento caótico, dramatização e comportamento histriônico, empregando inclusive a mentira e sua forma mais extrema, a mitomania.[114]

Em questões de análise de caráter, no nível psicanalítico, é a obra de Reich que oferece o melhor *insight* para a natureza da estrutura do caráter. Sobre o caráter histérico, Reich diz que

sua característica mais evidente é uma atitude sexual inoportuna. Esta se combina com um tipo específico de agilidade física que exibe um matiz sexual inconfundível. Isso explica o fato de a conexão entre histeria feminina e sexualidade ser conhecida há tanto tempo. Nas mulheres, o tipo de caráter histérico é evidenciado por comportamento de flerte disfarçado ou não no andar, no olhar e no falar.[115]

A base dessa estrutura de caráter é determinada por uma fixação na fase genital do desenvolvimento infantil, com suas vinculações incestuosas. A interpretação reichiana desse comportamento sexual exagerado é clássica:

O caráter histérico tem impulsos genitais fortes e não satisfeitos, que são inibidos pela angústia genital; deste modo, sente-se constantemente exposto aos perigos correspondentes aos seus medos infantis. O impulso genital original é então utilizado para o propósito de questionar a natureza e a magnitude dos perigos ameaçadores.[116]

Os analistas que conhecem bem as teorias e técnicas reichianas de análise do caráter reconhecem o tipo com facilidade. Porém, como a dinâmica da estrutura não foi completamente trabalhada psicologicamente ou bioenergeticamente, mudanças de alcance profundo na estrutura e na função não são alcançadas com facilidade. Vou acrescentar mais um alerta. A descrição do comportamento visível do caráter histérico deriva da observação de indivíduos cujo desenvolvimento ocorreu há muitas décadas. Além disso, a cultura europeia difere, em muitos aspectos, da cultura americana. A coquete, a que flerta, a "mulher fatal" não são nossos tipos atuais. A histeria como era conhecida por volta de 1890-1900, quando Freud investigava seus mecanismos, é rara hoje em dia. Mudanças amplas nos nossos costumes sexuais modificaram os aspectos superficiais dos tipos de caráter.[117]

O corpo em terapia

No mesmo sentido, raramente se vê na prática atual uma estrutura de caráter bem estudada comum à cultura da qual surgiu a psicanálise. Esse é o caso do caráter compulsivo, conforme descrito amplamente na literatura psicanalítica. Se, contudo, as características externas da estrutura de caráter histérico são menos evidentes, a estrutura da libido é fundamentalmente a mesma. Estudemos um caso específico.

Uma jovem de 30 e poucos anos chegou à terapia com uma queixa. Seus relacionamentos amorosos não se desenvolviam nem progrediam. Ela havia se casado com um rapaz que conhecia havia muitos anos, mas o casamento foi um fracasso e durou menos de um ano. Nos anos seguintes, ela teve vários relacionamentos que, por um motivo ou outro, não duraram. Em um deles, porque o parceiro era impotente; em outro, porque ele era muito jovem; em outro ainda, porque o rapaz dependia financeiramente da família etc. O conselho de um amigo, aliado à compreensão de que havia algo errado com ela, a fizeram procurar auxílio profissional. A jovem tinha um bom emprego, interessava-se por dança e não tinha problemas físicos. Na verdade, a paciente não tinha sintomas e trazia uma queixa muito geral.

O exame da paciente revelou diversas observações interessantes. A mais evidente era que a área compreendida entre as faces e sobre a ponte do nariz tinha uma aparência mortiça. A pele era esticada e seca e parecia cadavérica. Os olhos tinham um ar amedrontado. A boca era tensa, mas os lábios se projetavam para a frente. Os braços eram magros, dando aos ombros uma aparência ossuda. A metade superior do corpo acima da pelve era magra e mantida em uma postura rígida. O peito era relaxado, mas as costas se mostravam rígidas. A pele nessa área era branca. Em comparação, a parte do corpo abaixo da pelve era cheia e macia. A pele tinha um tom bronzeado e as pernas eram bem peludas.

Várias interpretações bioenergéticas eram possíveis com base nessa estrutura corporal. A divisão entre as metades inferior e superior fazia pensar em uma criança sentada na pelve de uma mulher. Enquanto a metade inferior parecia sexual e franca, a superior era rígida e repressiva. Do pescoço para cima, a expressão era de terror profundo. Os braços finos e os ombros ossudos pareciam impotentes, e essa impressão se fortalecia quando eu pedia à paciente que fizesse movimentos agressivos com os braços estendidos ou batesse no divã. Cabe ainda outra dedução, baseada no fracasso dos relacionamentos amorosos dessa paciente. A ausência de agressividade na metade superior de seu corpo fazia supor que seu comportamento sexual era caracterizado por submissão, na esperança de conquistar o amor de um homem e, ao mesmo tempo, evitar o terror expressado nos olhos. Essa atitude nunca concretiza suas esperanças, como esse caso ilustrará. A paciente logo compreendeu assim que fiz o apontamento, mas isso não mudou nada. Ela também admitiu sua falta de agressividade nos relacionamentos com as pessoas no trabalho e, ainda, que tinha medo de defender seus direitos.

No ato sexual, a paciente em geral atingia o orgasmo, e, embora o prazer variasse de acordo com as circunstâncias, ela não se sentia insatisfeita. Isso concorda com a ausência de ansiedade e contrasta com os sentimentos do caráter masoquista. Ela não choramingava nem reclamava de sua condição, exceto para comentar que quase sempre se sentia cansada após um dia de trabalho.

A história desta paciente colabora com nossa compreensão. Ela era filha única. O pai havia morrido de tuberculose antes de ela nascer. Foi amamentada, mas teve de ser desmamada para que a mãe trabalhasse. Chorou o dia todo quando isso aconteceu, mas no dia seguinte aceitou a mamadeira sem protestar. Viveu com a tia por um tempo, depois a mãe precisou mandá-la para outro lugar. Aos 2 anos, a menina teve pneumonia. Mais ou menos aos 3, foi colocada em um convento católico. Uma lembrança do início desse período é a de ter visto um cão ser morto com um forcado. A disciplina no convento era severa ao extremo. Muitas vezes ela me contou sobre uma freira que tentou esganá-la e segurou sua cabeça embaixo d'água enquanto dava banho nela. Ela era solitária, sentia muita falta da mãe e ficava doente com frequência.

Quando ela estava com 7 anos, a mãe se casou novamente e levou a paciente para morar com ela. A menina tinha medo do padrasto, um homem rígido e severo. Quando ela era adolescente, a mãe se ausentou durante um verão. A paciente cuidou da casa para o padrasto e lembrou-se de que ele insistia em dormir com ela na mesma cama. O padrasto não a atacou sexualmente, embora houvesse tentado abraçá-la. Uma prima lhe ensinou a se masturbar, mas a paciente contou para a mãe e foi advertida de que isso provocava vício e insanidade. Ela continuou se masturbando depois disso, mas só depois de muito esforço e com muita ansiedade.

Sua vida familiar estava longe de ser feliz. A mãe e o padrasto discutiam com frequência, principalmente sobre dinheiro, mas também porque

O corpo em terapia

ele queria ter filhos que não vinham. A mãe dela tentou se suicidar uma vez. A paciente estava sempre com medo do padrasto e, embora fosse solidária à mãe, também tentava conquistar o amor dele sendo a boa menina que ele queria que fosse. A impressão prevalecente era a de que ele precisava ser pacificado a todo custo. O bairro em que moravam era muito perigoso, e ela não se dava bem com as outras crianças. Mais de uma vez, foi encurralada por outra menina e espancada sem fazer o menor esforço para se defender. Sentia que era inútil reagir, porque sempre fechava os olhos quando brigava e nunca acertava um golpe.

Ela se lembrava dos anos da adolescência como um período em que se sentia determinada a adquirir alguma independência. Era séria e quieta, não fazia muitas piadas nem saía com rapazes. Queria ser atriz, mas depois de concluir o ensino médio decidiu arrumar um emprego fixo e provar que era capaz de se sustentar. Nos anos seguintes, conseguiu trabalhar bem, mas o problema de estabelecer uma vida amorosa satisfatória parecia cada vez mais complicado. Aos 20 anos, ela teve a primeira relação sexual, com um rapaz que já conhecia havia um ano, e teve muito medo. Acima de tudo, queria ser amada e protegida. Sua sexualidade era para o homem que se casasse com ela. Como vimos, ela se casou, mas a relação acabou em rápido em divórcio. Todos os outros envolvimentos foram igualmente desapontadores.

A partir desse breve histórico, é fácil observar que o medo era profundo nessa paciente. Seus dois estados emocionais predominantes eram medo e solidão. Uma terapia analítica que pretenda uma *reversão* do padrão profundamente enraizado de submissão presente nesse caso teria de ser dinâmica. Comecei com um ataque coordenado: análise de caráter de um lado e trabalho muscular de outro. Gostaria de esboçar brevemente o desenvolvimento do tratamento, porque ele revela mais a natureza do problema do que qualquer outra forma que eu escolhesse para apresentá-lo.

As primeiras sessões foram dirigidas para mobilizar a energia e superar a imobilidade dos ombros e o aspecto mortiço do rosto. A respiração não apresentava dificuldades, mas o pescoço não cedia e as costas não se curvavam. Tendo em vista a facilidade com que o peito se movia, senti que não seria muito difícil resolver as tensões, mas subestimei a expressão que era tão característica. Além disso, as costas eram extraordinariamente rígidas. Mesmo assim, as primeiras sessões terapêuticas (nos primeiros dois a três meses) produziram uma mudança notável na aparência da paciente. Os

231

músculos da face relaxaram um pouco, sobretudo quando eram submetidos a uma manipulação suave, o que fez a pele adquirir uma tonalidade melhor, mais viva. A paciente se conscientizou de que mantinha os ombros erguidos e, fora da terapia, se esforçava para baixá-los. A pressão sobre qualquer um dos músculos tensos era muito dolorosa e impossível de ser mantida. A paciente também se sentia melhor. Tornou-se ligeiramente mais agressiva, embora não de modo marcante.

Depois desse período inicial, não houve nenhuma melhora significativa na condição da paciente durante nove ou dez meses. No começo, me surpreendi com a falta de resultados. Desde então, aprendi que isso deve ser esperado. Não quer dizer que a terapia é improdutiva. Os problemas superficiais são resolvidos e se faz um aprofundamento. As análises de forma e movimento continuam e são integradas ao trabalho de análise geral do caráter. Ao mesmo tempo, são trabalhadas as tensões musculares e mobiliza-se a energia por meio do movimento. Há um certo progresso. Às vezes era bem notável, mas não parecia ser substancial ou mais que um fenômeno temporário. Se persistir, tanto melhor. Mas não se deve contar com isso. Essa fase da terapia termina quando o caráter, em suas expressões psicológica e biológica, é plenamente revelado como o transtorno central do organismo. A essa altura, tanto o terapeuta quanto o paciente tornam-se completamente conscientes do modo de ser e agir do paciente, isto é, de sua estrutura de caráter. Então, pela primeira vez, torna-se possível efetuar, de modo concreto, aquelas mudanças profundas que o paciente tanto espera.

No presente caso, todo esforço realizado durante esses nove meses teve como objetivo levar energia para a cabeça.[118] Os ombros foram mobilizados com a extensão de braços e golpes no divã. Em reação a isso, o pescoço desenvolveu uma tensão crescente, sobretudo na região da nuca. As tensões do pescoço e dos ombros representavam os principais bloqueios da metade superior do corpo. Era óbvio que, se a energia conseguisse passar do pescoço para a cabeça, esta perderia a expressão cadavérica. O trabalho com essas tensões produziu choro e gritos ocasionais. A paciente sentia muito a necessidade e o desejo de gritar, mas, durante esse período da terapia, os gritos não eram experienciados como uma descarga satisfatória. Nós dois sentimos que havia mais, mas não conseguíamos entender o que era.

A tensão na parte posterior do pescoço envolvia a base do crânio. Sentia-se que a paciente estava se agarrando "com unhas e dentes" à vida.

O corpo em terapia

O queixo também era muito tenso. O trabalho nesses músculos era tão doloroso que foi impossível fazer muito mais para aliviar a tensão. Os olhos eram apagados, parecendo ocasionalmente sem vida. Quando a paciente os arregalava, experienciava um considerável pavor, mas não sabia o que o causava, nem esse ato produzia gritos involuntários de terror. O terror estava lá; no momento, porém, era inacessível.

Como vimos, concomitantemente à terapia biológica intensiva, que tinha o objetivo de promover o fluxo de energia, realizei um intenso estudo analítico do caráter da paciente. Já explanamos a interpretação da estrutura corporal geral. Agora, além da evidente falta de vida no rosto, a expressão da boca era importante. Eu não conseguia me livrar da impressão de que parecia a boca de um peixe engolindo água. Era também um movimento de sucção, mas precisava ser interpretado no caráter da paciente. Fiz a seguinte correlação: ali estava um peixe que desejava ser capturado e tinha medo disso. Esse é o comportamento típico da estrutura do caráter histérico, evidente sobretudo nas suas relações sexuais. Como Reich descreveu, "quando o comportamento sexual parece estar próximo de atingir seus objetivos, o caráter histérico normalmente desiste ou assume uma atitude ansiosa e passiva".

Tudo isso chegou ao auge numa sessão em que minha irritação com essa atitude me fez adotar um tom mais duro com a paciente. Apontei a aparência morta de sua vida emocional. Ela queria amar e ser amada, mas tudo que fazia era submeter-se de maneira passiva. Queria ser respeitada, mas não defendia seus direitos. Revi muitas circunstâncias de sua vida, mostrando que ela temia justamente o que mais desejava. Ela era realmente um pobre peixe!

A paciente fez algumas tentativas débeis de se defender dos meus comentários. Não ficou brava comigo — que era a reação que eu esperava provocar; ao contrário, encolheu-se no divã em uma atitude resignada. Isso também foi apontado como parte da submissão geral e como sua reação típica na situação de transferência. Eis aqui a prova de que aquilo que denominamos resistência à interpretação psicanalítica, ou transferência na relação paciente-analista, nada mais é do que a atitude do caráter específico do paciente, determinada por sua estrutura. Nesse ponto, mesmo que eu espancasse a paciente, ela não faria ou não poderia fazer nada. Apesar disso, não abrandei minha atitude. É evidente que ela não chorou. Saiu da sessão em estado de choque.

Os acontecimentos seguintes provaram que uma atitude tão forte era oportuna e necessária. Serviu para expor a doença emocional profundamente enraizada. Nesse sentido, o terapeuta é como um cirurgião e, assim como em uma cirurgia, existe um risco. Se as indicações existem e as condições são adequadas, essa atitude também pode salvar uma vida.

Na sessão seguinte, uma semana depois, tentei aliviar um pouco o efeito do impacto. A falta de vida na expressão facial parecia ter se aprofundado. Continuei o trabalho muscular como antes. Quando a recebi uma semana depois, a paciente parecia cinza. Fiquei alarmado. Ela então me contou que, quando realizava um projeto novo, não sentia entusiasmo por nada. Mas havia compreendido uma coisa importante. Sabia que sua atitude, como ela mesma disse, era: "Prefiro morrer a reagir e lutar". Eu esperava que essa constatação fosse crucial na luta para romper a armadura do caráter, e não me desapontei. No momento, contudo, era preciso vencer a morte real que ocorria na paciente. De minha parte, entendi que havia subestimado o problema. A falta de vida na paciente era bem mais profunda do que eu havia imaginado. Não se podia tratar com leviandade a expressão do rosto e da cabeça.

Eu tinha à disposição uma série de técnicas para interromper e reverter a tendência à morte. Para começar, me sentia animado com o fato de a paciente estar consciente do problema, já que isso poderia representar uma mobilização das suas energias disponíveis. A mais importante dessas técnicas era o uso do reflexo de ânsia de vômito. Eu conhecia seu valor por minha longa experiência com sua utilização. Era possível, também, mobilizar a energia trabalhando os músculos longos das costas, sobretudo na região da cruz do diafragma. Isso é o mais próximo que se pode chegar dos centros de energia do corpo. O trabalho muscular nas tensões do pescoço —tanto na base do crânio como no ápice do tórax — costuma produzir alguns sentimentos positivos. A espasticidade dos músculos na base do crânio é especialmente responsável pelos sentimentos de desamparo. Continuei esse trabalho por várias semanas e o progresso na paciente foi notável, embora gradual. Naquele momento, vivenciávamos uma luta encosta acima, mas estávamos conseguindo.

Nesse ponto apareceram os primeiros movimentos espontâneos na paciente. Desenvolveram-se em consequência do trabalho com os músculos escalenos e surgiram na forma de uma onda que ia do peito para o abdome,

O corpo em terapia

onde parava. Era uma tentativa de unir as metades inferior e superior do corpo, tendo sido essa separação um elemento fundamental na sua estrutura de caráter. Conscientizei-me profundamente de outra faceta desse problema. Muitos movimentos e ações da paciente pareciam mecânicos. Tive a forte impressão de que ela se forçava a cumprir a rotina de vida diária, fazendo o mesmo na terapia. A impulsão interior para agir parecia fraca. Embora o "forçar" fosse e seja necessário enquanto o fluxo espontâneo de energia para o exterior está bloqueado, o próprio "forçar" é parte do bloqueio. Movimentos forçados e mecânicos traduzem uma atitude interior de isolamento, de falta de contato com a vida e com o mundo, de morte emocional. Fiquei muito animado, portanto, ao ver a chama da espontaneidade se tornar visível nessa paciente.

A despeito das experiências das semanas anteriores, eu ainda sentia que precisava ter uma compreensão melhor da couraça de caráter dessa paciente para produzir um progresso mais significativo. Não empregava a técnica de pressão sobre os músculos, pois isso era muito doloroso para ela. Seu corpo, sobretudo as costas e os ombros, tinha uma aparência frágil, como se pudesse se quebrar sob pressão. Como fazer a paciente suportar um pouco mais de dor, de forma que eu conseguisse relaxar as áreas tensas, extremamente rijas? Até certo ponto, a dor também continha um elemento de medo que podia ser analiticamente diminuído, mas se eu conseguisse fazê-la aceitar a necessidade da dor como parte de sua terapia, muito mais poderia ser realizado.

O elemento de fragilidade quebradiça tornou-se a base de uma nova interpretação. Ela temia ser machucada porque sentia que qualquer ferimento poderia quebrá-la. Algo nela parecia ser feito de vidro.

Outro aspecto de seu caráter era a sensação de isolamento, de falta de contato com a vida. Isso era transmitido por um tipo de movimento que parecia ser adequado à realidade, mas era vazio de qualquer relação emocional com ela. Como vimos, o movimento era mecânico, automático, sem vida. Era como se os movimentos acontecessem no vácuo.

A expressão da boca era como a de um peixe. Isso tinha duplo significado. Por um lado, ela buscava a vida com a boca, enquanto, por outro, tinha muito medo de ser apanhada. Agora era possível unir todas essas facetas em um cenário abrangente. Ela era como um peixe num aquário. No momento em que essa ideia me ocorreu, percebi que tudo podia ser explicado: a fragilidade, o isolamento, a falta de vida, apesar do movimento

Alexander Lowen

e vida aparentes, ser capturada e o medo disso. Seria necessário machucá--la, quebrar o aquário que a isolava da corrente vital, e ela teria de aceitar a dor disso tudo. Nesse momento, tomei consciência de quanto medo havia sob a dor. A paciente concordou que reagia com uma careta de dor antes de sentir qualquer dor física realmente forte.

Essa interpretação fez sentido para a paciente. Porém, não teve o efeito dramático que eu esperava. Ela aceitou a ideia de que a dor era "algo necessário", mas a barreira persistia. De minha parte, lembrei-me do comentário de Dostoiévski nos parágrafos finais de *Crime e castigo*. "Ele não sabia que a nova vida não lhe seria dada de graça, que ele teria de pagar um alto preço por ela e que isso lhe custaria uma luta extenuante e grande sofrimento". A fim de torná-la mais receptiva à ideia da dor quase até o limite da tolerância, introduzi a noção de pecado e expiação. Sugeri à paciente que ela era uma pecadora. Pela primeira vez, então, defrontei-me com uma reação de raiva. Por que eu a chamava de pecadora? O que ela havia feito? Respondi com uma pergunta: será que não se podia dizer que é pecado viver neste mundo sem amor, sem expressar amor? E não seria esse o maior dos pecados? A reação foi violenta. Ela chorou amargamente e, em seguida, comentou que durante anos tinha vivido sob a ameaça do pecado. Havia lhe custado um grande esforço libertar-se daquele peso, e agora eu a empurrava de volta para esse passado. Por mais que se rebelasse, ela precisou admitir que minha observação era justa. O choro continuou e se tornou mais profundo.

Ampliarei um pouco o assunto. Se uma criança só consegue sobreviver à agonia de uma infância difícil deixando-se morrer substancialmente, ninguém pode culpá-la. O passado dessa paciente certamente justificaria uma reação deste tipo. Em certas circunstâncias, a ação é racional. No entanto, tão logo se atinge a independência da vida adulta e a intolerável situação não existe mais, deveriam ser feitos todos os esforços para superar esse problema. Para que isso ocorra é necessário reverter o processo, voltar à vivência do sofrimento, experimentá-lo de novo e reorientá-lo em outra direção. É lógico que a paciente vai sofrer, mas o sofrimento, no caso, é racional e necessário. É o calor que derrete todos os pontos de rigidez, permitindo o renascimento de um novo ego.

Dando sequência ao trabalho analítico, dediquei-me a liberar mais energia. Comecei a trabalhar os músculos da base do pescoço, os escalenos.

O corpo em terapia

Caprichei nesse trabalho e segui para o queixo. Então, massageando o músculos mentual, suavizei a protrusão do queixo. Essa última manobra provocou uma explosão de lágrimas que se tornou cada vez mais intensa. A energia fluiu para cima através do pescoço. Uma expressão de dor profunda surgiu nos olhos e no rosto, e senti a agonia que permeava a falta de vida da expressão facial. O choro durou por algum tempo e confrontei a paciente. Quando diminuiu, uma mudança drástica aconteceu. O rosto todo recuperou vida: a pele, os olhos, a boca etc. Havia uma expressão de alegria que eu nunca tinha visto antes. A paciente se sentia radiante. Não esperei que esse estado durasse mais que vinte e quatro horas; contudo, ele apontou o caminho para o futuro.

Nas sessões seguintes, vi a consciência do corpo e de seu funcionamento se ampliar gradualmente. Aos poucos, diminuíram a dor física e a sensação de fragilidade. A paciente fazia esforços cada vez mais intensos para mobilizar sua energia com golpes no divã e outros movimentos. Seus braços ficaram mais fortes e os ombros, mais cheios. O choro se tornou mais fácil e as tensões profundas foram cedendo devagar. A partir desse ponto, a melhora geral da paciente foi contínua e duradoura. Sua agressão tornou-se mais disponível. A situação no trabalho melhorou de maneira substancial. Ela estabeleceu um relacionamento amoroso com um rapaz no qual não usava mais a submissão sexual como meio de obter amor.

A terapia continuou por mais um ano após as interpretações significativas aqui mencionadas. Terminou quando a paciente ficou noiva. Ela sentia que conseguia continuar sozinha, segura de seu novo sentimento de força e coragem. Eu a acompanhei durante anos, após o término do tratamento. Ela se casou-se e teve um filho. Apesar dos problemas que inevitavelmente surgem com o aparecimento de novas responsabilidades, a paciente preservou as conquistas que fez com o trabalho analítico.

Assim, com base no estudo desta paciente, é possível definir as características importantes da estrutura histérica que depois podemos verificar em outros casos e observações. Como vimos, Reich considerou a "atitude sexual inoportuna", combinada a um tipo específico de agilidade física", a "característica mais evidente". A evidência na qual Reich baseou sua conclusão era muito forte no começo do século 20. Hoje, essas atitudes são incomuns. Porém, se o comportamento sexual óbvio de flerte ou sedução é raro, o uso da atividade sexual como defesa contra a sexualidade ou o amor é tão real hoje quanto era antigamente. Se o comportamento de flerte tinha a função de "questionar a natureza e magnitude dos perigos ameaçadores", a submissão sexual do caráter histérico de hoje em dia está sujeita à mesma interpretação.

Havíamos interpretado o comportamento sexual dessa paciente como submisso, com o propósito de conquistar as graças e o amor do parceiro. O significado bioenergético da estrutura corporal é semelhante. Enquanto a parte inferior do corpo a partir da pelve era suave e franca, a superior era rígida e contida. Se os genitais davam seu consentimento, o coração dizia "não". Mas se pode indagar: "Onde está o perigo ameaçador? Do que tem medo a paciente, já que a relação sexual é aceita?" O perigo ameaçador é um envolvimento emocional profundo. Se o coração derrama seus grandes sentimentos no aparato genital, este desenvolve grave ansiedade. Isso porque o caráter histérico é determinado por rigidez ou espasticidades genitais que permitem apenas a descarga de uma quantidade moderada de energia. A explicação psicanalítica aceita é a "fixação na fase genital do desenvolvimento infantil, com suas vinculações incestuosas". Enquanto esse apego incestuoso não é resolvido, o amor é dividido em duas emoções incompatíveis: sentimentos ternos e sensualidade. O caráter histérico não consegue combinar essas duas emoções, de forma significativa, em um sentimento unitário por alguém.

Fenichel baseia o caráter histérico nos mesmos conflitos que permeiam a histeria. "Considerando-se os mecanismos da histeria, deve-se esperar que os traços manifestos correspondam aos conflitos entre um intenso medo da sexualidade e os impulsos sexuais potentes, mas reprimidos".[119] O que distingue esse tipo de estrutura de caráter do oral ou do masoquista? Neste, o conflito entre impulso sexual e medo sexual é ainda mais intenso, a ponto de o masoquista por vezes estar em um estado de pânico real. No caráter histérico, os impulsos sexuais são reprimidos; isto é, são inconscientes, em grande parte. No caráter masoquista, os desejos são extremamente conscientes, mas sua retenção é reprimida; isto é, o masoquista não tem consciência de que está contendo o sentimento sexual. O espremer, rolar e pressionar do masoquista para obter uma descarga não são percebidos como manobras para vencer uma resistência. Ele se surpreende se você aponta essa contenção; já o caráter histérico se surpreende quando você aponta o significado sexual de suas atitudes.

O corpo em terapia

Dito de outro modo, o masoquista vai à terapia porque deseja se libertar; ele se identifica com seus impulsos. O caráter histérico busca ajuda porque alguma coisa escapou ao controle e ele deseja restabelecer esse controle. Não era esse o problema fundamental proposto pelos sintomas histéricos que Freud era chamado a tratar naqueles primeiros tempos? No entanto, devemos perguntar: como é possível para o caráter histérico identificar-se conscientemente com a restrição e o controle, enquanto o masoquista se identifica com o impulso, com a liberdade de expressão? Pode-se responder a essa pergunta de diversas maneiras. Gosto de comparar esse problema a outro semelhante, que existe entre povos e nações. As pessoas de posses apoiam a lei e a ordem, enquanto os que nada têm são revolucionários. O caráter histérico é uma estrutura genital; os caráteres oral e masoquista são pré-genitais. Uma vez estabelecida com firmeza a função genital, uma economia energética adulta passa a operar no organismo. O movimento pendular de energia — que é princípio da realidade e constitui a base da percepção do ego — está agora ancorado nas duas extremidades: cabeça e genitais. É concebível que a regressão possa acontecer em circunstâncias muito incomuns. Porém, enquanto essas duas ancoragens permanecem seguras, o organismo é capaz de regular, dentro de certos limites, a quantidade de produção energética e a quantidade de descarga energética. E, enquanto esse equilíbrio for mantido, o caráter histérico será capaz de evitar a ansiedade, permanecer no controle e ter algum contato com a realidade o tempo todo.

Afirmei no parágrafo anterior que o caráter histérico procura terapia porque alguma coisa lhe escapou ao controle. Isso significa que surgiu ansiedade. O mecanismo regulador neurótico falhou. Por que isso aconteceu? Que circunstâncias promoveram isso? Antes de responder a essas perguntas, preciso dizer que atualmente um caráter histérico também pode procurar a terapia analítica porque o controle é muito eficiente. A produção de energia e a formação de impulsos podem ser reduzidas a um ponto em que seja impossível um funcionamento satisfatório sob as condições da vida moderna. Nossa sociedade competitiva exige um nível elevado de agressão. Em círculos mais avançados, espera-se da mulher a capacidade de apreciar a experiência sexual.[120] Esses são novos fatores culturais que transformaram o quadro psicanalítico das neuroses e que se devem, ao menos em parte, à disseminação de ideias psicanalíticas. Retomemos as perguntas feitas no início deste parágrafo.

239

Dois fatores podem alterar o equilíbrio entre produção e descarga de energia. O aumento da produção de energia sem o aumento correspondente da capacidade de descarregá-la produzirá ansiedade. Isso acontece com muitas meninas no início da adolescência. Ocorre durante uma boa terapia analítica, quando a libertação de emoções reprimidas aumenta a produção de energia antes de uma mudança correspondente na capacidade de descarga. Acontece quando o nível da carga emocional é elevado a um nível muito alto, como no início de uma relação amorosa, quando a oportunidade para descarga não está imediatamente disponível. Essa é a ansiedade normal do amor; ela pode se tornar patológica se levar o paciente a entrar em conflito com forças repressivas poderosas. O problema da histeria está relacionado a esse processo. O segundo fator gerador de ansiedade seria qualquer diminuição marcante na descarga de energia sem uma mudança correspondente em sua produção. Já em 1894, em uma discussão sobre neuroses de ansiedade, Freud comentou que a perda da satisfação no ato sexual em razão da prática do coito interrompido sempre resultava em ansiedade. De modo semelhante, qualquer interrupção de uma vida sexual normal pode levar a grave ansiedade somática se não houver meios alternativos de descarga energética.

O problema da histeria e da crise histérica está associado à primeira situação. Um aumento brusco e agudo da produção energética, gerado pela liberação de emoções fortes até então reprimidas, resulta em grande ansiedade. Esta ansiedade é associada a ou convertida em um sintoma somático, e o conflito é transferido para o nível psíquico. A crise histérica é a contraparte psíquica da tentativa de reprimir um estado de forte ansiedade. Freud reconheceu o corolário dessa proposição quando disse que "surgem aspectos que sugerem que a neurose de ansiedade é, na verdade, a contraparte somática da histeria".[121] Porém, esse quadro específico pode acontecer apenas com esse tipo de caráter. A ansiedade é uma experiência comum no masoquismo: leva à provocação e à descarga ou à estagnação do atoleiro masoquista. No caráter oral, a ansiedade é contrabalanceada pelo retraimento. Em nenhuma dessas estruturas o problema se torna explosivo. A fluidez dos processos energéticos, a falta de ancoragem e a ausência de rigidez impedem o desenvolvimento de uma situação explosiva.

A crise histérica é um fenômeno explosivo. O súbito desenvolvimento de excesso de energia pode dominar o ego, na chamada explosão histérica, ou ser filtrado por uma parte do corpo e isolado, produzindo assim uma

O corpo em terapia

sintomatologia histérica. A imobilização resultará na imagem impressionante de uma paralisia histérica. Se a energia não é efetivamente imobilizada, produz movimentos involuntários (clonismos, tiques etc.) Falarei mais sobre o problema da histeria em um outro contexto. O que é importante nesse processo é que a situação explosiva depende do acúmulo de uma força dentro de um sistema ou contêiner fechado, rígido. Ora, é precisamente essa rigidez sistemática a natureza essencial da estrutura do caráter histérico. Não se trata apenas de uma tensão específica ou espasticidade, como as encontradas nas estruturas oral ou masoquista; em vez disso, a rigidez do caráter histérico é um processo corporal total, que envolve o organismo como uma armadura. Descrevi anteriormente o caráter histérico como pertinente ao tipo rígido de estruturas de caráter. Nesse ponto, pode-se dizer que esse também é o tipo de estrutura blindada.

O conceito de armadura foi introduzido por Reich para descrever um estado no qual a ansiedade está "presa" em um mecanismo protetor que tem o propósito econômico específico de servir, por um lado, "como uma proteção contra os estímulos do mundo exterior; por outro lado, contra os impulsos libidinais interiores". Pensa-se imediatamente na armadura dos cavaleiros dos tempos antigos, que serviam como defesa contra certas forças externas. Mais tarde, Reich mostrou que a armadura do caráter tinha sua contraparte somática numa couraça muscular dotada da mesma função bioenergética que a armadura de caráter no nível psicológico. Apesar de usarmos a expressão "couraça do caráter" como sinônimo de resistência do caráter, não devemos confundir a "couraça" com o "caráter" propriamente dito. Todo indivíduo neurótico tenta se armar contra os perigos e as ameaças tanto externas quanto internas. Na realidade, o caráter oral e o masoquista são apenas parcialmente bem-sucedidos, na melhor das hipóteses. Assim, os dois tipos são sujeitos a crises de ansiedade e desenvolveram outros mecanismos para lidar com elas. O caráter oral recua da realidade para a fantasia ou para a depressão; o masoquista se retira para uma solidão taciturna. Basicamente, esses são tipos não encouraçados e, por isso, muito sensíveis ao ambiente. A capacidade de se encouraçar só está disponível às estruturas de caráter baseadas em um funcionamento genital.

No caso apresentado neste capítulo, a couraça do caráter foi interpretada como um aquário de vidro no qual o peixe nadava. Fornecia proteção, mas cobrava isolamento. E isso limitava a mobilidade interna do organismo.

Vimos que a couraça é representada somaticamente por tensão e espasticidades musculares. Contudo, é preciso distinguir couraça de tensão muscular. Toda couraça se baseia numa tensão muscular, mas nem toda tensão muscular constitui uma couraça. Depende de as espasticidades servirem ou não para proteger contra estímulos externos e conter efetivamente a ansiedade. As graves tensões musculares encontradas em esquizofrênicos, no caráter oral e até no masoquismo não constituem uma couraça. Indivíduos que sofrem desses transtornos são sensíveis e carregadas de ansiedade. Qual é, então, a exata natureza da verdadeira couraça muscular?

O estudo bioenergético da estrutura do caráter histérico mostra que ela se baseia em uma total rigidez corporal. As costas são rígidas, não se curvam. O pescoço é duro e a cabeça é mantida ereta. A pele é mais ou menos retraída e mantida em contração. Mais importante ainda, a parte anterior do corpo é dura. A rigidez do peito e do abdome é essencial para a couraça. A frente é o aspecto macio e vulnerável do corpo, seu aspecto sensível, o reino dos sentimentos ternos. Se esse aspecto está desprotegido, toda a chamada couraça das costas não serve para nada.

Pode-se propor como hipótese que a postura ereta do ser humano, que expõe a parte da frente do corpo, exigiu o desenvolvimento de uma couraça protetora. Pode parecer que sim, mas a liberação dos membros superiores para a agressão no animal humano, em comparação com o seu uso para apoio e locomoção nos outros animais, equilibra a balança. Na medida em que os braços estão disponíveis para atacar e defender, não existe mais a necessidade de uma couraça. Geneticamente, esta se desenvolve pela imobilização da agressão na criança. A agressão não é voltada para dentro, contra o *self*, como no masoquismo, mas usada para defensa. Psicologicamente, a couraça é a expressão da atitude de enrijecimento para enfrentar um ataque, mais do que para revidar. Dinamicamente, a tensão na frente é produzida projetando os ombros e a pelve para trás, estirando, assim, todos os músculos frontais, ao mesmo tempo em que são contraídos. Quando as partes da frente e de trás do corpo estão assim encapsuladas em uma bainha rígida de músculos tensos, podemos dizer que o organismo está blindado.

Como a couraça contém a ansiedade? A energia está presa nos músculos contraídos? Foi o que pensei por muito tempo, porque alguma energia pode ser mobilizada pelo relaxamento das contrações. A experiência terapêutica prática impôs a compreensão de que nenhuma grande mudança é

O corpo em terapia

realizada na estrutura do caráter só com o relaxamento da tensão muscular. Essa é uma parte necessária do trabalho, mas somente uma parte. A mudança na estrutura se desenvolve a partir de uma alteração na dinâmica da estrutura do caráter; é a liberação da agressividade de sua função defensiva que muda o caráter histérico. Não se remove nenhuma couraça sem a liberação da raiva reprimida, que então flui intensamente para braços e mãos. À medida que os ombros adquirem mobilidade, a parede do peito relaxa, a respiração se aprofunda e aumenta a produção de energia. Isso resultaria no aparecimento de ansiedade, a menos que o trabalho analítico tenha preparado o caminho para sua descarga por meio da análise da função sexual. Com o uso da técnica bioenergética de *grounding* (enraizamento) das pernas, o canal para a descarga é preparado antes que a raiva seja liberada.

Agora podemos compreender o mecanismo pelo qual a couraça contém a ansiedade. Ela age reduzindo a respiração por meio de um controle inconsciente sobre os músculos da parte anterior do corpo. Embora o diafragma esteja relativamente livre, a rigidez da estrutura total limita a entrada e a saída de ar. Isso explica por que o primeiro passo na direção do tratamento biológico das neuroses era uma técnica baseada no estabelecimento de respiração completa e livre. Uma absorção maior de oxigênio eleva a produção de energia e fortalece a formação de impulsos. Com essa técnica, os impulsos conseguiam desenvolver força suficiente para vencer a repressão e chegar à superfície como consciência e ação. Embora essa técnica seja aplicada de maneira geral, ela é particularmente útil para aquelas estruturas de caráter baseadas na manutenção de um equilíbrio entre produção e descarga de energia. Na terapia bioenergética, contudo, a função da respiração é coordenada com o comportamento total do organismo, não sendo tratada como uma função isolada.

Embora a relação entre produção e descarga de energia varie de indivíduo para indivíduo, é relativamente fixada para cada caráter histérico. Esse tipo abarca indivíduos que podem ser chamados de pessoas "adaptadas". O perigo dessa estrutura reside no fato de existirem fortes impulsos inconscientes para desmanchar a couraça, libertar-se de suas limitações, tornar-se inteiramente vivo. Muitos caráteres histéricos buscam inconscientemente situações que os excitem e aumentem sua carga interna. Essa é a explicação bioenergética para seu comportamento de flerte. Nessas circunstâncias, pode resultar uma violenta ansiedade e tornar-se evidente uma reação histérica típica.

Alexander Lowen

Se, em consequência de experiências anteriores, a estrutura contém fortes características orais ou masoquistas, a rigidez que finalmente se desenvolve será forte o bastante para compensar essas fraquezas subjacentes. Era essa a situação do caso apresentado neste capítulo. A projeção da boca, que interpretei no nível genital de acordo com os princípios da análise de caráter, manifesta ao mesmo tempo desejos orais e pode ser considerada também um traço oral.

A rigidez que pode ser encontrada no trabalho analítico varia enormemente. Como um processo de blindagem, se inicia nos músculos superficiais, em oposição às espasticidades das estruturas oral e masoquista. Entretanto, em circunstâncias nas quais a frustração é profunda e a situação de vida, desfavorável, o organismo pode se tornar mais rígido, menos flexível, e o processo se estende em profundidade. Enquanto a perda de elasticidade provoca a fragilidade quebradiça, a extensão do processo de congelamento em profundidade pode realmente tocar o centro com seus dedos gelados. Se disso resulta uma diminuição permanente da formação de impulsos, ocorreu uma morte real no organismo. O caso citado antes foi particularmente exemplar dessa condição. O outro extremo é um organismo no qual a couraça é muito superficial e leve. Esses indivíduos têm um grau de saúde e graça que costuma causar frequentemente. Mas é difícil conceber como, em nossa cultura, um organismo pode escapar completamente sem nenhum transtorno de seu funcionamento biológico.

Neste capítulo, tentei explicar a natureza da estrutura histérica. A rigidez da estrutura corporal é o terreno no qual irrompe a crise histérica. Restam outras perguntas a serem respondidas sobre esse tipo de caráter. Elas serão o assunto do próximo capítulo.

13. O caráter histérico (2)

Os autores psicanalíticos relacionaram o caráter histérico ao conflito genital derivado da situação edipiana não resolvida. Em *Análise do caráter*, Reich escreveu: "Os desejos genitais incestuosos são reprimidos, porém conservam sua catexe total; não são substituídos por impulsos pré-genitais".[122] Todo caráter histérico aborda a sexualidade com uma atitude inconsciente, fruto da situação edípica. Essa atitude se expressa em uma ambivalência em relação ao objeto sexual que, através da análise, pode ser demonstrada como correspondente à atitude da menina perante o pai.

Se não debatemos a origem da situação edipiana, mas aceitamos sua ocorrência como um fato em nossa cultura, devemos reconhecer que o primeiro objeto genital da menina é seu pai. Esse fluxo libidinal para o homem adulto ocorre, entretanto, somente após ter-se estabelecido a função genital na criança, ou seja, entre os 2 e os 3 anos. Antes desse período, a ligação objetal é realizada com base no ego infantil, com suas fortes exigências orais, narcisistas. Na situação edípica, muita coisa depende do papel real desempenhado pelo pai durante a infância e a juventude da garota. Um pai muito autoritário pode provocar um medo dos homens na menina. Num caso assim, não apenas o desejo genital é inibido como a ira resultante da frustração é bloqueada e reprimida. A inibição e repressão da raiva pelo homem não é suficientemente reconhecida no caráter histérico. Dá-se mais importância ao conflito com a mãe, que a menina vê como rival pela afeição do pai. Esse é um assunto tão conhecido que hesito em abordar esses *insights* básicos, não fosse pela possibilidade de um importante esclarecimento por intermédio de uma mudança na interpretação do problema.

Se reconhecemos que uma atitude ambivalente em relação ao homem é a base da estrutura do caráter histérico, podemos explicar muitas coisas. Por um lado, o desejo é bloqueado pelo medo, enraizado na rejeição original da sexualidade infantil pelo pai; por outro, a raiva é inibida pelo

Alexander Lowen

desejo reprimido. Podemos simplificar o problema dizendo que o desejo é bloqueado pela raiva reprimida, como a raiva é bloqueada pelo desejo reprimido. O enrijecimento produzido pela repressão desses impulsos antagônicos, um atuando na parte anterior do corpo e outro na posterior, cria a rígida couraça do caráter histérico. Cada repressão atua como uma defesa contra os impulsos opostos. A raiva não pode ser liberada enquanto o desejo sexual pelo pai ou por seu substituto (na situação transferencial, o analista) estiver suprimido. Raiva e orgulho reprimidos bloqueiam a abordagem do desejo reprimido.

Como funciona, então, o caráter histérico em uma situação como essa? O desejo reprimido impede uma abordagem direta do homem. Gestos sexuais óbvios envolvendo certa movimentação dos quadris e uso dos olhos, embora geralmente inconscientes, servem para induzir o homem à ação sexualmente agressiva. A estrutura do caráter do homem mediano, como veremos, adequa-se perfeitamente bem a esse papel. Segue-se o típico padrão de conquista, que em geral termina com a submissão da mulher, porque era isso que ela pretendia inconscientemente o tempo todo. Às vezes, uma demonstração de resistência é vencida pela força. No filme italiano *Arroz amargo*, isso foi mostrado dramaticamente. Uma jovem provocante e consciente de seu charme sexual flerta com o namorado de outra moça. Sua conduta parece ter a intenção de roubá-lo da rival, simplesmente. Um dia, quando ela o segue para o campo, ele a ataca de surpresa com um pedaço de pau que havia apanhado para esse fim. Ela então se deixa possuir sexualmente e, submissa, torna-se sua amante. É típico da estrutura do caráter histérico ceder à força, direta ou indireta. Isso então aumenta a raiva latente contra o homem. No filme mencionado, a raiva a levou a matar o amante. Nem toda perseguição sexual termina com a conquista da mulher. Ocasionalmente, a mulher encurralada se vira contra o homem e expressa sua raiva de maneira furiosa.

Qual é o significado psicológico desse comportamento? A submissão da mulher não é um ato de amor. À medida que o amor entra na relação sexual, desaparece dela o estigma da neurose. Como a submissão era pretendida inconscientemente, isso serve ao propósito de transferir para o homem a responsabilidade pelo ato sexual. Isso pareceria masoquista, não fosse pelo caráter histérico não ser passivo. Sob a submissão aparente existe uma atitude agressiva que leva à descarga sexual. A conquista do homem

O corpo em terapia

tende a reparar a injúria narcisista provocada pela rejeição paterna do amor sexual da menina. Se a provocação pode ser levada ainda adiante, serve para vingar a ofensa primária nas mãos do sexo masculino. E, assim como o homem neurótico pode pensar que sua conduta foi uma conquista, o caráter histérico vê seu comportamento e o resultado dele do mesmo ponto de vista. A submissão sexual restabelece a relação edípica, mas de modo satisfatório para a mulher. Por meio da agressão, o homem demonstra seu interesse e desejo; na investida, ele proclama sua força e seu poder; e ao aceitar a submissão ele assume a responsabilidade. Notamos no caso discutido no capítulo anterior que a submissão sexual era um meio utilizado para obter a proteção masculina.

A submissão sexual que encobre uma atitude agressiva é o sinal inconfundível do caráter histérico. O padrão de resposta parece ser provocação, resistência e finalmente submissão. Nesse aspecto, estamos muito distantes do comportamento de flerte do caráter histérico de 50 anos atrás, que excluía o contato genital. Porém, a submissão sexual não muda de modo algum o problema precípuo. A submissão está baseada no medo, o mesmo medo que alicerça o comportamento do caráter histérico de antigamente, embora não tão grande ou intenso. É o medo de uma excitação sexual forte, de ser dominado, de perder o controle. Embora pareça estranho, a submissão sexual tem a função de impedir uma excitação genital muito forte, que resultaria do desejo sexual experimentado e expresso de maneira direta e aberta. Nesse aspecto, a genitalidade está a serviço de uma defesa contra a sexualidade.

É uma característica do caráter histérico uma pelve mais ou menos solta e ativa sexualmente, apesar da rigidez e da couraça do corpo. São superficiais as tensões específicas do caráter histérico: as principais se localizam nos músculos da vagina e nos adutores das coxas. Os caráteres oral e masoquista não têm o movimento de quadris que confere a uma mulher o que se descreve como *sex appeal*. Portanto é fácil, em certos casos, identificar uma mobilidade exagerada que sem dúvida é sedutora e representa o sinal inconfundível de um caráter histérico. Mas são raros esses casos hoje em dia. As jovens da cultura deste tempo parecem ter uma mobilidade pélvica menor do que a que se esperaria em um organismo vivo saudável. Mesmo assim, vale a primeira afirmação, a de que o caráter histérico tem uma estrutura corporal na qual a rigidez do corpo está associada a uma pelve sexualmente viva. Desse modo, a descarga sexual acontece ao mesmo tempo em que a rigidez limita a carga genital. Dada essa carga limitada, a pelve consegue se mover com aparente liberdade. As tensões superficiais, contudo, podem ser bem fortes. Elas necessariamente limitam o movimento e a integridade da descarga.

O caráter histérico funciona sem sintomas, desde que seja mantido o equilíbrio entre a produção e a descarga de energia. Mas, à medida que esse equilíbrio é mantido em um nível que não é próximo da capacidade total, a vida é relativamente monótona e sem sentido. Quanto menor o nível relativo de produção e descarga de energia, mais perto da morte está o indivíduo. Quando cessa a produção de energia, a formação de impulsos para e o movimento sofre uma parada final. No caso discutido no capítulo anterior, vimos que, quando a produção de energia é muito reduzida, uma expressão real de morte pode ser observada na aparência da pessoa. Voltemos ao problema da excitação. A pessoa nem sempre tem consciência de que está funcionando em níveis reduzidos de energia, mas são comuns sentimentos de tédio, estagnação e insatisfação. A julgar pela intensidade com a que as pessoas buscam excitação de uma forma ou de outra, podemos presumir que sua vida diária é bem monótona. Mas é lógico que tudo isso é sabido. É importante para o nosso estudo atual, já que explica por que o equilíbrio mencionado acima é, na melhor das hipóteses, precário. O caráter histérico tenta constantemente alterá-lo na direção de mais energia e sentimentos mais profundos. É esse desejo e essa necessidade que o fazem flertar, procurar romances, se envolver em relações extraconjugais.

Não é difícil para o caráter histérico aumentar o nível de produção de energia: qualquer coisa que acentue o sentimento de excitação serve para esse fim. O modo mais comum é entrar em uma nova relação. O problema passa a ser então como descarregar a energia extra. As tensões e espasticidades genitais não são removidas no fluxo da excitação aumentada. A inibição da mobilidade pélvica não foi resolvida. É verdade que a excitação aumentada pela novidade da nova experiência e da sensação de conquista do novo parceiro resulta em carga sexual maior, vitalidade acentuada e sentimento de alegria. Como a capacidade de descarga não acompanhou a carga aumentada, a economia energética deve retornar ao nível anterior. A excitação diminui, a produção de energia cai; a novidade do envolvimento passou e uma nova relação deve ser buscada.

O corpo em terapia

As forças que operam para manter essa situação são poderosas. Conscientizar o paciente do problema nunca é suficiente. Em primeiro lugar, a produção de energia deve ser ampliada e, em segundo, o indivíduo precisa aprender a tolerar e descarregar essa energia aumentada. Como tem mais energia disponível do que pode ser descarregada, deve-se esperar certa ansiedade. Quando produção e a descarga de energia são tratadas como um problema comum, essa ansiedade é mantida no nível mínimo. Além disso, a alteração do equilíbrio energético tem outro efeito. A pelve que consegue se mover com certa facilidade em um nível de energia e sentimento fica paralisada em um nível mais elevado. Um aparelho genital que consegue descarregar certa quantidade de energia deixa de funcionar quando essa quantidade é significativamente aumentada. Assim, esperamos que, quando os sentimentos de amor são mobilizados no impulso sexual, a ansiedade resultante possa matar o desejo sexual, impedir qualquer descarga sexual ou colocar a mulher contra o homem. É uma experiência comum no tratamento do caráter histérico que um trabalho bem-sucedido nos níveis analítico e bioenergético leve a uma queda do impulso sexual. Se observada e controlada, a reação é temporária.

Essas observações nos ensinam que o caráter histérico dos nossos dias não tem tanto medo do objetivo genital quanto dos profundos sentimentos de amor originários do coração. Sua sexualidade é limitada aos genitais e não envolve todo o organismo. Encontramos uma cisão na personalidade entre os sentimentos amorosos e ternos e a genitalidade. O histérico moderno identificou-se com suas impulsões genitais, diferentemente do histérico de 50 anos atrás — que, de acordo com Abraham, rejeita o objetivo genital normal. O caráter histérico daqueles tempos era um sonhador romântico. Em ambos os casos, porém, a identificação se dá com apenas um aspecto da sexualidade, a genitalidade submissa ou o amor romântico. A neurose consiste no antagonismo de dois aspectos de um mesmo impulso. Enquanto a identificação se dá com a função genital, o caráter histérico não sofre da sintomatologia vista anteriormente. Só quando a descarga genital é bloqueada as condições se tornam favoráveis ao desenvolvimento dos sintomas histéricos típicos.

Se você tenta chegar ao coração do caráter histérico, mobilizar os profundos sentimentos de amor, encontra uma defesa muito firme. Estudos bioenergéticos demonstram que essa defesa se localiza no pescoço e no

Alexander Lowen

queixo na forma de tensões musculares que conferem a essas estruturas uma característica rígida, dura. O pescoço todo parece rijo, bem como o queixo. A análise da expressão sugere orgulho e determinação. Não encontrei caráter histérico no qual não estivessem presentes o orgulho e a determinação, e em quem essa determinação orgulhosa não fosse o ponto-chave do caráter. As estruturas do caráter oral e do caráter masoquista não têm essa característica. Pode-se dizer que nelas a falta de orgulho é aparente como defeito do caráter. É evidente que existe um orgulho natural, mas o orgulho do caráter histérico é mais ou menos estabelecido, inflexível e determinado. Além disso, pode-se correlacionar quantitativamente a intensidade desse orgulho rijo e o grau em que existe a tendência a uma sintomatologia histérica no caráter.[123]

Não gosto de me referir a personagens da ficção literária para sustentar as ideias que apresento aqui. O material apresentado neste estudo é extraído de casos clínicos. Mas quando tratamos da questão do orgulho na histeria, vale a pena mencionar algumas personagens femininas nos romances de Dostoiévski. Pensamos imediatamente em Nastácia Fillíppovna de *O idiota*, em Lizaveta Nikolaevna de *Os demônios* e em Katerina Ivánovna de *Os irmãos Karamázov*. Em cada uma, temos a mulher orgulhosa e magnífica que sofreu injúrias graves nas mãos de um homem. Em cada história, o orgulho precede a derrocada. Vale a pena mencionar esses nomes, pois são poucos os exemplos da estrutura de caráter histérico mais claros do que estes.

Assim como não se consegue encontrar um caráter histérico sem esse senso de orgulho, é comum nessas estruturas de caráter uma sensação de profundo sofrimento. Essa sensação inconsciente de ter sido ferido é tão forte que determina o comportamento em termos de uma atitude de não sofrer de novo. Na verdade, o orgulho e a determinação são aspectos dessa atitude — não ser ferido novamente. Explicarei agora por que isso é tipicamente histérico.

O caráter oral sofreu uma dor muito mais profunda do que a do caráter histérico, mas falta nele o orgulho presente neste último. O motivo para isso é simples, se nos lembrarmos da descrição do caráter oral como uma estrutura do tipo "não ter". A necessidade de amor do caráter oral é tão grande, que falham rapidamente todas as suas débeis tentativas para se defender. Esse é um aspecto distintivo da estrutura do caráter oral. O masoquista não consegue ser orgulhoso, já que se sente inadequado. É masoquista porque escolhe sofrer. A dor que o caráter oral sentiu foi uma privação no nível

O corpo em terapia

oral e numa idade em que nenhuma defesa era possível. O masoquismo se desenvolve a partir de experiências humilhantes que esmagam o ego. Sua contraparte é o sadismo, que pode ser interpretado psicologicamente como um mecanismo de vingança. A injúria que o caráter histérico sofreu é uma rejeição do seu amor no plano genital. Isso acontece porque esse amor é oferecido primeiramente ao pai — que, é claro, é incapaz de corresponder a ele. Não se trata de uma experiência única, mas do fato de a menina ficar presa entre fortes impulsos de amor sexual e o medo da rejeição, devido à situação edipiana.

Nesse ponto, os sentimentos ternos derivados de sensações do coração e as sensações genitais se unem em uma única corrente ou sentimento. A menina não distingue amor de sexualidade. Nessa idade, essa diferenciação é desnecessária. Se essa distinção é imposta à criança, produz uma cisão no impulso unitário. Tenho convicção de que, quando amadurece, a criança faz essa distinção de modo mais racional, isto é, de acordo com a situação. O adulto sadio é capaz de amar muitas pessoas, ao mesmo tempo que o amor em sua expressão mais completa, que inclui desejo genital, é reservado para um parceiro. O efeito prejudicial para a criança é fruto da consciência de que não se deve nutrir sentimentos ternos e sensações genitais pela mesma pessoa. As sensações genitais são então reprimidas, e essa repressão na criança em desenvolvimento é responsável pelo período de latência.

Com o despertar sexual muito forte na puberdade, ressurge a sensação genital. Como esta parece dar mais sentido e empolgação à vida, a menina se esforçará para protegê-la à custa de sentimentos de amor mais profundos, associados a sensações do coração. Em todos os caráteres histéricos há uma dupla sensação de sofrimento: a que se relaciona a experiências que datam do início da infância e a referente ao período da adolescência. Freud reconheceu essa dupla determinação de histeria em um estudo intitulado "A etiologia da histeria", publicado em 1896.[124] Dos dois determinantes, o primeiro é o mais importante. O mais tardio, porém, determina o aspecto caracterológico e deve ser analisado de modo consistente.

A sensação de sofrimento que é carregada desde o início da infância e leva à inibição da sensação genital é responsável pelo conceito analítico de um complexo de castração na mulher. Não hesito em afirmar que nenhuma mulher em que não tenha havido um transtorno prévio da função genital teria inveja do pênis. Não se deve acatar como certo que a repressão da sensação genital que ocorre na criança entre os 3 e os 6 anos seja devida apenas ao conflito da situação edípica. Uma estrutura de caráter histérico pode e vai se desenvolver em meninas que cresceram em lares sem pai durante seus primeiros anos de vida. É claro que, mesmo nesses lares, o homem nunca está inteiramente ausente, seja fisicamente ou em espírito, mas a ausência de um pai exclui o conflito de Édipo como o único fator. Os outros fatores derivam da atitude negativa que nossa cultura tem em relação ao sexo. Falo da frustração da masturbação infantil, da restrição à brincadeira sexual das crianças, da negação da curiosidade sexual infantil etc. A criança encara o fato de que a realidade da vida social é antagônica ao seu impulso sexual. Ela então reage a essa situação como se a frustração do impulso sexual viesse do pai. Dependendo da gravidade dessa frustração, a criança reprime a sensação genital até a puberdade. Entre os casos mais críticos de rigidez que vi estão meninas que passaram a infância em conventos. A falta de privacidade que impede a continuidade da masturbação infantil e a disciplina severa baseada no medo e na separação dos sexos criam uma situação extremamente frustrante para a criança.

A criança não experiencia a frustração de seu impulso sexual como uma negação da genitalidade. Como esse impulso flui diretamente do coração para os genitais, a rejeição é sentida como uma rejeição de amor. Daí a profunda sensação de sofrimento. Na verdade, essa percepção da criança é correta, pois o amor que não se manifesta em contato físico não satisfaz as necessidades básicas do organismo. Todo contato físico entre os pais e a criança é experimentado por esta como um contato sexual. Só depois que a unidade entre sentimentos ternos e sensações genitais é perturbada a relação entre pais e filhos perde sua característica sexual.

Tendo sido ferida ao expressar seu amor, a criança aos poucos aprende a diminuir sua vulnerabilidade a essa dor. Ela faz isso "endurecendo", como se dissesse: "Não vou ceder ao meu amor por você; assim você não pode me machucar com sua rejeição". O orgulho é a atitude que expressa esse sentimento. O "endurecimento" acontece nas costas, da base do crânio até o sacro. Nesse processo, o pescoço enrijece, de forma que a cabeça é mantida muito ereta. Como a análise progride no sentido inverso ao do desenvolvimento da estrutura de caráter, a primeira grande resistência encontrada na terapia do caráter histérico é esse orgulho. A pessoa não consegue se entregar ao procedimento terapêutico ou analítico enquanto esse orgulho

O corpo em terapia

não for exposto e analisado. É claro que o fato de o paciente procurar a terapia é uma indicação de seu desejo de superar a rigidez que perturba seu funcionamento. O terapeuta precisa mostrar ao paciente que está ciente da dor originária antes de esperar que o paciente baixe sua defesa.

Resumirei agora os principais traços da estrutura do caráter histérico. O funcionamento do ego é ancorado na realidade como o funcionamento sexual é ancorado na genitalidade. Mas eles são superdeterminados na estrutura histérica. São mantidos pelo enrijecimento do componente motor agressivo, que é obrigado a servir a uma função defensiva. O orgulho manifestado no pescoço duro e a determinação demonstrada pela posição do queixo são aspectos egoicos dessa atitude de caráter. A tensão da parte inferior das costas e a retração da pelve são os correspondentes sexuais da atitude do ego. A agressão passa a ser antagônica ao lado espiritual, sensível e terno da personalidade. O caráter histérico tem medo de se apaixonar, cair de amor. Em geral, têm medo de cair, e tal medo se manifesta na rigidez das pernas. A ansiedade da queda e sonhos com quedas são mais claramente evidenciados nas estruturas rígidas.

Também vimos que essa antítese entre agressão e sensibilidade está refletida em uma divisão do funcionamento sexual. O componente agressivo tem sua expressão permitida, enquanto os sentimentos ternos são reprimidos. O caráter histérico é capaz de produzir descarga, isto é, de atingir o clímax. Se a rigidez é marcada, a quantidade de sentimento é muito reduzida. Como a agressão é usada defensivamente, não é agressão sexual franca, mas provocação sexual do homem. A predominância da agressão no funcionamento sexual é um fenômeno da puberdade. Foi precedido por um período de maior ou menor latência sexual, no qual acontecia o contrário: sentimentos ternos dominavam a personalidade. O comportamento típico de moleque em meninas pré-adolescentes pertence a um tipo misto de estrutura que denominamos masculino-agressiva.

Dentro deste amplo padrão de respostas, existem diferenças individuais que determinam o caráter específico do indivíduo. A persistência de traços orais derivados de privação precoce é facilmente discernível. No caso discutido como ilustração desse tipo de caráter, a interpretação da expressão da boca pode ser feita tanto no nível oral quanto no genital. Expressa um traço oral dentro da moldura de uma estrutura genital. De modo semelhante, serão encontradas tendências masoquistas no caráter histérico. Elas não

Alexander Lowen

devem dominar o quadro, ou teríamos um caráter masoquista. A rigidez pode ser leve ou grave. Isso depende de quanta agressão a criança tinha quando chegou à fase genital do desenvolvimento e quanta frustração sofreu nesse estágio. Oralidade e masoquismo são tendências que diminuem a agressão disponível. A rigidez imobiliza a agressão, fazendo que sirva a uma função defensiva.

O exame e a análise de vários caráteres histéricos diferentes revelariam a semelhança fundamental de suas estruturas bioenergéticas, apesar de importantes diferenças em seus aspectos superficiais. Uma jovem mãe chegou à terapia devido à falta de satisfação e felicidade no relacionamento com o marido. Além disso, dizia-se irritável com os filhos e não era uma boa mãe. São queixas vagas, mas suficientemente perturbadoras para essa paciente para motivarem um estudo sério de seus problemas. Era pequena e delicada de corpo, mas a cabeça era grande e o rosto, expressivo. Seus olhos eram alertas, o nariz pequeno e regular, a boca ligeiramente deslocada, com um grande maxilar inferior. Um pescoço pequeno unia essa cabeça a um corpo pequenino razoavelmente proporcional, exceto pelos ombros, notavelmente estreitos. Menciono esses detalhes de sua aparência física porque me impressionaram de imediato quando a observei deitada no divã. Parecia uma daquelas bonecas *kewpie*. Os ombros não só se mostravam estreitos como eram mantidos tensos para a frente, de modo que, em movimento, pareciam pender de articulações artificiais. De certo modo, as pernas também causavam a mesma impressão. Era surpreendente, portanto, que com uma evidente falta de força nos braços e pernas ela conseguisse cuidar de uma casa e de duas crianças pequenas.

Tudo que eu soube a respeito do histórico dessa paciente projetava essa interpretação de seu caráter "de boneca". Ela era filha única e mimada, como disse. Quando bebê, já parecia um anjinho. Em sua autobiografia, foi assim que descreveu a atitude da mãe: "Ela queria que todos gostassem de mim. Eu devia ser sempre doce e suave e jamais ficar zangada, ou então *ninguém* gostaria de mim". A mãe atormentava o pai e a ela. A paciente comentou que o pai tinha um queixo duro. Aos 8 anos, ela teve poliomielite, que acometeu pescoço, queixo e pernas. É interessante notarmos também que, na infância, ela se defendia das outras crianças mordendo.

Quando apontei seu caráter de "boneca", a paciente sentiu imediatamente que eu estava certo. Mais tarde, em sua autobiografia, ela se lembrou

O corpo em terapia

de uma professora que a chamava de "boneca". Apesar da aparência de boneca, a paciente tinha uma descarga sexual boa, um bom contato com a realidade e um bom funcionamento no trabalho. A rigidez do corpo (peito, costas e pelve) apoiava o diagnóstico de caráter histérico. Alinhado a esse diagnóstico, interpretei o queixo duro como uma expressão da determinação de ser "a menina boazinha" que a mãe sempre desejou que ela fosse. Uma ligeira contorção da boca ao sorrir, acompanhada de uma piscadinha, me fez suspeitar do "diabinho" que havia por trás daquela fachada. Essas observações me permitiram analisar seu problema rapidamente. Ela realizava um trabalho de adulto administrando a casa, mas tentava ser a "menina boazinha", fazer "tudo direitinho", e ser "querida por todos". Sua determinação era voltada para esses objetivos. Pouco espanta, portanto, que fosse irritável. Fiquei mais chocado por ela ter feito tudo tão bem até então. Apesar da fraqueza dos braços e pernas, a paciente tinha uma força de ego básica, que era visível no queixo duro e determinado.

Na primeira sessão, fiz um esforço para suavizar o queixo. Isso provocou uma reação imediata: a paciente chorou com amargura. Não tive dificuldade, então, para fazê-la expressar raiva. No nível intelectual e emocional, ela reconheceu a veracidade de minhas interpretações. Isso me permitiu avançar mais vigorosamente com o trabalho bioenergético nas sessões seguintes. A cada sessão, a "boneca" que havia nela se tornava mais viva, o "diabinho" retrocedia aos poucos e sua aparência física acompanhava essas mudanças. Seus braços e pernas ficaram mais fortes, os ombros cresceram consideravelmente e o rosto desenvolveu mais sinais de maturidade. As queixas pelas quais ela começou a terapia foram gradualmente eliminadas. No decorrer desse trabalho, a atitude histérica em relação à sexualidade e os homens foi exposta e analisada.

Enquanto a paciente, com sua estrutura histérica e seu jeito de boneca, foi bastante suscetível à análise e às técnica bioenergéticas, o caso da jovem mencionada em um dos capítulos anteriores, com um caráter do tipo "manequim", se mostrou muito mais difícil. Essa paciente tinha um aspecto de cera no rosto que indicava uma força vital muito mais fraca do que o existente no caso que acabamos de discutir. Tipo "manequim" ou tipo "boneca", essa característica sugeria o museu de cera. Isso era ainda mais reforçado por um gesto óbvio: o de se deitar de costas com os braços cruzados sobre o peito. Só faltava o lírio nas mãos! Mas aqui também, apesar da

Alexander Lowen

rigidez e da falta de vida, estávamos lidando com uma estrutura de caráter organizada sobre a base de uma função genital estável.

Há dois aspectos muito interessantes nesse último caso. Embora a paciente tenha alcançado um ponto de descarga sexual razoavelmente satisfatório, isso só ocorreu bem mais tarde. Na adolescência, ela havia passado por um período de intensa e frequente atividade sexual de natureza genital. Era como se cedesse a quase toda demanda de relação sexual feito por um rapaz. Nenhum desses atos levou a uma descarga satisfatória, embora ela não fosse frígida. Quando, mais tarde, ocorreu uma descarga sexual satisfatória, a promiscuidade sexual cessou. Tenho visto essa mudança de comportamento pelo mesmo motivo em vários casos. Isso apoia a afirmação de Reich de que a sexualidade satisfatória é a melhor garantia de um comportamento sexual naturalmente moral. Para interpretar a promiscuidade, devemos considerá-la uma busca, em vários parceiros, de uma condição perdida, uma condição na qual o indivíduo tenha experimentado o prazer da descarga sexual. Ao mesmo tempo, a promiscuidade sexual é sempre passiva e representa uma submissão que deve estar baseada no medo do parceiro. A continuidade da análise desse caso trouxe à luz lembranças de várias e violentas lutas corporais com o pai durante os anos da puberdade. Ele espancava brutalmente a paciente por sair com rapazes.

Não tive a oportunidade de completar o trabalho terapêutico com essa paciente. A análise revelara que sua atitude passiva representava a espera por um homem que, através do amor por ela, acordasse a vida adormecida. Ela era a "bela adormecida". Quando, no entanto, ao longo da terapia, a vida começou a despertar dentro dela, desenvolveu-se uma acentuada ansiedade — experimentada como um sentimento "nojento", que a deixava muito incomodada. O sentimento "nojento" podia ser relacionado a algo pegajoso, ou seja, podia ser considerado uma manifestação do poder vinculante de eros. A paciente tinha medo de se apegar emocionalmente ao homem. O problema da transferência servia como o veículo para a elaboração dessa atitude. Como eu disse, não concluí a terapia. Ela a encerrou para se casar e se mudou para uma cidade distante. Isso, por si só, foi um grande passo à frente. Antes de partir, ela me disse que havia sido muito beneficiada pela terapia.

A frigidez, no sentido da ausência de qualquer sensação genital, é puramente um problema histérico. Quase pode ser chamado de sintoma de

O corpo em terapia

conversão ou de uma forma de anestesia ou paralisia histérica.[125] Mulheres com uma estrutura de caráter oral ou masoquista nunca são frígidas. Podem não conseguir atingir a descarga genital, mas a sensação nunca está ausente. Frigidez não é ausência de sexualidade. A mulher frígida pode revelar gestos sexuais óbvios em seu comportamento. Ela será inconsciente deles, é claro, já que não tem sensação genital. O problema é interessante e será analisado de um ponto de vista bioenergético no caso a seguir.

A paciente era uma jovem de 18 anos. Ela procurou a terapia porque sentia que a ausência de resposta sexual ao homem representava um transtorno em sua personalidade. Essa percepção não se baseava em nenhuma experiência emocional em que sua frigidez tivesse sido percebida como um defeito grave. Para começar, ela era jovem. Associado a isso havia a esperança de que, se aparecesse o homem certo, ela não o decepcionaria. Porém, ela era suficientemente inteligente para saber que seu funcionamento, naquele momento, era patológico. Havia ainda outro ingrediente nesse problema específico. Sempre que saía com um rapaz, ela temia que o pai a estivesse seguindo. Não era uma alucinação, mas um medo.

É possível encontrar na literatura psicanalítica diversas comparações entre o problema da frigidez e a fábula da bela adormecida. Não tenho muita dúvida de que a comparação é válida. De fato, a esperança de que um amante ideal apareça e libere a sexualidade feminina contida pela repressão é encontrada em todo caráter histérico. A viva de fantasia do indivíduo sempre compensará o transtorno neurótico. Mas isso nos revela pouco sobre o problema da frigidez, isto é, se a definirmos como a ausência de qualquer sensação genital. Devemos, então, considerá-la um aspecto do problema maior, que é a inibição da sensação sexual em geral.

Você esperaria encontrar frigidez associada a um nível alto de energia no organismo? Embora possa parecer muito estranha, essa foi a minha experiência. Quando o nível energético é bem baixo devido à grave rigidez, essa mesma rigidez funciona como um tubo que canaliza sensação para os genitais. A observação clínica de pacientes com uma economia energética baixa (como a do capítulo anterior, na qual a morte já havia atingido a fisionomia) jamais revela a anestesia genital, que é o marco de total frigidez sexual. Essa moça era animada, calorosa, de comportamento expressivo, personalidade agradável e sorriso fácil. Seu rosto era atraente, o corpo tinha estatura mediana, a silhueta era esbelta e proporcional. Ela era forte e ágil.

Alexander Lowen

Os membros do sexo oposto certamente a consideravam excitante. Não havia nada em sua função de trabalho ou em seus relacionamentos com as pessoas que nos desse alguma pista sobre o significado de seu transtorno.

O que torna esse problema muito interessante de uma perspectiva bioenergética é precisamente essa aparente contradição entre uma produção de energia elevada, aliada a um bom enraizamento na realidade, e a ausência de sensação genital. É nosso postulado básico que a função genital expressa o princípio da realidade, e tentamos mostrar que qualquer atitude de caráter do indivíduo perante a realidade se manifesta em sua função genital. O caráter histérico é um caráter genital, em contraste com os tipos pré-genitais. Vimos que o movimento do ego é ancorado com segurança nos dois extremos de sua trajetória: na função genital e no pensamento realista. Esse caso de frigidez é uma exceção? É possível explicar essa aparente contradição?

Minha resposta para esse problema é que não há contradição aqui. A paciente tem um funcionamento genital no sentido de carga e descarga, embora não o perceba. A situação é análoga à que Reich enfrentou em sua tentativa de compreender o problema masoquista. Ele escreveu: "Somente quando comecei a duvidar da correção e precisão das afirmações dos pacientes começou a surgir alguma luz". Havia a questão de como a fantasia ou o ato de ser espancado podia ser vivenciado como agradável. Apesar de todos os relatos em contrário dos masoquistas, vimos, seguindo a análise de Reich, que a fantasia ou o ato de apanhar não é a fonte de prazer. Do mesmo modo, nesse caso de absoluta frigidez sexual, de acordo com as declarações da paciente, devemos duvidar tanto de suas afirmações quanto da possibilidade de uma frigidez tão absoluta. Podemos concordar que qualquer excitação genital que ocorra é reprimida abaixo do nível de percepção consciente. Quando essa repressão existe, a função contra a qual ela é dirigida é reduzida ao nível de processos autônomos involuntários, dos quais em geral não se tem consciência. Mas até aqui, nessa análise, não resolvemos o problema da frigidez; na verdade, a contradição foi eliminada e a questão agora deve ser reformulada.

Qual é o mecanismo pelo qual um forte fluxo libidinal deixa de produzir excitação genital de intensidade suficiente para levar à percepção? Quando o problema é colocado dessa forma, percebemos que ele é o ponto-chave do sintoma histérico — ou, mais precisamente, do sintoma crônico ou condição de anestesia histérica. Os elementos psíquicos desse problema

O corpo em terapia

foram analisados por Freud no século 19. Reveja o artigo de Freud de 1896, "A etiologia da histeria", ou mesmo seu primeiro artigo (escrito com Breuer), de 1893, "Sobre os mecanismos histéricos".[126] No primeiro artigo, Freud apontou que a histeria se desenvolve sobre a base de uma divisão da consciência entre consciência hipnoide e consciência normal. "Durante a crise (histérica), o controle de toda a inervação somática passou para a consciência hipnoide". O estado hipnoide contém as lembranças reprimidas, "com todo o tom emocional, durante um longo tempo". No artigo posterior, são elucidados outros aspectos desse mecanismo. As "lembranças reprimidas" são experiências sexuais infantis que, ineficientes em si mesmas, podem "exercer uma influência patogênica somente mais tarde, quando são despertadas, depois da puberdade, na forma de recordações inconscientes".[127] O sintoma é determinado pelo esforço de defesa contra uma ideia dolorosa de experiência mais recente, que tem conexões lógicas e associativas com as experiências infantis inconscientes. Freud enfatiza que as experiências infantis devem ter ocorrido antes dos 8 anos de idade para que se desenvolva a histeria. Embora não haja nenhuma declaração precisa a respeito da natureza desse limite temporal além de sua relação com o desenvolvimento da segunda dentição, podemos presumir que, se a consciência não é afetivamente dividida antes dessa época, nenhuma experiência posterior vai produzir essa divisão. Os *insights* brilhantes de Freud destacam o problema essencial que é o mecanismo do inconsciente propriamente dito.

Iniciamos esta discussão em um nível bioenergético. Voltemos a ele. Também aqui podemos obter alguma ajuda de Freud. Ao escrever sobre "A neurose de ansiedade", ele disse: "Em cada uma delas [neurose de ansiedade e histeria] há uma inadequação psíquica da qual decorrem processos somáticos anormais. Em cada uma delas ocorre um desvio da excitação para o campo somático, em vez de uma assimilação psíquica dela".[128] Isso significa que a histeria é fundamentalmente um problema de ansiedade. A predisposição histérica é a tendência à ansiedade baseada em uma economia energética em que a produção de energia é mantida no nível da descarga de energia. Qualquer coisa que aumente a produção energética acima desse nível pode provocar a histeria (a crise histérica é uma reação de ansiedade). Qualquer situação que provoque um decréscimo na quantidade de descarga energética abaixo do nível da produção de energia pode produzir uma neurose de ansiedade. Essa é a essência das observações que Freud fez em

Alexander Lowen

1896 sobre ansiedade. As situações específicas a que ele se referiu foram abstinência, coito interrompido, ansiedade do climatério etc. No caso de meninas em amadurecimento que encontram pela primeira vez o problema sexual, "a neurose de ansiedade é combinada tipicamente com histeria".[129]

No caráter histérico, a quantidade de energia que alcança o aparato genital e o cérebro a cada oscilação é reduzida. A própria natureza desse balanço requer que a energia não carregue uma extremidade mais do que a outra. Podemos ir além de equiparar o aparato genital e o cérebro. O órgão genital, que é só uma parte do aparato sexual total, corresponde ao cérebro frontal. A inadequação psíquica corresponde, portanto, à inadequação genital. Uma não existe sem a outra. O processo envolvido é uma restrição em cada extremidade do movimento. Se é alta a produção de energia, a diminuição nas extremidades do balanço só pode acontecer se a energia for desviada do movimento para caminhos longe do córtex ou dos genitais; resultam disso alguns "processos somáticos anormais". Esse comentário de Freud lembra a afirmação de Reich de que o caráter histérico tem um "tipo específico de agilidade corporal com uma nuance definitivamente sexual". Com base nesse estudo, podemos deduzir que, quando um forte fluxo libidinal não consegue produzir uma excitação genital igualmente forte, um desvio da excitação afastou energia do genital e córtex.[130]

Se voltarmos ao nosso caso da suposta frigidez sexual absoluta, em que a produção de energia é razoavelmente alta, devemos esperar encontrar manifestações de energia desviada na forma de movimento corporal. Entre as mais óbvias dessas manifestações há um tipo de sorriso, ocasionalmente riso, sobre o qual o paciente não tem controle e é provocado por um olhar ou toque. Mais notáveis são os constantes pequenos movimentos do corpo que, se suprimidos, produzem imediata ansiedade. A impressão geral é a de que esses corpos são muito vivos e flexíveis. No entanto, são obviamente blindados psicologicamente e no campo muscular. O queixo é forte e determinado. Mas não se encontra a couraça rígida no peito ou nas costas que caracterizou os casos anteriores. A tensão muscular existe em todos os lugares, mas é surpreendentemente flexível. Deve-se pensar nela como uma teia ou rede, ou uma malha de armadura — que é muito mais eficiente do que a couraça das estruturas mais rígidas.

Essa armadura flexível possibilita a mudança de tensão dentro da couraça. Ela é mais difícil de atacar terapeuticamente do que a armadura mais

O corpo em terapia

rígida. Por exemplo, se a respiração é mobilizada pelo trabalho no peito, a defesa pode dominar o pescoço para impedir a liberação da energia. A grande vantagem desse tipo de armadura é que permite mais movimento dentro dela. Além disso, sua estrutura de rede funciona como poros através dos quais pode ser descarregada uma certa quantidade de energia. Essa couraça permite uma produção maior de energia, ao mesmo tempo que funciona para conter a ansiedade e impedir danos físicos. Mesmo assim, ela reduz as sensações e limita a expressão de impulsos. Somente uma armadura como essa pode reduzir a sensação genital abaixo do nível da percepção em um organismo altamente carregado. A maior parte da energia é desviada para a musculatura, onde cria uma série de pequenos movimentos dentro da couraça e, eventualmente, é descarregada através dos poros. É nesse sentido que, no caráter histérico, a libido genital inunda todo o organismo como um masoquismo "flexível" ou móvel.[131]

Há outro aspecto do problema da armadura flexível. Como o movimento unitário da energia é interrompido para impedir sensações genitais fortes, a forma de movimento resultante é segmentar, em vez de unitária. Uma paciente com uma armadura como essa disse sentir que a pelve se move lateralmente durante o ato sexual. Ela descreveu esse movimento como uma "contorção". Na presença de uma armadura de rede próxima da superfície, movimentos segmentares de contorção e um maxilar forte, lembramo-nos de uma cobra. Evidentemente, Reich se refere a esse tipo de armadura como o caráter histérico, pois ela concorda com sua descrição desse caráter, tendo "um tipo específico de agilidade corporal com uma nuance definitivamente sexual". Por outro lado, o reflexo do orgasmo flexiona o corpo em um arco dos ombros à pelve.

O problema da frigidez, como frigidez sexual absoluta, é o de evitar a excitação genital por meio de movimentos de contorção que, em si mesmos, são uma expressão do negativismo. A contorção é uma reação natural à dor ou ao desprazer quando os meios de fuga estão bloqueados e o organismo não "congela". Sem dúvida, a contorção se desenvolveu em circunstâncias que não permitiam escapar da excitação desagradável. Tais circunstâncias são aquelas em que um adulto comete uma agressão sexual contra uma criança pequena. A combinação de excitação sexual e medo mantém a criança presa numa situação repleta de ansiedade. Ela se contorce. Voltamos aos primeiros comentários de Freud a respeito da etiologia da histeria.

Contudo, devemos ter em mente uma distinção importante. Freud estudou a crise histérico e o sintoma histérico. A estrutura de caráter histérico que serve de base tanto para o sintoma quanto para o comportamento geral tem uma origem etiológica mais ampla.

A contorção relacionada à excitação sexual não se limita às experiências nas quais a criança sofre agressão sexual por parte de um adulto. Considere o caso de uma criança de 5 anos que está se masturbando com muito prazer e é surpreendida por uma mãe furiosa. Caso a criança sinta um medo muito forte, ela pode "congelar", como se diz. Essa reação tende a produzir a armadura rígida. Se o medo é menor, no caso de uma mãe menos ameaçadora, mas a criança é submetida à desagradável experiência de ter de se explicar, a combinação de excitação e ansiedade pode fazê-la se contorcer. Esse tipo de reação se torna a base da armadura flexível, do tipo rede.

Os dois tipos de armadura têm a função de limitar a produção de energia. Para tanto, diminuem a mobilidade e a respiração. A armadura rígida é mais restritiva e menos eficiente. Como se trata da expressão de um processo de "congelamento", desenvolve-se em organismos que não têm uma carga muito alta. Os organismos mais altamente carregados não congelam com tanta facilidade. O calor é uma função da carga energética. Essas distinções não podem obscurecer a similaridade caracterológica dessas duas estruturas. A própria natureza do processo de blindagem deve nos conscientizar de que a agressão sexual é usada defensivamente.

Com base no caso de frigidez discutido, não devemos concluir que o caráter histérico dotado de uma armadura flexível é necessariamente frígido. O contrário é muito mais comum. A armadura flexível é geralmente associada a um grau elevado de potência genital. É minha opinião, porém, que a chamada frigidez genital absoluta só pode se desenvolver nesse tipo de estrutura de caráter.

A tendência a se contorcer subjacente a esse tipo de estrutura ajuda a explicar um fenômeno que os autores analíticos têm associado à excitação genital. Muitas moças e mulheres têm uma reação intensa ao verem uma cobra, o que tem sido interpretado como o medo do pênis, do qual a cobra é um símbolo. Na verdade, essas pessoas não têm esse tipo de reação ao pênis. A cobra viva produz nelas um sentimento que é uma mistura de fascínio e repugnância. Não poderíamos dizer que é o movimento peculiar à cobra que reativa, nessas pessoas, sensações reprimidas de contorção, juntamente

O corpo em terapia

com sentimentos associados de excitação sexual e medo? E que esses sentimentos derivam de experiências sexuais muito precoces que foram reprimidas? Creio ser possível demonstrar que essa reação à cobra é limitada a esse tipo de estrutura de caráter.

Na análise do indivíduo, nem sempre é possível caracterizar a armadura como rígida ou flexível. Em todas as estruturas rígidas pode ser detectado um certo grau de contorção. A análise de caráter se baseia nas tendências dominantes, o que não quer dizer que os demais traços sejam menosprezados. Eles fazem parte da constelação que é o caráter do indivíduo. Devemos considerar a estrutura do caráter histérico uma classificação na qual incluímos personalidades femininas com uma estrutura de ego rígida, blindadas com uma armadura flexível do tipo rede ou inflexível como placas de metal, e que usam a agressão defensivamente. O caráter mais inflexível usa a genitalidade para afastar sentimentos sexuais mais profundos, enquanto o caráter flexível usa movimentos sexuais superficiais para diminuir a excitação genital. Em ambos os casos, temos um mecanismo de defesa que limita o sentimento ou a carga e descarga de energia.

O padrão da armadura concorda com o sistema muscular total do organismo. Sendo inflexível, define um tubo mais amplo ou mais estreito, mais suave ou mais rígido. Ocasionalmente, o paciente percebe essa estrutura interna. Uma paciente se viu evolvida por uma "bainha de aço inoxidável" localizada logo abaixo da superfície do corpo. A energia flui dentro desse tubo no sentido do comprimento do corpo. O tubo lembra o aspecto sinuoso de nossa estrutura interna. Quando se torna mais rígido, se reduzem proporcionalmente a respiração, a sensibilidade e a expressão emocional. Porém, como a cabeça e os genitais estão sempre ligados, as funções de realidade e genitalidade são consistentemente mantidas.

A rigidez da estrutura de ego depende desse processo de formação da couraça muscular. Difere das tensões específicas do caráter oral ou masoquista no sentido de ser total e coextensiva ao sistema muscular. Impede o colapso que caracteriza o masoquista e fornece uma âncora na realidade, que falta ao caráter oral. Mas é um mecanismo de defesa neurótico que cria na mulher uma estrutura de caráter histérico.

A rigidez de estrutura de ego e couraça é uma consequência de frustração genital. A privação leva a vazio interior e oralidade, enquanto a supressão resulta em grave tensão interior e masoquismo. A frustração genital no período edipiano produz um enrijecimento. É como se a criança dissesse: "Já que você rejeita meu amor, vou me bloquear para não o oferecer a você de novo. Assim, ninguém pode me ferir".

Como nem o caráter oral nem o masoquista desenvolvem um nível de ego no estágio genital, não têm condições de oferecer seu amor. Porém, o oral deseja ser amado, enquanto o masoquista quer receber aprovação. É lógico que toda pessoa tem seus traços orais e masoquistas. Quanto maior a extensão que ocupam na estrutura da personalidade, mais fraca a rigidez que a criança possa subsequentemente desenvolver. Na análise do caráter de um paciente, esses elementos devem ser definidos segundo a estrutura geral. A presença de traços orais e masoquistas não produz um tipo misto de caráter. É preciso novamente enfatizar que a análise de caráter se baseia nos padrões dominantes de comportamento. Entretanto, não é raro encontrar um elemento oral ou masoquista tão poderoso quanto a rigidez; nesses casos, estamos diante de casos de tipos de caráter realmente mistos. Eles serão discutidos no capítulo 15.

A rigidez da estrutura de ego é uma característica do funcionamento na realidade que inclui a genitalidade. Embora resulte de frustração genital, só pode se desenvolver numa estrutura de ego que avançou substancialmente até o nível genital. Pode-se então afirmar que a rigidez é patológica por si mesma? Devemos dizer que, como a frustração é e será uma experiência de vida, a capacidade para se enrijecer e enfrentar a frustração é uma reação defensiva, natural do organismo. Só vira patológica quando se torna caracterológica, ou seja, quando é a única resposta de que o indivíduo é capaz. O ego rígido é inflexível; nega o dar e receber saudável, sofrendo de falta de adaptabilidade. Do mesmo modo, podemos dizer que o colapso do masoquista só é patológico porque é sua única resposta à pressão. A ele falta a capacidade para se enrijecer em situações de pressão. O oral não é patológico porque deseja ser amado. A estrutura é neurótica porque essa é a única resposta. Não foram desenvolvidas atitudes mais adequadas para enfrentar as várias demandas da realidade na vida. Nessa perspectiva, a neurose de caráter é vista como uma limitação do comportamento a padrões reativos específicos, com a exclusão de um horizonte mais amplo de reações emocionais que deveriam caracterizar um ego adulto e maduro.

Vamos nos dedicar agora ao estudo do problema da rigidez caracterológica no homem.

14. O caráter fálico-narcisista

Os tipos de caráter são psicologicamente diferenciados por sua estrutura de ego, isto é, por suas atitudes perante a realidade. Bioenergeticamente, podem ser diferenciados por sua função genital. Os caráteres oral e masoquista são classificados como tipos pré-genitais: seu contato com a genitalidade é inseguro e a atitude diante da realidade é infantil. Ambas são estruturas sem armadura. De acordo com isso, devemos agrupar em uma categoria todas as formas de caráter que se baseiam na genitalidade, mais ou menos encouraçadas e mais ou menos seguras em sua relação com a realidade. A neurose se manifestará como rigidez tanto psicológica quanto somaticamente, de acordo com o grau em que a estrutura de caráter genital é neurótica. Por esse motivo, descrevemos esse tipo de estrutura neurótica como rígida. Vimos que essa categoria compreende o caráter histérico, que é a forma desse transtorno na mulher. A contraparte masculina do caráter histérico, ou seja, a forma assumida pela rigidez, no homem, é o chamado caráter fálico-narcisista.

Antes de seguirmos para o estudo desse tipo de caráter, seria aconselhável entendermos por que se faz uma distinção entre os tipos masculino e feminino de estrutura rígida. Na discussão das estruturas de caráter oral e masoquista, não foi feita nenhuma distinção entre os sexos. O problema da oralidade, assim como o do masoquismo, não difere nos sexos. O que também se deve ao fato de ambas serem estruturas pré-genitais. Por outro lado, o problema genital é diferente para o menino e para a menina. Embora o distúrbio básico provocado pela rigidez afete similarmente o funcionamento de cada sexo, o padrão comportamental manifesto diferirá segundo o sexo.

Reich disse que o caráter fálico-narcisista foi formulado para fornecer um tipo que "estivesse entre a neurose de compulsão e a histeria".[132] Contudo, a histeria não é um tipo de caráter, mas um sintoma. Embora seja geralmente associado ao caráter, isso nem sempre é verdadeiro. A paralisia histérica ocorre também no sexo masculino. A formação de sintomas depende de condições especiais, enquanto a dinâmica da estrutura de caráter é um fenômeno persistente. As distinções elaboradas por Reich entre o caráter compulsivo, o histérico e o fálico-narcisista foram baseadas em traços, não na dinâmica dos processos energéticos envolvidos. "Enquanto o caráter compulsivo é predominantemente inibido, autocontrolado e depressivo, e enquanto o caráter histérico é nervoso, ágil, apreensivo e lábil, o típico caráter fálico-narcisista é autoconfiante, quase sempre arrogante, elástico, vigoroso e, muitas vezes, impressionante".[133] Minha experiência com inúmeros pacientes demonstrou que esses traços não são tão claramente limitados. Arrogância é frequentemente o sinal característico de indivíduos com fortes traços compulsivos. Elasticidade e agilidade podem ser confundidas. Essa confusão é aparente neste comentário de Reich sobre o caráter fálico-narcisista: "A expressão facial normalmente exibe traços masculinos angulosos, marcados, mas também, muitas vezes, femininos como os de uma garota, a despeito de hábitos atléticos".[134]

Reich e outros analistas usaram a designação "caráter histérico" para descrever tanto os tipos de caráter masculino como feminino. Prefiro limitar caráter histérico à estrutura feminina. Isso porque a descrição do caráter histérico masculino lembra o tipo de estrutura passivo-feminina, que é um tipo misto e está mais relacionado ao masoquismo do que ao tipo genital de estrutura. O tipo passivo-feminino pode ser considerado uma das subdivisões do problema masoquista, aquilo que Freud denominou tipo feminino de masoquismo. Discutiremos esse tipo no próximo capítulo. O caráter fálico--narcisista descreve uma estrutura de personalidade baseada na realidade e ancorada na genitalidade, por intermédio de defesas do ego que estão ausentes nas estruturas pré-genitais.

No que concerne à distinção entre o caráter compulsivo, que é um tipo essencialmente europeu, e o caráter fálico-narcisista, demonstrarei que isso não passa de uma questão de grau que não merece uma designação separada. Isso não significa, portanto, que o conceito de caráter compulsivo não seja válido. De um ponto de vista sintomatológico, pode-se diferenciar o indivíduo compulsivo do típico caráter fálico-narcisista; e, quando a análise é desenvolvida como interpretação de sintomas ou resistências, essa distinção é importante. Bioenergeticamente, ambas são estruturas rígidas, com armaduras, que só diferem em grau. Porém, consideremos primeiramente

O corpo em terapia

o típico fálico-narcisista e, em seguida, as variações que levam à compulsão serão compreendidas mais prontamente. Vejamos um caso que tratei há alguns anos.

Um homem de 30 e poucos anos procurou terapia por causa de ejaculação precoce. Alguns amigos lhe haviam falado de meu trabalho, e ele esperava que eu pudesse melhorar seu desempenho sexual. Ele atingia o auge da excitação aproximadamente um minuto após a penetração, e sempre muito antes de a parceira atingir o clímax, o que o incomodava. Além disso, havia lido *A função do orgasmo*, de Reich, e sentia que deveria experienciar mais prazer do que tinha no ato sexual. Ele era um advogado profissionalmente bem-sucedido e confiante no futuro. Na época em que iniciou o tratamento, planejava se casar. O fato de a noiva ter feito análise também influenciou sua decisão de procurar o tratamento.

Menciono esses detalhes porque não é tão comum que o típico caráter fálico-narcisista procure terapia. Em geral, eles têm um bom desempenho profissional, são razoavelmente bem adaptados ao meio social e sexualmente atraentes. Conforme Reich indica, um de seus traços mais importantes é a "coragem agressiva", que muitas vezes conduz ao sucesso nas realizações. Por outro lado, esse "comportamento agressivo em si mesmo desempenha uma função defensiva". Se aceitarmos esse fato, o conceito de Reich de um "caráter genital" é uma idealização. O caráter fálico-narcisista masculino pode variar da saúde quase completa à neurose grave. Reich reconhecia isso, porque escreveu: "Em representantes relativamente não neuróticos desse tipo, a realização social, graças à agressão livre, é forte, impulsiva, energética e em geral produtiva; quanto mais neurótico o caráter, mais peculiar e unilateral é a realização". Essa descrição se aplicava ao indivíduo em questão e, portanto, se submeter a uma terapia analítica era algo inusitado.

Quanto ao modo de ser, o paciente se comportava com a postura esperada de um advogado bem-sucedido. Era autoconfiante e falante, mas permanecia sempre em guarda. Tinha altura média, um corpo bem desenvolvido e proporcional. Contou-me que sempre praticara esportes e continuava sua atividade atlética no presente. Seu rosto era expressivo, os olhos eram vivos e abertos, a boca era suave e propensa ao sorriso, o queixo, bastante determinado. No divã, notavam-se os ombros largos, o peito cheio, quadris estreitos e pernas bastante rijas. A respiração era predominantemente abdominal; o peito ficava preso na posição de inspiração.

267

Comecei indicando ao paciente a imobilidade de seu peito. Incentivei-
-o a tentar deixar o peito se mover com a respiração e, após algum tempo,
ele conseguiu. O rosto agora exibia uma leve apreensão. Ocasionalmente, é
possível produzir um efeito dramático na primeira sessão, como o que aconteceu aqui. Pedi ao paciente que arregalasse os olhos, levantasse a testa e
deixasse cair o queixo. Ele gritou como se estivesse aterrorizado. Sua reação
foi instantânea. Contou-me que sentiu que veria um objeto amedrontador.
Quando repetiu a expressão, o paciente gritou da mesma maneira, mas não
havia nenhum objeto visível. Essa experiência impressionante demonstrou
que sua autoconfiança encobria um medo profundo e, em si mesma, constituía a defesa contra esse medo.

As sessões subsequentes foram muito carregadas de emoção. Por um
tempo, respirar provocava fortes sensações de fluidez, manifestadas como
correntes e formigamentos em ambos os braços e pernas. Certa vez, as correntes foram tão intensas que as mãos paralisaram numa contração parkin-
soniana. O ato de bater produzia fortes sentimentos de raiva contra alguém
que, mais tarde, revelou-se ser o pai dele. Na época em que o paciente
experimentava a raiva dirigida especificamente contra o pai, ele se lembrou
de ter sido surrado por ele por ter se afastado das redondezas de sua casa.
Essas sessões iniciais, como em tantos casos, produziram uma acentuada
melhora no paciente, que se sentia mais vivo e de melhor humor, como há
muito não acontecia. O progresso costuma ser temporário, já que representa
a liberação da tensão que é superficial à principal armadura de caráter ou
bloqueio. Porém, fornece a motivação para a difícil tarefa de reestruturação
do caráter que vem a seguir.

A primeira fase da terapia foi bastante animadora. O próprio paciente
estava entusiasmado. Vislumbrava a eliminação de todas as suas dificuldades
rapidamente. Reiniciamos o trabalho terapêutico após as férias de verão,
que foram muito agradáveis para ele. O trabalho específico procedia como
antes. Dessa vez, a respiração não produziu sensações. O ato de bater era
tão determinado quanto antes, mas havia poucos sentimentos de raiva e
nenhuma recordação. Comparados à primeira fase, os meses passavam sem
nenhum progresso. Na época, eu ainda não havia elaborado completamente
a dinâmica das estruturas de caráter. A análise era desenvolvida com base
na atitude e nas experiências profissionais, sociais e sexuais do paciente.
Embora fosse óbvio a nós dois que ele não se dedicava inteiramente nem

O corpo em terapia

ao trabalho nem ao amor, meus esforços para modificar seu caráter e desbloquear os sentimentos na base de seu ser foram infrutíferos. E assim se passaram seis meses.

Quando se enfrenta um impasse dessa natureza na terapia analítica é porque, muitas vezes, embora o padrão mais amplo de comportamento seja compreendido, a dinâmica subjacente a ele e a característica específica da estrutura individual não são entendidas. Nesse caso, o paciente e eu sabíamos que ele era ambicioso. Sabíamos também que ele tinha medo de se envolver profundamente com uma garota e sofria de ejaculação precoce. Estavam claramente delineados todos os elementos do caráter fálico-narcisista. Ainda assim, era impossível alterar a rigidez de corpo e mente. A única emoção não expressa era o choro. E eu não conseguia promover a liberação dessa emoção. A pista para a personalidade foi revelada quando parecia que a terapia não teria sucesso.

Perguntei ao paciente se ele achava que era possível o tratamento fracassar. Sua resposta foi "não". Quando o inquiri a respeito de sua resposta, ele disse que jamais fracassara em nenhuma empreitada. Nunca foi mal nas provas na escola; mais que isso, suas notas eram bem superiores à média. Social e profissionalmente, sempre conseguia o que desejava. Como fazia isso? Por meio da persistência. Se lutava por um objetivo que era muito importante, não descansava a menos que sentisse que estava fazendo tudo que era necessário para garantir o sucesso de seus esforços. Até onde pude descobrir depois de uma discussão detalhada desse aspecto, não se tratava de uma obsessão. Era intolerável ao paciente a ideia do fracasso, mas somente no caso de o objetivo ser importante. Nesse caso, a ideia de fracasso produzia intensa ansiedade e ele redobrava seus esforços para garantir o êxito. A determinação de vencer se baseava tanto no medo de fracassar quanto na recompensa do sucesso. Esse escopo de comportamento era amplo o bastante para permitir muita flexibilidade. Uma quantidade considerável de fracasso poderia ser aceita sem produzir ansiedade por intermédio de um mecanismo que mudava a importância dos objetivos. Além disso, o mecanismo operava nas áreas mais importantes a que se dedicava.

Agora eu compreendia o motivo de a terapia não ter avançado durante o semestre anterior. De acordo com o esperado, o paciente trabalhava para alcançar um sentimento espontâneo. É a mesma contradição inerente à ordem "tente relaxar!" O paciente estava determinado a amar, ou seja, a abandonar-se aos sentimentos ternos. Mas determinação significava um queixo determinado, duro, ombros enrijecidos, costas eretas. A própria atitude era a resistência principal à terapia, o bloqueio caracterológico mais importante e a expressão das tensões musculares básicas. Se o impulso e a determinação do paciente eram os fatores responsáveis por seu sucesso social e profissional, eram, por outro lado, responsáveis pelo aspecto predominante de sua neurose.

Minha reação foi dizer simplesmente a ele: "Não tente. Isso não é uma escola que desmerece ou premia comportamento ou desempenho. Meu trabalho é aliviar a pressão exercida sobre você, não colaborar para aumentá-la. Aqui você é aceito como é, não com a condição de fazer o que eu quero". Fiquei perplexo com o efeito que essas palavras tranquilizadoras tiveram no paciente. Seus olhos se encheram de lágrimas e ele começou a chorar baixinho. Ali estava a expressão espontânea de um sentimento terno pelo que ele estivera trabalhando. Surgiu como um fenômeno de liberação. Não creio que esse paciente tivesse chorado por tanto tempo se tivesse se sentido sob pressão na terapia. É o que acontece com a natureza das estruturas rígidas. Como chorar, que envolve o corpo em soluços, é uma liberação convulsiva de tensão, os organismos rígidos sentirão dificuldade considerável para chorar. Segue-se, como princípio geral, que somente se consegue produzir o choro numa estrutura rígida aumentando a pressão quase até o limite e, então, retirando-a rapidamente. Nessas circunstâncias, o choro é muitas vezes uma experiência deveras agradável.

Nas sessões seguintes, o paciente foi capaz de elucidar alguns fatores psicológicos e experiências genéticas que levaram ao bloqueio do choro. Ele não percebia o choro como um sinal de fraqueza ou feminilidade. Muitos homens expressam esses sentimentos, e sabemos disso. Ele queria chorar, mas era doloroso. A dor era sentida na garganta como um forte espasmo. Depois que começou a chorar, o aprofundamento do choro foi acompanhado por sensações espásticas e dolorosas nas vísceras. Segundo explicou, ele sentia que o problema era uma dificuldade específica de expressar tristeza. Então me ocorreu que havia tanta infelicidade no lar de sua infância que ele não conseguia acrescentar mais essa dor ao sofrimento dos pais. Na realidade, pai e mãe haviam expressado sua infelicidade ao filho em diversas ocasiões — e, em cada uma delas, ele sentira tanta pena que decidiu se esforçar ao máximo para dar a eles algum alívio. Ele reconheceu imediatamente que

O corpo em terapia

trabalhava sob o peso desse senso de responsabilidade mesmo no presente, embora houvesse também um ressentimento subjacente.

Também ficou claro o significado dos ombros largos. Ombros quadrados e erguidos são um sinal de responsabilidade prematura. É como se os ombros fossem sustentados numa armadura para suportarem uma carga extrapesada. Bioenergeticamente, o bloqueio na garganta desvia um pouco de energia horizontalmente para os músculos dos ombros. Nas costas, o fluxo de raiva para os braços e a cabeça é bloqueado de modo similar, mais ou menos no nível da sétima vértebra cervical, com uma resultante contração dos músculos da cintura escapular. Quando são muito graves, estes bloqueios levam à estrutura de caráter passivo-feminina. Assim que o paciente absorveu essa interpretação, tornou-se possível liberar aos poucos as tensões dos ombros. Sessão após sessão, foram expressados raiva e ressentimento, especialmente contra a mãe, por ter imposto essas cargas a ele. Ao mesmo tempo, era capaz de se entregar a um choro cada vez mais profundo e livre.

O medo do fracasso está associado a esse senso de responsabilidade. O próprio paciente tinha consciência de que seu desejo de ser bem-sucedido tinha como objetivo principal a satisfação dos desejos dos pais, e como motivação básica a vontade de obter a aprovação e o amor deles, sobretudo da mãe. Além dessa motivação geral para vencer, o paciente se lembrou de que, numa ocasião, durante os primeiros dias na escola, o pai havia manifestado a decepção que sentiria caso o filho não obtivesse as melhores notas. O paciente recordou-se de quanto ficou chocado com esse comentário, tanto que resolveu não voltar para casa se fosse reprovado na escola naquele período. Estou analisando esses fatores minuciosamente porque o problema da ambição no caráter fálico-narcisista esteve em primeiro plano no estudo desse tipo de estrutura. Por exemplo, Abraham relaciona a ambição desses tipos de caráter ao erotismo uretral e sugere que estrutura fálica e traços uretrais são sinônimos. Fenichel também associa ambição a erotismo uretral por intermédio dos sentimentos de vergonha: "O objetivo da ambição baseada em erotismo uretral é provar que não há mais necessidade de se sentir envergonhado".[135]

É inegável que existe uma relação entre erotismo uretral e a ambição que marca o caráter fálico. Faz pensar na brincadeira dos meninos que ficam na calçada vendo quem consegue urinar mais longe. A função da micção pode assumir uma faceta agressiva, e isso acontece no caráter fálico. A enurese, por exemplo, pode ter um "significado agressivo rancoroso voltado para ferir os sentimentos dos pais", segundo Fenichel.[136] Talvez a melhor ilustração específica dessa função seja a atitude de alguns macacos no zoológico, que expressam sua raiva dos visitantes urinando neles. Esse paciente se lembrou de um incidente em seu quinto ano de vida que confirmou essas observações analíticas. O pai o havia repreendido duramente por mostrar o pênis. No dia seguinte, quando a família estava fora e ele se viu sozinho em casa, andou por todos os cômodos e urinou no chão com um sentimento de vingança. No entanto, mesmo que se possa demonstrar alguma conexão, ela está longe de fornecer uma relação direta de causa e efeito entre ambição e erotismo uretral. Precisamos encontrar a ligação e estabelecer a natureza exata dela.

O indivíduo fálico-narcisista é caracterizado por seu impulso, isto é, por sua agressão. Esse é um fator dinâmico, baseado na função energética. Reich conhecia esse fator na época em que escreveu *Análise do caráter*, em 1933. Ele observou: "Constitucionalmente falando, parece haver nesses tipos uma produção acima da média de energia libidinal, que possibilita uma agressão extremamente intensa".[137] Se essa afirmação é verdadeira, somos forçados a perguntar o que é neurótico no processo. Ou a afirmação é verdadeira apenas porque descreve uma aparência e a neurose reside no fato de que a realidade é diferente da aparência. Em outras palavras, o caráter fálico--narcisista age como se fosse muito potente sexualmente. Esses indivíduos se vangloriam de suas conquistas e de seus poderes (estes medidos pelo número de relações sexuais por noite). Na verdade, a potência orgástica, ou seja, a capacidade de experimentar prazer, é proporcionalmente diminuída. A razão para a frequência do ato sexual é, de fato, o fracasso em obter satisfação em uma única experiência. Do mesmo modo, a agressão do caráter fálico-narcisista é exagerada para compensar uma fraqueza constitucional. Se equiparamos agressão e busca, podemos descrever os tipos de caráter do seguinte modo: o caráter oral tem medo de buscar, o masoquista busca, depois recua, o fálico-narcisista agarra. Esse agarrar se baseia no medo do fracasso ou da perda. Porém, se a libido sexual é menos intensa do que a encenada, e se a agressão é mais fraca do que sua aparência, como explicar dinamicamente o impulso, a ambição e a aparente "produção de energia libidinal superior à média"?

Classificamos o caráter fálico-narcisista como um tipo genital. Isso quer dizer que o movimento pendular da energia está ancorado com segurança

O corpo em terapia

no cérebro e na função genital. Também significa que esse tipo de estrutura não está subcarregado, como o oral, nem dominado pela culpa, como o masoquista. Como a perturbação que determina o caráter ocorre numa idade comparativamente tardia, aproximadamente por volta dos 3 anos, o mecanismo de defesa ou reação à experiência traumática é diferente do de outros tipos. Uma vez atingida a genitalidade, a pressão em termos de frustrações ou punições resulta num enrijecimento do organismo. É o mesmo processo que vimos na estrutura de caráter histérico. A musculatura se contrai para sustentar a estrutura de ego, formando um cilindro em volta do corpo. Outra paciente descrevia isso assim: "Tive uma súbita visão de um cilindro de aço brilhante, grande como um bueiro, envolvendo meu corpo. Dentro desse cilindro, eu me sentia viva". Quando eu analisava suas percepções e sensações, ela acrescentou que anteriormente havia se sentido do lado de fora de seu corpo. O interior parecia aprisionado, e ela não conseguia alcançá-lo. Agora, ela havia feito contato com seu ser mais interior e estava eufórica e animada. Aquelas estruturas que categorizei como rígidas têm essa armadura tipo cilindro, como placas ou rede. A profundidade da armadura e a largura do cilindro são inversamente proporcionais. Um cilindro largo está associado a uma armadura mais superficial. Um cilindro mais estreito resulta da espasticidade das mais profundas camadas musculares e é mais rígido e inflexível. Não preciso enfatizar a importância dessa estrutura de cilindro oco como apoio físico contra a pressão que tenderia a aniquilar o movimento energético pendular.

Depois que compreendemos a natureza dessa armadura, a maior parte dos aspectos da estrutura de caráter fálico-narcisista pode ser explicada. A estrutura cilíndrica rígida canaliza a corrente energética para o cérebro e os genitais, sobrecarregando, muitas vezes, essas estruturas. Ao mesmo tempo, a rigidez diminui a flexibilidade do organismo, tanto psicológica quanto somaticamente. A sobrecarga resulta do fracasso do fluxo energético em se ampliar em lagos naturais antes de atingir as saídas. Esses lagos ou reservatórios são a região pélvica, embaixo, e a cabeça, em cima. Depois do estreitamento de cintura e do pescoço, há o alargamento de cabeça e pelve. O desenvolvimento de um reservatório natural logo acima dos genitais impede que sejam sobrecarregados e descarregarem rápido demais. Do mesmo modo, o cérebro funciona como um reservatório que contém um impulso para submetê-lo à avaliação crítica do ego. É impossível conceber a função de realidade sem

Alexander Lowen

esses reservatórios. Exatamente o mesmo princípio é empregado para controlar a cheia dos rios com as chuvas pesadas ou o degelo da primavera.

Esperaríamos então que, devido ao estreitamento desses reservatórios, a estrutura rígida mostrasse uma maior impulsividade do que os tipos de caráter pré-genitais. De certo modo, é assim. Na sua agressão genital, o homem fálico exibe impulsos mais fortes do que qualquer outro caráter neurótico. E isso vale para o impulso do sucesso material. Essa agressividade, contudo, é obtida em detrimento de flexibilidade e espontaneidade. A própria rigidez da estrutura favorece genitalidade e realidade, ao mesmo tempo que limita essas funções. Assim, temos uma pessoa que é agressiva genitalmente e, no entanto, precoce na ejaculação. A descarga genital ocorre muito antes que todo o excesso de energia tenha sido levado para baixo em relação com o pênis. Um único ato é, portanto, insuficiente para descarregar a tensão. O homem fálico se considera potente porque é capaz de muitas penetrações e descargas numa única noite. Porém, a força da agressão não deve ser medida por sua aparência. Além disso, como a satisfação depende do nível que a tensão atingiu antes da descarga, o homem fálico costuma extrair pouco prazer de suas experiências sexuais.

A ambição do homem fálico deve ser explicada por esses processos dinâmicos. Dada a consciente canalização da energia para os pontos de saída, ao mesmo tempo que é limitada a satisfação resultante da descarga, pode-se entender a persistência do impulso. É também fácil explicar por que o homem fálico busca conquistas femininas. Como a satisfação sexual é incompleta, surge um sentimento de insatisfação com a parceira sexual. Há a esperança — consciente ou inconsciente — de que uma nova parceira seja capaz de proporcionar maior prazer. Na repentina emoção da excitação provocada pela busca e pelo novo relacionamento, isso frequentemente acontece. À medida que desaparecem essas condições, se restabelece o antigo panorama, diminui o prazer sexual e recomeça a busca de uma nova parceira. Esse processo, que acontece no nível genital, é típico ou caracterológico. O homem fálico não encontra satisfação profunda em nenhum nível de atividade e se vê forçado a busca e conquista contínuas. Devemos distinguir essa ambição do crescimento e da atividade criativa de indivíduos saudáveis.

Se é assim, qual é a relação entre ambição fálica e erotismo uretral? Qualquer aumento de energia em uma estrutura cilíndrica rígida é imediatamente transmitido, na forma de aumento de pressão, para as duas

O corpo em terapia

extremidades do cilindro. A forma bioenergética do organismo mamífero é cilíndrica e côncava para a frente. Somos construídos de acordo com o princípio da minhoca: um cilindro dentro de outro. Na sua forma natural, suave, flexível, as duas extremidades do cilindro são genitais embaixo e rosto em cima, especificamente a região em redor da glabela, que inclui os olhos e o início do nariz. Nos indivíduos saudáveis, o cilindro é bastante suave e flexível e capaz de expansão e contração nos diâmetros segmentais. À medida que o cilindro vai perdendo elasticidade e tende a se tornar rígido, ele fica reto. A perda de elasticidade responde pelo fato de a pressão da energia ser imediatamente transmitida para baixo e sentida pelos órgãos embaixo.

O endireitamento também provoca uma fixação da pelve para trás. Com rigidez e retração, a pressão é sentida sobre a bexiga e produz o desejo de urinar. Isso explica por que o homem fálico sente necessidade de urinar antes e depois do ato sexual. O erotismo uretral está, portanto, associado à excitação sexual. E, como o padrão inferior está duplicado na parte superior do corpo, a relação entre impulso, ambição e erotismo uretral é vista como derivada da dinâmica da estrutura corporal.

Essas conclusões são confirmadas pelas observações dos pacientes. No caso aqui apresentado, houve o incidente de quando a criança, impedida de se masturbar, urinou no chão. Esse não pode ser considerado um ato premeditado. Em vez disso, a energia, cujo acesso aos genitais foi bloqueado, carregou a bexiga. Assim como a retração da pelve coloca a bexiga na linha do fluxo energético, a pelve também pode ser projetada para a frente de modo que a bexiga fique livre da pressão. Outro paciente que tinha uma pelve muito bloqueada e imobilizada lembrou-se de que fora capaz de controlar o problema da enurese travando a pelve para a frente. Desse modo, dormia durante toda a noite sem ser perturbado pelo medo de molhar a cama.

Há outra relação entre o erotismo uretral e o caráter fálico que deve ser elucidada. As leis que governam o fluxo de sangue derivam de leis que governam o fluxo de líquidos num cilindro. Tais leis também explicam um pouco da dinâmica dos processos bioenergéticos no organismo, já que todos os fenômenos bioenergéticos ocorrem em um ambiente fluido. Um líquido dentro de um cilindro rígido vai se mover continuamente se estiver sob pressão, e será descarregado ininterruptamente pelos locais de saída. Se o fluxo ocorre num tubo elástico, o fluxo é pulsátil e a ejeção é intermitente. O fluxo de urina se enquadra no primeiro caso. O movimento de sangue e

275

sêmen, ou seja, de fluidos extremamente carregados, é pulsátil. Quando a ejaculação assume a forma de um fluxo contínuo de sêmen e não há pulsação, assemelha-se ao ato de urinar. Essa falta de pulsação na ejaculação é característica de muitos homens fálicos, rígidos.

O problema da precocidade é um dos sintomas principais da estrutura rígida no homem. Há outro menos comum, mas que deve ser explicado da mesma maneira. O fenômeno da obsessão, na medida em que tenho podido observá-lo, se limita às estruturas rígidas. É frequentemente sentido como uma tensão na testa e representa dinamicamente uma sobrecarga dos lobos frontais. Nesse sintoma pode ser estudado o estreito paralelismo entre funcionamento genital e mental.

Tive a oportunidade de tratar um estudante de engenharia por causa de insônia, e ele também sofria de uma obsessão. Esta não era o sintoma mais importante, mas constituía a base para a compreensão psicológica de seu caráter. Além desta obsessão, o paciente tinha fobia de corvos e de pessoas sentadas atrás dele. Outro sintoma eram crises de marcados tremores involuntários nas pernas, que o haviam levado a consultar vários neurologistas. Devo admitir que, durante a etapa inicial do tratamento, não relacionei todos os sintomas a uma estrutura bioenergética que permitiria explicar cada aspecto desse único problema. Conduzi a terapia com base na resistência à análise — que, embora efetiva, não é tão eficiente nem tão consistente quanto a abordagem analítica do caráter.

Qual era a obsessão nesse caso? O paciente não conseguia se livrar da visão de uma jovem que havia sido sua namorada durante a adolescência. A relação terminou após sete anos, quando a moça se apaixonou por outro rapaz. Durante os sete anos do relacionamento, a atividade sexual, embora frequente, jamais chegou ao ato sexual propriamente dito. Com o novo namorado a moça teve relações sexuais. Ela então contou ao meu paciente que o fato de eles não terem tido relações sexuais havia provocado o rompimento. Sua obsessão pela moça tinha uma qualidade emocional dupla. Às vezes, ele nutria sentimentos de remorso por não a ter conhecido mais intimamente; em outras ocasiões, sentia uma intensa raiva por ela o ter abandonado. O passado do paciente era incomum, no sentido de ele ter sido extremamente puritano para a época. O cinema era considerado uma tentação do diabo e o prazer em geral, pecaminoso. A vida familiar fora dominada por uma severa autoridade paterna.

O corpo em terapia

Devo mencionar que outro sintoma veio à tona numa etapa posterior da terapia. O paciente era afeito a crises razoavelmente frequentes de icterícia, acompanhadas de dores no quadrante superior direito, mal-estar e fraqueza. Em geral, essas crises se seguiam a algum aborrecimento emocional ou, como o paciente acreditava, a alguma mudança no tempo marcada por aumento na umidade e queda da pressão atmosférica. Ele ficava mais perturbado com esses surtos do que por qualquer outro aspecto de seu quadro. As crises também eram acompanhadas por sentimentos de desamparo e desespero. Embora pudessem confiná-lo à cama o dia todo, não o incapacitavam por mais tempo que isso. Ele não havia realizado nenhum raio X da bexiga ou dos dutos biliares, mas, tendo em vista a natureza transitória das crises, que eram às vezes acompanhadas de fezes cor de argila, diagnostiquei o quadro como discinesia biliar ou espasmo no esfíncter de Oddi ou em alguma outra parte do sistema de dutos.

Apesar da natureza premente das queixas do paciente, a fase inicial da terapia foi marcada por tanta resistência que ele interrompeu o tratamento duas vezes. Quando recomeçamos pela terceira vez, impus a condição de não haver mais interrupções. É óbvio que isso não alterou a resistência, que persistiu diante de uma evidente melhora geral. O paciente sentia o trabalho terapêutico como uma ameaça, e isso exigia meu melhor esforço analítico para vencer seu medo. Seu conflito com a terapia e o medo dela e de mim continuaram até que um simples fato mudou repentinamente sua atitude. A fim de incentivar sua agressividade, começamos uma brincadeira de cabo de guerra usando uma toalha. O paciente reagiu com uma determinação e uma energia que me surpreenderam. Usei o máximo de força para fazê-lo dar o melhor de si, e então o deixei ganhar. Ele sorriu radiante, como se tivesse obtido uma significativa vitória sobre mim. A partir desse momento, desapareceu o medo de mim e da terapia. Nem toda resistência cessou, mas agora o paciente era cooperativo, quando antes havia sido abertamente hostil.

Apesar dessa hostilidade, o paciente era continuamente atraído à terapia analítica por meus *insights* específicos sobre seus problemas. Mencionei anteriormente que ele havia consultado vários neurologistas a respeito do tremor nas pernas. Ninguém conseguira encontrar lesões orgânicas que justificassem o fenômeno. O quadro não é tão raro, e a maioria dos pacientes exibe tremor semelhante durante o curso da terapia. Isso pode ser interpretado como uma expressão de ansiedade, mas a única explicação verdadeira

Alexander Lowen

é a bioenergética. A energia fluindo para baixo, para a metade inferior do corpo, será descarregada genitalmente ou através das pernas, no chão. Se a saída genital está bloqueada ou fechada, as pernas arcam com uma carga extra, que só conseguem descarregar por meio de movimentos. Energeticamente, esse tremor das pernas é semelhante ao que ocorre nos estados emocionais mais fortes de medo e de raiva. Em cada caso, o tremor serve para descarregar a energia que não é liberada em ações intencionais, e em cada caso o tremor atua como uma válvula de segurança. Quando expliquei isso ao paciente, ele ficou muito aliviado.

Nele, o conflito quanto às sensações genitais era intenso. Uma educação religiosa severa opunha-se a um impulso sexual muito forte. Quando os sentimentos de culpa predominavam, o paciente era atormentado principalmente por sua obsessão. Se o impulso genital furava a barreira e se manifestava como masturbação, diminuíam consideravelmente a culpa e a obsessão. Mais tarde, no curso da terapia, à medida que ele desenvolveu um relacionamento sexual satisfatório e contínuo, a obsessão desapareceu por completo. O caráter oral não tem conflitos conscientes com seu impulso genital, porque o genital é inundado de libido oral. Uma análise mais profunda de cada caso em que o elemento oral domina o caráter mostra que o impulso genital tem o sentido de buscar proximidade com o parceiro, de querer ser amado e aquecido. Ele pode questionar sua promiscuidade, sua falta de descarga ou de satisfação profunda, mas em minha experiência ele nunca duvida de seu direito à atividade genital. Também os caráteres masoquistas não têm conflito consciente com seus impulsos sexuais. Isso pode parecer estranho para aqueles acostumados a pensar que os masoquistas são subjugados por uma culpa consciente. Eles se identificam com seus impulsos, ao mesmo tempo que questionam o ambiente ou a si mesmos. A moralidade é um problema só do fálico ou da histérica.

Agora descreverei a estrutura desse paciente. Vocês verão que todos os seus problemas podem ser explicados pela dinâmica de sua estrutura. Ele tinha altura um pouco inferior à média, era magro e forte. O rosto também era magro, de expressão intensa e olhos vivos. Os ombros eram arredondados, e ele mantinha cabeça e pescoço inclinados para a frente, como se carregasse uma viga nas costas. Não havia dúvida de que tinha muita energia: seus movimentos eram rápidos e determinados. Não se queixava de cansaço. Apesar da magreza aparente de sua estrutura corporal, a musculatura era

O corpo em terapia

bem desenvolvida, com bom tônus, de tal modo que sua aparência dava a impressão de um corpo esguio, em vez de fraco. As partes distais das extremidades — pulsos, mãos, tornozelos e pés — eram bem fortes. A musculatura das costas era bem mais tensa e resistente que a da frente do corpo.

Psicológica e bioenergeticamente, a estrutura de caráter desse paciente seria diagnosticada como fálico-narcisista. Em mais de uma ocasião, ele expressou a convicção de que as mulheres se sentiam atraídas por ele, e também me contou que achava que tinha um pênis grande. Ao mesmo tempo, tinha fantasias de espancar as mulheres ou machucá-las com o pênis. Exibia a ambição e a agressão comuns para seu tipo de caráter. Era elegante em seus movimentos e praticava esportes. Porém, não havia dúvidas quanto à rigidez de sua estrutura corporal. Não era imensa como em alguns tipos rígidos, mas a musculatura formava uma estrutura cilíndrica da cabeça aos genitais, de modo que a energia era canalizada diretamente para a extremidade dos dois sistemas. Quando, como nesse caso, a rigidez é acentuada e o cilindro é estreito, a carga em ambas as extremidades é exagerada. A obsessão resulta de uma carga contínua na região frontal, ao mesmo tempo que a descarga está bloqueada ou limitada. O paciente sente a obsessão como uma constrição ou tensão na testa. Da mesma forma, a superexcitação dos genitais resulta da incapacidade de descarregar a tensão por completo, de modo que o pênis é facilmente recarregado e tende a reter a rigidez. A função genital saudável se distingue da do tipo fálico de genitalidade pelo fato de, na primeira, a ênfase estar na plenitude da descarga mais do que na força da ereção. Mais precisamente, é a diferença entre potência orgástica e potência de ereção.

Eis aqui então um homem fálico-narcisista supervalorizando sua potência sexual e com uma obsessão, insônia e crises de espasmos biliares. Os dois primeiros estão obviamente relacionados à sobrecarga nas duas extremidades do cilindro, além de uma interrupção consciente da descarga. Ele estava constantemente excitado sexualmente e olhava para toda mulher como um possível objeto sexual. Era atormentado pela culpa que se manifestava na obsessão. Como poderia dormir se não descarregava a excitação na cabeça e no órgão genital? Mas como explicar suas crises de icterícia? No momento, devemos nos contentar com uma interpretação psicológica. Ele tinha inveja; inveja dos homens que tinham mulheres com as quais podiam ter relações. O protótipo desse homem era seu pai, que, embora condenasse o prazer

Alexander Lowen

sexual para o filho, desfrutava do estado marital como uma posse patriarcal. O paciente tinha uma raiva enorme do pai, mas não ousava expressá-la. A raiva aparecia na transferência de hostilidade para o analista. E explicava por que nossa luta era tão importante. Tendo vencido o analista, ele ousava encarar a hostilidade em relação ao pai. Agora as crises de icterícia devem ser interpretados como consequência da tentativa de reprimir sua inveja e hostilidade. Ele nunca teve uma crise quando ficava agressivo. Se ficava exausto ou quando o tempo mudava para uma pressão mais baixa, a agressividade despencava e ele tinha uma crise. À medida que esses problemas foram analisados, ele iniciou uma vida sexual mais ativa. Sair do ambiente familiar facilitou o progresso terapêutico. Ele foi capaz de expor e liberar mais e mais agressão real. É interessante observar que, após um período de intensa atividade sexual, ele se apaixonou e casou. E, nessa altura, haviam desaparecido todos os sintomas.

O problema da obsessão está intimamente relacionado ao problema mais amplo da compulsão. Elasse unem na expressão do comportamento obsessivo-compulsivo. A compulsão é mais patológica que a obsessão, embora menos perturbadora. Os autores analíticos consideram a compulsão uma reação defensiva à obsessão. Deveríamos esperar encontrá-las associadas bioenergeticamente. Na realidade, o comportamento compulsivo é a forma extrema de rigidez no nível psicológico. Essa mesma rigidez excessiva caracteriza a estrutura somática e nos permite entender a base bioenergética desse comportamento.

À medida que o cilindro natural do corpo se torna mais rígido, ele tende a se endireitar e encurtar. Acredito que essa é uma lei biológica que pode ser demonstrada a partir de um simples fio de cabelo. Quando o fio perde seu ondulado natural, fica mais curto e liso. O alisamento das curvas naturais do corpo produz uma regressão das saídas. As extremidades do movimento energético recuam em relação a suas saídas normais nos genitais e na testa e sobrecarregam o topo da cabeça e o ânus. Como essas saídas não são naturais, a energia deve ficar retida e não ser descarregada. O caráter compulsivo retém seus impulsos em um nível que não se encontra em nenhuma outra estrutura. Ele perde os cabelos no alto da cabeça devido à tensão e tem o ânus muito contraído. Terá extrema constipação intestinal e exibirá os típicos traços de pedantismo, avareza e organização que já foram tão bem descritos. "Em sua aparência externa, exibe acentuada

O corpo em terapia

contenção e controle [...] [que] nos casos extremos se tornam um completo bloqueio emocional".

Os problemas de análise do caráter do compulsivo foram bem estudados e analisados por Reich. Do ponto de vista bioenergético, o caráter compulsivo propõe os mesmos problemas que qualquer outro caráter rígido, mas em um nível muito grave. A mudança de agressão para retenção ilustra, em um estado avançado, a tendência fundamental de todas as estruturas rígidas para empregar a agressão defensivamente. O homem fálico mostra sua retenção na tentativa de controlar a ejaculação e manter a potência da ereção. Por esse motivo, o caráter compulsivo é agrupado na categoria de estruturas musculares rígidas.

Seria um erro pensar que o caráter compulsivo desistiu de sua genitalidade, por mais que demonstre traços anais. Reich reconheceu que, "na típica neurose de compulsão, o desenvolvimento procede, não obstante, para a fase fálica".[138] Ele acreditava que a genitalidade "era ativada para logo ser abandonada de novo".[139] Bioenergeticamente, pode-se dizer que a genitalidade não pode ser abandonada sem um afastamento da realidade. Na verdade, o caráter compulsivo pode diminuir a carga nos genitais a tal ponto que a função não mais domine o comportamento da pessoa. Essa é uma questão de grau que não é básica para as principais categorias de estrutura do ego. Dentro da categoria mais ampla das estruturas rígidas de caráter, pode-se opor genitalidade e analidade de modo que, quanto mais genital o caráter, menos compulsão é encontrada na sua estrutura.

Reich descrevia bem a rigidez do caráter compulsivo:

O bloqueio emocional é um grande espasmo do ego que faz uso de condições somáticas espásticas. Todos os músculos do corpo, mas especialmente os da pelve e do assoalho pélvico, dos ombros e da face estão em estado de hipertonia crônica. Daí a fisionomia dura, parecida com uma máscara, do caráter compulsivo e sua esquisitice física.[140]

Podemos agora descrever duas variedades da estrutura de caráter rígido no homem. As duas são tipos neuróticos e, portanto, mais evidentes em suas manifestações extremas. Uma é a estrutura corporal pequena e estreita com uma vida emocional intensa, isto é, com uma alta carga emocional. Nesses organismos, a proporção entre energia livre e massa física é alta e a atividade genital, forte. O paciente aqui descrito pertencia a essa variedade. Oposto a ele, há o tipo rígido de estrutura corporal, com uma estrutura óssea mais larga e uma musculatura muito mais pesada. Esses indivíduos têm um maxilar sólido que é agressivamente projetado à frente; os ombros são largos, a cintura é estreita e os quadris, bem contraídos. Essa estrutura corporal transmite força e dureza. O ego é igualmente duro, inflexível e frio. Como a dureza representa a repressão da expressão emocional, esses indivíduos se caracterizam por seu bloqueio afetivo. Pode-se dizer que a vida afetiva está congelada na estrutura. O primeiro desses tipos é claramente fálico-narcisista; o segundo, compulsivo.

Em casos extremos, o caráter compulsivo tem uma solidez pétrea. Um paciente de quem tratei por algum tempo me lembrava o Estreito de Gibraltar. Trata-se de um tipo de rigidez diferente do encontrado no homem fálico; é muito mais grave e a rigidez penetra mais profundamente em direção ao centro. É fácil compreender a dinâmica do comportamento compulsivo nessas pessoas. A solidez da estrutura não permite qualquer espontaneidade no movimento ou na expressão. Todo movimento agressivo requer um grande esforço (no nível inconsciente, obviamente) para vencer a resistência implicada na solidez e na firmeza da estrutura. A expressão varia pouco, de modo que os movimentos corporais aparentam ser mecânicos, automáticos. A atividade genital exibe essa mesma característica forçada, mas não tem a carga que caracteriza a função no caráter fálico.

Essas descrições configuram dois tipos extremos de rigidez no homem. Um tende a ser obsessivo, o outro, compulsivo; no primeiro caso, a atividade genital é muito forte e, no outro, é enfraquecida por uma tensão anal severa. Esse tipo de caráter compulsivo tem poucos sintomas compulsivos, porque a compulsão domina todas as ações. É um modo de não ser um sintoma. Entre os extremos estão os casos nos quais as duas tendências coexistem em um estado de conflito. Esses são os verdadeiros caráteres obsessivo-compulsivos, nos quais a obsessão com sexo e genitalidade é contrabalançada por fortes traços compulsivos. Nesses casos, o sintoma compulsivo é uma defesa contra a obsessão subjacente, com sua ansiedade concomitante.

Uma análise profunda nos permite elaborar outra interpretação dessas estruturas que nos ajuda a compreender a gênese desses tipos. O verdadeiro caráter compulsivo exibe tendências passivas e tendências para comportamento homossexual inconsciente. O homem fálico é mais agressivo e tem

O corpo em terapia

uma identificação mais forte com a própria função genital. Como os dois tipos atingiram o estágio genital de desenvolvimento, podemos perguntar que fatores determinam as diferentes evoluções. Até onde consigo determinar, isso depende de quem, pai ou mãe, exerce a influência frustrante maior. Se é o pai que representa a ameaça maior, a criança desenvolverá uma aguda ansiedade de castração, na qual uma carga genital alta fica bloqueada pelo medo da punição. O desejo da criança de superar o pai se torna outro fator psicológico na gênese de sua ambição. O homem fálico se identifica com o pai, a quem considera um inimigo. Se, porém, a frustração principal procede da mãe, a resultante repressão da sexualidade é mais grave. A criança encara uma situação mais ameaçadora. A atividade genital é bloqueada por medo de perder o amor e o apoio provenientes da mãe. Como essas mães desejam dominar seus filhos, encontra-se também nesses casos uma ativa interferência anterior nas funções anais. Além disso, o pai tende a apoiar a atitude da mãe e a acrescentar seu poder e autoridade, a fim de forçar a criança a sair de sua posição genital. Superficialmente, há a identificação com a autoridade parental; porém, ela só encobre uma identificação mais profunda com a mãe frustrante.

Nos dois tipos de estrutura masculina rígida, o medo inconsciente do castigo por causa da atividade genital é o ponto-chave da neurose. Diante desse medo, o homem fálico é desafiador, rebelde, agressivo. É lógico que a agressão é exagerada e tem a função de verificar até onde ele pode ir antes de sofrer represálias. Nesse sentido, a agressão tem o significado psicológico de defesa e corresponde à agressão da mulher histérica. O indivíduo compulsivo, por outro lado, submete e adapta seu comportamento às exigências da autoridade. Afasta-se da atividade genital, mas não abandona sua posição genital. Sua submissão nunca é completa, porque ele não se rendeu; apenas endureceu. Quando a agressão consegue furar o bloqueio no caráter compulsivo anal, ela assume um caráter sádico e é dirigida contra a mulher. O verdadeiro homem fálico é capaz de algum sentimento terno pela mulher.

A terapia bioenergética é particularmente compensadora no tratamento de estruturas de caráter rígidas. Como esses indivíduos têm uma estrutura de ego bastante desenvolvida, encontra-se considerável resistência ao trabalho psicanalítico comum. Tão logo se livrem dos sintomas perturbadores, eles conseguem resistir à pressão em um grau impressionante. Por outro lado, se analisamos seus espasmos e sua rigidez física, em geral conseguimos

Alexander Lowen

obter uma cooperação considerável no trabalho físico necessário para liberar as tensões. O trabalho analítico deveria se desenvolver sempre de tal modo que *insights* e conscientizações acompanhassem o movimento. O movimento do corpo evocará sonhos e recordações a partir dos quais é possível reconstruir o passado. À medida que cada aspecto da personalidade se apresenta ao analista, a interpretação vai e vem entre o domínio do psíquico e do somático. Para vencer qualquer tendência à dicotomia, todas as manifestações — psíquicas e somáticas — são consideradas expressões de processos bioenergéticos unitários.

Sob o título de caráter fálico-narcisista, discutimos alguns problemas bioenergéticos básicos da estrutura de caráter rígida no homem. A rigidez pode variar em grau e espécie. As variações de grau vão de indivíduos saudáveis, caracterizados por seu afeto e espontaneidade, aos compulsivos, que são frios e mecânicos. Como essas estruturas são genitais, a genitalidade também variará da potência orgástica máxima à sua quase total ausência (no compulsivo anal). Nenhum desses indivíduos terá problemas eréteis, isto é, a ereção não será prejudicada, como acontece frequentemente no caso do masoquista. Em termos de caráter, o compulsivo anal deve ser considerado uma estrutura genital, independentemente de quanto possa estar reduzida a carga genital. Quanto à espécie, a rigidez pode ser cilíndrica ou sólida. Essa é a base para a divisão em dois grupos, fálico-narcisista e compulsivo. O primeiro se baseia na identificação com o pai, enquanto o segundo apresenta uma identificação básica com a mãe. Essa identificação está relacionada à autoridade parental, que representava a força mais frustrante durante a fase genital de desenvolvimento da criança. Desse modo, os tipos rígidos podem ser ativos ou passivos dentro dos limites de sua estrutura. Então, também, o tipo rígido é mais complicado pela mistura de elementos de épocas anteriores. Estes aparecem como traços orais ou masoquistas que conferem ao caráter rígido sua individualidade patológica.

Na discussão dos tipos de caráter até aqui apresentados, presumimos que o padrão neurótico pode ser diagnosticado e categorizado. Chegamos a essa conclusão embora, na prática, possamos encontrar dificuldades em qualquer caso específico. Para começar, seria muito raro um indivíduo que não tivesse em sua estrutura de caráter alguns traços derivados de privações no nível oral, ternura masoquista consequente de supressão do ego, alguma rigidez patológica ou todos esses elementos. O diagnóstico

O corpo em terapia

caracterológico depende do fator que predomina na personalidade e determina seu padrão comportamental.

De qualquer maneira, existem problemas caracterológicos que desafiam seriamente uma classificação. Pode-se desenvolver uma mistura de tendências neuróticas que desafia uma categorização, porque não se consegue discernir nenhum fator predominante. Na verdade, isso cria um padrão de comportamento que difere qualitativamente dos já discutidos. A literatura psicanalítica reconheceu um tipo clínico assim, que é uma mistura de tendências. É a estrutura de caráter passivo-feminina no homem, que merece consideração especial. Dedicaremos o próximo capítulo a essa estrutura e à sua contraparte feminina.

15. O caráter passivo-feminino

Quando a estrutura de caráter é determinada por sentimentos de dependência, vazio interior e depressão alternada com euforia, nós a denominamos caráter oral. Bioenergeticamente, ela é caracterizada por fraqueza da função agressiva, falta de força nas pernas e por uma estrutura de ego que não está ancorada com firmeza na realidade ou na genitalidade. O caráter masoquista é aparentemente agressivo, mas uma inspeção mais detalhada revela que o comportamento é mais provocativo que agressivo. O padrão predominante não é euforia e depressão, mas tentativa e erro, autoafirmação e colapso, que culmina em uma condição parecida com um atoleiro. Bioenergeticamente, a estrutura masoquista é extremamente carregada, mas as tensões musculares são tão graves que é fisicamente impossível suportar uma ação mais prolongada. Ambos os tipos podem ser descritos como estruturas pré-genitais — ego-deficientes, impulsivas e dominadas pela ansiedade.

Em oposição, o que descrevi como o tipo rígido de estrutura de caráter se baseia na agressividade no trabalho e, no nível genital, na presença de uma couraça que é evidentemente emocional e muscular. O ego está seguramente ancorado; sua força, contudo, é inversamente proporcional ao grau de rigidez. O comportamento está sujeito ao controle e rigidamente submetido à função de realidade. A ansiedade em geral está ausente, mas o caráter rígido muito raramente é um tipo puro. Por certo, os pacientes portadores desta estrutura apresentarão muitas vezes traços masoquistas e orais em graus variados. A despeito disso, o diagnóstico caracterológico se justifica quando o padrão total do comportamento é claramente dominado pela agressividade e pela rigidez. O analista de caráter avaliará em cada caso a relativa proporção de oralidade, masoquismo e rigidez e delimitará o papel desempenhado por cada um desses fatores no conjunto da personalidade.

É possível ter uma mistura de traços de caráter que desafie uma classificação simples. Isso não tem muita importância se estamos lidando com a

Alexander Lowen

combinação de oralidade e masoquismo, isto é, um caráter oral com traços masoquistas ou um caráter masoquista com traços orais. Não é possível que os dois elementos sejam igualmente fortes pelo simples motivo de que um se baseia num sistema subcarregado, e o outro, num sistema extremamente carregado. Ambas são estruturas pré-genitais e a análise de caráter acontece pela interpretação e resolução de problemas específicos no nível adequado. Os dois tipos chegam à terapia apresentando queixa de ansiedade. O trabalho analítico e bioenergético é orientado no sentido de promover um alívio da ansiedade e uma relação melhor com a realidade.

Quando a pessoa apresenta uma estrutura na qual os impulsos pré--genitais e genitais estão igualmente equilibrados, o quadro é confuso. Essa situação existe na estrutura de caráter denominada caráter passivo-feminino. O problema proposto ao terapeuta analítico é difícil e merece aqui uma discussão detalhada.

No artigo intitulado "O problema econômico do masoquismo", Freud sugere a existência de três categorias de transtorno masoquista: masoquismo com perversão, masoquismo moral e masoquismo feminino.[141] Este último tipo não é explorado por Freud além disso e, portanto, precisaremos voltar nossa atenção para outros escritores analíticos em busca de algum conhecimento sobre o tema.

No livro *Teoria psicanalítica das neuroses*[142], Fenichel menciona o problema ao discutir as perversões. Um instinto pré-genital parcial compete com a primazia genital. Contudo, como a realização do ato perverso conduz à descarga genital, ele reconheceu que a essas pessoas não falta a primazia genital. O homem passivo-feminino é um indivíduo em que certos traços femininos são tão evidentes que determinam um aspecto da personalidade. Mas devemos enfatizar que não estamos discutindo aqui a questão da homossexualidade.

Quais são as características que induzem uma pessoa ao diagnóstico de caráter passivo-feminino? Um homem de aproximadamente 40 anos me procurou após ter se submetido à terapia analítica por muitos anos. Tinha voz suave e modulada e modos gentis. Não havia linhas marcantes em sua fisionomia e era notável a ausência daqueles sulcos profundos do nariz à boca. Ele trabalhava como moveleiro. Os maiores problemas de sua vida derivavam de uma oposição determinada à autoridade e de uma incapacidade para estabelecer um relacionamento amoroso satisfatório.

O corpo em terapia

Em outro caso, um rapaz de 30 e poucos anos se queixava da incapacidade para falar em grupo. Além disso, tinha dificuldades para estabelecer uma função de trabalho satisfatória e para formar uma relação amorosa. Ele também tinha uma atitude gentil e atenciosa, voz suave e modulada e rosto bonito, sem linhas acentuadas.

Reich descreveu certas características comuns a esse tipo: "cortesia e obediência exageradas, suavidade e tendência a ardis". Ao discutir uma história de caso específica, ele escreveu: "Fenomenologicamente, era um típico caráter passivo-feminino: sempre muito simpático e humilde; se desculpava o tempo todo pelas coisas mais sem importância. Além disso, era desajeitado, tímido e circunstancial".[143]

Outros autores enfatizam mais a atitude "passivo-receptiva" ou a submissão. É difícil garimpar na literatura os traços específicos de personalidade tão distintos da passividade caracterológica que justificariam a descrição de feminino aplicada a um homem. Proponho, portanto, relacionar os traços que observei nos casos sob meu tratamento. Em seguida, podemos debatê-los no contexto de um caso em particular.

A característica física mais importante que distingue esse tipo é a voz suave, de tonalidade feminina. Ela causa a impressão de ser feminina por sua falta de ressonância grave e aspereza. A expressão facial também tende a ser suave e plástica. Os movimentos nunca são bruscos ou autoafirmativos. O tipo de corpo pode ter contorno arredondado com ombros estreitos, ou em forma de "V", com ombros largos e quadris estreitos. As mãos são caracteristicamente macis e fracas. Isso é mais ou menos o que se pode discernir na aparência física desses pacientes. Os modos foram muito bem descritos por Reich.

O trabalho analítico ou o trabalho bioenergético se desenvolve com facilidade, mas logo encontra uma resistência típica. De um lado, há uma riqueza de material que o paciente produz a respeito do começo de sua infância, mas sem nenhuma emoção; do outro, o paciente está ansioso e desejando fazer qualquer coisa que lhe seja solicitada, mas sem a menor participação ativa no processo. A resistência aparece exatamente como falta de participação do ego na empreitada terapêutica, disfarçada como uma "exagerada transferência positiva". Porém, tal transferência positiva é uma expressão do ego tão real e válida quanto a resistência negativa que está em sua base. A abordagem bioenergética desses casos leva os dois aspectos em conta, e se o procedimento adequado é seguido, os resultados são satisfatórios.

Voltemos ao primeiro caso, o do homem que era *designer* de móveis. Ele mostrava a típica suavidade de voz e movimentos, além de ser muito educado e cooperativo. O contorno corporal era mais arredondado que anguloso, e os ombros, estreitos. Ele esteve em análise e psicoterapia durante muitos anos antes que eu assumisse seu tratamento. Embora sentisse que havia sido ajudado, sua insatisfação e os problemas profundos não foram tocados.

Na época em que iniciou a terapia comigo, ele havia acabado de se casar pela terceira vez com uma moça muitos anos mais jovem. Esse relacionamento propunha alguns problemas a ele. Durante os primeiros meses, ele ficava muito excitado sexualmente, mas logo depois o desejo sexual pela moça diminuiu e ela era forçada a tomar a iniciativa no sexo. O interesse dele se voltou para outras mulheres e ele sempre se pegava olhando para os seios de toda mulher que via. Seu interesse por seios era uma preocupação antiga. Além disso, havia tido fortes tendências *voyeuristas* relacionadas a ver mulheres se despindo.

Seu histórico familiar e ambiente inicial são característicos. Ele descrevia o pai como "antiquado, autoritário, pedante, facilmente irritável e normalmente educando os filhos quando estava em casa". Sobre a mãe, dizia: "Até onde consigo me lembrar, ela sempre foi um pouco nervosa e agitada, mas com muito charme e capacidade para certas coisas. Sempre se interessou por arte, sobretudo do ponto de vista da decoração". O paciente tinha uma irmã menor, que era a favorita do pai. Ela era mais agressiva que o paciente. Ele tinha ciúmes e inveja dela, mas também gostava da irmã e a admirava. Lembrava-se de ter brigado com ela muitas vezes. Sentia que a menina tinha alguma vantagem da qual se ressentia. Em mais de uma ocasião durante a terapia, ele expressou seu ressentimento contra o aparente domínio das mulheres na sociedade americana.

Uma lembrança dessas primeiras experiências se destaca. Ele se lembrou de que, aos 4 ou 5 anos, tinha umas "minhocas brancas" no ânus que provocavam coceira. Disse: "Eu sentia um prazer incrível quando minha mãe as extraía". Recordações posteriores da infância eram cheias de medo e culpa ligadas à masturbação. Ele começou a se masturbar por volta dos 5 anos de idade. Lembrava-se de que a mãe o advertira para não tocar no pênis. A masturbação continuou através de toda a infância e adolescência, mas sempre acompanhada de grande medo e culpa. O paciente tinha uma lembrança da época dos 6 anos de idade, mais ou menos, que permanecia

O corpo em terapia

nítida em sua mente. Uma noite, estava indo para a cama quando viu o rosto pálido de um homem do lado de fora, olhando pela janela. Aquilo causou nele um terrível choque.

Um dia, a experiência de ejacular enquanto se masturbava o perturbou muito. Nunca tinha ouvido falar daquilo e sentiu que havia algo muito errado com ele. Em outra ocasião, quando desmaiou ao ver o sangue jorrando de um corte na mão, um professor associou o desmaio às suas atividades masturbatórias. Durante a adolescência, era obcecado por pensamentos de morte. Em duas ocasiões, dois meninos, que eram muito próximos dele foram mortos acidentalmente. Ele tinha certeza de que também morreria cedo.

O medo da escuridão o assombrou durante toda a infância. Com frequência, permanecia assustado durante horas depois de ir para a cama. Os pais costumavam sair à noite, enquanto as empregadas dormiam do outro lado de um apartamento grande. Seu interesse pelo corpo feminino vinha desde o início da infância. Ele disse: "Consigo me lembrar de ter-me interessado pelo corpo feminino mesmo quando era muito pequeno e ainda tinha babá. Eu me lembro de ficar muito excitado com o arredondado de seus braços e o que podia vislumbrar, embora ela não se despisse na nossa frente".

As experiências sexuais da adolescência se limitaram a ocasionais festinhas promíscuas. A atividade sexual propriamente dita começou aos 17 anos com prostitutas, "sem muita satisfação verdadeira". Durante longos anos, as prostitutas continuaram a ser sua fonte de experiência sexual. Ele também tinha um medo profundo de contrair uma infecção sexualmente transmissível no contato com elas. Mais tarde, quando conseguiu estabelecer uma vida sexual regular, nunca tinha certeza de que amava a moça e terminava o namoro tão logo a garota exigia alguma coisa dele.

Uma das queixas mais comuns desse paciente era a de estar sempre cansado e desestimulado. Apesar disso, trabalhava muito. Duas vezes na vida, no entanto, foi capaz de mobilizar uma boa quantidade de energia e ser ativo e agressivo. A primeira foi um empreendimento profissional, a promoção de uma linha de máquinas em que esteve envolvido durante dois anos, tendo obtido sucesso considerável. Depois que isso virou rotina, ele perdeu o interesse. Essa atividade ocorreu à custa de todo contato sexual com mulheres, já que dedicou a ela toda sua atenção e energia. A segunda ocasião foi um interesse por um movimento pacifista em cujo ativismo ele mostrou ótima liderança. Esse interesse também desapareceu, e ele foi acometido por uma séria crise de meningite.

Devo mencionar que, em um relacionamento que durou dois anos, o paciente desempenhava um papel sexual agressivo e ficou muito ligado à moça. Por sua vez, ela era mais ou menos passiva no relacionamento e saía com outros rapazes. Ele sentiu que o apego que tinha por ela era "grudento" e, apesar de um ciúme torturante, se recusou a se casar com ela.

O trabalho bioenergético com esse paciente durou pouco mais de um ano, tempo durante o qual o atendi cerca de duas vezes por semana. As primeiras sessões foram caracterizadas pelas queixas de cansaço e falta de energia. No divã e em movimento, o corpo parecia pesado. Bater era algo mecânico. Os olhos e o rosto tinham uma expressão vazia. A respiração era quieta. No final da sessão, percebia-se no paciente alguma leve melhora. O rosto e os olhos se iluminavam, havia uma atitude mais animada em seu corpo e, ocasionalmente, um aprofundamento da voz. Mas cada sessão se iniciava com as mesmas queixas. O progresso não se mantinha. Era aparente em sua atitude que ele tinha fortes traços masoquistas.

Ao contrário do caráter masoquista, o paciente jamais se queixava de ansiedade. Também em oposição ao tipo fálico, as tensões musculares superficiais não eram acentuadas. A pele não se apresentava túrgida, e abaixo do umbigo era branca, fria e sem vida. Certa ocasião, enquanto mexia os olhos, o paciente comentou que eram "de madeira" e "sem vida". A impressão geral que tive das sessões iniciais foi de falta de mobilidade no organismo. Ele só ficava levemente deprimido e, embora tenha mencionado suicídio, pensava que continuaria vivo por muitos anos, até morrer de um tumor cerebral, como acontecera com seu pai. O paciente apresentava um sintoma físico que o perturbava muito. Queixava-se de uma área adormecida no couro cabeludo de uns sete centímetros de diâmetro, acima da têmpora direita. Ele massageava essa região continuamente, como se quisesse despertá-la. A palpação revelou uma região de pele mais seca e descamante do que da área correspondente no lado oposto, mas só isso.

Conduzi a terapia para mobilizar energia e promover mobilidade, mas essa não era uma tarefa fácil. A única reação verdadeira que consegui provocar foi pelo uso do reflexo de ânsia, mas até nisso deparei com uma acentuada insensibilidade na garganta. Só consegui uma resposta apertando com força os constritores faríngeos. O paciente não conseguia tolerar

O corpo em terapia

manipulações dolorosas. Retraía-se da situação. Os movimentos voluntários persistentes produziam uma sensação de náusea e ele os interrompia. Foi nessa circunstância que recorri ao reflexo de ânsia. Em uma ou duas ocasiões, o paciente sentiu alguma energia movendo-se para cima, para a cabeça e, especialmente, para a área morta do couro cabeludo.

A terapia contínua produzia uma melhora gradual; menos fadiga e um pouco mais de energia. Durante uma sessão, o paciente comentou que se sentia feminino nos movimentos. Quando o fiz se espreguiçar e alongar os braços, o sentimento desapareceu. O paciente também comentou que tinha consciência de uma falta de energia na região pélvica e nos genitais. A isso ele atribuía sua falta de decisão e de força. Em comparação ao caráter fálico-narcisista, no qual a pelve é carregada, embora espástica, a pelve do paciente era macia e arredondada. O impulso masculino da pelve estava ausente, o que combinava com a falta de agressividade generalizada.

Poderíamos perguntar: onde estava presa a energia desse organismo? Como ele não era um tipo de caráter oral ou masoquista, gostaríamos de saber o que aconteceu com sua agressividade. É verdade que ele apresentava alguns traços masoquistas nas queixas constantes de cansaço, no colapso quando da meningite e no peso do corpo. Sua fixação na função anal se revelou na lembrança da mãe extraindo os vermes de seu ânus. Mas o verdadeiro masoquista jamais é passivo ou feminino. O masoquista luta para ser totalmente agressivo, embora isso acabe em colapso e fracasso. O que Freud denominou masoquismo feminino deveríamos chamar, mais apropriadamente, de caráter passivo-feminino.

O caráter passivo-feminino não colapsa, mas também não faz nenhum forte gesto agressivo. Nesse caso, ocorreu um colapso após um ato muito determinado de afirmação do ego que durou algum tempo. Refiro-me a suas atividades pacifistas, que devem ser interpretadas como uma rebelião contra a autoridade e, em última instância, contra o pai. O verdadeiro masoquista nunca atinge nem mantém esse nível de rebelião. O paciente tinha rigidez suficiente para impedir um colapso contínuo, mas infelizmente isso imobilizava toda sua agressividade. Ele só conseguia progredir a passos lentos.

Tive a forte impressão de que a energia estava bloqueada na região torácica: seu peito era tenso e não se movia com a respiração. Como os músculos abdominais também eram contraídos, a respiração se mostrava muito reduzida. O trabalho manipulatório na parede torácica produzia forte

Alexander Lowen

ansiedade. As tensões estavam localizadas profundamente nos músculos intercostais. É preciso observar que o paciente se queixava de palpitações cardíacas, sentidas de tempos em tempos por muitos anos. Mas não insisti no trabalho com a parede torácica. Essa pressão gerava muita dor e era preciso saber mais a respeito da dinâmica da estrutura. Tendo-se em vista o grave espasmo da garganta e as tensões pélvicas profundas do paciente, teria sido desaconselhável elevar o nível da pressão interna sem preparar pontos de saída adequados.

A continuação do trabalho com o uso do reflexo de ânsia, da expressão de sentimentos negativos e de bater no divã não produzia o resultado almejado. Não consegui mobilizar agressividade suficiente para promover uma liberação de sentimentos significativa.[144] Apesar de uma melhora gradual, as mesmas queixas eram feitas continuamente. Como vimos, elas denotavam um elemento masoquista na estrutura de caráter que requeria um trabalho consistente e persistente. Contudo, percebi outra manifestação que indicava a gravidade de seu problema. O paciente gemia com quase todo esforço que fazia. Isso tinha uma base fisiológica no transtorno dos movimentos respiratórios naturais. Mas o significado psicológico do som me alarmou. Implícita no gemido havia uma atitude de resignação. Era como se o paciente dissesse: "Estou velho e a vida é um esforço grande demais para mim". Em geral, a pessoa geme quando o esforço é tão grande que é o limite para a capacidade do organismo. Se o gemido acompanhava cada esforço, pode-se supor que o paciente funcionava próximo de seu limite fisiológico. Como nem isso era suficiente para o sucesso, desespero e desamparo eram esperados.

Não se deve subestimar os sentimentos de desamparo e desespero no caráter passivo-feminino que não recorre à homossexualidade como saída. Psicologicamente, a agressão (movimento de avanço) é bloqueada por intensa ansiedade de castração; a regressão está impedida por um medo igualmente forte da homossexualidade. No verdadeiro homossexual, as dinâmicas bioenergéticas são diferentes. A genitalidade foi rendida, embora também possamos argumentar que nunca foi estabelecida com firmeza. Já a estrutura passivo-feminina é ancorada na genitalidade, mas imobilizada pelo medo. No masoquismo e na oralidade, o problema pode ser resolvido no nível pré-genital. Nessa estrutura de caráter, a situação é complicada pelo fato de não serem possíveis movimentos de avanço nem de retrocesso. É como se o caráter passivo-feminino alcançasse o estágio genital de organização do

O corpo em terapia

ego, mas ficasse paralisado pelo medo. Assim, o problema é precisamente essa paralisia.

Os problemas caracterológicos são sempre difíceis de vencer. A fraqueza na estrutura pode ser fortalecida, ao mesmo tempo que a rigidez compensatória é reduzida. Nesse paciente, a fraqueza e sua ameaça de colapso eram o elemento masoquista, contra o qual a rigidez oferecia uma sensação de segurança e apoio. Esses dois distúrbios devem ser cuidadosamente analisados, e devem ser empregados meios adequados para superá-los. O problema masoquista é semelhante àquele discutido no capítulo sobre o tema. A rigidez do caráter passivo-feminino tem um toque especial, já que a agressividade genital normal da estrutura rígida está bloqueada.

Sabemos que o paciente tinha um pai deveras autoritário, de quem sentia muito medo. Quando criança, jamais ousou demonstrar rebeldia contra o pai ou contrariar seus desejos. Seu padrão de comportamento era acatar todas as vontades do pai para ele, afastar-se aos poucos da atividade e abandoná--la por completo. O pai o havia criticado com severidade por seus fracassos, chamando-o de desajeitado, bobalhão, estúpido etc. Uma irmã mais jovem, por outro lado, era a favorita. Um importante aspecto de sua personalidade foi revelado na atitude dele em relação a essa irmã e às mulheres em geral.

Em inúmeras ocasiões, o paciente relatou seu forte interesse por seios. Eles o fascinavam e ele era incapaz de deixar de olhar para eles. Sua tendência ao *voyeurismo* se baseava nessa atração. Queria ver mulheres se despindo. O ato sexual em si não despertava seu interesse. Não só gostava de ver seios como também de acariciá-los. Ele fez um gesto com as mãos como se segurasse o seio e o balançasse. Pedi-lhe que se entregasse ao gesto. Quando ele intensificou o movimento, seu queixo se projetou e as mãos se contraíram, como se ele quisesse arrancar o seio. Pela primeira vez, o paciente sentia e expressava espontaneamente um ódio violento.

O paciente nutria fortes sentimentos ambivalentes pela irmã. Tinha ciúmes e inveja dela, mas também gostava dela e a admirava. Sentia que a irmã tinha alguma vantagem contra a qual ele se ressentia. Agora a inferência disso era clara. O seio era um símbolo do pênis, mas não carregava a ansiedade que o paciente sentia em relação ao próprio pênis. Sua inveja e seu ressentimento podiam ser explicados pelo sentimento de que a mulher não havia sido castrada como ele sentia que tinha sido. No entanto, o seio é também uma fonte de vida e, portanto, um símbolo de poder em si mesmo.

O conflito com o pai autoritário foi transferido para a irmã e outras figuras femininas. A mulher se tornou sua rival e inimiga, e a identificação com ela aconteceu sobre essa base. Por que aconteceu essa transferência? Só podemos dizer que precisa ser resolvido, de algum modo, o conflito entre o impulso genital e a ansiedade de castração que produziu uma completa paralisia. Ocorreu uma espécie de regressão ao seio, mas não em um nível infantil. O homem passivo-feminino não quer ser um bebê; ele quer ser uma mulher. Ao mesmo tempo, desloca para a mulher todo o ódio que foi despertado pelo medo do pai. Mas ele não abandona a posição genital. No nível do ego, exibe tendências femininas. No nível genital é masculino, embora passivo.

Na análise de caráter desta estrutura, impressiona o fato de o paciente falar do pai severo sem nenhuma demonstração de raiva. E, embora o ódio possa ser expresso contra a mulher, não leva a lugar algum, posto que é uma formação defensiva. O conflito com o homem precisa ser primeiramente resolvido pela análise da situação transferencial. O paciente deve ser levado a enxergar que sua boa educação, sua obediência e avidez para agradar o analista encobrem um ódio profundo a um homem superior. Mas o problema se complica porque esses pacientes concordarem com o analista e nada muda. Estão tão ansiosos para agradar que é possível fazê-los concordar intelectualmente, mas eles não sentem isso. A fim de obter uma resposta emocional, a pressão sobre o paciente tem que ser tão intensa quanto o foi a pressão original do pai. Isso pode ser feito pela análise do caráter ou bioenergeticamente, mas um não será menos doloroso que o outro.

Dissemos que, psicologicamente, havia um deslocamento da oposição ao pai para uma figura feminina. Dinamicamente, há um recuo da energia dos genitais para o tórax. A posição genital não é abandonada. A energia não é recolhida por completo, mas o que é recolhido é suficiente para reduzir o conflito e prevenir a paralisia. Se essa energia é de novo levada para baixo com uma boa intensidade, o conflito edipiano se reativará, manifestando-se uma intensa resistência. A situação transferencial ficará carregada. Para isso, o trabalho nas pernas deve ser mantido até causar dor. A agressão deve ser mobilizada, e se for por meio dos movimentos de bater no divã, eles precisam ser mantidos até o ponto de quase colapso. As tensões que impedem os movimentos pélvicos e do queixo para a frente devem ser liberadas, e também isso será doloroso. É desnecessário acentuar

O corpo em terapia

que todas essas manobras devem estar coordenadas com uma profunda análise de caráter, de modo que o paciente esteja totalmente consciente da necessidade dessa ação.

No homem passivo-feminino, existem tensões graves nos músculos mais interiores, enquanto os de superfície são relativamente macios. Isso explica os movimentos suaves que esses homens exibem. A imobilização da agressividade genital interfere no desenvolvimento normal da musculatura, a menos que isso ocorra como um fenômeno secundário, compensatório. Há, assim, dois fatores que explicam as tendências femininas: o desenvolvimento masculino normal deixa de acontecer e a ele se sobrepõe uma identificação posterior com a mulher.

A terapia do caso em discussão foi encerrada antes que eu conseguisse aplicar os conhecimentos que obtive. Eles provaram sua eficácia em análises subsequentes.

A estrutura passivo-feminina também resulta do conflito entre impulsos genitais enfraquecidos e frustração genital intensa. Também aqui a rigidez serve como força imobilizadora que resulta na quase total supressão da agressividade masculina. Vou ilustrar com outro caso.

Esse segundo paciente também havia passado por vários tipos de terapia analítica durante muitos anos. A experiência confirmou que esses casos são difíceis de tratar. O progresso, invariavelmente, é lento. O paciente tinha várias queixas, como a incapacidade de falar numa situação de grupo e a sensação de torpor e confusão entre os olhos que, às vezes, prejudicava demais sua concentração. Ele tinha uma grande dificuldade para estabelecer um relacionamento amoroso satisfatório e sofria de sinusite.

A natureza passivo-feminina do paciente se revelava claramente na voz suave e carente de tonalidade masculina, nos modos bem-educados e gentis e na expressão facial — que às vezes parecia a de um menino e, em outras, era ascética. Não havia no rosto linhas de sofrimento e determinação, e os traços eram marcadamente regulares. É preciso mencionar que uma coisa que confere à voz essa característica especial é a pronúncia suave do som do "r".

Não podia haver dúvidas quanto ao diagnóstico. Sua história de vida revelava a ausência de comportamento agressivo, exceto por um período de serviço militar durante a guerra e um período anterior de prática esportiva na faculdade, quando fazia parte de um time. Vale notar que, apesar da

Alexander Lowen

incapacidade para se expressar diante de um grupo, só quando ele integrava um grupo sua agressividade emergia. Como oficial do exército, ele conquistou o respeito tanto dos superiores quanto dos subordinados.

Sua estrutura corporal era bem diferente da do paciente anterior. Ele era alto e tinha ombros muito largos, a partir dos quais o corpo se adelgava até os quadris estreitos e tornozelos finos. Os pés eram estreitos, com um arco tenso, contraído. Braços e mãos eram parecidos com as extremidades inferiores. O paciente contou que, por volta dos 4 anos, precisou usar aparelhos nas duas pernas para corrigir uma deformidade, de cujo nome não se lembrava. Contudo, nunca se sentiu seguro sobre seus pés e pernas.

Poderia haver algo mais aparentemente masculino que ombros largos e quadris estreitos? Seriam eles uma compensação para a estrutura passivo--feminina? Ou eram a expressão dessa estrutura? Já estive propenso a aceitar a primeira opção, mas perceber que ombros erguidos indicam medo me fez mudar de ideia. A pessoa reage ao medo segurando a respiração, contraindo o abdome e erguendo os ombros. O efeito é que o peito fica inflado e a energia é imobilizada no tórax. Como vimos, essa é a marca do caráter passivo--feminino, de forma que, em vez de ser um desenvolvimento secundário, os ombros largos e abertos são uma expressão da passividade. Os quadris estreitos resultam de graves tensões pélvicas e das coxas, que diminuem a capacidade pélvica e reduzem a potência genital.

Nesse caso, era possível presumir a presença de um forte componente oral a partir da estrutura do organismo. A fraqueza das pernas — e sobretudo os pés estreitos e finos, com sua falta de contato com o chão — é patognomônica de um transtorno oral. Como também são as mãos e os pulsos fracos. Além disso, o paciente tinha um pescoço estreito, desproporcional aos ombros largos. Ainda mais significativa era a falta de carga na cabeça, que se podia deduzir a partir das sensações de torpor e confusão.

O histórico familiar era típico. O pai era um homem bem-sucedido que esperava que os filhos fossem fortes e másculos. O paciente sentia que nunca havia conseguido corresponder a essa expectativa. Apesar de uma forte identificação com a mãe, nunca se sentiu próximo dela. Ele tinha um irmão mais velho e uma irmã mais nova. O sentimento de maior proximidade familiar era com a irmã. Pude analisar e trazer à luz sua identificação e hostilidade com as mulheres, mas isso gerou pouca mudança em seu caráter. Isto também aconteceu no caso anterior, e de novo pelo motivo de essa ser

O corpo em terapia

uma formação defensiva. O conflito importante é com o homem superior ou com o terapeuta.

Nesse tipo de caráter passivo-feminino, o forte elemento oral na estrutura enfraquece consideravelmente o impulso genital. Ele difere do caráter oral por apresentar melhor contato com a realidade, pela tendência a períodos de depressão e euforia e por uma redução acentuada na verbosidade típica. O balanço energético está ancorado na função genital, embora a carga seja fraca. Muitos indivíduos com esse tipo de estrutura sofrem com a ejaculação precoce. Na base do problema psicológico há uma grave ansiedade de castração.

O desenvolvimento de uma estrutura desse tipo é determinado pela privação oral na etapa inicial da vida e pela frustração genital posterior, que paralisa a agressão. Quando crianças, esses indivíduos chegam ao estágio genital de organização do ego, mas com uma fraqueza inerente devido ao forte elemento oral. Se, nessa fase, a genitalidade e a agressividade da criança são encorajadas, o transtorno oral será gradualmente amenizado. Nessas questões, deve-se pensar quantitativamente. A frustração que poderia bloquear a agressividade dessa criança não seria suficientemente grave para produzir aquele efeito em um organismo mais saudável. O organismo mais fraco não desiste de sua genitalidade; não ocorre regressão nesse sentido; desiste de sua agressão e assume uma atitude passiva. Há, como apontaram autores analíticos, um deslocamento do pênis para o seio, que é visto como um pênis substituto. A partir daí, evita-se a ansiedade de castração. O mecanismo é o mesmo que o do primeiro caso apresentado. Os traços femininos surgem em função da inibição da agressão natural masculina e só secundariamente pela subsequente identificação com a mulher.

O indivíduo passivo-feminino é caracterizado por sua economia de expressão emocional e pela relativa imobilidade física. De um lado, falta a impulsividade dos caráteres pré-genitais; de outro, também falta a agressividade que identifica o homem fálico. A rigidez que garante seu funcionamento genital imobiliza a agressão. Superficialmente, o conflito psicológico centraliza-se na atitude perante a mulher. Do distúrbio oral deriva uma profunda necessidade de contato, e essa necessidade, no nível genital, entra em conflito com o desejo de descarga e satisfação. É difícil, se não impossível, desempenhar um duplo papel concomitantemente. O caráter passivo--feminino consegue funcionar como um bebê em uma relação sexual com

Alexander Lowen

uma mulher mais velha, ou como um pai com uma moça mais jovem e dependente. Não consegue ser o *homem* para uma mulher.

Ao estudarmos o caso do caráter passivo-feminino apresentado por Reich em seu livro *Análise do caráter*, compreendemos que o procedimento analítico fundamental empregado era tornar o paciente consciente de sua agressão inibida. Quando isto acontece, o conflito é desvendado e podem ser trabalhadas as sucessivas camadas da estrutura de caráter. A resistência que surge é colossal. Não se trata de o paciente recusar-se a reconhecer sua falta de agressão ou o comportamento passivo-feminino; o problema é como mobilizar a emoção bloqueada. Quando se compreende que a agressão nesses caráteres é bloqueada ou inibida desde o desenvolvimento da fase genital, é possível avaliar a magnitude da tarefa.

A esta altura, vale perguntar se existe ou não uma estrutura de caráter feminina que corresponda ao tipo passivo-feminino de caráter masculino. Ou: que quadro caracterológico seria encontrado na mulher se existisse uma combinação semelhante de transtornos genitais e pré-genitais? É óbvio que a estrutura na mulher não se assemelharia à estrutura passivo-feminina no homem, porque qualquer transtorno na personalidade feminina tenderia a diminuir suas qualidades femininas naturais.

O problema tem um duplo aspecto, como no caso do sexo masculino. A tendência pré-genital poderia resultar de um transtorno masoquista ou de um transtorno oral. Consideremos antes a primeira condição.

Se o problema masoquista não é tão grave a ponto de impedir a evolução para o nível genital, a estrutura final de caráter vai depender da gravidade da ansiedade genital. Como os dois elementos são fatores quantitativos, é impossível avaliar a estrutura resultante com antecedência. A análise avança necessariamente de dado problema para a elucidação de suas forças dinâmicas e componentes determinados historicamente. Vamos examinar um caso específico.

A paciente chegou à terapia com várias queixas: insatisfação com a função sexual, especificamente a presença de fantasias perturbadoras; sentimentos de inferioridade e insegurança e crises de ansiedade. Ela tinha cerca de 25 anos, estatura mediana e uma maneira clara e concisa de falar. O aspecto que mais se destacava em sua fisionomia era o maxilar forte e agressivo. O pescoço era mediano, mas os ombros se mostravam excepcionalmente estreitos e curvos para a frente. O peito também era estreito com

O corpo em terapia

um esterno elevado. Na região da cintura, o corpo se alargava para quadris cheios, nos quais as pernas eram inseridas como pinos. Tive uma impressão bem definida dessas pernas, que descrevi como "pernas de boneca de pano". Havia muita flacidez na região pélvica, que encobria uma condição espástica dos músculos mais profundos.

O componente masoquista na estrutura de caráter não podia ser menosprezado. As fantasias sexuais eram, em geral, de natureza masoquista típica. Porém, é preciso hesitar antes de caracterizar toda a estrutura como masoquista. Faltavam o comportamento provocativo, o habitual choramingo e a incerteza e confusão na expressão. Do mesmo modo, a presença de uma atitude agressiva, do ponto de vista do caráter e bioenergeticamente, refuta um diagnóstico de masoquismo. É verdade, faltava força à agressividade, e pode-se presumir que ela desempenhava uma função secundária de compensar o medo e a fraqueza da camada mais interior. Entretanto, o verdadeiro masoquista é incapaz dessas ações compensatórias. Mas mais importante é que a marcada rigidez, evidente na metade superior do corpo, era suficiente para impedir o colapso a que o caráter masoquista está sujeito.

A estrutura corporal da paciente exibia dois aspectos contraditórios: a metade inferior do corpo impressionava por seu aspecto masoquista, enquanto a superior pertencia ao tipo rígido. À primeira podem ser atribuídas as fantasias sexuais masoquistas; à última, o comportamento agressivo. Mas o que é significativo nessas estruturas é a presença de certos sinais e traços masculinos. O mais comum de todos é a presença de pelos no rosto (ao longo do queixo), às vezes o excesso de pelos nas pernas e, quase sempre, o tipo masculino de distribuição dos pelos pubianos. Algumas dessas mulheres têm músculos muito desenvolvidos e contam ter competido de igual para igual com os rapazes nos esportes. Esse espírito de competição com o homem também pode ser visto em outras atividades. No caso em questão, a paciente contou que sempre sentia que poderia fazer várias coisas melhor que o marido.

Como interpretar a relação desses elementos nessa estrutura? Como a combinação de masoquismo e rigidez na mulher produz um padrão superagressivo de comportamento e não a passividade resultante do mesmo problema no homem? Como explicar o transtorno nas características sexuais secundárias? O masoquismo sozinho não produz essas alterações, nem tampouco a rigidez, se ela envolve a totalidade da estrutura. Por que

Alexander Lowen

a combinação dessas duas tendências produz esse efeito específico? Para responder a essas questões, acredito que precisamos saber mais sobre o desenvolvimento bioenergético da sexualidade feminina.

Quando a menina chega ao estágio genital da organização da libido, ela se volta naturalmente para os membros masculinos da família como objetos de amor. Digo naturalmente porque o processo parece ser característico do crescimento e desenvolvimento normal da sexualidade feminina. Essa afirmação não exclui o fato de haver também um crescente interesse sexual pelos meninos que ela conhece. A distinção entre sexualidade e sentimentos ternos não é feita nessa idade. Sabe-se que o mecanismo desse desenvolvimento é mais complexo na menina que no menino. Este não precisa mudar seu objeto de amor quando passa do estágio oral para o genital. Sua relação com a mãe assume novo interesse e significado. Por outro lado, a menina precisa transferir parte de sua libido objetal para o outro sexo. Mas essa não é uma ação deliberada. Os processos bioenergéticos que ocorrem nessa fase centralizam a carga energética na vagina, enquanto o clitóris vai aos poucos perdendo importância. Para compreender os transtornos na sexualidade feminina, é necessário entender mais profundamente os processos dinâmicos que produzem esse importante desenvolvimento.

Freud estudou o problema da sexualidade feminina somente em 1931. Examinemos algumas de suas observações e conclusões. "Há muito tempo percebemos que, nas mulheres, o desenvolvimento da sexualidade é complicado pela tarefa de renunciar à zona genital que era originalmente a principal, isto é, o clitóris, em favor de uma nova zona — a vagina".[145] Aqui vemos um exemplo do erro cognitivo que resulta de interpretar processos biológicos segundo conceitos psicológicos. É impossível conceber uma criança "renunciando" a uma atividade em favor de outra quando se trata de uma questão de crescimento e desenvolvimento. Quando um bebê aprende a andar e para de engatinhar, é certo dizer que renuncia ou desiste de sua forma anterior de locomoção? Não há nenhuma escolha implicada. À medida que as pernas ficam mais fortes, passa a preponderar uma nova função, que é mais altamente carregada, sobre a antiga, que vai perdendo sua significação. Mas a criança nunca renuncia ao engatinhar; retoma essa outra forma de movimento quando isso se torna apropriado. Isso também vale para o caso da amamentação no seio ou na mamadeira. A criança não renuncia a elas no curso normal dos acontecimentos. Formas mais adequadas de satisfação assumem seu lugar.

O corpo em terapia

Até onde sei, nenhuma mulher "renunciou" ao clitóris. Se o desenvolvimento acontece normalmente, a vagina é o órgão mais altamente carregado e capaz de suportar uma satisfação muito maior. Desse modo, o clitóris passa para o segundo plano. A experiência clínica tem confirmado essa observação de que nenhuma mulher consegue "renunciar" a um orgasmo clitoriano em favor de um orgasmo vaginal. Se isso é realizado terapeuticamente, é só porque há uma concentração suficiente de sensações, carga ou energia na vagina, de modo que ela se torna o órgão principal para efetuar a descarga.

Em algumas mulheres, esse desenvolvimento em favor da vagina não acontece. Elas não têm orgasmos vaginais. A vagina está relativamente subcarregada, enquanto o clitóris conserva sua sensibilidade original. O que poderia causar essa parada no desenvolvimento?

Vamos voltar no tempo. Freud acredita que os seres humanos têm uma "disposição bissexual", acentuada sobretudo na mulher. "A vida sexual da mulher é dividida em duas fases, a primeira delas de caráter masculino, enquanto só a segunda é especificamente feminina".[146] Freud deve basear essa qualidade masculina na carga do clitóris. Mas essa opinião está aberta a sérias objeções. Se olharmos para os bebês durante seu primeiro ano de vida, é difícil distinguir os sexos sem recorrer às roupas ou aos genitais. Não seria mais preciso dizer que, na fase pré-genital, o sexo é relativamente indiferenciado? Podemos ainda lembrar que as estruturas de caráter pré-genitais também são sexualmente indiferenciadas. As atividades orais e até mesmo a atividade lúdica das crianças pequenas não mostram quaisquer distinções sexuais. Contudo, já nesta tenra idade, os bebês fizeram alguma espécie de contato tátil com os genitais. Dado, porém, que esse sistema de órgãos não está funcionando de modo especificamente sexual, ou seja, para descarregar, podemos inferir que as sensações experimentadas são aproximadamente similares em ambos os sexos. Nesse estágio, portanto, o clitóris não é um órgão masculino, mas simplesmente a parte mais acessível de uma zona genital bem indiferenciada. A carga está distribuída por toda a região da vulva e o toque da criança não está focado em nenhuma parte específica. Podemos dizer, assim, que não há nada especificamente fálico sobre o clitóris nessa fase.

Freud admite não saber "quais são as raízes biológicas dessas características específicas da mulher".[147] Porém, são precisamente essas raízes que

Alexander Lowen

determinam o curso natural da evolução sexual do indivíduo, enquanto a interação psicológica com o ambiente desempenha papel secundário. O ambiente pode fornecer um meio favorável para essa evolução ou interferir no processo natural. O girino e o alevino evoluem de maneira diferente no mesmo tanque. O carvalho e a samambaia crescem no mesmo solo.

É possível elucidar algumas dessas raízes biológicas ou fatores? Sabemos que a mulher vai se desenvolver em uma direção que porá em funcionamento as glândulas mamárias e o sistema reprodutivo, especialmente o útero, e, claro, a vagina. O pleno funcionamento dessas estruturas só se dará após a puberdade, mas a maturação acontece desde o início da fase genital. Quando a maçã aparece na árvore, está muito longe do fruto maduro, mas sabemos que ela é não uma pera ou ameixa. Quando a carga bioenergética inunda a vagina a partir da vulva para o interior, está fornecida a base para a autopercepção do sexo. Aos poucos, a criança do sexo feminino adquire a consciência de que é uma menina, não um menino. Eu me arrisco a sugerir que a característica específica é a direção da corrente bioenergética ou do fluxo de excitação, de fora para dentro, em oposição ao menino, no qual o fluxo acontece mais e mais para fora para provocar extensão.

Esse voltar-se para dentro que é a característica específica da excitação vaginal é suplementado pela função dos outros órgãos femininos para produzir feminilidade. Enquanto o homem descarrega toda a sua energia sexual através do pênis, a mulher é diferente. Uma parte dela, não se sabe ao certo em que proporção, é armazenada e descarregada nas glândulas mamárias e no útero. O homem não tem contraparte para o fluxo e refluxo do ciclo menstrual. Outra distinção importante é o papel do órgão sexual masculino para iniciar o ato sexual. Ele é o órgão mais agressivo e o homem é o organismo mais agressivo, característica responsável por seu maior desenvolvimento muscular. Não se trata de mecânica, mas de carga bioenergética relativa. A não compreensão dessa ideia causa uma falácia psicanalítica comum.

A relação entre o mamilo e a boca do bebê é análoga àquela entre o pênis e a vagina? Certamente! Temos dois órgãos eréteis e duas cavidades receptivas. Mas se a mecânica dos dois sistemas é semelhante, a relação bioenergética dentro de cada sistema é diferente. O pênis é o órgão agressivo dominante no ato sexual, enquanto na amamentação essa função pertence à boca. A boca da criança é um órgão muito poderoso de sucção; a vagina,

O corpo em terapia

não. Não é o mamilo que procura a boca, mas o contrário. Se há alguma dúvida a esse respeito, simplesmente observe as ações de um filhote de qualquer mamífero. Coloque seu dedo na boca de um cãozinho de um dia de idade e ficará surpreso com a força de sua sucção. Não é devido a nenhuma falta de carga na boca que o bebê humano não consegue se mover em direção ao mamilo com a mesma facilidade de outros mamíferos recém-nascidos. Bioenergeticamente, o mamilo é o órgão passivo nessa relação. Sem a sucção bucal, o leite não jorra, enquanto o sistema genital do homem adulto é capaz de uma descarga de sêmen rítmica independente, como no caso da poluição noturna.

Voltemos agora à menina em desenvolvimento. Assumimos que todas as crianças atingem o nível genital, porque isso marca seu contato com a realidade. A questão é: quão forte é esse contato, ou com que segurança a personalidade está ancorada na genitalidade? Nossa classificação caracterológica depende dessa resposta. No caráter oral, a genitalidade é dominada por necessidades orais. Esse é o significado da observação de Freud de que "nos casos em que a ligação com o pai era peculiarmente forte, ela havia sido precedida por uma fase de ligação igualmente forte e passional exclusivamente com a mãe".[148] O caráter masoquista transfere a acentuada ambivalência da fase pré-genital para a função genital. Em ambos os tipos, a genitalidade como função de descarga é relativamente fraca.

A criança com um transtorno masoquista se aproxima hesitante da fase genital. O problema anal do masoquista impede o acúmulo de carga suficiente para completar o movimento para dentro. Bioenergeticamente, é fraca a carga nos genitais; a energia tende a permanecer na base do pênis no homem e, na mulher, não vai além da vulva e do clitóris. A vagina permanece subcarregada. A atitude da criança em relação ao pai é igualmente ambivalente e hesitante. Se ela encontra uma resposta favorável e é aceita em sua feminilidade, o problema masoquista se tornará um traço em uma estrutura de caráter histérico. Devemos ter em mente que essas crianças necessitam ser mais reasseguradas no nível genital do que uma criança que chega a esse nível sem sérios transtornos anteriores. O que acontece nessas famílias, em geral, é o contrário.

No caso que estivemos discutindo, a atitude do pai em relação à paciente é ignorar sua feminilidade. A aprovação da filha dependia da realização de certos objetivos que ele estabelecia: boas notas na escola, bom

Alexander Lowen

desenvolvimento na música etc., mas seus esforços nunca alcançavam os padrões estipulados por ele. Ignoro o fato de ser um transtorno de personalidade no homem adulto não responder ao charme da filha pequena. Nessas circunstâncias, surge na criança um conflito entre o comportamento agressivo exigido dela no nível de ego e a característica receptiva que emerge com o desenvolvimento de carga e sensações vaginais. Isso então se torna um conflito generalizado entre o ego e a sexualidade, do qual o ego é o vencedor. A energia é recolhida para cima, para o tórax e a cabeça — como no caráter passivo-feminino — e se desenvolve uma grave rigidez nessa região. O efeito dessa rigidez é imobilizar os sentimentos ternos, enquanto são favorecidas agressão e determinação.

A divisão na personalidade se manifesta como uma divisão na estrutura corporal. A metade superior do corpo é extremamente carregada, rígida e agressiva. A metade inferior é fraca, masoquista e passiva. Essas meninas desenvolvem sentimentos de orgulho muito fortes que, na vida adulta, dificultam a submissão ao homem.

O conflito dominante é com o pai, e mais tarde ele é transferido para o terapeuta de sexo masculino e para todos os homens. Até o problema masoquista é transferido para os homens. Isso leva a uma identificação secundária com o homem, que é favorecida pela dominância das tendências agressivas. O bloqueio contra o movimento da energia para o interior da vagina mantém a energia na região da vulva. À medida que procede a identificação com o homem, o clitóris assume uma característica fálica real e pode aumentar de tamanho. Há uma tendência para o desenvolvimento muscular. Essas mulheres são agressivas no ato sexual, mas isso deve ser considerado uma defesa contra a submissão. Em sua atitude perante os homens há diversos sentimentos contraditórios. Superficialmente, elas competem e tentam dominar. Se provam ser mais fortes que seus parceiros, tornam-se muito insolentes e castradoras. O homem é o recipiente de todo o seu ódio derivado de suas frustrações iniciais no nível genital. Num nível mais profundo, essas mulheres querem ser forçadas a se submeter. Isso deriva da forte camada masoquista na personalidade. Se essa camada e as emoções que a acompanham são elaboradas, torna-se possível criar as condições que vão permitir o desenvolvimento normal da carga vaginal e a ocorrência de orgasmo.

Quanta masculinidade mostrarão essas mulheres? Há dois fatores em ação. Um é a perda de feminilidade, que, em si mesma, permitirá o

O corpo em terapia

aparecimento de certos traços masculinos. O outro é a dimensão da identificação masculina ativa. A presença de irmãos favorecidos na dinâmica familiar vai aumentar a identificação masculina, que pode assumir a forma de um desenvolvimento muscular exagerado. Sobre isso, é preciso acrescentar que o excesso de pelos tende a aparecer onde ocorrer esse desenvolvimento muscular exagerado.

Quando o padrão total de comportamento é dominado por essa atitude agressiva, propensa à competição com o homem no nível dele, há justificativa para se descrever a estrutura de caráter como masculino-agressiva. Embora tenha um aspecto diferente, ela é bioenergeticamente relacionada à estrutura de caráter passivo-feminino nos homens. Podemos descrever a diferença do seguinte modo: como a agressão é uma característica genital natural do animal macho, sua inibição produz um caráter passivo. Na fêmea, a característica genital pode ser descrita como receptividade agressiva. Isso se alinha à direção de fora para dentro do fluxo de excitação. O fracasso no amadurecimento da função receptiva deixa como característica mais visível uma agressão dessexualizada, ou seja, a agressão está apenas a serviço do ego. A aparente agressão sexual dessas mulheres é um impulso de ego, não um impulso genital.

Restam alguns pormenores a serem esclarecidos. A mulher sofre ou não de ansiedade de castração? A inveja do pênis é um sentimento natural para a mulher ou é consequência de processos patológicos? Estou convencido de que nenhuma mulher jamais sentiria inveja do pênis se tivesse a percepção de uma vagina totalmente funcional. Bioenergeticamente, a vagina é perfeitamente adequada para as demandas sexuais femininas. Se, porém, a vagina tem uma carga menor do que a do clitóris, por exemplo, a percepção se centraliza no órgão mais carregado. A mulher, então, é forçada a se conscientizar de sua inferioridade em comparação com o órgão masculino. Essas mulheres sofrerão de inveja do pênis e exibirão uma forte ansiedade de castração. Isso, contudo, se baseia em uma situação de fato traumática.

Discordo de Freud quanto aos motivos para a filha trocar a mãe pelo pai como objeto de sua libido. Em minha opinião, isso é natural no curso de um desenvolvimento normal da genitalidade feminina. O que requer explicação é: 1) qualquer atraso nessa troca de objeto de amor; 2) o desenvolvimento de tendências masculinas; e 3) a perda de igualdade no relacionamento genital. A feminilidade definitiva não é consequência de

Alexander Lowen

um "caminho bastante circular", que se origina no "complexo de Édipo negativo" e na aceitação da castração.

Não discutimos o problema representado pela combinação de privação oral e frustração genital na mulher. Tal combinação produziria uma estrutura de caráter formada de dependência oral encoberta por um orgulho rígido. Quando a menina que sofreu privação no nível oral se volta para o pai como objeto de amor, transfere para ele o desejo oral insatisfeito de contato e apoio, mais a necessidade de amor sexual. Essas são as pacientes em cuja análise descobrimos que a alteração do objeto de amor aconteceu tarde e carregava uma carga excessiva. Freud comentou esse problema sem reconhecer sua causa. Quando elas encontram frustração no nível genital, a dor é muito forte, porque resume uma rejeição nos dois níveis. A rigidez decorrente também é grave e o sentimento posterior de orgulho ofendido que se desenvolve parece muito exagerado. O quadro caracterológico difere da estrutura masculino-agressiva que estudamos antes. O conflito entre necessidades orais e desejo genital se manifesta em uma luta entre dependência e independência. Haverá uma ambivalência caracterológica entre submissão e retenção. O que falta é uma atitude agressiva perante a vida e a sexualidade. A estrutura corporal mostra a fraqueza oral e a rigidez posterior, mais óbvia na metade superior do corpo. Não existe identificação com o homem, uma vez que falta uma carga forte no clitóris. O padrão comportamental é de passividade, dependência e sensibilidade, com uma clara qualidade infantil que alterna entre independência, rebeldia e orgulho. Ainda há muito a ser dito sobre essa estrutura de caráter e o problema por ela proposto, porém isto ficará reservado para outro estudo.

Nos capítulos clínicos anteriores (9 a 14), estudamos as personalidades neuróticas mais comuns pela ótica dos principais tipos de caráter neurótico, mas este livro ficaria incompleto sem uma discussão do caráter esquizoide — que, em essência, é um problema que pertence às psicoses. Muitos indivíduos no limite da esquizofrenia são capazes de manter um contato com a realidade que lhes permite funcionar no mundo exterior e ser tratados no consultório do analista. Embora o assunto seja vasto, é necessário fazer alguns comentários sobre os princípios bioenergéticos envolvidos nesse quadro.

16. O caráter esquizofrênico

Nos capítulos anteriores, estudamos os transtornos do desenvolvimento do ego descritos como neuroses. Pode-se definir "neurose" como uma distorção ou falha na relação entre um indivíduo e a realidade. O neurótico tem contato com a realidade, embora sua atitude possa ser desde uma rejeição de suas demandas, como no caráter oral, até desconfiança e suspeita ou uma agressão muito determinada. Seu contato nunca é imediato e direto, ou não teríamos justificativa para chamá-lo de neurótico. Mas também nunca é completamente perdido ou rompido. A neurose pode ser comparada a um defeito da visão, como miopia ou astigmatismo, ou ao estreitamento dos campos visuais. Nessa comparação, a psicose é uma forma de cegueira. O indivíduo esquizofrênico perdeu o contato com a realidade.

Se a afirmação acima parece ser uma supersimplificação de um problema complexo, é preciso compreender que ela apenas coloca o problema. Estamos diante da necessidade de definir realidade e de estabelecer a natureza do contato do organismo com ela. Na verdade, as diferenças entre o neurótico e o psicótico, conquanto qualitativas segundo padrões psiquiátricos, podem ser reduzidas ao mínimo denominador comum e consideradas fenômenos quantitativos. Não existem os casos limítrofes, nos quais é difícil decidir se determinado padrão de comportamento deveria ser descrito como neurótico ou psicótico? Não tem sido dito que todos os indivíduos em culturas ocidentais exibem alguma manifestação desses processos esquizofrênicos?

Não é minha intenção agora explorar o tema em todos os seus pormenores. Por outro lado, o terapeuta analítico deveria estar familiarizado com a dinâmica da estrutura de caráter esquizoide, uma vez que é comum encontrá-la na prática clínica. E vamos descobrir que os conceitos bioenergéticos elaborados anteriormente possibilitam uma melhor concepção desse transtorno, ao mesmo tempo que fornecem novos métodos para o tratamento desse difícil quadro.

Alexander Lowen

O termo "esquizofrênico" foi introduzido por Bleuler para descrever uma síndrome que antes havia sido denominada *demência precoce*. A palavra "esquizofrenia", que significa cisão da mente e, por extensão, cisão da personalidade, é uma descrição tão adequada que se tornou identificada com a própria natureza do transtorno. Em comparação com esse conceito básico, a atitude atual, profundamente influenciada pelo pensamento psicanalítico, considera a esquizofrenia um fenômeno regressivo no qual o afastamento da realidade é levado ao extremo. Desse modo, temos dois pontos de vista a partir dos quais podemos estudar os processos esquizofrênicos: em um deles, a cisão ocorre dentro da personalidade, de forma que a unidade de seus elementos é destruída. No outro, o cisma importante se dá entre personalidade e realidade. Será nosso objetivo demonstrar que os dois pontos de vista são válidos e representam dois aspectos de um mesmo fenômeno.

Podemos dispensar nesta discussão as histórias de caso detalhadas. Os manuais de psiquiatria estão repletos delas. É um fato comprovado que o esquizofrênico provém de um ambiente doméstico conturbado e problemático. Veremos mais adiante os fatores etiológicos responsáveis por esse quadro. No momento, o grande problema é entender o mecanismo de formação de sintomas importantes e, assim, atingir alguma compreensão da natureza dos processos patológicos subjacentes.

Um dos sintomas mais impressionantes que o indivíduo esquizofrênico apresenta é a despersonalização. Na perda de contato com a totalidade do corpo ou com qualquer parte dele, há uma perda de contato com a realidade. Naturalmente, para o indivíduo, um aspecto importante da realidade é a sensação do próprio corpo. Outro aspecto é a sensação de objetos materiais e processos no mundo externo. Como eles são realmente os dois lados da função de percepção, se pudermos explicar o primeiro, conseguiremos entender o segundo e aprofundar nosso conhecimento do ego e de seus transtornos.

Todos os autores concordam que, na despersonalização, o indivíduo relata uma perda de contato com o corpo ou com partes importantes dele. Acompanham a perda sensações de estranheza e irrealidade. Por exemplo, a pessoa tem a sensação de estar se vendo do lado de fora do corpo ou de um ponto distante. Em geral, a despersonalização se limita a uma parte do corpo que é sentida como uma estrutura alheia (não é parte do *self*) e até mesmo sob controle de outra vontade. Em um surto de despersonalização, acontece uma cisão; o corpo material ou alguma parte dele não pertence

O corpo em terapia

mais ao indivíduo, não é seu corpo como normalmente ele o experienciava. É claro que algo aconteceu para romper a unidade da sensação organísmica. O que acontece? Como explicar esse fenômeno?

Gostaria de relatar a descrição de uma dessas crises agudas que, embora extrema, é muito reveladora:

Por vezes, eu tinha a estranha sensação de que não tinha controle sobre minha respiração. Vinha-me a ideia de que se de repente eu parasse de respirar, não conseguiria recomeçar. Eu parecia estar do lado de fora do meu corpo, olhando-o como se não fosse eu. Tinha sensações de fraqueza e tontura e sentia que estava morrendo. Então eu dava um grito, caía e os sentimentos passavam lentamente. Era terrivelmente assustador.

Essa paciente foi hospitalizada depois de uma série de crises como essa.

Na análise de uma reação como essa, enfrentamos a necessidade de decidir se o relato do paciente é uma descrição fiel do fato ou apenas o produto de uma imaginação conturbada. Certamente, não se pode discutir a afirmação de sentimentos, dado que o observador só tem conhecimento de suas manifestações externas. Se a paciente estava ou não fora do corpo, ninguém pode saber.[149] Devemos aceitar sua declaração do sentimento e tentar compreendê-la. Não simplificamos o problema apenas descrevendo-o como fruto de uma imaginação perturbada. Para explicar esse transtorno, ainda teríamos que explicar o sentimento original. No problema da despersonalização encontramos um fenômeno que transcende a psicologia e a fisiologia.

Vou ampliar o relato da paciente com outra observação. Há muitos anos, minha esposa ficou muito animada com a possibilidade de viajar para o exterior. Com o aumento da empolgação, de repente ela tomou consciência de que havia duas dela. Essa sensação de duplicidade era incômoda, mas não a preocupou muito. Estava, literalmente, "fora de si" de tão contente. Uma das duas era o corpo perfeitamente vivo e funcionando normalmente. A outra era um corpo espiritual (o chamado duplo etérico). A experiência durou várias horas e desapareceu à medida que a empolgação aos poucos cedeu. Estive presente durante essa ocorrência, mas não vi nem senti a duplicidade. Agora me recordo de várias situações da infância em que a empolgação com uma situação agradável crescia tanto que todas as coisas assumiam um ar de irrealidade. Era como um estado onírico, uma situação na qual a pessoa se belisca para verificar se ainda está acordada. Há alguns anos, encontrei uma médium famosa que me disse ser capaz de sair de si mesma, o que lhe dava a vantagem, como ela colocou, de poder ver se a roupa íntima estava aparecendo por baixo do vestido.

A análise bioenergética nos habilita a oferecer uma explicação para esses fenômenos que, embora não possa ser confirmada experimentalmente, oferece uma boa hipótese de trabalho. A excitação se manifesta por uma mobilidade aumentada, mas devemos também presumir que esta é consequência de um aumento na carga bioenergética do organismo. Essa carga aumentada permeia todos os tecidos e transparece no calor e na coloração da pele, bem como no brilho do olhar. Quanto mais a carga aumenta, mais seus efeitos transcendem o próprio corpo. A atmosfera na vizinhança imediata do organismo se torna carregada e o organismo perde a noção de seus limites ordinários. Uma vez transcendida essa barreira limitadora, o ego é conquistado e inundado. Falando psicologicamente, o id está em contato imediato com o universo. As sensações das pessoas confirmam essa compreensão. É como se o indivíduo estivesse à mercê de forças mais poderosas que o *self*, como uma partícula no ar ou um pedaço de madeira que flutua no mar. Bioenergeticamente, a interação é entre o âmago e o cosmo.

Nos estados de intenso prazer, a realidade se apaga, mas não desaparece. Por mais que tudo pareça um sonho, sabemos que estamos acordados ou que restou ego suficiente para testar a realidade com o velho beliscão. Dado que o ego é um derivativo do id, este, reafirmando seu domínio, restabelece sua função inata de autopercepção. O processo segue uma lei científica já reconhecida por Freud. Uma função diferenciada deve estar presente no estado não estruturado da qual evoluiu. Enquanto os tecidos permanecem altamente carregados de energia, não há perda do *self*, mas simplesmente uma perda das fronteiras do *self*. A realidade como a conhecemos é um produto da função do ego. À medida que este é sobrepujado, é essa realidade que enfraquece.

Essa realidade do ego, que é material, não é a única. A função do id tem sua própria realidade, tão válida quanto a do ego, embora incapaz de lidar com as necessidades materiais de um organismo animal superior. Ela é dominada pelo princípio do prazer, como a do bebê, mas tão válida e desejável em si mesma quanto a outra realidade que está sob a égide do princípio de realidade. É a realidade do mais profundo e pleno orgasmo

O corpo em terapia

sexual, da grande experiência religiosa e das maravilhas da primavera e do nascimento. É a realidade que toca os mistérios da vida, mas não se torna mística. Não é a experiência da reação esquizofrênica.

O processo em que um duplo *self* é criado é mais complicado. Quando a atmosfera ao redor de um organismo extremamente excitado se torna muito carregada, parecem se desenvolver nela forças de coesão. É comum que todos os organismos vivos mostrem uma aura ao redor do corpo, um fenômeno natural existente em todos os sistemas carregados. O dr. John C. Pierrakos, meu assistente, realizou um estudo intensivo do campo energético ao redor do organismo humano em condições de doença e saúde. Espero que ele publique em breve suas observações. Ao que parece, em estados altamente carregados, o organismo pode ultrapassar o limite de sua aura ou campo — que, então, passa para trás do corpo, seguindo-o como uma sombra. Tão logo se instale na forma de um núcleo, reterá sua forma e coesão por tanto tempo quanto fluir energia do corpo para esse núcleo. Graças à ponte energética entre os dois sistemas, a percepção do *self* é duplicada. Esse fenômeno do campo se desfaz e desaparece tão logo se dê um decréscimo na excitação que traga de volta a energia para o corpo propriamente dito. Aqui, de novo, não há perda do *self* nem uma cisão psicótica da personalidade.

Sei que muitos leitores estão céticos neste momento. Alguns questionarão, enquanto outros vão se voltar contra todas as interpretações bioenergéticas. Essa foi uma reação que acompanhou muitas das mais valiosas contribuições de Freud. Perguntarão se já vi esses "duplos etéreos", se acredito em espíritos. Só posso dizer que não é uma questão de fé, de espiritualismo ou de fenômenos parapsicológicos. Estamos tentando compreender uma doença cujos sintomas, se encarados com seriedade, são incompreensíveis do ponto de vista da nossa realidade cotidiana. As hipóteses por mim propostas encontrarão sua validação na dura prova da empreitada terapêutica.

Voltemos à questão da despersonalização no esquizofrênico. Antes, contudo, uma pergunta deve ser respondida. O que prende com tanta tenacidade o adulto mediano à realidade cotidiana da vida? Por que temos tanto medo da insanidade? Essas perguntas nos trazem mais uma: por que tantas pessoas têm um medo secreto da possibilidade de perder o juízo?

Os psiquiatras reconhecem nesse problema o medo enorme do desconhecido. O homem ocidental se vale dos padrões aceitos e resiste às novas situações e ideias de modo tão ferrenho que, por vezes, ameaça o próprio desenvolvimento delas. Se, durante a vida, alguém fica lutando por segurança, isso deve refletir uma insegurança bem profundamente enraizada. Também compõe nossa neurose cultural o fato de muito frequentemente a segurança ser medida por posses materiais. Mas mesmo quando conquistamos um pouco dessa segurança material, paz e segurança interior ainda nos escapam. Em comparação, o animal selvagem na natureza tem sua segurança interior, embora nenhuma garantia de bem-estar material. Parece que não se pode ter as duas coisas ao mesmo tempo.

No capítulo 2, discutimos a antítese entre interno e externo, entre id e ego, entre material e espiritual. Podemos concluir que o adulto normal é ligado à realidade externa pelo impulso de conseguir bens materiais. As necessidades materiais — comida, roupas, moradia, transporte etc. — exercem uma força tremenda na manutenção do contato do indivíduo com a realidade cotidiana. O que não é neurótico, a menos que seja superenfatizado, como ocorre em nossa civilização. Não se tem tempo para sonhar hoje em dia. O reino do exótico, do espiritual, do involuntário perturba rotinas estabelecidas e ameaça nossa segurança. Felizmente, contamos com saídas para a expressão e a satisfação de nossas necessidades espirituais no amor e no sexo, na religião e na arte. Mas até nessas atividades o homem civilizado se vê restringido por uma consciência muito grande da realidade, o que impede sua fuga ou libertação para o grande desconhecido, o mundo dos espíritos.[150]

Se nos aprofundarmos no assunto, perceberemos que é o impulso agressivo, que funciona basicamente para satisfazer necessidades materiais, que limita a expressão espiritual. Poderíamos ter antecipado esse antagonismo com base no nosso conceito de impulsos instintivos. Na figura 16, a linha sombreada representa a característica material, agressiva, terrena do homem, que envolve e aprisiona a linha simples, a qual representa o espírito — eros ou amor. No adulto, em comparação com a criança, o maior desenvolvimento do sistema muscular favorece o componente agressivo. Em geral, o impulso agressivo se volta para dentro, contra sentimentos espirituais, na forma de um fenômeno masoquista, reduzindo ainda mais a função espiritual.

Em estados de excitação intensa, a carga é tão grande que o componente agressivo não consegue restringir a sensação. Esta se sobrepõe ao sistema muscular e à pele e se projeta para fora. São insuficientes as saídas para descarregar a inundação que transborda as margens: por um lado, a despersonalização do psicótico se deve ao fracasso do impulso agressivo para conter

O corpo em terapia

FIGURA 16 — Impulsos instintivos: A, normal; B, fuga psicótica.

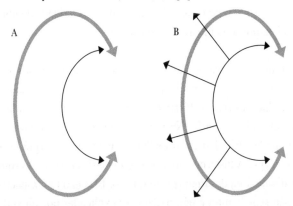

a carga normal. As saídas são insuficientes para descarregar a inundação que transborda as margens. Para que isso ocorra, o impulso agressivo deve estar enormemente reduzido. É o que encontramos na personalidade esquizofrênica. O esquizofrênico é antimaterial, contrário à realidade diária. Podemos descrever o fenômeno como um retraimento, mas ele equivale à morte material. Assim, concordei com outro paciente esquizofrênico que me disse que seu corpo estava morrendo. Quando isso ocorre, o espírito ou energia livre tende a deixar o corpo. Isso é experimentado como "morrer", como relatou a primeira paciente. É claro, eles nunca morrem desse modo. O terror suscitado é suficiente para redespertar as tendências agressivas de autopreservação, e ocorre uma integração. É necessário que uma quantidade suficiente de energia deixe o corpo para criar um núcleo de autopercepção fora dele.

A completa despersonalização é menos comum do que o sentimento de despersonalização de uma região do corpo. A cessação temporária do funcionamento de uma parte, geralmente periférica, resulta na perda de energia daquela parte. Ela se torna estranha, alheia e desligada do *self*.

Diante desse problema, os psicanalistas recorrem à afirmação de Freud de que o ego é, primariamente, um ego corporal. Fenichel acrescenta que ele é "a percepção do próprio corpo". Mas a psicanálise é confusa sobre como trabalhar com esse conceito. Cito Fenichel sobre o assunto da despersonalização:

> Quando desaparecem da consciência as sensações corporais normais, isso não quer necessariamente dizer que uma porção correspondente do

Alexander Lowen

ego corporal tenha sido tirada do órgão em questão. Pode significar que o órgão se tornou carregado de uma grande quantidade de libido, que é escondida por uma intensa contracatexia.[151]

Essa é uma observação válida para a paralisia histérica ou para amnésias histéricas, mas uma paciente como essa não descreveria a sensação como estranha. Na reação histérica, a parte do corpo afastada da consciência é aquecida e rosada. Na reação esquizofrênica, a parte cindida é branca ou lívida e fria. Para se trabalhar com conceitos corporais, é preciso observar o corpo. A histeria é uma reação defensiva do ego. A esquizofrenia é o resultado de uma desorganização do ego. Elas não têm aspectos parecidos, não são semelhantes e não podem ser explicadas por meio da mesma linguagem psicanalítica.

O que quero sugerir é que a cisão mais importante na personalidade esquizofrênica é a que se dá entre os instintos agressivos e eros, a força espiritual. A psicose difere da neurose no sentido de que a desfusão psicótica dos instintos é total, enquanto na neurose é apenas parcial.

Descrevo como "esquizoide" uma estrutura de caráter que apresenta tendências esquizofrênicas, mas em que não ocorreu uma ruptura séria com a realidade. O caráter esquizoide também exibe essa antipatia básica pela realidade material e a tendência a uma desfusão completa dos instintos. Nesses caráteres, o instinto agressivo não está simplesmente enfraquecido, como ocorre no caráter oral: está dissociado. O caráter esquizoide se identifica conscientemente com seus sentimentos espirituais. A necessidade de uma ação agressiva é aceita somente como uma questão de sobrevivência — e, baseado nisso, se estabelece um determinado padrão de comportamento que inclui uma atitude agressiva. Apesar de sua força aparente, há momentos em sua história em que a agressão falhou por completo.

Lembro-me de uma moça cujo histórico era suficiente para se diagnosticar o caráter esquizoide. A organização de sua estrutura corporal também mostrava as divisões características desse quadro. Quando falei com ela, notei que olhava diretamente nos meus olhos e me dei conta de que ela não desviava o olhar de mim. Achei isso estranho, por isso perguntei se ela conseguiria falar comigo sem me encarar. Ela não conseguia desviar o olhar. Ficava ansiosa. Esse é o contrário da tendência neurótica, que é não olhar para a pessoa. Tive a forte sensação de que ela mantinha o contato comigo

O corpo em terapia

através dos olhos. Quando ela os virou de lado, o contato foi interrompido e ela ficou amedrontada. Outros aspectos do seu comportamento exibiam o mesmo esforço para manter contato com o mundo da realidade material. Não creio que haja necessidade de provar a grande insegurança na base dessa atitude. Agarrar-se tão desesperadamente a um objeto é revelar o profundo medo interior de perdê-lo.

A fraqueza da barreira normal é traduzida psicologicamente como uma fraqueza do ego. A perda da membrana divisória é uma perda de ego. Sobre isso, lembramos a afirmação de Freud de que o ego é uma superfície e a projeção de uma superfície. Biologicamente falando, a verdadeira superfície do corpo é a pele; energeticamente, o sistema muscular sob a pele serve como a mais importante membrana restritiva. O problema do caráter esquizoide e da esquizofrenia reside na falta de identificação do ego e na fraqueza do sistema muscular.

Se isso é correto, uma importante modificação deve ser feita nas formulações de Freud. Não é eros, o portador da vida, o agente unificador ou elemento de ligação no organismo. Ao contrário, é o tão condenado instinto agressivo que mantém juntos corpo e alma. Eros sustenta a volta do espírito ao universal, ao divino. Esse é o princípio do nirvana, como é também o objetivo das grandes religiões místicas orientais. E o retorno acontece, eventualmente. Porém, durante a vida do organismo, essa luta pela união com o universal é canalizada para a função sexual através dos instintos agressivos de autopreservação.

A fraqueza do sistema muscular no caráter esquizoide e no psicótico não é fruto de uma falta de desenvolvimento muscular, como usualmente entendemos essa expressão. Em geral, o caráter esquizoide tem grande força muscular e exibe músculos potentes. Nisso ele difere do caráter oral, em quem o sistema muscular é subdesenvolvido. No esquizoide, a musculatura é tensa, os músculos profundos são muito espásticos e todo o sistema muscular é descoordenado e segmentado. Não se tem uma sensação de unidade a partir da estrutura corporal. A cabeça não parece estar seguramente ligada ao tronco, há uma marcada divisão do corpo no nível do diafragma e os membros inferiores não são funcionalmente integrados ao corpo.[152] Uma de minhas pacientes explicou seu sentimento de estar desarticulada dizendo que os ligamentos das articulações eram muito frouxos. Ela me mostrou que tinha "hipermobilidade" nos joelhos.

Alexander Lowen

Se essa afirmação é verdadeira ou não, um estudo de vários anos convenceu-me de que o fluxo energético na estrutura muscular do esquizoide é interrompido ou rompido nas articulações. Descobre-se, por exemplo, que o tornozelo é congelado e inflexível. Faltam ao movimento coordenação e graça, a menos que ele tenha sido conscientemente dominado. Muitos caráteres esquizoides tornam-se dançarinos ou atletas, a fim de desenvolverem uma sensação de coordenação e unidade no corpo. A falta de graça e coordenação apresenta-se mais claramente nos movimentos agressivos naturais, aqueles envolvidos na raiva e na sexualidade. Os músculos individuais fortes são o resultado de um esforço para compensar o defeito básico. Retornaremos à estrutura corporal e ao movimento do caráter esquizoide. Mas, antes, eu gostaria de discutir outro sintoma esquizofrênico comum: alucinação e projeção.

Na análise a seguir, vale discernir esses dois termos. A projeção pode ocorrer sem alucinações. Às vezes, é observada na neurose. Um paciente se queixou de que não conseguia contato com a esposa. Ele a descreveu como retraída, fria e tenebrosa. Encontrei a esposa dele momentos depois. Ela era afetiva, alerta, e esteve em contato comigo a todo momento. Era o meu paciente o retraído e tenebroso. Ele havia projetado na esposa a percepção que tinha de si mesmo. Mas isso não é psicótico. Os relacionamentos interpessoais desse paciente eram disfuncionais. Ele percebia corretamente essa disfunção, mas como não conseguia aceitar que isso era consequência de sua neurose, a única alternativa era acreditar que a outra parte era responsável. É como olhar para o mundo de óculos escuros. Esse paciente via a esposa através de uma mortalha, tecida por sua própria melancolia interior. Mas até esse tipo comum de projeção tem uma semelhança qualitativa com o processo esquizofrênico.

A alucinação esquizofrênica baseia-se numa projeção, que determina a forma e o conteúdo da alucinação. A voz que o esquizofrênico escuta é a dele mesmo e, é claro, as palavras que ele ouve expressam os próprios pensamentos. Também ouço minha voz interior quando estou pensando. Mas isso pouco nos diz sobre o mecanismo da projeção. Podemos adquirir algum insight pela análise do fenômeno da alucinação visual.

O esquizofrênico vai lhe dizer que, de vez em quando, ele "vê" formas e contornos que ninguém mais observa. A forma pode ser mais ou menos distinta, como a de um anjo ou demônio, ou vaga. Além disso, o esquizofrênico

O corpo em terapia

"vê" outros fenômenos — linhas que atravessam o espaço, aura ao redor de indivíduos etc. É preciso diferenciar esses fenômenos. Se chamamos tudo de "loucura", corremos o risco de fechar o caminho para o mundo esquizofrênico. Precisamos então "chocá-lo" para a realidade, mas esses procedimentos não garantem que ele aceitará a realidade assim oferecida.

O afastamento esquizofrênico da realidade se aplica somente ao aspecto material do mundo ao nosso redor. Vimos que isso se baseava na inibição do instinto agressivo, que resultava no componente espiritual e sensorial anormalmente ativo. Há uma antítese natural entre movimento e percepção: reduzimos os movimentos quando desejamos aumentar a acuidade auditiva ou visual. O esquizofrênico está em contato com um mundo do qual o indivíduo mediano não tem conhecimento. Precisamos admitir que esse mundo existe, ou não compreenderemos o problema esquizofrênico. Com certo treino especial, é possível observar fenômenos semelhantes. Esse mundo consiste em ondas de energia; são os processos do campo energético que nos cerca na atmosfera. Até aí, o esquizofrênico não está alucinando. Ocorreu um certo grau de despersonalização. Nesse estado, se a projeção se desenvolve, ocorre a alucinação. A forma e o conteúdo da visão não estão na atmosfera, e sim na mente esquizofrênica, mas pode ser projetada apenas sobre uma tela de forças atmosféricas. Essa tela é necessária para que a projeção ocorra. Você consegue formar uma imagem se o projetor cinematográfico joga luz no espaço? Você consegue perceber formas parecidas com animais no céu se não há nuvens? Se temos a tela, qual é o mecanismo que funciona (à semelhança do projetor) para formar uma imagem?

Proponho a tese de que a cisão esquizofrênica básica está na desfusão ou dissociação dos dois impulsos naturais. Essa dissociação é causada por um bloqueio no caminho dos impulsos agressivos que os impede de entrar na consciência.[153] Isso implica, na personalidade esquizofrênica, uma cisão *secundária* entre o impulso e a percepção do impulso. A observação clínica situa esse bloqueio nos músculos profundos na base do crânio. Vejamos como esse bloqueio explica o fenômeno da projeção (Figura 17).

Na psicose, o bloqueio na base do crânio é tão forte que pouquíssimos impulsos materiais agressivos chegam ao cérebro. Esse pouco que chega atinge apenas os centros subcorticais. Não atingem o centro da consciência. Às vezes, a carga nos centros subcorticais é tão reduzida que as atividades vitais, como comer, são reduzidas a menos que o mínimo. É isso que denominamos "negativismo" no comportamento psicótico. Por outro lado, no estado paranoide da esquizofrenia, a formação de impulsos é forte e ativa. Quando a energia desses impulsos agressivos mais potentes depara com o bloqueio da base do crânio, é desviada. A maior parte da energia é desviada para trás, outra parte dela é desviada para fora, pelas orelhas, e ocasionalmente outra parte é dirigida para fora através dos olhos. Esse desvio para o exterior pelos olhos é a projeção, responsável pela alucinação visual. No entanto, é o menos comum dos fenômenos alucinatórios.

Quando a energia desses impulsos é desviada para trás, ela carrega o campo atmosférico ao redor da parte posterior da cabeça. Como estamos lidando com uma sensibilidade muito ampliada no esquizofrênico, podemos entender por que eles teriam a sensação de que "algo está acontecendo às minhas costas". O que também poderia ser interpretado como "alguém está olhando para a parte de trás da minha cabeça" ou "estou sendo seguido" etc.

Vez por outra, encontramos um indivíduo não psicótico que sente esse bloqueio. Um paciente me contou o seguinte: "Quando fico bravo, sinto uma comoção na parte de trás do pescoço e da cabeça. Fico frustrado porque não consigo colocar essa raiva para fora. Isso me deixa mais bravo, e fico ainda mais frustrado. Então fico falando as coisas mais sem sentido, mas não consigo parar o processo".

Muitas pessoas sofrem com o medo de alguém as atacar pelas costas. Sentam-se na última fila dos cinemas ou salas de aula e viram-se frequentemente para trás se certificarem.

FIGURA 17

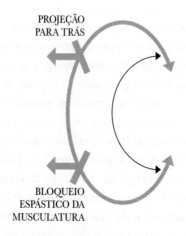

PROJEÇÃO PARA TRÁS

BLOQUEIO ESPÁSTICO DA MUSCULATURA

O corpo em terapia

Como é o impulso agressivo que é projetado para o exterior, é fácil compreender os delírios persecutórios dos quais sofre o esquizofrênico. O conteúdo do delírio deve ser interpretado à luz das experiências de vida do paciente, se elas puderem ser elucidadas. O mecanismo bioenergético da projeção esquizofrênica e da alucinação não é por si só um assunto adequado para a interpretação psicanalítica.

Em correspondência ao bloqueio da base da cabeça, os esquizofrênicos apresentam outro bloqueio grave, que consiste de músculos bastante espásticos na junção da pelve e da coluna vertebral. São pontos homólogos na linha do fluxo da corrente bioenergética. Como esse fluxo tem natureza pulsátil, pendular, é sempre igualmente perturbado em ambas as extremidades da trajetória. No indivíduo psicótico, o impulso agressivo não está mais a serviço da sexualidade do que do ego. O resultado disso é que o psicótico não tem a capacidade de alcançar descarga sexual. Qualquer sensação sexual que tenha é vaga, difusa e inespecífica. O impulso necessário para focalizar a energia no aparelho genital foi desviado para o exterior. Essa afirmação também se aplica à estrutura de caráter esquizoide, porém em grau menor, e depende do nível de integração na personalidade.

A projeção ocorre tanto no bloqueio pélvico como no da nuca. Há, novamente, a percepção de alguma atividade atrás da pessoa. Mas aqui a interpretação costuma ter um significado sexual. Fenichel relata uma observação de Bibring a respeito de uma mulher que "acreditava ser perseguida por um homem chamado 'Behind' ['Atrás']. Ela atribuía a esse homem características que eram de fato verdadeiras em sua região glútea".[154] Esse mecanismo explica o medo do ataque homossexual no homem psicótico. Porém, se a dinâmica bioenergética do problema não é compreendida, fica muito difícil explicar psicologicamente essas fantasias. Cito Fenichel mais uma vez: "A primeira descoberta de Freud de que o perseguidor representa o objeto homossexual certamente permanece verdadeira; mas o fato de o perseguidor representar, na época, as próprias características do sujeito demonstra que esse objeto, na fantasia do paciente, foi incorporado e reprojetado".[155] Essas afirmações analíticas, conquanto possam ser verdadeiras, não nos auxiliam a compreender os mecanismos desses processos.

A falta de agressividade, ao lado da imensa necessidade do esquizofrênico de contato no nível interpessoal, o torna vítima fácil para o homossexual ativo, agressivo. Nunca vi um esquizofrênico ou um esquizoide com as

Alexander Lowen

acentuadas características corporais do sexo oposto, como pode ser notado em homossexuais verdadeiros ou nos homens passivo-femininos. No entanto, não são incomuns entre os psicóticos práticas e fantasias homossexuais. A interpretação desse comportamento deve ser feita em outro nível.

Outro sintoma comum do problema esquizofrênico é a presença de ideias de incorporação. Essas fantasias incluem todos os orifícios naturais do corpo: oral, anal, respiratório e outros. Se os tomamos ao pé da letra, caímos vítimas do delírio esquizofrênico, no qual uma parte dissociada é usada para representar o todo. Quanto a esse aspecto, Rosen, que interpreta todas as fantasias esquizofrênicas como fenômenos orais, nos deu uma contribuição significativa. O comentário que ele fez sobre o delírio de Schreiber, analisado por Freud, merece ser citado: "Além do mais, comecei a compreender — e nunca mais perdi isso de vista — que o desejo pelo sol quente e impregnante que era o delírio de Schreiber derivaria, em última instância, de sua necessidade de colocar o sol no lugar do sol frio que o tornou insano".[156]

A atitude típica do caráter oral pode ser expressa como uma sensação consciente ou inconsciente de que o "mundo lhe deve alguma coisa". Sente que foi enganado, que não teve o bastante ou sua parte por direito. Mas o caráter oral não tem sentimentos de persecução, como não tem medo de ser atacado. A atitude esquizofrênica só pode ser descrita como terror. Esse terror está na base da imobilidade congelada do estupor catatônico, no frenesi da excitação catatônica, no delírio da paranoia e na resignação da hebefrenia. Esse pânico só pode surgir da experiência de uma situação na qual a própria existência do indivíduo foi ameaçada.

As ideias de incorporação devem ser interpretadas no nível oral, e essas interpretações abrangem o caráter esquizofrênico ou esquizoide. Além do pânico profundamente enraizado que surge de uma ameaça à existência, o esquizofrênico tem fortes sentimentos de privação. Suas atividades homossexuais devem ser consideradas tentativas de obter o calor do contato humano íntimo. Mas a necessidade deles transcende muito a do paciente neurótico. A tarefa terapêutica não é fácil. Não basta trazer o psicótico de volta à realidade, eliminar suas alucinações e acabar com seus delírios. O ego reconstituído deve estar fortalecido de modo que possa enfrentar a realidade sem tanto esforço. Na terapia da esquizofrenia, o mais importante fator terapêutico é o calor e afeição sinceros por parte do terapeuta. Rosen

O corpo em terapia

mostra sua avaliação desse requisito ao dizer que "o terapeuta deve ser um protetor e provedor onipotente e amoroso para o paciente".[157]

Diferentemente do caráter oral, o esquizofrênico não é um bebê de colo. Embora sejam mais dependentes, exibem muito pouco das tendências para explorar ou sugar encontradas no caráter oral. O esquizofrênico é o bebê no útero. Ele precisa da sua vida como o embrião precisa da mãe, mas não pode exigir isso de você. Se o terapeuta tem medo ou não tem vitalidade extra, não pode auxiliar uma estrutura esquizofrênica ou esquizoide. Conclui-se que é essa necessidade fetal básica que é expressa nas ideias de incorporação.

A ideia de que o comportamento esquizofrênico tem essa característica fetal de ligação e dependência aponta para os possíveis fatores etiológicos do transtorno. Antes de os considerarmos, porém, devemos compreender melhor a problemática esquizofrênica. Muito já foi escrito sobre a semelhança entre os processos de pensamento do esquizofrênico e o das crianças e do homem primitivo. A regressão é, sem dúvida, frequentemente observada no comportamento do esquizofrênico. Às vezes, eles precisam ser tratados e cuidados como se ainda fossem recém-nascidos. Mas essa semelhança pode ser muito exagerada. A dinâmica bioenergética da estrutura de ego é diferente em cada caso. Sua psicologia também é bem diferente. Robbins chama a esquizofrenia de processo desumanizador. O esquizofrênico é um ser desumanizado, descrição que não aplicaríamos a recém-nascidos, tampouco aos povos originários. Mas em que se parecem e em que diferem?

O bebê, o primitivo e o esquizofrênico não conseguem lidar com a realidade como a compreendemos no nosso mundo atual. Os três deparam com experiências que superam sua compreensão e para as quais precisam inventar sistemas especiais de pensamento. A criança pequena não entende a incapacidade dos pais para satisfazer suas necessidades. Cria duas categorias de força no mundo externo: as boas, que as satisfazem, e as más, que as privam ou frustram. A partir dessa divisão, é fácil entender a crença infantil em bruxas, Papai Noel etc. O primitivo também é empurrado para esse conceito dualista — até pluralista — de forças no universo: deuses bons que realizam os interesses da vida e deuses ameaçadores que os sabotam. O esquizofrênico também tem essa antítese básica entre bom e mau, frequentemente relacionada a Deus contra o diabo, amor *versus* ódio, calor contra frio. Em uma estrutura referencial assim rígida e simplista, os processos cognitivos

Alexander Lowen

apresentarão a condensação, o deslocamento e a qualidade simbólica que Freud demonstrou ser característica da vida onírica. Mas que diferença!

O recém-nascido funciona com base no princípio do prazer, que só conhece a tensão ou o alívio para ela. A realidade, ou seja, as forças que operam no mundo exterior, é desconhecida pela falta do crescimento e desenvolvimento necessários. O funcionamento psicótico não se baseia no princípio do prazer; na verdade, a essência do problema é a incapacidade do organismo psicótico para se mover na direção da excitação prazerosa. A onipotência do bebê é real. Ele é o futuro, o herdeiro de tudo aquilo que o passado já produziu, o criador do amanhã. Se isso se revela uma ilusão, só posso dizer que falhamos com nossa obrigação com a criança. Os delírios de grandeza, tão típicos da esquizofrenia, são realmente delírios.

O primitivo funciona no princípio da realidade, mas este é limitado pela falta de experiências acumuladas. Dentro dos limites de seu conhecimento, ele se mostra capaz de adaptar seu comportamento às exigências da situação externa. Tem o senso de mobilização e coordenação que permitiriam aqueles ajustes finos de movimento e fariam suas ações coerentes com a realidade como ele a conhece. É o que falta ao psicótico. As ações do esquizofrênico não são motivadas pelo princípio do prazer e ele não tem o controle muscular para funcionar adequadamente na realidade. Nessas circunstâncias, ele começa negando a si mesmo e termina por negar o mundo da realidade. É essa negação da realidade material que desumaniza o esquizofrênico, assim como um anjo não é humano. O aniquilamento de seu ego provoca a destruição do mundo material.

Na reação esquizofrênica existe um sintoma que configura o processo físico subjacente à doença. A catatonia não é somente um sinal patognomônico de doença esquizofrênica; é também um critério para a classificação da gravidade do processo patológico. Em geral, os pacientes catatônicos têm um prognóstico mais favorável do que aqueles que mostram as outras formas desta enfermidade. Algumas manifestações dessa doença devem ser compreendidas como tentativas de restaurar a função do ego. Os episódios destrutivos podem ser assim interpretados. Eles representam a liberação de impulsos agressivos que, apesar de irracionais e perigosos ao ambiente, tendem a promover tanto a força quanto a integração do ego no esquizofrênico. Sempre acreditei que se poderia obter progresso se fosse permitido ao esquizofrênico quebrar alguns móveis velhos em um ambiente cuidadosamente

O corpo em terapia

controlado. Muitos esquizofrênicos relatam que, depois de um episódio desse tipo, se sentem bem melhor. É claro, medidas como essa devem fazer parte de uma estratégia terapêutica mais abrangente.

Em relação a isso, Fenichel diz: "O esforço de restituição voltado para o mundo objetivo perdido é a raiz de muitos sintomas catatônicos".[158] Uma afirmação especificamente pertinente é a seguinte: "A rigidez catatônica reflete um conflito entre o impulso de agir e a defesa contra ele".[159] Ferenczi acreditava que a catatonia era consequência de uma alternância de alta frequência entre ativação e inibição de impulsos. O espasmo muscular da neurose difere da rigidez catatônica somente em grau e localização. Essas diferenças são, em essência, quantitativas.

Tive a oportunidade de tratar um paciente que acabara de ser liberado de uma instituição, após uma série de tratamentos com choques elétricos. Quando o atendi pela primeira vez, sua aparência era chocante. O rosto tinha uma expressão cadavérica, a pele era esticada sobre os ossos e a boca, retraída, como na morte. A voz mal era audível, e ele só conseguia responder "sim" ou "não" às perguntas. Todos os movimentos eram extremamente lentos, mas ele conseguia bater no divã com alguma força. Usei o reflexo de ânsia de vômito com ele duas vezes. Algumas lágrimas surgiram em seus olhos e o rosto logo se suavizou e se iluminou. As pernas sofreram um forte tremor involuntário.

Quando ele retornou para a sessão seguinte, repeti o procedimento. Fiz que flexionasse as pernas várias vezes e, em seguida, socasse o divã. Quando ele se deitou, as pernas começaram a tremer violentamente. Voltei a utilizar o reflexo de ânsia, mas dessa vez sua expressão não se iluminou. Isso me surpreendeu um pouco, porque ele havia chegado à sessão com uma aparência um pouco mais viva que nas sessões anteriores. Pedi que ele batesse no divã deitado. Os movimentos eram muito mecânicos. Então, quando segurei seu braço no meio do movimento, ele permaneceu naquela posição. Observando-o atentamente, notei que seus olhos se tornavam mais vidrados, a expressão perdia a vida e a voz era quase inaudível. Senti que ele se retraía para dentro de si mesmo, caía novamente no estupor catatônico. O que acontecera? Deduzi que a excitação provocada pelos movimentos agressivos foi forte demais. Ele estava amedrontado com o tremor nas pernas. Como não conseguia controlar ou impedir voluntariamente os movimentos, dissociava sua percepção do corpo. As pernas continuavam a tremer, mas era uma ação mecânica. Ele tinha consciência de que se moviam, mas isso não tinha nenhuma importância para ele. Ele não estava lá.

Onde estava o *self* nesse estado de estupor catatônico? Quando perguntei se ele conseguia me ouvir, sua voz respondeu "sim". Interrompi o tremor em suas pernas e ele ficou quieto, imóvel. No entanto, todos os seus sentidos estavam despertos. A luz conseguia penetrar aqueles olhos vidrados, meio revirados, mas nada saía deles. O lado agressivo, motor, material de seu ser estava dormente. O componente terno, sensorial, espiritual estava vivo e alerta. Esse aspecto de sua personalidade podia ser alcançado, o outro estava retraído; ele estava dissociado. Metade de sua personalidade estava acordada e a outra metade, adormecida — um sono que lembrava a morte. Isso faz lembrar aquele sentimento expresso por outros esquizofrênicos de que é o corpo que morre, não o espírito ou a mente. Fiz com que se sentasse e falei com ele, explicando o que havia acontecido Aos poucos, os olhos se iluminaram e o rosto ganhou vida. Então, uma expressão de tristeza o dominou. Quando encerramos a sessão, ele parecia melhor do que no fim da sessão anterior.

Esta é uma observação de um estado de estupor catatônico que guarda alguma semelhança com o sono. Poderíamos compreender melhor esse estado se soubéssemos mais a respeito do mecanismo bioenergético dinâmico do sono normal. Na rigidez catatônica, encontramos uma dissociação igual, mas o sistema muscular está congelado mais do que em estupor. Em ambos os casos, a mobilidade do organismo está bastante reduzida, enquanto na catatonia a percepção sensorial está alerta. O fundamental no estudo desses fenômenos é a relação entre o ego e o processo motor. Embora o ego seja puramente um fenômeno físico, ele depende de processos bioenergéticos subjacentes no soma. O ego pode ser comparado a uma rolha flutuando nas ondas. Seu movimento para cima ou para baixo é fruto do movimento da onda. Ao mesmo tempo, é a mais vívida manifestação desse movimento. Ou ele pode ser comparado à lâmpada elétrica, que manifestará o fluxo da corrente elétrica no circuito.

Se o ego depende da corrente corporal, esta pode ser independente dos processos perceptivos. Se ocorre uma cisão importante entre a percepção e o movimento, se a corrente é impedida de atingir o órgão da percepção, temos uma manifestação de projeção e alucinação. Na catatonia, a unidade entre percepção e impulso existe em certa medida. Precisamente devido a

O corpo em terapia

essa unidade, o ego, em autodefesa, subjugará o impulso, inclusive à custa da cessação temporária de sua função. Não é um processo consciente nem voluntário. A função de repressão pertence à parte do ego que chamamos de superego.

Sabemos que o ego tem, em sua função como órgão de percepção, o poder de inibir ou liberar ações. A função inibitória deriva de sua posição de controle no princípio de realidade. Como Freud expressou, ela controla o acesso à motricidade. Dá a ordem para agir ou pode suspender essa ordem. O ego é um capitão a cujas ordens estão subordinados os soldados. Num choque na coluna, a incapacidade de funcionamento dos neurônios inferiores pode ser comparada à perda do capitão. Só aos poucos os escalões inferiores recuperam a capacidade autônoma de movimento, mas a coordenação superior está ausente. Bioenergeticamente, o ego dispara os músculos para descarga. No entanto, ele só pode disparar o que estiver carregado. O impulso carrega os músculos, prepara a ação, carrega as armas. Então, aguarda a ordem.

Por que o ego não dá consentimento? Compreendemos a recusa do ego em permitir uma ação se ela conduzir a uma situação previsivelmente perigosa. Descreveríamos, então, esse comportamento como racional, não neurótico. A contenção da agressividade em circunstâncias que demandam ação é o problema colocado por todos os pacientes em terapia. A resposta psicanalítica é que há um medo inconsciente que faz o ego sustar a ação. O medo pode ser analiticamente vinculado a experiências no começo da vida. Mas ele pode persistir, apesar da consciência desses traumas iniciais. O medo deve ser encarado no presente. Mas qual é o medo atual?

O trabalho bioenergético com esses problemas revelou que esse medo está associado à espasticidade dos tecidos. Quando um impulso potente atinge os músculos espásticos, aparece uma situação perigosa. Uma possível analogia é a comparação com um pequeno balão no qual se tenta soprar um grande volume de ar. Corremos o risco de vê-lo explodir bem na nossa frente. Uma analogia ainda melhor é a passagem de uma grande e dura massa fecal por um ânus contraído. A dor resultante é uma advertência de que algo pode se romper. E não é incomum que ocorra uma fissura anal.

Tratei de uma paciente que havia estado em análise freudiana durante nove anos. Uma de suas queixas principais era uma dor violenta na região lombossacral. Ela me contou que essa dor datava do início da terapia e

Alexander Lowen

coincidia com a perda da sensação genital. Os músculos profundos na junção da pelve com a espinha dorsal estavam muito tensos. Consegui liberar um pouco da tensão com movimentos especiais e manipulações, mas a dor ia e vinha, e às vezes era mais forte que nunca. Apontei à paciente que essa tensão servia para garantir que a energia não atingisse, de modo algum, o aparelho genital. Nas primeiras sessões, toda menção de genitalidade a deixava amedrontada e confusa. Precisei avançar devagar e contar com minha habilidade para reduzir a profunda espasticidade. Trabalhando desse modo — verbalmente para aliviar a ansiedade genital e fisicamente para reduzir a tensão — aliviei gradualmente a dor até um ponto em que ela ficava livre dela por consideráveis períodos e sua gravidade era bem menor que antes. Foi interessante notar que a primeira onda forte de sensação genital foi acompanhada de dor na vagina.

Com base nessa breve discussão, percebemos que a dor é a percepção de um conflito intenso. Os componentes somáticos do conflito são uma fonte energética que depara com um obstáculo. Se essa barreira for de tecidos espásticos, podemos tentar esclarecer os fatores etiológicos responsáveis pelo problema. É como uma cicatriz funcional, que resultou da situação traumática original e é a atual base para o medo inconsciente. Devemos concordar que, a menos que a história original seja analiticamente elaborada, não acontecerá nenhum progresso duradouro. Mas se pode negar que o trabalho direto sobre a espasticidade reduzirá o medo e permitirá que o conflito seja mais prontamente apreendido na consciência? Não é nossa tarefa forçar a barreira da dor, embora a tolerância à dor faça parte do princípio de realidade. Somente quando a condição espástica melhorar e for estabelecida uma mobilidade maior o peso morto do passado será removido do funcionamento atual.

Na terceira edição de *Análise do caráter*, Reich relatou um caso de esquizofrenia que tratou com métodos bioenergéticos. Eu gostaria de comentar suas observações — em primeiro lugar, porque foram o ponto de partida do meu pensamento; em segundo, porque minha experiência me colocou em uma posição de onde posso elaborar esses conceitos. O estudo de Reich sobre a esquizofrenia teve o grande mérito de tentar compreender os mecanismos do problema esquizofrênico em termos das funções bioenergéticas básicas. Seu ponto fraco reside no fato de o referencial de Reich ser o princípio do prazer, e não o princípio da realidade.

O corpo em terapia

No lugar do princípio da realidade, Reich introduziu o conceito de desenvolvimento da coordenação. Deve-se concordar que o crescimento da consciência do *self* está relacionado à crescente capacidade do organismo de coordenar ou fundir suas múltiplas atividades musculares em movimentos intencionais em relação à realidade. A declaração de Reich sobre esse ponto é básica para qualquer compreensão da dinâmica do problema esquizofrênico.

Com a coordenação crescente dos movimentos, suas percepções também são coordenadas uma a uma entre si até que, aos poucos, se alcança o ponto em que o organismo se move de modo totalmente coordenado e, portanto, as muitas percepções diferentes do *self* são unidas em uma única percepção total do *self* em movimento. Devemos concluir que, antes disso, não podemos falar de uma consciência devidamente desenvolvida.[160]

Essa coordenação não acontece no vácuo. Ela ocorre como reação aos contínuos estímulos de um ambiente amoroso e caloroso. A coordenação representa, portanto, uma orientação melhor e mais efetiva para o ambiente — e isso, com o tempo, se torna a função de realidade.

Reich acredita que o esquizofrênico, em comparação com o neurótico encouraçado, é fortemente carregado emocionalmente. Na superfície, isso pode parecer verdade, pois eles pertencem à categoria de estruturas de caráter impulsivas. Essa aparência pode ser explicada pela falta de defesas de ego, o que está relacionado com a falta de um ego forte. Na verdade, o que descobrimos é que eles são mais sensíveis que o neurótico e menos agressivos. Não devemos nos deixar levar por suas explosões destrutivas. É fácil quebrar coisas ou destruí-las. Porém, a agressão implica um objetivo construtivo. A função sensorial está superdesenvolvida, enquanto a coordenação e a unidade do funcionamento motor estão muito perturbadas. É a falta de unidade e coordenação na atividade motora que explica os fenômenos que confundiram Reich. O esquizofrênico tem um peito macio e respiração reduzida, enquanto o neurótico, com um peito rígido, tem uma função respiratória melhor. Veremos mais tarde por que isso acontece. De modo geral, Reich colocou corretamente o problema quando escreveu que, na esquizofrenia, "[o] biossistema tem uma tolerância muito baixa a aumentos súbitos do nível emocional, isto é, bioenergético, de funcionamento".[161]

Alexander Lowen

Analisando um caso, Reich reconheceu que a cisão esquizofrênica, expressada como fosse — por exemplo, entre Deus e o diabo —, representava a dissociação da personalidade em duas "situações diametralmente opostas em sua estrutura de caráter, as quais eram mutuamente exclusivas e incompatíveis".[162] Essas situações opostas nada mais são do que as duas tendências instintivas básicas: agressão e ternura, material e espiritual, "este mundo" e "o outro mundo". Como o paciente se identificava com o aspecto espiritual e vivia "no outro mundo", o mundo real e agressivo das necessidades materiais e sensações era sentido como estranho, alienado, e como "forças que influenciam". As "forças" nesse paciente, devem ser interpretadas como a energia do impulso agressivo material. Dado que esse impulso é a expressão da força vital nos tecidos corporais, ninguém consegue reprimi-lo por completo. Se não for percebido e aceito como parte da personalidade, algum contato será estabelecido com ele, indiretamente, por meio da projeção e da introjeção.

A perda de contato com a força agressiva, material e motriz se manifesta como despersonalização total. A paciente de Reich experimentava essa despersonalização total como estar "fora de mim mesma; me sentia dupla, um corpo aqui e uma alma lá".[163] Já estudamos o mecanismo desse fenômeno. Como todos os indivíduos, essa paciente desejava a unificação, embora rejeitasse o corpo por intermédio do qual ela seria possível.

Em muitas experiências esquizofrênicas, vemos que as paredes de uma sala desempenham papel importante. Ouvir vozes e ver coisas nas paredes é uma experiência esquizofrênica comum. A declaração mais vívida de um esquizofrênico é a de que "as paredes estão vivas". Para compreender esse comentário, devemos ter em conta que o esquizofrênico percebe movimentos fora dele, enquanto a percepção da mobilidade interna está bloqueada; isto é, o esquizofrênico percebe o efeito de sua projeção como um reflexo vindo das paredes, sem a consciência de que ele é a fonte. O que faz as paredes parecerem vivas é o movimento da energia no espaço. Quando olhamos para um objeto através de um espaço carregado, a vibração do espaço é projetada no objeto, que, então, parece ter vida própria. O próprio espaço, em si, está vivo — no sentido de que movimento e vibração, sob todas as condições, são um fato que os pintores impressionistas reproduziram vividamente e que, hoje, poucos artistas negariam. O esquizofrênico é muito mais sensível a fenômenos desse gênero do que a pessoa mediana.

O corpo em terapia

A capacidade que algumas pessoas têm de excitar e carregar a atmosfera à sua volta é reconhecida. Muitos indivíduos fortes têm uma personalidade tão poderosa que ela parece irradiar deles. Dizemos que "sentimos sua presença". Ou, às vezes, isso é descrito como "magnetismo animal". A mais forte manifestação dessa capacidade é reservada aos olhos. Em algumas pessoas, os olhos parecem brilhar, reluzir. Quando esses olhos estão voltados para alguém, essa pessoa pode sentir a radiação emanando deles. Às vezes, os olhos têm uma radiação fria e maligna tão intensa que é possível sentir um arrepio de terror quando em contato com eles. Se levarmos a sério a expressão comum de que "os olhos são o espelho da alma", compreenderemos melhor esses fenômenos.

Os olhos transmitem sentimento mais vividamente do que qualquer palavra falada. Em minha carreira como psiquiatra analítico, sempre confiei na expressão dos olhos dos pacientes. Vi a tristeza e o medo deles, seu ressentimento e sua raiva; o apelo, o amor e o ódio. Mas foi fora do trabalho terapêutico que tive minha experiência mais impressionante com a expressão dos olhos de outra pessoa. O incidente aconteceu quando eu estava no metrô com minha esposa. Uma jovem sentada no banco diante do que ocupávamos olhou para nós de repente. Senti um arrepio me percorrer quando fitei os olhos mais cheios de ódio que já vi. Minha esposa relatou a mesma reação; não conseguíamos olhar para ela. Foi uma experiência sinistra.

É nos olhos que o esquizofrênico mostra mais claramente sua doença. Às vezes, é possível fazer o diagnóstico apenas a partir dos olhos. Reich os descreveu como "um típico olhar distante de falta de conexão". Parecem olhar através de você e não para você. Quando você olha nos olhos deles, sente que não faz contato com eles. O que há de errado com esses olhos? Como eles "se desligam"? No meu paciente catatônico, os olhos eram tão vidrados que ele parecia um cadáver. Contudo e, isso é surpreendente, ele via tudo à sua volta. A única interpretação possível era que a luz conseguia entrar em seus olhos, a função mecânica da visão estava intacta, mas *nada* saía deles. É como se o fogo interno estivesse extinto ou reduzido. Quando o paciente saiu do estupor catatônico, imediatamente os olhos voltaram à vida e pareciam amigáveis. O que incomoda um observador a respeito dos olhos de um esquizofrênico é a falta de expressão. Assim como o rosto parece uma máscara, os olhos são inexpressivos. O esquizofrênico não é desprovido de sentimentos, o que falta a ele é a capacidade de focar esses sentimentos em

Alexander Lowen

outra pessoa. Aqui vemos novamente a falta de coordenação motora manifesta na dificuldade da expressão corporal.

Há uma diferença entre ver e olhar. O dicionário nos diz que o primeiro é uma função passiva. A definição do verbo olhar é interessante, e a reproduzo: "Direcionar os olhos para alguma coisa, direcionar a visão com determinado jeito ou sentimento".[164] O esquizofrênico vê, mas não olha. Não tem disponível no segmento da cabeça o impulso motor necessário para "direcionar" o olhar. É a mesma ausência que explica a expressão plana, vazia e sem vida na região da testa (entre os olhos) e a sensação de vazio na frente da cabeça. A energia está bloqueada na parte posterior do pescoço e, às vezes, da cabeça. Não chega à parte da frente do cérebro ou da cabeça.

Não é tarefa fácil fazer fluir a energia e mantê-la nos olhos. Para isso, também é necessário aumentar a carga na região genital e lá mantê-la. Em um dos meus casos mais favoráveis, isso demandou seis meses de contínua terapia bioenergética. Mas ainda buscamos mais. Buscamos fortalecer o movimento energético pendular e ancorá-lo nas funções de realidade de tal modo que possa aguentar as pressões e vicissitudes implícitas na vida social.

A psiquiatria está suficientemente familiarizada com o problema esquizofrênico para chegar a um diagnóstico correto a partir de um histórico cuidadoso, ou pelo uso de testes como o Rorschach. Os casos limítrofes, porém, são mais difíceis de diagnosticar, embora mais fáceis de tratar. No próximo capítulo, estudaremos a dinâmica da estrutura de caráter esquizoide, do modo como é revelada no consultório do analista.

17. O caráter esquizoide

Sugeri no capítulo anterior que a distinção entre as estruturas de caráter esquizoide e esquizofrênico era uma questão de grau. O que não significa que não sejam encontradas diferenças qualitativas. É comum, nos casos extremos, hesitar ao comparar o esquizofrênico institucionalizado com o caráter esquizoide funcional. Entretanto, semelhanças básicas nos processos dinâmicos subjacentes dessas estruturas de personalidade forçam a comparação por razões teóricas e terapêuticas.

Se um indivíduo nunca teve um rompimento agudo com a realidade, é justificável descrever sua estrutura como esquizoide? Um diagnóstico como esse depende de tendências, não de fatos. Hesitamos em agir sobre essa base na medicina interna. Poucos médicos diagnosticarão um paciente como cardíaco se não for provado nenhum dano estrutural. Mas corre-se o risco do ataque que pode acontecer — e já aconteceu — quando o paciente sai do consultório. Se tendências podem ser claramente estabelecidas como critério para um diagnóstico, a medicina preventiva vai avançar muito. A análise profunda, seja psicológica ou bioenergética, oferece meios para esse fim.

Fenichel define o problema esquizoide em termos diferentes: "Pessoas que, sem terem uma verdadeira psicose, ainda exibem traços isolados ou mecanismos de um tipo esquizofrênico foram denominadas 'esquizoides', 'esquizofreniadas', ou 'esquizofrenia ambulatorial', ou coisas assim". Esses indivíduos exibem evidência de mecanismos patogênicos de tipo neurótico e psicótico. Em seguida, Fenichel acrescenta um comentário que é dinamicamente importante: "As circunstâncias é que decidirão se a disposição psicótica será provocada ou acalmada".[165] É exatamente essa presença de uma "disposição psicótica", em oposição ao comportamento psicótico, que diferencia o caráter esquizoide do esquizofrênico.

Mas o que é essa "disposição psicótica"? Embora possa ser útil identificar "traços isolados" ou "mecanismos" como evidências para essa disposição, é fundamentalmente perigoso basear um diagnóstico em sua presença ou ausência. Lembremos o caso apresentado no capítulo 10 sobre o masoquismo, no qual o paciente descrevia uma alucinação real: a visão de um rosto que chamou de "o diabo". Não hesitei em classificar a estrutura de caráter como masoquista, e não esquizoide. Faltava nele uma "disposição psicótica". Por outro lado, observei casos nos quais essa disposição básica podia ser discernida sem a manifestação de uma única característica ou mecanismo psicótico.

Todos os autores concordam com a existência de um importante transtorno emocional no caráter esquizoide. Fenichel diz, especificamente, que "as emoções dessas pessoas em geral parecem ser inadequadas [...] Elas se comportam 'como se' tivessem relações afetivas com as pessoas".[166] Embora essas afirmações sejam basicamente verdadeiras, é difícil usá-las como características diferenciais. Os neuróticos têm respostas emocionais inadequadas, exibem um comportamento "como se" e usam mecanismos de "pseudocontato" em seus relacionamentos. Mas também sou forçado a dizer que a agressão do esquizoide é uma agressão "como se", é "vestida" por uma questão de sobrevivência e tem a mesma relação que as roupas com a personalidade. Sente-se que isso não é parte integral do ser verdadeiro.

A disposição psicótica deve ser primeiramente compreendida em termos da psicologia do ego. Vamos compará-la a outros tipos de caráter. As estruturas de caráter rígidas são predominantemente agressivas, determinadas e insensíveis. Sua atitude pode ser confirmada pela expressão "eu vou". O "vou" pode ser fraco ou forte, dependendo da força física e da vitalidade do corpo. A força do "eu" ou ego depende da liberdade de impulsos pré-genitais que podem estar misturados à estrutura. Temos, assim, um fator quantitativo e um qualitativo. A estrutura masoquista é insegura, hesitante e ambivalente. Sua atitude básica se reflete na expressão "eu não vou", embora, na superfície, ela possa fazer todo esforço para ser positiva. Sempre fracassa. A agressão do masoquista é voltada para dentro, é autodestrutiva. Independentemente de sua força física, seu "eu" (ego) é mais fraco do que o do caráter rígido. Sua função genital é menos segura e sua atitude em relação à realidade vacila. O caráter oral tem um impulso agressivo fraco. Sua atitude pode ser resumida como um "não consigo". A incapacidade para lidar com as demandas da realidade o leva a rejeitá-las. Ele carrega um profundo ressentimento contra a injustiça e a desigualdade do sistema social. Seu ego é fraco, porque ainda está preso às suas necessidades orais e à

O corpo em terapia

sensação de privação, mas é real. O caráter oral tem uma forte identificação com essa atitude de ego, porque sente que ela é a base de sua personalidade. Desistir dela seria perder sua identidade como sempre a conheceu. E quanto à estrutura do ego na personalidade esquizoide? Não exibe nenhuma dessas atitudes básicas e, ao mesmo tempo, todas elas. Às vezes, o esquizoide age com forte determinação, mas isso dura pouco. A agressão não colapsa em uma sensação de atoleiro: desaparece. Quando emerge, há uma sensação de onipotência, porque ela não foi testada pela realidade. A função do teste de realidade está relativamente subdesenvolvida. Essa onipotência da agressão difere do ego inflado e da euforia do caráter oral na medida em que é um impulso material verdadeiro. É experimentada como poder para fazer coisas e não como poder de pensamento. Enquanto o caráter oral não consegue realizar nada com seu ego inflado, o esquizoide pode ser — e é — criativo de modo construtivo. A própria ausência de restrições do ego pode possibilitar a quebra das barreiras de realidade como são habitualmente conhecidas, produzindo novas maneiras de sentir e agir. Devemos muito a tais realizações de artistas como Van Gogh, Gauguin e outros. É um vou sem um "eu".

Atitudes caracterológicas marcantes do tipo "não vou" e "não posso" estão ausentes na personalidade esquizoide. Como suas atitudes básicas se originam de uma negação dos valores da realidade material, ele não tem necessidade de lutar contra essa realidade ela. Na superfície, porém, podem ser encontradas atitudes masoquistas e tendências orais derivadas de experiências específicas em sua história de vida. Estas, no entanto, não estão relacionadas ao ego. Não se manifestam na situação transferencial, não são vistas como resistências profundas. De fato, é característico do esquizoide ter poucos ou até mesmo nenhum mecanismo de defesa do ego. Também por esse motivo, a terapia pode progredir num ritmo espantoso, uma vez estabelecido um bom contato com o paciente. Isso explica a observação de Fenichel: "Às vezes as personalidades esquizoides reagem mais favoravelmente à análise do que se espera".[167]

O caráter esquizoide funciona na realidade por uma questão de sobrevivência, mas sem a convicção interna de que seus valores são reais. Falta a ele o controle sobre as próprias reações que o neurótico tem, por mais neurótico que seja esse controle. Ele está mais à mercê de forças externas do que o neurótico. Responde imediatamente e diretamente à afeição, mas paralisa, também imediatamente, em uma situação que sente como negativa.

Alexander Lowen

Enquanto o esquizofrênico perde completamente o ego na ruptura com a realidade, o caráter esquizoide pode evitar essa ruptura e conservá-lo. Porém, é um ego mais fraco que o do caráter oral. Não é que o caráter esquizoide não sinta a si mesmo; ele sente. É o sentimento de si mesmo em relação à realidade material que é fraco. Por outro lado, é grande a sua capacidade para a sensação espiritual, para a ternura e a simpatia. O esquizoide se percebe como uma pessoa espiritual, repleta de profundos sentimentos, ternura, solidariedade etc. Infelizmente, é difícil para ele dirigir tudo isso a um objeto no mundo material; sua falta de identificação de ego com a coordenação motora e de controle sobre ela é um obstáculo. Na realidade, o caráter esquizoide pode dirigir sentimentos ternos a outro indivíduo por um breve período. A tensão originada pela tentativa de manter contato provoca uma ruptura. O conceito de coordenação motora deve ser entendido como movimento que é integrado com sentimento apropriado. O movimento dissociado é possível; o caráter esquizoide pode ser um excelente bailarino. Sentimento dissociado é típico, movimento expressivo é difícil. A tendência para a desfusão instintual, para a dissociação do movimento e do sentimento é característica dessa condição.

Enquanto o esquizofrênico, em seu rompimento com a realidade, sofre de despersonalização, o caráter esquizoide mantém a unidade mente-corpo por um fio tênue. Ele usa seu corpo como eu uso meu carro. Não tem sentimento de que ele é seu corpo, mas sente que o corpo é a morada do seu eu que sente e pensa. Isso não é infantil, porque de modo algum reflete a identificação do bebê com o prazer corporal. O corpo de uma pessoa é sua mais imediata realidade e também a ponte que conecta sua realidade interior à realidade material do mundo externo. Eis aqui, portanto, a chave do tratamento terapêutico para a personalidade esquizoide. Primeiro, provocar uma certa identificação ou aumentar a já existente com sensação corporal cinestésica. Segundo, aumentar a profundidade e o alcance do movimento expressivo. Terceiro, desenvolver a relação do corpo com objetos: comida, objeto do amor, objetos de trabalho, roupas etc. O efeito dessa abordagem é o fortalecimento e desenvolvimento do ego — que, como nos lembra Freud, "é antes e acima de tudo um ego corporal".

Vamos estudar a dinâmica da estrutura corporal dos caracteres esquizoides. Em geral, primeiro ficamos impressionados pela aparência da cabeça. Ela nunca parece estar presa com firmeza ao pescoço. Não é incomum que

O corpo em terapia

esteja ligeiramente inclinada, dando a sensação de que poderia rolar para um dos lados. Outros tipos de caráter às vezes mantêm a cabeça inclinada para um lado, numa expressão de desamparo. Nesses casos, a estrutura corporal total tem a mesma expressão. A atitude esquizoide ou esquizofrênica é de distanciamento, como se a cabeça estivesse afastada da linha principal de fluxo energético do corpo.

A palpação dos músculos da nuca no indivíduo esquizoide revela fortes tensões isoladas, mas nenhuma rigidez generalizada. A tensão profunda na base do crânio é significativa. A cabeça é contraída e tensa, o que pode dar a ela uma expressão de magreza. Afora essa expressão, o rosto é comumente como uma máscara. O couro cabeludo ao redor do topo da cabeça é tenso e há fortes tendências à calvície frontal no homem. Já mencionamos o vazio da testa e a falta de expressão nos olhos. A boca nunca é cheia ou sensual. Depois de algum tempo, espanta a contínua ausência de alegria, intensidade ou luminosidade da expressão. Ela não é triste; é fria.

No caráter esquizoide, o segmento do ombro mostra uma perturbação característica. Os braços têm força, mas o movimento de socar é dividido. O corpo não participa do movimento. É diferente do que acontece no caráter oral. Nele, os braços parecem desconectados e sente-se que o fator responsável é a evidente fraqueza muscular. No caráter oral, o movimento parece impotente; no caráter esquizoide, ele parece mecânico. A melhor forma de descrever o movimento é dizer que os braços se movem num corpo não participativo e duro, o que nos traz a ideia das pás de um moinho de vento. Independentemente da quantidade de força física no esquizoide, essa característica não pode passar despercebida. Os movimentos do masoquista são caracterizados pela sensação de esforço, mas não de vontade. A própria natureza do bloqueio escapular é diferente. No masoquista, os ombros têm uma aparência musculosa. Os músculos superficiais, trapézio e deltoide são superdesenvolvidos. Na estrutura de caráter esquizoide, as tensões musculares são profundas e se baseiam na imobilidade da escápula.

Mencionei a questão das tensões do pescoço. A profunda espasticidade da base do crânio é refletida num bloqueio correspondente na área das costas, onde se unem pelve e coluna. Em alguns indivíduos esquizoides, essa tensão é tão grave que pode produzir uma dor muito aguda. Difere da dor nas costas crônica, encontrada nas estruturas rígidas. As pernas também exibem uma relação com a pelve semelhante à existente entre os braços e

Alexander Lowen

a cintura escapular — isto é, não há liberdade na articulação do quadril. Daí resulta uma imobilidade pélvica mais grave do que a observada em qualquer outra estrutura neurótica. Os músculos das coxas e pernas podem ser flácidos ou acentuadamente superdesenvolvidos. Em ambas as circunstâncias, nota-se a falta de contato com as pernas e com o solo. Os pés são invariavelmente fracos, sobretudo o arco metatársico. As articulações são duras e imóveis, o que ainda fica mais evidente nos tornozelos. Nunca vi uma estrutura esquizoide na qual a articulação do tornozelo fosse flexível. Parece que está congelada. Um pouco mais adiante, ficará clara a importância desse fato.

Fenichel descreve duas atitudes musculares características: "Em geral, uma tensão interna violenta se faz sentir por hipermobilidade ou rigidez hipertônica por trás de uma máscara externa de quietude; em outras ocasiões, acontece o contrário: uma extrema apatia hipotônica".[168] A primeira é um estado de hipermobilidade dissociado de qualquer conteúdo emocional. O corpo está tenso e carregado, mas o movimento é mecânico. No segundo caso, a mobilidade está reduzida, embora a dissociação afetiva seja menor. A hipotonia é limitada aos músculos superficiais. A palpação sempre confirma a espasticidade da musculatura profunda. Duas pacientes com estruturas de caráter esquizoide relataram tendência a reter líquidos quando ficavam meio apáticas. Uma delas contou que chegava a ganhar até oito quilos em virtude dessa retenção. A motilidade aumentada induzida pela terapia bioenergética eliminou essa tendência.

Notamos que a observação da respiração do caráter esquizoide e do esquizofrênico revela um transtorno característico. Reich descrevia a baixa absorção de ar, apesar do peito relaxado e da aparente ampla expansão da caixa torácica. Existe outro fator envolvido nessa contradição. Na estrutura esquizoide, a expansão da cavidade do peito é acompanhada por uma contração da cavidade abdominal. Isso impede o diafragma de descer — ou podemos dizer que o diafragma também se contrai, de modo que o movimento dos pulmões para baixo é impossível. Nessa situação, a fim de ter ar suficiente, o esquizoide ou esquizofrênico faz um esforço para respirar na parte superior do peito.

Observações complementares do movimento respiratório me levaram a perceber que o diafragma é relativamente imóvel, ficando congelado num quadro de contração. As costelas inferiores se abrem para fora. Como o

O corpo em terapia

diafragma está inativo, uma forte expansão da cavidade torácica tende a puxá-lo para cima por sucção. Essa mesma sucção parece ser responsável pelo colapso do abdome. Observa-se que a barriga é "encolhida" durante a inspiração e, em seguida, "estufada" durante a expiração. Esse não é o tipo normal de respiração. No indivíduo comum, peito e barriga tendem a fazer o mesmo movimento. Essa unidade de movimento respiratório, no qual parede do tórax e abdome se movem como uma só peça, é muito clara em animais e crianças.

Esse tipo de respiração esquizofrênica tem um sinal emocional. Se você a reproduzir (inflar o peito e encolher a barriga) vai ouvir um arfar quando o ar entra em seus pulmões. Não é difícil reconhecer esse som como uma expressão de medo. O esquizofrênico respira como se estivesse em estado de terror. Ocasionalmente, pode-se discernir esse terror na expressão dos olhos e do rosto.

Um resultado imediato da imobilidade do diafragma é a divisão do corpo em duas metades, superior e inferior. Esse não é um reflexo da relação antitética de ego e sexualidade, baseada no movimento energético pendular que sustenta essa unidade básica. A cisão esquizofrênica representa o colapso e a dissociação entre ego e sexualidade. O comportamento sexual do psicótico na instituição e do esquizofrênico fora dela pode ser considerado uma tentativa de manter ou estabelecer alguma função na realidade. O uso do sexo como meio para estabelecer contato com outro ser humano caracteriza o comportamento sexual do caráter esquizoide.

É possível explicar todas essas observações pelo conceito bioenergético de falta de unidade na estrutura corporal. Os diversos segmentos do corpo estão funcionalmente separados uns dos outros. Mas esse é um fenômeno quantitativo. Nos casos mais graves, como o do esquizofrênico crônico, essa divisão da estrutura corporal é evidente em seus desenhos da figura humana e em sua imagem corporal (ver Figura 18). O caráter esquizoide exibe a divisão apenas como uma tendência. Machover observou esses fenômenos em seu estudo do desenho da figura humana: "Os sujeitos esquizofrênicos ou extremamente deprimidos podem omitir os braços como indicação do afastamento positivo de pessoas e coisas".[169] Eis aqui como Machover interpreta outro desenho de um esquizofrênico: "A linha pontilhada permite, além disso, uma fluidez de troca ambiental com uma imagem corporal insegura e desintegrada. Permite a fuga e a evaporação dos impulsos corporais, embora

FIGURA 18 – Desenho da figura humana feita por um esquizofrênico. Note a acentuação da cabeça, a dissociação entre mãos e antebraços e o contorno fragmentado do corpo (Machover, 1949). Cortesia de Charles C. Thomas, Springfield, Illinois.

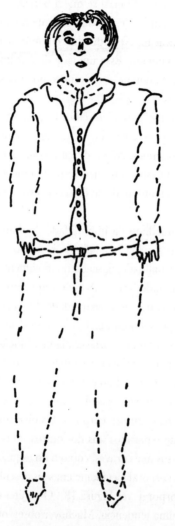

não ofereça proteção contra os perigos do ambiente".[170] De novo, ela mostra uma boa compreensão do problema no seguinte comentário: "Os indivíduos que indicam as articulações podem ser suspeitos de um senso de integridade corporal falho e incerto [...] O esquizoide e o indivíduo francamente esquizofrênico [...] se apoiam na ênfase das articulações para afastar sentimentos de desorganização corporal".[171]

O corpo em terapia

Os desenhos da figura humana informam como o sujeito percebe o próprio corpo. Alguns podem se espantar ao perceber que todo indivíduo neurótico ou psicótico o percebe como é, ou seja, a imagem corporal reflete o corpo funcional. Como a função também é expressa em estrutura e movimento, podemos usar estrutura e movimento corporais como instrumentos diagnósticos e agentes terapêuticos. Na análise bioenergética, a interpretação é feita a partir do próprio corpo, mais do que a partir do desenho.

As maiores fragmentações nas estruturas esquizoide e esquizofrênica são a separação da cabeça do resto do corpo, a divisão do corpo em dois no diafragma, a desunião de tronco e pelve e a dissociação das extremidades. A separação da cabeça do resto do corpo é a base bioenergética da divisão entre percepção e excitação. A separação similar na metade inferior, entre pelve e tronco, implica uma dissociação da sensação genital da sensação do corpo como um todo. Além disso, a cabeça, a pelve e as extremidades estão contraídas e subcarregadas, o que eu interpretaria não como afastamento da realidade, mas como uma falha no desenvolvimento.

Em comparação com esse quadro, a estrutura neurótica apresenta uma unidade definida. No caráter oral, essa unidade se manifesta no retraimento para cima a partir do chão. Isso fica muito claro no indivíduo astênico e alto. Podemos deduzi-lo do fato de que, no caráter oral, a energia tende a fluir para cima, sobrecarregando a cabeça à custa da parte inferior do corpo. Predominam aquelas atividades que podem ser interpretadas como orais. A estrutura masoquista é tipicamente musculosa. A estrutura corporal é frequentemente pequena e pesada, dotada de força muscular considerável. O corpo todo parece estar retendo ou reprimindo. O masoquista luta continuamente contra esse bloqueio generalizado. As estruturas rígidas, na medida de sua rigidez, se movem como uma única peça. Não se coloca em dúvida sua unidade. Pode-se dizer que a estrutura corporal do esquizoide é mantida frouxamente, como que pela pele. Os movimentos parecem mecânicos. Tem-se a impressão de que são ordenados conscientemente. Não há os gestos típicos que caracterizam um indivíduo.

Enquanto os olhos do esquizofrênico têm a expressão "distante", indicando falta de contato com a realidade, os olhos do esquizoide buscam os do terapeuta. É espantoso seu desejo de contato, como se esse fosse o princípio predominante de sua personalidade. Embora a voz seja quase sempre monótona, as palavras podem ser claramente enunciadas, o que também

Alexander Lowen

transmite a sensação de esforço. Recordo-me de uma paciente esquizoide cuja história era de esforço imenso contra terríveis adversidades. No início da terapia, muitos movimentos eram fortes demais para ela. Ela ficava confusa e amedrontada. Eu pedia para parar, mas ela dizia: "Eu aguento". Não encontrei em nenhum outro tipo de estrutura de caráter tamanho esforço para superar problemas.

Estamos agora em condições de arriscar uma hipótese quanto à etiologia da esquizofrenia e da estrutura de caráter esquizoide. Vemo-nos necessariamente forçados a proceder de modo inferencial, com base nos princípios bioenergéticos conhecidos, mas podemos confirmar nossas ideias com dados clínicos e também por meio da observação de bebês.

Devemos começar presumindo que, na concepção, o organismo é uma unidade. Isso significa que eliminamos a hereditariedade como fator importante na etiologia da doença emocional. Ela pode ou não ter papel na predisposição para patologias funcionais, mas é preciso ter em mente que a importância da hereditariedade como fator na patogênese é constantemente reduzida com o avanço do conhecimento médico. Nos capítulos anteriores, estudamos os principais transtornos neuróticos na vida emocional do indivíduo e elucidamos muitos fatores responsáveis. Nenhum deles, sozinhos ou combinados, produziu a condição psicótica sem a ação de um tipo diferente de experiência traumática. Até onde posso afirmar, só existe uma experiência traumática capaz de romper a unidade do organismo em crescimento. O agente operativo poderia ser descrito como o ódio da mãe pelo filho, um ódio que está majoritariamente no nível inconsciente.

É preciso compreender a natureza bioenergética do ódio para entender seu papel etiológico nesse transtorno. Primeiro, porém, vou apontar a diferença entre esse fator e os que atuam nas neuroses. O caráter oral se desenvolve em resposta a sentimentos internos de privação. A estrutura masoquista é formada no processo de supressão por uma mãe superprotetora e muito solícita. A rigidez é produto da frustração, e um desenvolvimento do período edipiano. É possível que essas crianças não tenham sentido nenhum ódio da parte dos pais? É extremamente improvável. Se observamos o comportamento desses pais nas várias crises que os atravessam, vemos e ouvimos muitas expressões de ódio dirigidas aos filhos. Mas são reações conscientes que passam com a situação. O ódio prejudicial é inconsciente, profundamente enraizado e persistente, operativo bem no início da história do organismo.

O corpo em terapia

Ao avaliarmos a natureza do ódio, precisamos fazer uma importante distinção. Ódio e raiva não são a mesma coisa. A raiva é um sentimento quente, que tem por objetivo remover um obstáculo ao fluxo libidinal. O ódio é frio e imóvel. Embora a raiva possa ser destrutiva em sua ação manifesta, seu objetivo é basicamente construtivo. A raiva não almeja a destruição do objeto de ligação libidinal, enquanto o ódio, sim. A raiva é uma inundação de agressão que não se mistura com nenhum sentimento terno. E, assim que a onda recua, os sentimentos ternos voltam a fluir. A raiva é a tempestade de verão seguida pelo sol. O ódio pode ser comparado ao frio ininterrupto e ao vazio de um vasto território estéril e congelado. Freud comentou que o ódio está relacionado antiteticamente ao amor. Todos sabemos que um pode se transformar no outro. Mas como?

Para se compreender uma relação, é preciso definir todos os seus termos. É possível definir o ódio? Talvez seja mais fácil tentar definir o amor. O que não é assim tão difícil em termos bioenergéticos, já que são conhecidos os ingredientes básicos. Vimos que os instintos fundamentais eram sentimentos de ternura e movimentos de agressão. O amor, em seu sentido mais estrito, pode ser descrito como a profunda sensação de ternura expressa com a agressão mais forte. Essa afirmação implica que ele é a mais completa expressão de um organismo. Podemos identificar os mais profundos sentimentos de ternura como os que fluem diretamente do coração e nos quais o coração está totalmente envolvido. A ação agressiva mais forte envolve toda a musculatura do corpo e expressa em ação a plena intensidade do sentimento do coração. É óbvio que uma definição tão estrita não esgota todas as manifestações descritas como amor. Assim, essa definição pode ser ampliada como quisermos para incluir expressões nas quais os sentimentos do coração sejam apropriadamente expressos em ação agressiva, embora variem a intensidade do sentimento e a força da agressão. Vejamos alguns casos específicos.

O amor de uma mãe pelo bebê amamentado é profundo e terno. Porém, enquanto a intensidade do sentimento terno é máxima, a agressão é consideravelmente reduzida. No máximo, envolve a metade superior do corpo da mulher, com ênfase na ação das glândulas mamárias. Já mencionamos os sentimentos ternos que não envolvem tendências agressivas e podem ser descritos como simpatia, piedade etc. É por esse motivo que quem precisa do calor físico, do contato corporal, rejeita esses sentimentos. Se não há ternura

Alexander Lowen

na ação física, podemos descrever sua característica emocional como sadismo. Muitas mulheres sentem o sadismo no ato sexual em que falta um sentimento terno. O amor, em todas as suas expressões, busca a união de dois organismos no nível físico e no espiritual. No ato sexual, uma das expressões do amor, é possível a mais completa união e identidade de dois organismos.

E quanto ao ódio? O ódio é o amor congelado. Isso explica por que, à medida em que esfria o amor, há sempre o risco de que se transforme em ódio. Por outro lado, também é possível que o ódio derreta e volte a ser amor. É complicado o mecanismo por meio do qual ocorre esse congelamento. Há dois fatores envolvidos no processo que dependem de uma predisposição especial. Essa predisposição especial é a estrutura rígida, e os dois fatores são o frio e a pressão.

No ódio, o coração está frio e duro; os sentimentos ternos viraram gelo. Para que isso aconteça, é preciso que se exerça uma pressão enorme, em um processo análogo àquele pelo qual o ar é convertido em líquido. A pressão é exercida pelo indivíduo cujo amor é rejeitado. Observamos nos capítulos 12 e 13, sobre a estrutura de caráter histérica, que a criança que é frustrada no nível genital endurece e se torna rígida. Entre os adultos, descrevemos esse indivíduo como orgulhoso, pois o orgulho patológico se manifesta em nuca e costas rígidas. Na realidade, o que esse orgulho diz é: "Não vou amar você, assim você não pode me magoar". Uma vez estabelecido esse padrão de enrijecimento como resposta à frustração, ele se torna um padrão de resposta estabelecido que passa a operar ao longo da vida.

Só um caráter rígido pode se tornar verdadeiramente odioso. O caráter oral não tem o desenvolvimento muscular e agressão que confinam seus sentimentos ternos. Sua necessidade é muito grande. O sofrimento do masoquista impede seu congelamento. Quase sempre, o ódio é o resultado final de uma frustração grave na vida adulta — geralmente, o auge de um casamento sem amor no qual o parceiro rígido é pego pela própria rigidez e incapacidade de se mover. Incapaz de procurar um novo objeto de amor, o cônjuge magoado reage à frieza do parceiro enrijecendo-se e se tornando mais rígido, até que, finalmente, seu coração congela. Esse é o retrato de uma pessoa que odeia: pele fria, olhos duros e frios, rigidez do corpo, mãos frias que mais machucam do que acariciam e uma atitude que é impessoal, fria, compulsiva e tensa. Bem, qual é o efeito desse ódio no bebê dependente e sensível?

O corpo em terapia

O filho de uma mulher que odeia é submetido a esse frio muito antes de nascer. Se o coração é frio e duro, o que esperar do útero?[172] O embrião que cresce e se desenvolve em um útero duro e frio também vai congelar, mas de modo diferente do congelamento que ocorre na idade adulta. No útero, o congelamento se deve apenas ao frio, e não à pressão. O embrião também é muito mais carregado de energia do que o adulto, e essa energia resiste ao congelamento muito melhor do que o sistema energético do adulto rígido.

Comparemos esse congelamento com o que acontece em uma solução de água e açúcar mascavo congelada gradualmente. Depois de um tempo, nota-se que o açúcar escuro está concentrado no centro, enquanto a periferia da solução é gelo transparente. O centro conserva sua fluidez até o fim, pois o frio penetra de fora para dentro. Desse modo, ali é produzida uma separação parcial entre soluto e solvente. O congelamento rápido ou sob pressão prenderia os íons ou moléculas do soluto no solvente congelado e os imobilizaria. Essa observação pode ser repetida com outras soluções coloridas.

Acontece uma separação similar no embrião envolvido por um útero frio e não amoroso. A energia disponível no organismo se retira para o centro, enquanto o sistema periférico congela; isto é, o centro está vivo, mas os elementos estruturais próximos à superfície se congelam. Sem essa analogia, não se consegue explicar a tendência à desfusão completa característica da esquizofrenia. O que está congelado é, portanto, a motilidade física do organismo. Não quero dizer que o feto é transformado em um bloco de gelo. O processo de congelamento não é tão intenso a ponto de destruir a vida. Na realidade, seu efeito é mais intenso nas áreas de constrições naturais do organismo, as que não contêm órgãos volumosos, dotados de uma carga independente muito forte. Espera-se encontrar o quadro de congelamento mais evidente no pescoço, na cintura e nas articulações. São esses os locais onde as estruturas esquizoide e esquizofrênica exibem um maior transtorno de motilidade. Isso não é esquizofrenia. É, no entanto, a predisposição indispensável para essa doença.

A vida pós-natal pode fornecer um ambiente suficientemente caloroso para derreter as áreas congeladas. Porém, como é pouco provável que o nascimento de uma criança transforme a mãe por si só, o recém-nascido é projetado num meio que é muitas vezes mais abertamente hostil do que o experienciado na situação protegida do útero. O perigo agora se torna mais claro. Passa a ser a experiência gradativa do bebê e da criança que a

Alexander Lowen

realidade, experimentada como a mãe fria e cheia de ódio, representa uma ameaça à vida. É só com base nisso que podemos compreender o terror profundo, o medo da perseguição e da violência física — além do medo da morte — que atormentam o esquizofrênico. Não se pretende com esses comentários condenar as mães dos pacientes esquizofrênicos. Devemos estender a elas nossa solidariedade como vítimas de um transtorno que, a seu modo, é mais grave do que o experienciado por sua desafortunada prole. Lembramos novamente a frase de Dostoiévski: "O inferno é o sofrimento daqueles incapazes de amar". O sentimento inconsciente de culpa que elas carregam posteriormente na vida é digno de pena.

Um dos melhores livros sobre a terapia psicanalítica da esquizofrenia é o de L. B. Hill, *Psychotherapeutic intervention in schizophrenia*. Nessa valiosa obra, o autor discute as mães de esquizofrênicos de modo pessoal e caloroso. Hill admite que muitos psiquiatras consideram essas mulheres "extraordinariamente hostis, maldosas e um infortúnio em todos os sentidos"[173], mas sente que isso não é inteiramente verdadeiro. Hill considera essas mães ambivalentes. Mas essa ambivalência não é a de amar ou odiar. Aparentemente, essas mães podem desejar amar seus filhos e podem tentar fazê-lo, mas prevalece um ódio subjacente. Observem o seguinte comentário: "Os psiquiatras que entrevistaram as mães de pacientes esquizofrênicos relataram sentimentos muito semelhantes aos que os próprios esquizofrênicos parecem ter: que a mãe é superficialmente otimista, cooperativa, amigável e flexível, mas que, não tão distante assim da superfície, congela à menção de qualquer coisa desagradável".[174] É uma pena não termos nenhum registro do olhar delas. É em ocasiões como essa que seus olhos mostrarão o ódio que congelou o bebê. Mais uma vez cito Hill para mostrar a grande proximidade entre o bom pensamento psicanalítico e o pensamento bioenergético:

> As decepções que essas mães têm, na realidade, lançam-nas dolorosamente de volta ao seu próprio mundo de objetos internos de amor e ódio. A criança que é carregada na época de um estresse violento, e que vem de dentro e até bem pouco tempo era parte da mãe, é a herdeira natural de toda sua frustrada busca objetal.[175]

Não há nenhuma consideração teórica que nos incentive a colocar a mais precoce etiologia da condição esquizofrênica no período pré-natal.

O corpo em terapia

A privação do amor materno não é uma experiência que, até o momento, possa ser identificada como uma ocorrência anterior ao nascimento da criança. Os adultos que sofrem desse sentimento de privação exibem um padrão infantil de comportamento. Se o trauma é mais grave que isso, deve representar uma atitude negativa, e não a ausência de uma atitude positiva. Uma atitude assim negativa na mãe deve ter um efeito adverso na criança que ela estiver gestando na época. Esse elemento de tempo é a razão pela qual uma criança vai exibir esse transtorno, enquanto seus irmãos podem estar livres dele. Se simplifiquei excessivamente o problema nesta discussão, foi intencional. Quis propor uma ideia a partir da qual pudessem ser empreendidos estudos e investigações mais detalhados.

Vimos o efeito do ódio sobre o sistema bioenergético da criança. Como isso se traduz em seu desenvolvimento emocional? Quais são os correlatos psicológicos desse estado bioenergético alterado?

Os caráteres esquizoide e esquizofrênico devem lutar durante a vida com um centro vital de sentimento e energia, mas com um sistema motor prejudicado e contraído para a descarga. Como confia muito pouco em seu sistema motor, ele depende de uma sensibilidade exacerbada para evitar o perigo e alcançar êxito no mundo material. Isto é evidentemente inadequado, e a frustração aumenta a sensação de conflito. O conflito é basicamente o que fazer com suas tendências agressivas. Porque, como em todos os quadros de dano traumático, existe uma luta inconsciente para recuperar a unidade perdida. O que impede isso?

Por mais difícil que seja o mundo adulto da realidade no qual se veem esquizoide ou esquizofrênico é um mundo de calor físico, se comparado com o ambiente de sua infância e meninice. Mas, ao oferecer calor, ele também apresenta perigos. O degelo pode provocar uma inundação que extravasará o leito do rio. A enchente de agressividade, dissociada de sentimentos ternos, só poderia ter um resultado: o assassinato, a destruição do objeto que o ameaçava e magoava, a destruição da realidade inteira. Hill descreveu bem a situação ao dizer que, "para o esquizofrênico, conquistar a independência de seu superego infantil — um dos objetivos da psicanálise — é, em seus sentimentos, totalmente equivalente ao assassinato de sua mãe".[176]

Chegamos à conclusão, portanto, de que o esquizofrênico odeia inconscientemente a mãe. Mas ele não é uma pessoa fria e odiosa. Seu ódio não envolve o coração, apenas os músculos. Não foi seu coração que congelou,

Alexander Lowen

só o sistema muscular. Mas isso coloca um problema real para o terapeuta bioenergético, já que qualquer tentativa de derreter o gelo deve ser empreendida gradualmente e de modo controlado. O esquizofrênico está tão apavorado com seu ódio que resistirá a todas as tentativas de mobilizar sua agressividade. Uma vez rompido esse medo, os progressos são consideráveis. Rosen entende isso tudo intuitivamente tão bem que assume o desafio da agressividade do paciente dirigida contra ele: "O objetivo final da terapia é dirigir essa agressividade contra o terapeuta, em vez de fazer o paciente dissipá-la de maneira amorfa à sua maneira esquizofrênica habitual".[177] Isso pode levar a uma luta real com o paciente, na qual o médico poderá provar que a agressão física pode ser controlada para fins construtivos.

O ódio latente do esquizofrênico pela mãe é o vínculo que o liga a ela, do mesmo modo que o ódio latente desta a liga ao paciente. O ódio não apenas congela a motilidade individual como também o relacionamento. É como se o esquizofrênico e sua mãe estivessem congelados juntos, num laço comum de ódio e repugnância.

O caráter esquizoide, ao contrário do esquizofrênico, tem uma motilidade e coordenação motora maiores, ego e índice de independência mais bem organizados. No seu tratamento, podemos contar com uma participação mais consciente. Apesar disso, as tendências esquizofrênicas básicas estão presentes, e a terapia deve ser orientada no mesmo espírito que seria adequado no caso de se estar lidando com um esquizofrênico.

Os caráteres esquizoide e esquizofrênico não têm defesas de ego. Esse, então, será um fator tremendamente positivo em sua terapia, dado que não conseguem resistir nem resistem inconscientemente. Não que a resistência seja um fenômeno consciente. O caráter esquizoide não tem consciência de nenhuma resistência, mas ela vai assumir a forma de desconfiança, medo do terapeuta ou medo da terapia. Disso ele está ciente. Esses são pacientes que não têm defesas profundas, por isso precisam estar em guarda. Contra esse tipo de resistência, o terapeuta só pode oferecer seu esforço sincero, humildade e honestidade.

Como parte dessa ausência de defesas egoicas, o caráter esquizoide e o caráter esquizofrênico têm uma enorme sensibilidade, sobretudo em relação a pessoas de quem se sentem dependentes. Outros disseram que eles respondem diretamente ao inconsciente, e eu endosso a afirmação. Conseguem ver através do terapeuta tão rapidamente quanto qualquer terapeuta pode vê-los

O corpo em terapia

por dentro. E quem, entre nós, está livre de seu problema neurótico? Para ajudá-los, portanto, devemos nos conhecer bem, sobretudo nossas limitações e fraquezas. Como não podemos oferecer ao nosso paciente esquizoide ou esquizofrênico um ser humano perfeito, não devemos fingir que é assim. Oferecemos realidade, a realidade de nós mesmos — a sinceridade de nosso esforço, a humildade de nossa atitude e a honestidade de nossa consciência.

Essas são qualidades pessoais indispensáveis que todo terapeuta deve ter ao trabalhar com tais pacientes. Há mais uma coisa que é absolutamente necessária: afeto. Não há sinceridade, humildade ou honestidade suficientes para ajudar um paciente esquizoide ou esquizofrênico sem o calor verdadeiro dos sentimentos do terapeuta por ele. Isso quer dizer que o terapeuta deve ser uma pessoa amigável e gostar de verdade do paciente. O afeto do terapeuta é o agente terapêutico por meio do qual ele pode trazer o paciente mais profundamente para a realidade. É aqui que a falta de defesa do ego se mostra útil. O neurótico questionará até mesmo a sincera manifestação de afeto e calor, e somente quando a defesa neurótica é eliminada essa expressão é totalmente aceita. Isso não acontece com o esquizoide nem com o esquizofrênico. O afeto é aceito de graça na mesma medida em que é dado de graça. Apesar da magnitude do problema, é um grande prazer trabalhar com a personalidade esquizoide. Durante a terapia, quando o afeto permeia seu ser, eles se doam generosamente ao terapeuta.

O esquizoide e o esquizofrênico exigem mais uma qualidade do terapeuta. Eles precisam que este os entenda. Os outros pacientes também querem a mesma coisa, mas sua neurose os cega para sua presença ou ausência. Estes são indivíduos isolados que habitam um mundo diferente do nosso, tão real quanto o deles, e que deve ser real para o terapeuta. Não estou me referindo ao mundo dos delírios e alucinações, mas ao mundo de sensações mais elevadas às quais eles têm acesso. Além disso, deve-se ter, pelo menos em certo grau, uma sensibilidade que acompanhe a deles. É por esse motivo que os caráteres esquizoides entendem inteiramente um ao outro. Também é verdade que uma pessoa que superou essa doença ou esse transtorno é, talvez, o terapeuta que consegue estabelecer com eles o contato mais íntimo. Se além de suas sensações espirituais também se compreende suas sensações corporais e se pode falar inteligentemente a respeito delas, é possível estabelecer um vínculo íntimo e fundamental com o paciente. É nesse aspecto que o conhecimento da dinâmica dos processos bioenergéticos é tão importante. Uma paciente esquizoide me contou que estava muito à frente dos analistas que a atendiam. Tinha de interpretar tudo por eles. Mas não é o bastante estar com eles em nossa compreensão. Precisamos estar à frente deles. No âmbito do comportamento agressivo, da realidade material e do funcionamento sexual, o caráter esquizoide é um iniciante. Não se trata de reprimir atitudes e sentimentos perante o mundo. Este é um mundo no qual ele nunca entrou completamente, que desconhece e do qual desconfia. É um mundo de ações, em que os sentimentos mais ternos estão fundidos com um componente agressivo.

Uma coisa é trazer um esquizofrênico de volta à realidade que ele conheceu; outra é construir seu ego para funcionar plena e adequadamente em um mundo que ele não conhecia. Esse outro mundo é o do seu corpo, e a terapia bioenergética oferece os meios de proporcionar ao paciente uma experiência imediata desse mundo. Isso não significa que esse outro mundo só possa ser experienciado pela terapia bioenergética. Isso pode ser obtido no contato de uma boa relação transferencial e, até certo ponto, em qualquer atividade física na qual se possa engajar o paciente fora da situação terapêutica. Mas é muito melhor que essa experiência seja adquirida direta e gradualmente na sessão terapêutica. Porque o calor do qual o paciente precisa é aquele produzido pelo fluxo de energia de seus próprios tecidos e musculatura. Poucos pacientes ficam mais eufóricos do que quando descobrem que seu corpo está se tornando vivo, que as extremidades estão quentes e a pele, corada.

Lembro-me de uma paciente que no início da terapia ficou confusa e amedrontada quando a fiz arquear o corpo para trás e manter essa postura. Ela precisou parar depois de alguns segundos. Começou a tremer, mas não sabia do que tinha medo. Apontei que ela temia a sensação nas costas, que tinha medo de ser dominada ou de desmoronar. Tudo que ela sabia era que estava confusa. Porém, ao repetir esse procedimento e conduzi-la em um trabalho regular com o corpo, ela começou a superar a confusão e o medo. Após certo tempo, contou-me que não estava mais confusa nem amedrontada, e que aqueles períodos de confusão que a perturbavam fora da terapia também haviam desaparecido. Era capaz de realizar mais coisas com seu corpo à medida em que adquiria controle. Então, começou a liberar mais energia dentro de si mesma e a experienciar o prazer como uma sensação corporal em movimento. Se conhecemos as dificuldades que esses pacientes

O corpo em terapia

têm para tolerar o prazer corporal, podemos apreciar esse progresso. Em todos os pacientes, a capacidade de experienciar o prazer como sensação corporal é um critério de avanço da saúde. Em outro paciente, a experiência da energia fluindo agradavelmente através do corpo, embora de modo superficial, foi uma das mais agradáveis de sua vida.

Pode-se perguntar, a esta altura, em que diferem os movimentos bioenergéticos dos exercícios físicos ou de outras formas de atividade física. É uma questão bem pertinente para a terapia dos caráteres esquizoides. Muitos deles estudam dança e isso não resolve seu problema básico. E, de fato, toda a extensão da terapia bioenergética gira em torno de uma quantidade limitada de movimentos. Porém, são movimentos ou atitudes nos quais a unidade do corpo é enfatizada de maneira. E somente quando todo o organismo participa de um movimento ele se torna emocionalmente expressivo. É exatamente devido a essa incapacidade de se mover de maneira unitária que o caráter esquizoide ou esquizofrênico é emocionalmente monótono. O neurótico que tem essa unidade, mesmo que caracterologicamente rígido ou padronizado, é capaz de um grau limitado de expressão emocional.

É importante para toda a questão da terapia bioenergética que o terapeuta tenha um conhecimento profundo da dinâmica do movimento corporal. Ao bater no divã, por exemplo, indivíduos diferentes usarão partes diferentes do corpo. Alguns usarão somente os braços, enquanto as costas não serão envolvidas no movimento. Outros vão usar as costas, enquanto os braços se movem apenas como apêndices mecânicos. Só quando é feito um esforço para envolver o corpo todo na ação ocorre um sentimento concomitante de raiva. É necessário observar que partes do corpo estão contidas na ação para compreendermos a natureza do bloqueio e a liberação da emoção adequada.

A saúde emocional pode ser definida pela capacidade do indivíduo de se envolver por inteiro em seus comportamentos e ações. Não deveria surpreender que isso implique igual capacidade para restringir ações em situações apropriadas. No nível psicológico, isso pode ser interpretado como uma afirmação da integridade do ego, um ego que não está dividido em ego consciente e superego inconsciente; que não está dividido pela desfusão, total ou parcial, dos instintos que o compõem. No nível físico, isso implica a ausência de espasticidade e tensão crônicas nos elementos musculares do corpo. Uma motilidade aumentada proporciona maior variedade de ações e permite maior flexibilidade nas respostas às situações.

Mas não estamos desatentos à importância da expressão corporal como reflexo de suas qualidades internas. Reservamos um termo físico para designar essa virtude inata: graça, e estendemos o termo para homenagear nossos líderes. Por mais difícil que seja a aplicação desse termo, podemos adotá-lo como nosso ideal de harmonia física em movimento, assim como a beleza expressa esse ideal na forma.

Estar livre das limitações físicas impostas por espasticidades crônicas, ser libertado dos grilhões de medos inconscientes: isso, e apenas isso, tornaria o homem capaz do amor no qual estão expressos os mais profundos sentimentos com sua mais potente força agressiva.

Notas

CAPÍTULO 1

1. Freud, Sigmund. 1893. "On the psychical mechanisms of hysterical phenomena". In: *Collected papers I*. Londres: Hogarth Press, 1953, p. 24. [Ed. bras.: *Obras completas de Sigmund Freud*. Rio de Janeiro: Imago, 1996.]
2. Freud, Sigmund. 1914. "On the history of the psychoanalytic movement". In: *Collected papers I*. Londres: Hogarth Press, 1953, p. 298. [Ed. bras.: *Obras completas de Sigmund Freud*. Rio de Janeiro: Imago, 1996.]
3. *Ibidem*.
4. *Ibidem*, p. 291.
5. Freud, Sigmund. 1904b. "On psychotherapy". In: *Collected papers I*. Londres: Hogarth Press, 1953, p. 261. [Ed. bras.: *Obras completas de Sigmund Freud*. Rio de Janeiro: Imago, 1996.]
6. Freud, Sigmund. 1904a. "Freud's psychoanalytic method." *Collected Papers I*. Londres: Hogarth Press, 1953, p. 267.
7. Freud, Sigmund. 1910. "The future prospects of psychoanalytic therapy". In: *Collected papers II*. Londres: Hogarth Press, 1953, p. 286. [Ed. bras.: *Obras completas de Sigmund Freud*. Rio de Janeiro: Imago, 1996.]
8. *Ibidem*.
9. *Ibidem*, p. 288.
10. Freud, Sigmund. 1912b. "The employment of dream interpretation in psychoanalysis". In: *Collected papers II*. Londres: Hogarth Press, 1953, p. 306. [Ed. bras.: *Obras completas de Sigmund Freud*. Rio de Janeiro: Imago, 1996.]
11. Freud, Sigmund. 1912a. "The dynamics of transference". In: *Collected papers II*. Londres: Hogarth Press, 1953, p. 312. [Ed. bras.: *Obras completas de Sigmund Freud*. Rio de Janeiro: Imago, 1996.]
12. *Ibidem*.
13. *Ibidem*.
14. *Ibidem*, p. 319.
15. Freud, "On the history of the psychoanalytic movement", *op. cit.*, p. 383.]
16. Thompson, Clara. "Introduction to Sándor Ferenczi". In: Ferenczi, Sándor. *Sex in psychoanalysis (v. 1)*. Nova York: Basic Books, 1950.
17. Ferenczi, Sándor. 1909. "Introjection and transference". *First Contributions to Psycho-Analysis*, v. 45, 1952, p. 35-93.
18. Ferenczi, Sándor. 1921. "The further development of an active therapy in psychoanalysis". In: *The theory and technique of psychoanalysis II*. Nova York: Basic Books, 1953, p. 199.
19. *Ibidem*, p. 200.
20. *Ibidem*, p. 189-198.
21. Ferenczi, Sándor. 1919. "Technical difficulties in the analysis of a case of hysteria". In: *The theory and technique of psychoanalysis II*. Nova York: Basic Books, 1953, p. 203, 206 e 207.
22. *Ibidem*, p. 216.

Alexander Lowen

23. FERENCZI, Sándor. 1926. *Further contributions to the theory and technique of psycho-analysis*. Londres: Routledge, 1994.
24. FERENCZI, Sándor. 1925a. "Contra-indications to the 'active' psycho-analytical technique". In: *The theory and technique of psychoanalysis II*. Nova York: Basic Books, 1953, p. 286.
25. *Ibidem*, p. 267.
26. FERENCZI, Sándor. 1925b. "Psycho-analysis of sexual habits". In: *The theory and technique of psychoanalysis II*. Nova York: Basic Books, 1953, p. 288.
27. *Ibidem*, p. 291.
28. REICH, Wilhelm. *The function of the orgasm*. Nova York: *Orgone Institute Press*, 1942, p. 239. [Ed. bras.: *A função do orgasmo*. São Paulo: Brasiliense, 2004.]
29. *Ibidem*, p. 240.
30. REICH, *The function of the orgasm*, *op. cit.*, p. 241.
31. *Ibidem*, p. 267.
32. *Ibidem*, p. 269.
33. FERENCZI, "Psycho-analysis of sexual habits", *op. cit.*, p. 287.

CAPÍTULO 2

34. FREUD, Sigmund. 1894b. "The neuro-psychoses of defence". In: *Collected papers I*. Londres: Hogarth Press, 1953, p. 65. [Ed. bras.: *Obras completas de Sigmund Freud*. Rio de Janeiro: Imago, 1996.]
35. FREUD, Sigmund. 1950b. *The ego and the id*. Londres: Hogarth Press, p. 31. [Ed. bras.: *Obras completas de Sigmund Freud*. Rio de Janeiro: Imago, 1996.]
36. FERENCZI, "Contra-indications to the 'active' psycho-analytical technique", *op. cit.*, p. 229.
37. FREUD, *The ego and the id*, *op. cit.*, p. 15.
38. *Ibidem*, p. 16 e 17.
39. *Ibidem*, p. 24.
40. *Ibidem*, p. 25.
41. *Ibidem*, p. 31.
42. *Ibidem*, p. 28-29.
43. NEUMANN, Eric. *The origins and history of consciousness*. Nova York: The Bollingen Foundation, 1954, p. 25. [Ed. bras.: História *das origens da consciência – Uma jornada arquetípica, mítica e psicológica sobre o desenvolvimento da personalidade humana*. São Paulo: Cultrix, 2022.]
44. FREUD, *The ego and the id*, *op. cit.*, p. 29.
45. *Ibidem*, p. 80.

CAPÍTULO 3

46. FREUD, Sigmund. 1911. "Formulations regarding the two principles in mental functioning". *Collected papers II*. Londres: Hogarth Press, 1953, p. 14. [Ed. bras.: *Obras completas de Sigmund Freud*. Rio de Janeiro: Imago, 1996.]
47. FREUD, Sigmund. *Beyond the pleasure principle*. Nova York: Liveright, 1950a, p. 2. [Ed. bras.: *Além do princípio do prazer*. Porto Alegre: L&PM, 2016.]
48. REICH, *The function of the orgasm*, *op. cit.*, p. 335.
49. FREUD, *The ego and the id*, *op. cit.*, p. 71.
50. *Ibidem*.
51. *Ibidem*.
52. FREUD, *Beyond the pleasure principle*, *op. cit.*, p. 81.
53. FENICHEL, Otto. *The psychoanalytic theory of neurosis*. Nova York: Norton, 1945, p. 542. [Ed. bras.: *Teoria psicanalítica das neuroses*. Rio de Janeiro: Atheneu, 1981.]
54. FREUD, *Beyond the pleasure principle*, *op. cit.*, p. 11.

O corpo em terapia

55. *Ibidem*, p. 22.
56. REICH, Wilhelm. *Character analysis*. 3. ed. Nova York: Orgone Institute Press, 1942, p. 285. [Ed. bras.: *Análise do caráter*. São Paulo: Martins Fontes, 2019.]
57. FREUD, Sigmund. *Civilization and its discontents*. Londres: Hogarth Press, 1953a, p. 94-95. [Ed. bras.: *O mal-estar na civilização*. Rio de Janeiro: Penguin-Companhia das Letras, 2011.] "Desse modo, em primeiro lugar surgiu o contraste entre os instintos do ego e os instintos objetais. Para a energia destes últimos, e exclusivamente para eles, introduzi o termo libido; uma antítese foi assim formada entre os instintos do ego e os instintos libidinais dirigidos a objetos"
58. REICH, *Character analysis, op. cit.*, p. 283.

CAPÍTULO 4

59. FENICHEL, *The psychoanalytic theory of neurosis, op. cit.*, p. 35.
60. *Ibidem*, p. 42.

CAPÍTULO 5

61. WEINER, Norbert. *The human use of human beings*. Nova York: Doubleday (Anchor), 1956.
62. NEUMANN, *The origins and history of consciousness, op. cit.*, p. 104.
63. *Ibidem*, p. 126.
64. FREUD, *Beyond the pleasure principle, op. cit.*, p. 48.
65. *Ibidem*, p. 58.
66. *Ibidem*.
67. *Ibidem*, p. 53.
68. *Ibidem*, p. 54.
69. *Ibidem*, p. 68.
70. *Ibidem*, p. 71.
71. DARWIN, Charles. *The expression of emotions in man and animals*. Londres: John Murray, 1872. [Ed. bras.: *A expressão das emoções no homem e nos animais*. São Paulo: Companhia de Bolso, 2009.]
72. FREUD, *Beyond the pleasure principle, op. cit.*, p. 73.
73. FREUD, *The ego and the id, op. cit.*, p. 56.
74. *Ibidem*.
75. *Ibidem*, p. 59.
76. *Ibidem*, p. 61.
77. *Ibidem*.
78. *Ibidem*.
79. Compare com as ideias de Paul Schilder sobre o ego. "Nas tendências do corpo há, portanto, não apenas agressividade. As tendências do ego fornecem alimento e autodefesa." *The image and appearance of the human body*. Nova York: International Universities Press, 1950, p. 121--122. [Ed. bras.: *A imagem do corpo – As energias construtivas da psique*. São Paulo: WMF Martins Fontes, 2000.

CAPÍTULO 6

80. MACHOVER, Karen. *Personality projection in the drawing of the human figure*. Springfield: Charles C. Thomas, 1949, p. 65
81. *Ibidem*.
82. SCHILDER, *The image and appearance of the human body, op. cit.*, p. 96-98.
83. REICH, *Character analysis, op. cit.*, p. xix.

Alexander Lowen

84. FREUD, Sigmund. 1908. "Character and anal erotism". In: *Collected papers II*. Londres: Hogarth Press, 1953, p. 50. [Ed. bras.: *Obras completas de Sigmund Freud*. Rio de Janeiro: Imago, 1996.]
85. WOLFE, Thomas. "Translator's preface". In: REICH, Wilhelm. *Character analysis*. 3. ed. Nova York: Orgone Institute Press, 1949, p. xiii.
86. ABRAHAM, Karl. 1925. "Character formation on the genital level of the libido". In: *Selected papers on psychoanalysis I*. Nova York: Basic Books, 1953, p. 407.
87. Compare com Otto Fenichel: "A maneira de conciliar várias tarefas umas com as outras é característica de uma determinada personalidade. Portanto, os modos habituais de ajuste do ego com o mundo exterior, o id e o superego e os tipos característicos de combinação desses modos uns com os outros constituem o caráter". *The psychoanalytic theory of neurosis, op. cit.*, p. 367.

CAPÍTULO 7

88. Reich, *Character analysis, op. cit.*, p. 3.
89. *Ibidem*, p. 5.
90. É importante ressaltar que o livro foi escrito em 1958, daí o uso de certas expressões controversas e ultrapassadas, como "brincadeira de menino". [N. E.]
91. *Ibidem*, p. 42, 43.
92. *Ibidem*.

CAPÍTULO 8

93. FENICHEL, *The psychoanalytic theory of neurosis, op. cit.*, p. 525.
94. *Ibidem*, p. 463.
95. Reich, *Character analysis, op. cit.*, p. 48.
96. FREUD, Sigmund. *New introductory lectures on psychoanalysis*. Nova York: Norton, 1953b, p. 138.
97. *Ibidem*, p. 136.
98. *Ibidem*, p. 136.
99. FENICHEL, *The psychoanalytic theory of neurosis, op. cit.*, p. 465.
100. FREUD, Sigmund. 1931b. "Libidinal types". *Collected papers V*. Londres: Hogarth Press, 1953, p. 248. [Ed. bras.: *Obras completas de Sigmund Freud*. Rio de Janeiro: Imago, 1996.]
101. FREUD, *The ego and the id*, p. 137.

CAPÍTULO 9

102. ABRAHAM, Karl. 1924. "The influence of oral erotism on character formulation". *Selected papers on psychoanalysis I*. Nova York: Basic Books, 1953.
103. SCHILDER, *The image and appearance of the human body, op. cit.*
104. FENICHEL, *The psychoanalytic theory of neurosis, op. cit.*, p. 407.
105. *Ibidem*, p. 408-410.
106. *Ibidem*, p. 425.
107. Compare com os estudos de William Herbert Sheldon sobre estrutura corporal e temperamento. *The varieties of human psyche*. Nova York, Harper, 1940. *The varieties of temperament*. Nova York, Harper, 1942.

CAPÍTULO 10

108. REICH, *Character analysis, op. cit.*, p. 225-226.
109. *Ibidem*, p. 246.

O corpo em terapia

110. FREUD, *Beyond the pleasure principle*, *op. cit.*, p. 74 e 75.
111. REICH, *Character analysis*, *op. cit.*, p. 217.

CAPÍTULO 11

112. Compare com o comentário de Freud sobre "A famosa 'faca de dois gumes' de Dostoiévski". "Female sexuality". 1931. *Collected papers V.* Londres: Hogarth Press, 1953, p 258. [Ed. bras.: *Obras completas de Sigmund Freud*. Rio de Janeiro: Imago, 1996.]

CAPÍTULO 12

113. FENICHEL, *The psychoanalytic theory of neurosis*, *op. cit.*, p. 527.
114. *Ibidem.*
115. REICH, *Character analysis*, *op. cit.*, p. 189-191.
116. *Ibidem.*
117. Otto Fenichel comenta: "A histeria clássica operava com o mecanismo de defesa de repressão adequado, que, entretanto, pressupunha uma simples proibição de qualquer discussão dos impulsos objetáveis [...] A mudança nas neuroses reflete uma mudança na moralidade". *The psychoanalytic theory of neurosis*, *op. cit.*, p. 464.
118. Esse caso foi analisado e tratado antes de eu começar a prática bioenergética sistemática de trabalhar a partir do chão para cima. Tenho certeza de que, com os novos princípios e métodos, toda a história da terapia teria sido diferente. Mas isso não foi possível até eu explorar as tensões segmentais e chegar a uma compreensão mais profunda da estrutura de caráter. Esse caso é incluído aqui porque fez parte daquele processo de exploração e acrescentou muito à minha compreensão da estrutura do caráter histérico.
119. FENICHEL, *The psychoanalytic theory of neurosis*, *op. cit.*, p. 527.
120. Mais uma vez, ressaltamos que o livro foi escrito em 1958, quando estava começando a liberação dos costumes. [N. E.]
121. FREUD, Sigmund. 1894a. "The anxiety neurosis". In: *Collected papers I.* Londres: Hogarth Press, 1953, p. 105. [Ed. bras.: *Obras completas de Sigmund Freud*. Rio de Janeiro: Imago, 1996.]

CAPÍTULO 13

122. REICH, *Character analysis*, *op. cit.*, p. 190.
123. Às vezes, porém, a produção de energia do caráter histérico é tão baixa que a cabeça não é mantida ereta e firme, o pescoço não é tão rígido e o orgulho não é tão evidente. Era essa a situação no caso analisado. Se o orgulho é latente, ainda assim constitui um fator potente. Assim que o nível de energia aumenta, ele chega à superfície.
124. FREUD, "The etiology of hysteria". 1896. *Collected papers V.* Londres: Hogarth Press, 1924. [Ed. bras.: *Obras completas de Sigmund Freud, v. III.* Rio de Janeiro: Imago, 1996.
125. Otto Fenichel, ao escrever sobre o mesmo problema, diz: "Finalmente, há os casos de total frigidez, cuja erogenidade genital é inteiramente bloqueada". Nesses casos, "não sentir nada" expressa a ideia: "Não quero ter nada que ver com isso", o que é um caso especial do tipo geral de defesa de afastar-se do próprio corpo. Esse afastamento é aquele mesmo do transtorno sensorial da histeria". *The psychoanalytic theory of neurosis*, *op. cit.*, p. 173.
126. BREUER, Josef; FREUD, Sigmund. 1893. *Studies in hysteria.* Bloomington: Nervous and Mental Disease Publishing Company, 1936. [Ed. bras.: *Obras Completas de Sigmund Freud, v. II.* Rio de Janeiro: Imago, 1988.
127. FREUD, "The etiology of hysteria", *op. cit.*
128. FREUD, "The anxiety neurosis", *op. cit.*, p. 105.

Alexander Lowen

129. Freud, "The etiology of hysteria", *op. cit.*

130. Mais um corolário dessa teoria pode ser aqui mencionado, embora sua elaboração completa fique para outra ocasião. O inconsciente precisa estar relacionado a essa diminuição de carga no cérebro frontal. No caráter histérico, as experiências genitais são reprimidas e a sensação genital é inibida. Resultados terapêuticos confirmam essa relação. Quando a carga genital é aumentada, retornam lembranças de experiências sexuais da infância ou da puberdade. Não é necessário postular que a memória está travada na tensão do músculo para explicar esse fenômeno. A extensão do movimento da energia sempre afeta as duas extremidades. À medida que se estende mais para baixo, também se estende para cima. Assim, não surpreende que a representação do corpo na área motora do córtex tenha a forma de um homem invertido: o ponto mais baixo do corpo ocupa o ponto mais alto da representação cortical. O inconsciente tem um significado psíquico e um significado bioenergético.

131. Compare com as observações de Ferenczi sobre o mesmo problema: "Essas atividades aparentemente inofensivas podem se tornar facilmente esconderijos para a libido [...] caso o paciente perceba que essas possibilidades de satisfação escapam ao analista, ele anexa todas as suas fantasias patogênicas a elas, as submete a curtos-circuitos constantes por meio de descargas motoras e, assim, se salva da tarefa penosa e desagradável de trazê-las à consciência". "Dificuldades técnicas na análise de um caso de histeria". 1919. *The theory and technique of psychoanalysis II*. Nova York: Basic Books, 1953, p. 193.

CAPÍTULO 14

132. Reich, *Character analysis, op. cit.*, p. 200-201.

133. *Ibidem.*

134. *Ibidem.*

135. Fenichel, *The psychoanalytic theory of neurosis, op. cit.* p. 139, 233.

136. *Ibidem.*

137. Reich, *Character analysis, op. cit.*, p. 206.

138. *Ibidem*, p. 196.

139. *Ibidem.*

140. *Ibidem*, p. 198.

CAPÍTULO 15

141. Freud, Sigmund. "The economic problem of masochism". *Beyond the pleasure principle, op. cit.*

142. Fenichel, *The psychoanalytic theory of neurosis, op. cit.*

143. Reich, *Character analysis, op. cit.*, p. 83.

144. Esse caso foi tratado vários anos atrás, quando as técnicas da abordagem física começavam a ser elucidadas. Nossos procedimentos hoje são diferentes, e estão alinhados aos anos seguintes de experiência mais efetiva. Relato esse caso como de fato se desenvolveu por ele ter me proporcionado conhecimento sobre as dinâmicas dessa estrutura de caráter.

145. Freud, "Female sexuality", *op. cit.*, p. 252.

146. *Ibidem*, p. 255.

147. *Ibidem*, p. 256.

148. *Ibidem*, p. 253.

CAPÍTULO 16

149. Compare com os comentários de Paul Schilder sobre despersonalização. "Ele observa seus atos e seu comportamento do ponto de vista de um espectador." Também, "quando tenta

O corpo em terapia

imaginar-se de acordo com a segunda instrução, há quase sempre um olho espiritual que está na frente do sujeito e olha para o corpo". De novo, "a emanação da substância da cabeça fora de sua moldura é de especial importância. Essa substância que emana é o mensageiro da localização do ego". *The image and appearance of the human body, op. cit.*

150. Schilder (*op. cit.*) comenta algumas observações de Linderman no mesmo sentido: "Nossa tendência para viver no mundo da realidade nos leva a negligenciar o que está acontecendo no campo das sensações".

151. FENICHEL, *The psychoanalytic theory of neurosis, op. cit.*, p. 419.

152. A mesma falta de unidade foi observada no nível psicológico. R. G. Hoskins escreve: "Mais impressionante é a característica comum detectável nos membros de todos os grupos, especificamente, uma perda da coesão interna da personalidade. Seja isso chamado de "fraqueza do ego", "ataxia intrapsíquica" ou outra coisa qualquer, o que mais choca é o rompimento da individualidade em fragmentos disjuntivos". *The biology of schizophrenia.* Nova York: Norton, 1946, p. 92.

153. Ver Otto Fenichel: "Parece que o rompimento com a realidade não serve ao propósito de obter mais prazer instintual, mas sim para combater os impulsos instintuais direcionados para objetos". *The psychoanalytic theory of neurosis, op. cit.*

154. *Ibidem.* p. 429.

155. *Ibidem.*

156. ROSEN, John N. *Direct analysis.* Nova York: Grune & Stratton, 1953, p. 7.

157. *Ibidem*, p. 8.

158. FENICHEL, *The psychoanalytic theory of neurosis, op. cit.*, p. 432.

159. *Ibidem*, p. 438.

160. REICH, *Character analysis, op. cit.*, p. 446.

161. *Ibidem*, p. 459.

162. *Ibidem*, p. 415.

163. *Ibidem.*

164. THE WINSTON DICTIONARY *(College Edition).* Nova York: Collier & Son, 1943.

CAPÍTULO 17

165. *The psychoanalytic theory of neurosis, op. cit.*, p. 443.

166. *Ibidem*, p. 445.

167. *Ibidem*, p. 451.

168. *Ibidem*, p. 446.

169. MACHOVER, *Personality projection in the drawing of the human figure, op. cit.* p. 62.

170. *Ibidem*, p. 75.

171. *Ibidem*, p. 137.

172. REICH, *Character analysis, op. cit.*

173. HILL, Lewis B. *Psychotherapeutic intervention in schizophrenia.* Chicago: University of Chicago Press, 1955, p. 109, 112 e 121.

174. *Ibidem*, p. 112.

175. *Ibidem*, p. 121.

176. *Ibidem*, p. 151.

177. ROSEN, *Direct analysis, op. cit.*, p. 150.